剽窃論

南馨斗 著
Nam Hyung-Doo

田島哲夫 訳
Tetsuo Tajima

日本評論社

본서는 제 2 회 홍진기법률연구상 저술부문 대상을 수상한 서적으로
홍진기법률연구재단의 지원을 받아 일본에 출판되었다.

本書は「第 2 回洪璡基法律研究賞」著述部門で大賞を受賞した著書であり、
洪璡基法律研究財団の支援を受け日本で出版された。

HYOSETSURON（표절론）
By Nam Hyung-Doo

Copyright © 2015 by Nam Hyung-Doo

はじめに

韓国での『剽窃論』出版と日本での翻訳版出版に至るまで

2015 年 2 月に韓国で出版された『剽窃論』（玄岩社）はマスコミと学界に多くの関心を呼び起こした。主要な日刊紙の書評欄で紹介され、とりわけ保守と進歩を代表する二つの新聞社（朝鮮日報、ハンギョレ）では、本書の紹介とともに筆者へのインタビューも紙面に掲載された。一部の放送局でも、この本の出版について報道したのだが、法学関連書籍へのこうした類例のないマスコミの関心は、韓国社会がどれほどこういった種類の本を待望していたかを示す代表的なものと思われる。本書は、韓国出版文化振興院の世宗図書学術部門社会科学代表図書に選定され（2015 年度）、また、延世大学校の最優秀業績（著書部門）教授賞を受賞（2015 年度）するとともに、第 2 回洪璡基（홍진기）法律研究賞の著述部門で大賞受賞作に選ばれた（2017 年度）。本書に続き、2017 年 8 月に韓国で出版された『剽窃百問百答』（청 송미디어）は 2018 年 2 月、朝日新聞主催の「日本図書博覧会」に代表図書として出品された。

筆者は本書を執筆する過程で、日本、米国、EU といった学問の先進国で「剽窃」を本格的かつ学問的に扱った書籍を見つけることができず苦労をした。剽窃論議は学問、広く見れば文化がある社会では発生するしかない全世界的な共通するイシューである。にもかかわらず、それを学問的に扱った専門書がすぐに見つからないことは残念なことであった。筆者は本書がこうした空間に投ぜられることにより、剽窃に関する議論が活性化するのであれば嬉しいことだと感じた。その計画の一環としてまず韓国と地理的に近いだけでなく、言語、学問、文化などにおいて比較的近い日本に、本書を翻訳し、紹介したく思った。

本書の構成

『剽窃論』は大きく三つの部門からなっている。

第1部（総論）では、根本的で理論的な内容を扱っている。まず剽窃の対象となる知識を、特定の人が専有できるのかという問いと関連させ、哲学的・歴史的に考察した。続いて著作権法学において剽窃と著作権侵害との関係を理論的に究明したのだが、その部分は本書を貫く核心的内容であり、後續論議の知的背景をなしている。

第2部（各論）では、現実において起きる剽窃の具体的争点をできる限り探し出し、理論的な解決策を提示した。まず現代的な観点から剽窃の論議を合理的に進めるために、出所の非明示を中心とする一般的な剽窃を「典型的な剽窃」とし、その他の剽窃を「非典型的な剽窃」として括り、論を進めたのだが、これは既存の論議体系とは異なる点である。出所の非明示を核心的な要素とする典型的な剽窃においては、引用目的を考察した後、出所非明示と関連するさまざまな争点として、アイデア、一般知識、間接引用（パラフレージング）、再引用、出所明示の単位、不適切な出所明示、共著の問題などを具体的な例として挙げて説明した。出所非明示と直接の関連はないが、現実において剽窃と認識され、等しく論議される著作権侵害、自己複製／重複掲載、ゴーストライターと関連する著者性の問題などを非典型的剽窃として考察した。さらに検証時効、準拠法、管轄、手続、制裁といった剽窃論議において、決して除くことのできない重要な争点を「手続」として一括して論じた。目次に見られるように、第2部はそれ自体として完結する内容として構成した。読者は必要により、第1部を飛ばして第2部だけを読んでも差し支えない。こうした読みを予想し、第2部を独自性のあるものとして構成した。

第3部では第2部で論議した結果を基に、剽窃の判定基準と手続に関する規定を一種のモデル案として提示した。逆に言えば、第2部の論議は第3部の剽窃判定基準、判定手続といったガイドラインがどうつくられているかについての論拠ともなる。

本書では第2部と第3部が有機的に結び付くように執筆した。さらに第2部は第1部の剽窃に関する哲学・歴史といった理論と、第3部の実用的なガイドラインとを結び付ける部分に当たる。読者によっては、第3部のガイド

ラインのうち、理解できない部分は第2部の当該部分から助言を得られるだろう。一方、第3部のガイドラインはすべての学問分野で共通して適用できるようにしたので、個別の学問分野や機関・学術誌の特性に合わせて調整することができる。

謝　辞

　『剽窃論』の日本語翻訳本刊行への道は容易ではなかった。現在の厳しい出版環境のなかで、外国の書籍、それも「剽窃」という難しい主題を扱う本文の短くない本書を進んで出版しようという日本の出版社を探すことは、決して簡単なことではなかった。その上、専門的な内容を扱う本書を翻訳するために最適な翻訳者を見つけることも容易なことではなかった。幸いにも、韓勝憲（한승헌）先生（弁護士、元韓国監査院長）の紹介で面識を得た日本評論社の串崎浩氏が、筆者の志に快く同意してくださり、本書が日の目を見ることになった。また、以前から面識のあった田島哲夫氏が、簡単ではない翻訳作業を引き受けてくれ、この難しい作業を終えることができた。

　韓先生、串崎氏、田島氏に深い感謝を捧げます。そのほか、翻訳の草稿に目を通していただき、貴重な助言をしてくださいました上野達弘教授（早稲田大学）と編集・出版の過程で労を惜しまなかった日本評論社の皆様にも心からの感謝を捧げます。

　2019年9月

南 馨 斗（남형두）
SDG

iv

『剽窃論』目　次

はじめに　i

序説 —— 理性的で合理的な剽窃に関する議論の提唱……………1

第1部　総　論

第1章　知識保護の伝統………………………………………9

Ⅰ．互いに異なる二つの接近　9

Ⅱ．西洋の伝統 —— 権利義務の構造　12

1. 歴史的考察　12

   ア．中世以前　12

   イ．中　世　15

   ウ．18〜19世紀 —— 啓蒙主義時代と個人主義の登場　17

   エ．英国のアン女王法制定と二大伝統の樹立　21

   オ．米国の著作権法制定　23

   カ．フランス・ドイツ　24

   キ．著作権の国際化傾向と保護貿易主義との葛藤　25

   ク．社会主義の伝統　30

   ケ．まとめ　32

2. 哲学的考察　33

   ア．自然権の伝統　34

   （1）ロックの労働理論（Lockean Labor theory）　34

   （2）観念論（Idealism）　43

   （ア）ヘーゲルの人格理論（Hegelian Personality theory）　44

   （イ）カントの自由理論（Kantian Freedom-based theory）　47

目　次　v

　　イ．功利主義の伝統　　50

　　　（1）　功利主義の伝統の樹立　　50

　　　（2）　理論の具体的展開　　52

　　　（ア）　誘因理論　　54

　　　（イ）　効率的配分理論（Efficient Allocation theory）　　60

　　ウ．まとめ　　63

Ⅲ．東洋の伝統 ── 倫理の構造　64

　1.　儒教文化圏に共通する背景　　65

　2.　中　国　66

　3.　日　本　71

　4.　韓　国　75

　　ア．問題提起　　75

　　イ．著作権の伝統　　76

　　ウ．剽窃禁止の伝統　　79

　　　（1）　剽窃の語源に関する論議
　　　　　　──「剽窃」は日本から入ってきた言葉ではない　　79

　　　（2）　剽窃を戒める諸文献　　80

　　　（3）　引用に対する考え　　82

　　エ．茶山の思想　　82

　　　（1）　茶山の限界　　83

　　　（2）　茶山に対する新たな解釈 ── テキストとコンテキストという問題　　84

　　オ．まとめ　　87

Ⅳ．東洋、西洋の伝統の接木　88

第2章　剽窃と著作権侵害 ……………………………………95

Ⅰ．著作権法的接近　95

　1.　剽窃の広義・狭義の定義　　95

　　　（1）　共通部分　　97

（2） 著作権侵害とならないが剽窃となる場合　97

（3） 著作権侵害となるが剽窃とはならない場合　98

2. 著作権法の寄与　99

（1） 共通部分 ── 牽引関係　99

（2） 異なる部分 ── 区別の実益　99

（3） まとめ　100

Ⅱ. 剽窃と著作権侵害との関係　100

1. 混用にともなう混乱　100

2. 正当化根拠の違い　102

3. 目的と趣旨との違い　103

4. 区別の実益　105

ア．合理的な剽窃論議に有益　105

（1） 典型的な剽窃と非典型的な剽窃との区分　105

（2） アイデアの剽窃　105

（3） 間接引用　106

イ．制裁手段の違い　106

ウ．被害者論　108

（1） 被害者論の実益　108

（2） 被害者の範囲　109

（ア） 被剽窃者　109

（イ） 読　者　110

（ウ） 論文審査機関　112

（エ） 所属機関　113

（オ） 学界 ── 正直な著述を実践する大多数の学者・研究者・学生　114

（3） 判例 ── 被害者の同意・事後許諾が抗弁となり得るか　117

（4） 応　用　119

エ．自己複製とゴーストライター論議での有益性　120

オ．時効の存否と起算点の違い　121

5. 韓国著作権法第37条（出所の明示）

── 著作権侵害と剽窃との結節点　122

6.　小結論　125

第2部　各　論

第1章　剽窃の定義 ……………………………………… 128

1.　伝統的観点の剽窃　128
2.　現代的観点の剽窃　129

第2章　典型的な剽窃 ……………………………………… 130

Ⅰ．引用の目的　130

1.　権威の源泉の提示　131
2.　検証便宜の提供　133
3.　剽窃回避 —— 免責目的　136
4.　付随的目的 —— 学界の好循環　138
　　ア．新進または少壮学者の保護　138
　　イ．独創的研究と学問との好循環　140
　　ウ．学界と実務界との産学連携　142
　　　（1）　事例1：法学界と法実務界との産学連携　142
　　　（2）　事例2：政府の政策と社会科学一般　143
5.　引用の弊害とそれへの反論　144
　　ア．引用が多いと著述の権威が落ちるか　145
　　イ．引用は著述の独創性を低下させるか　145
　　ウ．引用は衒学の表現なのか　146

Ⅱ．出所明示　148

1.　アイデア　148
　　ア．表現との関係　148
　　イ．一般知識との関係　149

ウ．公表されていないアイデアの場合　152

エ．新聞等、マスメディア上のアイデア　153

（1）　学術著作物などで使用する場合　155

（2）　マスメディアで使用する場合　156

（3）　まとめ　157

オ．アイデアの歪曲　157

2.　間接引用（paraphrasing）　159

ア．学術的著述の原則　159

イ．出所明示義務は直接引用にだけ適用されるのか　160

ウ．過度な間接引用の場合　161

3.　再引用　162

ア．意　義　162

イ．原出所を確認していない場合　162

（1）　原出所を表示せず二次出所だけを明らかにするのは妥当か　163

（2）　原出所を読んだかのように引用するのは妥当か　163

ウ．原出所を確認した場合　164

（1）　原出所が一般に広く知られていない場合　165

（2）　原出所が当該分野で広く知られていても引用する分野であまり知ら
れていない場合　166

（3）　二次出所の著者の創作的努力が加味されている場合　168

（4）　まとめ　171

（5）　再引用のジレンマ　172

エ．自己複製／重複掲載の場合　174

オ．再引用するときの出所明示の方法　174

4.　出所明示の単位　176

ア．議論の意義と前提　176

イ．議論の限界　177

ウ．既存の議論と批判　177

（1）　いくつか連続する単語：提案　178

（2）　段落単位：提案　179

（3） 共通分母型の出所明示：章／節／項単位の出所明示　181

　エ．代案――文章単位　182

　（1） 原　則　182

　（2） 例外1：意図と脈絡　183

　（3） 例外2：左右にインデントを使った直接引用の場合　184

　（4） 例外3：自己複製／重複掲載との関連　185

5．不適切な出所明示　186

　ア．意　義　186

　イ．包括的／概括的な出所明示　188

　ウ．部分的／限定的な出所明示　192

　エ．間接的な出所明示　193

　オ．再引用の出所明示の問題　195

　カ．不正確な引用例　195

　キ．逆剽窃と第三の剽窃　196

　（1） 逆剽窃　197

　（2） 第三の剽窃　197

　ク．まとめ　198

6．出所明示の方法　199

　ア．引用と出所明示の要素　199

　イ．注の機能　201

　ウ．注の付け方　203

　エ．参考文献　204

　オ．余論――柔軟な適用　206

7．公正利用と剽窃問題　208

8．隠すことが剽窃の核心か　210

9．教科書問題　212

　ア．問題の所在　212

　イ．教科書の特殊性議論　213

　ウ．判例検討と批判　215

　エ．まとめ　217

オ．余論――教科書執筆に関する学界風土への批判　218

Ⅲ．いくつかの争点　220

1．剽窃が成立するには剽窃者の主観的な認識が必要か　220

ア．事実への認識　221

（1）　窃取行為への認識　221

（2）　欺瞞行為への認識　227

イ．規範への認識　229

ウ．意図が必要か　235

2．剽窃が成立するには出版行為がなければならないか　236

3．翻訳と剽窃　239

ア．原典剽窃　240

（1）　全体翻訳　240

（2）　部分翻訳　241

イ．翻訳物の剽窃――再引用の問題　243

ウ．自己の著述の翻訳（自己翻訳）――重複掲載の問題　245

4．共著の特殊性　245

ア．学界風土から見た共著の契機　245

イ．共著の類型　247

ウ．共著の類型にともなう剽窃の争点　249

（1）　事前共著物から単独著述をつくった場合の共著者の責任問題　249

（ア）　著作権侵害　250

1)　自身の執筆部分を単独著述とする場合　250

2)　他の共著者の執筆部分まで利用して単独著述とする場合　250

（イ）剽窃――共著である場合、出所明示義務は緩和されるか　251

1)　自身の執筆部分を単独著述とする場合　251

2)　他の共著者の執筆部分も利用して単独著述とする場合　251

（2）　他の共著者の執筆部分への責任問題　252

5．「表」の引用　254

第3章　非典型的な剽窃 ································· 257

Ⅰ. 著作権侵害型剽窃 —— 正当な範囲からの逸脱　258

1. 問題提起　258

2. 正当な範囲　260

ア．量的主従関係　262

（1）戦争史事件　262

（2）法学教科書Ⅰ事件　263

（3）整理 —— *id.* 型著述　264

イ．質的主従関係　264

ウ．量的主従関係と質的主従関係との関係　265

3. 正当な範囲と剽窃 —— いわゆる「剽窃算式」に関する論議　266

ア．論議に先立つ背景説明　266

イ．剽窃責任　267

（1）比率算定の基準となる著作物 —— 分母の違い　268

（2）利用された部分を合算すべきか否かの問題 —— 分子の違い　269

4. 正当な範囲に関する著作権侵害と剽窃判断の再考　271

Ⅱ. 自己複製／重複掲載　274

1. 概　観　274

ア．非典型的な剽窃の一種　274

イ．理性的論議の必要性　275

ウ．著作権侵害との関係　277

エ．自己複製と重複掲載とを一括して論ずべき理由　278

2. 自己複製／重複掲載の害悪（非難可能性）　280

ア．自己複製への非難可能性の核心　280

イ．重複掲載 —— 自己複製と異なる観点　284

（1）被害者の違い　284

（2）事後行為にともなう非難可能性の差異　285

（ア）身分上の利益取得 —— 非経済的要因　285

xii

　　　　（イ）　経済的利益　287

　　　（3）　特殊な事例：政府出資研究機関などの場合　287

　　ウ．学術誌投稿規定の問題　289

　3.　重複性判断の基準　291

　　ア．既存論文を集め、編集物形態の著書を出版した場合　291

　　イ．博士論文を研究論文として発表した場合　293

　　ウ．研究論文を博士論文として出した場合　294

　　エ．翻訳の場合――自己翻訳　296

　　オ．研究用役契約から発生する特殊な問題　298

　4.　その他　302

　　ア．重複提出の問題　302

　　イ．自己引用　304

　　（1）　正常な自己引用　305

　　（2）　不適切な、または不当な自己引用　305

　　ウ．著作財産権を譲渡した後の利用　307

　5.　提　言　308

Ⅲ．著者性の問題　309

　1.　問題提起　309

　　ア．非典型的な剽窃に分類した理由　309

　　イ．類　型　310

　　ウ．実定法上の根拠の模索　312

　2.　著者名の横取り（第1グループ）　313

　　ア．単純なアイデア提供者も著者となり得るか　314

　　イ．機関長の名で発表する行為　318

　　ウ．博士論文指導学生の論文上納の慣行　319

　　エ．資料調査者の地位――学位論文の代筆問題　321

　　オ．共著の著者性の問題　325

　　（1）　共著者の範囲　325

目　次　xiii

　（2）　各種研究プロジェクト受注と関連した計画書作成にのみ関与する場
　　　合　328
　（3）　共著者の名前の削除　329
　カ．不当な役割表示　330
3.　著者名の無断記載（第2グループ）　332
　ア．逆剽窃型の著者名の無断記載　334
　（1）　負の著作物への著作権論議　335
　（2）　負の著作物への人格権侵害問題　336
　（3）　負の著作物への氏名表示権侵害問題──「自分が書いてもいない
　　　ものに，自分の名を記載させない権利」　337
　（4）　小結論　340
　イ．監修者，連絡著者，名誉著者の問題　340
4.　ゴーストライター著述問題（第3グループ）　344
　ア．政治家のゴーストライター著述　345
　イ．高位公職者，研究機関長などのゴーストライター著述　348
　ウ．政界を除く有名人のゴーストライター著述　349
　エ．法院の判決とゴーストライター著述　351
　オ．学界のゴーストライター著述　353

第4章　手　続 355

Ⅰ．検証時効　355

1.　剽窃に時効を適用し得るのか　355
　ア．時効制度一般　355
　イ．剽窃への適用　356
　（1）　学問の本質　356
　（2）　学問倫理の定立と法的安定性との衝突　358
　（3）　法学的接近　360
　　（ア）　民事法的接近　360
　　（イ）　刑事法的接近　361

（4）　現実的考慮──業務過重／検証負担の問題　363

（5）　小結論　364

2．時効の起算点の問題　364

Ⅱ．準拠法──いかなる規定を適用するべきか　369

1．縦的準拠法の問題　370

ア．新旧規定の衝突　370

イ．行為時法主義　371

ウ．行為時法主義の例外　374

エ．準拠法確定の問題　377

2．横的準拠法の問題　380

ア．現存規定間の衝突　380

イ．モデル指針の重要性　381

ウ．規定適用のいくつかの原則　382

（1）　調査機関の手続規定適用の原則　383

（2）　特別規定の優先適用の原則　383

（3）　学問分野別の特性の考慮　385

（4）　事前合意　386

（5）　余　論　386

Ⅲ．管　轄　387

1．管轄の衝突　387

2．調査・判定機関　389

ア．対人的機関──一般機関　390

（1）　雇用関係のある所属機関：大学、研究所　390

（2）　雇用関係のない所属機関：学会　391

イ．対物的機関──特別機関　391

（1）　学位論文　392

（2）　学術誌　392

3．管轄衝突の解消　393

ア．専属管轄──学位論文の場合　394

イ．任意管轄　395

（1）　一個人の複数の著述の場合　395

（2）　個別論文の場合　396

（3）　共著の場合　398

（4）　合意管轄　400

第3部　ガイドライン（指針モデル）

Ⅰ．ガイドライン制定の必要性と重要性　406

1.　剽窃防止ガイドライン制定の必要性　406

2.　剽窃防止ガイドライン制定の重要性　408

Ⅱ．ガイドライン：剽窃判定規定　411

参考文献　419

参考判決　429

【凡　例】

1. 外国語の原書およびその翻訳書（韓国語訳）を引用するとき、それぞれ、原書は原語で、翻訳書は「片仮名（韓国語）」で出所を表示した。（例：原書は"Posner"、翻訳書は「ポズナー（포스너）」）
2. 韓国の判例の引用例：原則として法院図書館にて発行する『法院標準書式資料集』(2013年度版）の判決等の表示引用例に従ったが、年月日間の空欄は合理的理由がないため、除去した。
3. 本書は極めて有機的に編まれており、当該論議のなかに前後での議論を取り入れている場合が多い。そのとき、読者の理解の便宜を図り、一連番号になっている注釈の番号を利用し、該当頁を表示した。一方、注がない頁や注が近接していない頁の場合は、編集の過程で注がある頁と筆者が指示する頁とが一致せず、前後1頁ほど間隔が生じる場合がある。

序説 理性的で合理的な剽窃に関する議論の提唱

剽窃に関する議論が広がった理由

最近、剽窃問題が韓国社会の一大関心事となった理由は何か。剽窃が以前に比べ突然増えたのか、でなければ、他の理由があるのか。2000年代以降、剽窃をしてはならないという認識が、以前よりも高まったのは明らかである。それでも、剽窃についての議論がより白熱した原因は、以下のいくつかの点に求めることができるだろう。

1. 学術的な著述が一般化するに従い、論文が量産されている。学閥を重視する社会現象が深まるにつれ、学位課程へと進む人が増え、過去に比べ非常に多くの論文が量産されている。しかし、データベース化された膨大な資料とネット検索技術の発展は、コンピュータを使った著述が一般化した状況でコピペなどの剽窃を煽っている。学位への羨望、学閥主義、学術業績での量的な評価傾向といった社会的現象に、デジタル技術の発展という技術的環境が加わることで、以前の時代に比べて剽窃禁止への倫理意識が高まったのに、これを相殺する現象がもたらされ、結果的に剽窃が増えたという側面がある。

2. 剽窃の発見が以前に比べ非常に簡単になった。過去、被害者が直接剽窃物に接しない限り、剽窃を見つけ出すのは難しかった。自分の文章は簡単に見分けがつくのだが、そうでない場合には特別な事情がない限り、剽窃の有無を確認することは事実上不可能に近かったからである。しかし、既存論文などの学術物が、データベースとして構築され剽窃検索ソフトが開発され、同一性と類似度の確認が非常に簡単になった。剽窃が疑われる著述と剽窃された著述とを「一対一」で比較することを越え、剽窃が疑われる著述と不特定多数の著述とを「一対多」で比較することが、技術的に可能となった。したがって、誰であれその気になれば、特定の論文の剽窃の有無を手軽に確認できる。もちろん、これまで開発された剽窃検索ソフトのレベルは、量的次元を超え質的次元でも検索可能と見るのは難しい。技術は発展したが、剽窃の有無の最終判断をソフトの演算結果だけに、依存できない限界は明らかに

ある。しかし、少なくとも一次判断の資料になり得るという点で、剽窃が過去に比べ増えたかとは関係なしに、その摘発が極めて簡単になったのは明らかである。

3. 剽窃に対する社会的な関心が増大し、求める基準も高まった。剽窃の問題は今や学界に限らず、社会全般の関心事となった。その動機が学問の発展や学問倫理の定立でなく政治的な場合もあるが、剽窃への社会の強い関心は、剽窃についての議論を一層深めている。また、学術的な著述を行う執筆者の増加と、それにともなう学術物の増加は、剽窃倫理をより強化する契機となっている。少数の限られた人々だけが、学問と研究を行う時代には、他人のものを引用しながら、出所表示を行わなくとも読者もまたレベルの高い相当な知識人であり、誤解は生じなかったため、剽窃という問題は成立せず、大きな問題とはならなかった。しかし、学問と研究の成果物が幾何級数的に増えた今日では、学界の不文律に任せておくには、問題が複雑で多岐にわたるため、剽窃の規準をつくり強化するしかない。規範があれば、それに背く人が生じるのが常で、それにより剽窃問題は過去に見られなかったほど議論の対象となった。

剽窃論議の順機能 —— 活発な剽窃論議は先進的社会への進入の証し

剽窃への社会的関心が高まり、求める基準が高まるにつれ、剽窃についての議論が多いこと自体には肯定的な側面がある。文明社会ではない社会で、剽窃が社会的論議となった例を探すのは難しい。剽窃がないのではなく、剽窃に対する議論がないからである。その反面、文明社会または文化国家において剽窃は絶えず、社会的問題として論じられているという点から、過去に比べ、剽窃について社会的な議論がより多いということは、私たちの社会が先進的な社会へと進入しつつあることを示す証しであるとも言える。

実際、文明国家、先進的な社会では、時代と空間を越えて剽窃に関する議論は常にあった。ロマン派時代の有名な詩人であるワーズワース、コールリッジ、バイロンは共通して当時、剽窃疑惑に巻き込まれた前歴がある。このように、英国では早くから剽窃が社会的な議論の対象となっていた[1]。米国でも

---

1 Tilar J. Mazzeo, *Plagiarism and Literary Property in the Romantic Period*, University of Pennsylvania Press, 2007, 17, pp. 84-88.

マーチン・ルーサー・キング、アレックス・ヘイリー[2]、ジョー・バイデンといった数多くの有名な作家、政治家が、剽窃疑惑に巻き込まれたことがある[3]。剽窃に関する議論がどれほど盛んであったかは、剽窃に関する研究論文数が急増したという統計からもわかる[4]。ドイツではメルケルを首相とする政府の国防長官グッテンベルク、教育長官アンネッテ・シャーヴァンが、それぞれ博士論文の剽窃で辞任しており[5]、ヨーロッパ議会の副議長であったドイツのコッホ＝メーリンは、2000 年にハイデルベルグ大学から授与された経済史博士論文が、剽窃と確認され、2011 年 5 月に辞任している[6]。2013 年、東京大学で何年もの間行われてきた剽窃と研究倫理違反との問題が、日本の社会を騒がせたことがある[7]。剽窃により社会全体が一種の熱病にかかったような状態に陥るのは、韓国だけの現象ではなく、先進国では共通して起きていることである。

2　小説『ルーツ』の著者であるアレックス・ヘイリーはクーランダー（Harold Courlander）の *The African* から三つの文章を出所表示なしに引用したことが問題となり、訴訟を起こされた。Peter Shaw, "Plagiary", *The American Scholar*, 2001, p. 328.

3　Lise Buranen and Alice M. Roy, eds., *Perspectives on Plagiarism*, State University of New York Press, 1999, xv.

4　特定の時期に関する統計ではあるが、1990 年から 1994 年の間に米国で剽窃に関する研究論文の数は以前の 4 倍にも達したと言う。同上書同頁。

5　国防長官は 2006 年、バイロイト大学で法学博士学位を受け、教育長官は 1980 年にディセルトルプ大学で教育学で博士学位を受けたのだが、どちらも剽窃と確認され、長官を辞任した。박우진「メルケル首相の最側近、教育長官博士論文剽窃」韓国日報 2013 年 2 月 7 日付記事、http://news.hankooki.com/lpage/world/201302/h2013020621022622530.htm（2013. 9. 1）。

6　오혜림「オ・ヘリンとともに旅立つドイツ文化紀行 —— 政治家のスキャンダルに対応するドイツの姿勢」레이디경향（レイディ京郷）、2012 年 11 月、http://lady.khan.co.kr/khlady.html?mode=view&code=13&artid=201211201724291&pt=nv（2013. 9. 9）。

7　박형준「16 年間に 43 報の論文操作…日本版 황우석騒動」東亜日報 2013 年 7 月 26 日付記事（以下「東大事例」とする）。この事例に対する詳細な説明は注 677 の当該頁を参照のこと。一方、日本の理化学研究所の副センターは、STAP 細胞の研究論文に剽窃と研究倫理違反の疑惑を提起され、自殺するという事件が発生した。한창만「日、ニセ万能細胞論文共同著者自殺」韓国日報 2014 年 8 月 6 日付記事、http://www.hankookilbo.com/v/76b626c6117b4632b37e8c7446cc5ad8（2014. 9. 6）。

誤った道に入りこんだ剽窃論議

剽窃についての議論が起こり制裁に至る過程を見てみると、「学問的な関心事」というよりは「学問外的な事件」から始まる場合が多い。学問的な関心から始まる場合とは、学問的な議論の過程で剽窃が明らかになることを言う。学問外的事件から始まる場合とは、大学教授らが高位公職者に進出したり、大学総長のような重要な地位に就任する過程での、公式・非公式の聴聞会などで、剽窃に関する議論が起きたり、新規任用、再任用、昇進といった人事手続のなかで、論文などの著述を審査する過程で、発覚することを言う。

熾烈な学問的な議論のなかで、剽窃をめぐる攻防を繰り広げるのは、極めて正常な学問の過程の一つとして避けられないことである。それだけでなく、剽窃に関する議論があることそのものが、水準の高い学界の雰囲気を反映したものでもある。ところで、韓国で剽窃が議論の対象となり、制裁に至る過程を見れば、学問的な関心よりは、学問外的な事件から始まる場合が、極めて多いという点が一つの特色である。

剽窃に対する社会的関心が増え、倫理意識が高まったにもかかわらず、過去から自由になれない世代の影響で、学界には沈黙のカルテルが依然としてある。剽窃という批判の矛先がブーメランとなって自分に戻ってくることへの惧れは、剽窃に寛大な意識へと発展していく。そこに、韓国社会の温情主義が一枚加わり、学界の沈黙と無反応は、望ましくない同業意識または身内擁護へと流れていきもした。ときどき剽窃についての議論が、敵か味方かの論理により蒸発してしまった場合があるかと思えば、反対に派閥または敵味方の論理により触発された場合もある。政治的な見解を異にする側を攻撃するために、標的を定めておき、論文の剽窃を探し出し、続いて情報を提供するという現象が現れている。マスコミもそれぞれ敵味方の論理により加勢することにより、剽窃についての議論は新たな局面に入ってくている。

理性的で合理的な剽窃論議の必要性 —— 執筆の動機

学界の強固な沈黙のカルテルと、社会の一角にある世論裁判的な問題提起という両極端の傾向は、剽窃についての議論の目的であり根本である、「正直な著述を通じた学問の発展」の助けにならないだけでなく、かえって害と

なる。最も理性的で合理的でなければならない議論の場が、最も非理性的で非合理的な方向へと向かっており、残念である。

　マスコミで取り上げられるもののなかには、自己複製／重複掲載、検証時効、ゴーストライターなど、いくつかの剽窃についての議論だけを見ても、非専門家にとって理解の難しい部分がある。さらに、剽窃の判定で、一般知識（common knowledge）に該当するかどうかは、高度の専門性を必要とする領域である。しかし、単純に機械的に比較し、何％以上が同一または類似しているので剽窃、という類の接近は、あまりに単純であるだけでなく、それがもたらす回復不可能な結果を考えるなら、危険でもある。こうした事情から、非専門家の剽窃論議と検証は被害を量産するだけでなく、判定に承服しない文化を生むという悪循環が繰り返されている。

　このように、高度の専門性が必要なこの問題を、これ以上非専門家の手に任せておくことはできない状況に至っている。今や学問の発展のために理性的・合理的な剽窃についての議論をすべきときに至った。学界の沈黙のカルテルとして存在してきた「パンドラの箱[8]」はすでに開けられ、再び閉じることはできなくなったという点から、本格的な研究が必要である。しかし、まずもって剽窃問題を本格的に研究する専門家集団が、十分形成されていないということを指摘せずにはいられない。こうした点が、非専門家らが剽窃論議を主導する原因ともなっている。剽窃疑惑が発生したとき、個別の事件に対し、専門家的な発言をするとか、それに応じた研究を行う場合があり、それまでは、個別の学問分野別に研究倫理を研究したり、専攻とは関係なしに剽窃を研究してきた学者たちがいた。しかし、本格的な研究というには十分ではない。剽窃は基本的に著作権法への理解なしには、明確に議論することはできない。著作権法への十分な知識のバックグラウンドなしに、剽窃問題を扱うには限界があるからである。一方、著作権法を研究する人たちのなかにも、剽窃と著作権侵害を混同したり混用する場合があるだけでなく、学問に共通する剽窃禁止倫理には、著作権法という法規範には包摂されない部分もあり、著作権法そのものだけでは、剽窃問題を扱うには十分でない。こう

8　筆者は2011年2月に「パンドラの箱」を副題にした以下の論文を発表した。남형두「学術著作物の剽窃――パンドラの箱か」『民事判例研究』第33上号、2011年2月。

して、剽窃論議は学問の根幹に当たるのだが、いかなる学問分野でもその学問だけの独自の領域だと主張することのできない測面をもっている。また、ややもするとブーメランとなって剽窃研究者が攻撃されるということも、剽窃問題を本格的な研究テーマとすることに躊躇する事由ともなっている。

　以上のような理由から、剽窃自体を首尾一貫した体系のなかで研究した専門書が、韓国ではこれまで刊行されたことがないといっても過言ではない。すべての学問分野が共有できる最小限の合意を導き出すための剽窃について議論を行うことは、難しいことではあるが、そうした議論を著作として発表した瞬間、「角ばった石」となり、多くの「ノミ」が打ち下ろされる（出る杭は打たれる：訳注）のは明らかである。しかし、理性的で合理的な議論をするには、誰かがその「場」をつくらなければならない。筆者は拙いながら、本格的な体系書を著そうと自ら望んだのは、ある点では「角ばった石」になろうと決心したことなのかもしれない。

　執筆の動機が以上のようなものなので、本書は未完の作業となるしかない限界をもっている。非理性的な議論を止揚し、合理的な議論の場を用意するためのものであるので、非常に不十分であるしかない。しかし、議論の場に投じられた以上、批判を恐れず積極的に引き受け、これからも補完作業をしていく考えである。また、本書ではできるだけすべての学問分野に共通する内容を扱おうとしたため、各学問分野や所属機関、学界別の特殊事情を受け入れる枠または空間を準備することに力を注いだ。その点から本書を一種の設計図または建築図鑑のようなものと理解していただければ、嬉しい。

第1部

総　論

8 第1部 総 論

これまで剽窃に関する研究は、ガイドラインを導き出すためという側面が一部にはあったが、多くの場合、具体的な事案から剽窃かどうかに関する意見を提示する過程として進められてきた。こうした実務的な性格の議論が主になされたため、扱われた剽窃事件が少なくなかったのに、剽窃についての議論自体は深められてこなかった。そこにはさまざまな原因があるだろうが、最も重要なこととして、学問的論議の不在を挙げることができるだろう。

学問的論議をするには普遍性がなければならず、体系を備えなければならない。そのためには縦糸と横糸、すなわち同時代的な普遍性と通時代的歴史性とを追求する基礎研究がなければならない。剽窃に関する哲学的・歴史的アプローチは、議論の普遍性と歴史性を担保している。剽窃の議論が学問的な目的から遂行され、その成果が幾重にも蓄積されれば、具体的な事件の解決の助けともなるだろう。

剽窃研究は、剽窃研究者だけでなく、具体的な事件の利害当事者間での尖鋭な批判の対象にもなる。特定の研究者の剽窃研究論文・研究書のために剽窃者とされたり、不注意な疑惑提起者として非難されたりするとき、剽窃研究論文・研究書は彼らから批判や克服の対象となりやすい。学問的な目的から試みられた剽窃研究は、専門家集団と利害当時者集団との厳しい批判にさらされるという点から、研究方法論がいかなる学問分野よりも重要である。

本書は剽窃そのものを学問的研究の対象とする。第2部が各論であり、剽窃に関するさまざまな争点を扱っており、第1部は総論として、剽窃論が一つの独自の学問領域として存在するための歴史的・哲学的考察と提案、そして研究方法論を理論的に扱う。

第1章　知識保護の伝統

Ⅰ．互いに異なる二つの接近

　中国や台湾の著作権保護の水準の低さを指摘し、その原因をこれらの国家の共通した思想的伝統である儒学に求めるハーバード・ロースクールのウィリアム・アルフォード（William Alford）教授の分析は、これまでこの主題に関する一つの有力な見解として受け入れられてきた[9]。アルフォード教授が集中的に論じる中国では、伝統的に独創性を追求するよりは、経典をはじめとする伝統理論の解釈に集中する傾向があり、知識への共有認識が広まっており、知的財産として発展しなかったとしている[10]。この見解は、孔子をはじめとする中国の学者たちが新しいものを想像するよりは、知識の伝達に重きをおいていたことを指摘し、こうした伝統が知的財産権の発達を阻害していたと見ている[11]。しかし、創造（creation）なき伝達（transmission）はあり得ず、経典解釈に重きをおく学問方式は、程度の違いはあろうが、東洋だけの現象ではなく、西洋でも中世までは東洋と大きく異なるところはなかった

9　William P. Alford, *To Steal a Book Is an Elegant Offense*: *Intellectual Property Law in Chinese Civilization*, Stanford University Press, 1995, pp. 9-29. アルフォード教授の主張は以後継続して関連する学者らが議論してきた。Jonathan Ocko, "Copying, Culture, and Control: Chinese Intellectual Property Law in Historical Context", 8 *Yale J. L. & Human.*, p. 559（1996）（reviewing William P. Alford, To Steal a Book is an Elegant Offense: Intellectual Property Law in Chinese Civilization〔1995〕）; Matt Jackson, "Harmony or Discord? The Pressure Toward Conformity in International Copyright", 43 *IDEA* 607, p. 618（2003）; Peter K. Yu, "Piracy, Prejudice, and Perspectives: An Attempt to Use Shakespeare to Reconfigure the U. S.-China Intellectual Property Debate", 19 *B. U. Int'l L. J.* 1, pp. 16-21（2001）; Warren Newberry, Note, "Copyright Reform in China: A 'TRIPS' Much Shorter and Less Strange Than Imagined?", 35 *Conn. L. Rev.*, 1425, pp. 1436-1438（2003）.

10　Alford、前掲書（注9）pp. 25-29。

10　第1部　総　論

という点から[12]、この見解に全体的に同意するのは難しい。

　しかし、知識を財産権として保護しようという知的財産権の正当化理論から見れば、儒学思想が根幹をなす国家では、知的財産権が存在しなかったとか、不十分であったというアルフォード教授ふうの分析は、十分説得力がある[13]。儒学思想は、私たちの伝統思想にも深く根を下ろしているという点から、アルフォード教授の見解、すなわち東洋世界に知識保護に関する否定的伝統が存在したという観念は、私たちにとっても克服すべき対象となっている。

西洋の伝統 —— 権利義務の構造

　西洋で近代的な意味の財産権形態の特許権や著作権は、18世紀以降、啓蒙主義、市民革命を経て生まれたと言える。人間の個性を強調する西洋の長い伝統である個人主義（individualism）が、中世暗黒期の終末とともに一斉に開花した合理主義と出会い、財産権という概念を中心として権利と義務という規範体系として形成される過程で、知識に対する財産権化、すなわち、知識をめぐる権利と義務という規範体系が、特許法、著作権法といった知的財産権の法体系として形成されていった。19世紀以降、世界史の主導権が西洋世界へと急速に移っていきながら、中国、日本、韓国は西洋の文物を自発的に導入、時には強制的に移植されもしたが、その過程で西欧の法制度が入ってくることになった。知的財産権法もそのなかの一つと言える。すなわ

11　同上。アルフォード教授は孔子の言葉を"I transmit rather than create；I believe in and love the Ancients"という表現で引用している。筆者はこの部分から暗示を受け、論文に以下のような題目をつけたことがある。

　　Hyung Doo Nam, "Ethics Rather Than Rights: Reconsidering 'Transmit Rather Than Create' –Toward New Understanding of Korea's Intellectual Property Rights Tradition", edited by John O. Haley and Toshiko Takenaka, *Legal Innovations in Asia*: *Judicial Lawmaking and the Influence of Comparative Law*, Edward Elgar, 2014.

12　Jackson、前論文（注9）pp. 612-613。

13　韓国は2009年以降、引き続き米国貿易代表部が指定する知的財産権侵害監視対象国または優先監視対象国の地位から外れているという点で、中国と同じに取り扱うことはできないが、その以前はかなり長い間、知的財産権侵害国家という汚名を着せられていた。http://www.ustr.gov/about-us/press-office/reports-and-publications/2009（2013. 9. 23）。この点においてアルフォード教授は韓国を直接言及しなかったが、韓国と中国、台湾等に含めて議論できる。

ち、知的財産権という制度は、韓国をはじめとする東洋世界に発生した概念
ではなく、西洋から導入されたものなのである。

　ところで、知識を財産権として保護しない社会では、創作活動は保護され
ないだろうし、したがって、文化が発展しないだろうという西洋的な思考枠
では、韓国をはじめとする東洋世界の燦然たる文化遺産と知的伝統とを説明
するのは難しい。東洋世界には西洋が近代に入ってから経験したような、権
利と義務という法体系ではなく、精神を強調する倫理体系が長い間この社会
を支配してきた。万が一、知的社会を貫く何らかの規範がなければ、東洋の
燦然たる文化は存在できなかったろう。これは、知識の疎通を規律する規範
が、権利義務が中心の法体系ではなく、倫理体系だったということであり、
それは多分に個性を重視する個人主義よりは、社会と集団を重視する集産主
義の根強い遺産と言えるだろう。こうした現象を踏まえて、アルフォード教
授のような研究者は、権利と義務中心の法体系の観点から、東洋世界には知
識を私有化する財産権の意識が十分でなかったと見たのである。しかし、西
欧中心の思考から見るように、東洋社会が無秩序と混乱とで満たされていな
かったことは、財産権として規律しなくてもよいだけの規範が、この社会に
あったからである[14]。

東洋の伝統 —— 倫理の構造

　韓国にも過去、知的創作物を財産権として保護し、権利・義務関係の規範
により規律する制度がなかったことは明らかである。しかし、歴史が長く文
化的伝統の豊かな韓国で、知的創作物を「自分のもの」「他人のもの」との
区別なしに、剽窃する行為を容認したのなら、燦然たる文化遺産を残せなかっ
ただろう。西洋のような排他的な権利として保護され、権利者以外は義務者
として規律する、個人的財産権形式の規範としての位置を占めはしなかった
が、社会倫理または学問倫理としての剽窃を禁止する倫理や規範が、長い間

14　筆者は韓国の伝統思想に著作権の財産権的な側面を発見するのは難しいが、人格権
　　的な側面は発見できるという点で、アルフォード教授の議論に反駁した論文を日本で
　　発表したことがある。南馨斗（남형두）「韓国の伝統思想に見られる著作権という観念
　　—— Alford 教授の意見に対する反論的試論」『著作権研究』36 号、著作権法学会、日本、
　　2010 年 12 月。

存在してきたことは明らかである。この点を看過し、東洋世界の知的財産権に対する意識を裁断した、アルフォード教授のような見解は批判されて当然である。

　韓国をはじめとするアジアの国々が、文化的な伝統が長いにもかかわらず、西欧的な観点から他人の知識と著述を保護せず、勝手に引用する国として非難されるのは筋違いである。これらの国家では人の財産権ではなく、社会の倫理または学問での「禁じ手」といった次元で、他人の知的創作物を尊重する文化があったのである。権利よりは倫理（Ethics rather than rights）がこれらの国家の知識保護文化を理解する重要なコードなのだ。

　本章では、西洋と東洋との互いに異なる知識保護の伝統を体系的に考察する。権利と義務という法体系として発展してきた西洋と、権利よりは倫理体系として発展してきた東洋の伝統とを対比した後、韓国の伝統を現代的な観点から分析してみたい。さらに、著作権を越えて剽窃禁止の倫理の次元で、東洋と西洋の知識保護に関する伝統と思想の接木を試みたい。

Ⅱ．西洋の伝統 —— 権利義務の構造

1．歴史的考察

ア．中世以前

　一般的に西欧文明は、ギリシャ・ローマの伝統とキリスト教の伝統という二つの大きな基軸により形成されたとされている[15]。ローマがヨーロッパを統一し、キリスト教文明がローマを支配した後、いわゆる中世が到来するまでは、ヘレニズムの伝統とヘブライズムの伝統とが両立していたので、中世以前の時期は、二つの大きな伝統に分けて考察する必要がある。

ヘレニズムの伝統と知識の保護

　ヘレニズムの伝統の出発点と言えるギリシャ哲学によれば、当時の学者た

15　西洋文明の根幹となる二大伝統に対しては、以下の本を参照すること。トーレイフ・ボーマン（토를라이프보만）『ヘブライ的思惟とギリシャ的思惟の比較』허혁 訳、분도出版社、1975 年（日本語版：『ヘブライ人とギリシャ人の思惟』植田重雄訳、新教出版社、1957 年）。

ちは、知識を所有や取引の対象と見ず、神の啓志または贈物と理解していた[16]。古典研究により得られた知識は人間のものではないと考え、知識に対し人間は、単に伝達者にとどまると見ていた。かえって、筆耕士らは努力した代価を得ることができたのだが、知識人らは学問を経済的な代価を受けて伝授したり伝授されたりすることは、非常な不名誉なことと考える傾向が強かった[17]。そのためか、ソクラテスは学問を金をもらってやり取りするという理由から、ソフィストらを軽蔑していたという話まで伝わっている[18]。プラトンやアリストテレスは、富（wealth）を無視し、貧困（poverty）を称えはしなかった。ただ、富は大地から生じたり、生産的な働きから生じるとき、はじめて正当性があると見なした。貿易や金融から生じる利益は、そうした富ではないという点から正当なものではないと見たのだが、プラトンは金をもらって知識を交換する人々らをこうした部類と見ていた[19]。靴工や農夫が靴や穀物を売ることは不名誉なことでないのに、哲学者が教えの代価を得ることは不名誉なことと見たのはそのためである[20]。

　こうしたギリシャ哲学者らの考えは、アルフォード教授が、創造よりは伝達を重視した儒学の伝統だとし、東洋世界に知的財産権の概念が発達しなかったと述べたことと一脈相通じている。創造よりは伝達を強調したという点は、西洋であれ東洋であれ、古代においては異なるところはなかったが、それが、まるで東洋固有の現象であるかのごとく前提した後、儒学にその原因を求めることには同意し難い。

　ローマ法以来、近代に知的財産権という財産権がつくられるまで、西洋では財産権は有形物を前提としていた。形のないものには財産権が認められなかった。特に、ドイツでは19世紀まで商標を財産権として認めなかったほどである[21]。形のないものに財産権性を認めなかったローマ法の影響がいか

16　Carla Hesse, "The Rise of Intellectual Property, 700 BC to AD 2000—An Idea in the Balance", edited by David Vaver, *Intellectual Property*, Routledge, 2006, p. 51.

17　同上 pp. 51-52。

18　同上 p. 52。

19　Marcel Hénaff, *The Price of Truth*, trans. by Jean-Louis Morhange, Stanford University Press, 2002, p. 4.

20　同上。

14　第1部　総　論

に大きかったかがわかる。このような伝統の下で、無形物である知識が財産
権の対象となるということは、当時としては想像し難いことであった。

ヘブライズムの伝統と知識の保護

　ヘブライズムの伝統の下でも、こうした傾向は大きく異ならなかった。モー
ゼはエホバと神から誡めを受け、彼の民族に伝えた[22]。旧約聖書によれば、イ
スラエル民族はカナンの地に定着しつつ、支族別に土地を分配される。とこ
ろで人間の利己心に経済活動が加わった結果、土地を多くもつ者とすべての
土地を売って下僕となる者が生じると、50年ごとに恵みの年であることを
宣言し、本来の自分の土地に戻れるようにする制度があった[23]。土地に対し
ても、このように永久な私有を認めず、単に一時的な利用権のような制度を
認めていたことと照らして見るとき、当時財産権として認められていなかっ
た知識は、より一層、独占的所有の対象としては認められなかったであろう。
　新約聖書によれば、「ただで受けたのだから、ただで与えるがよい」（マタ
イ福音書10章8節）という条があるのだが、この条には知識を所有概念と
して見ず、神からの贈物と認識していたことの根拠を見いだしてもいる[24]。
一方イエスは、弟子らに説教するときやユダヤ人と論戦するとき、旧約聖書
を引用したのだが、それは自らをメシアとして認めなかったユダヤ人に、当
時の唯一の権威の象徴であった聖書（旧約聖書）からその論拠を引用した
り[25]、聖書を論争の根拠とするためであった[26]。これは後ほど考察するように、
現代的意味の引用目的[27]と結び付いている側面があり、示唆するところが少

21　Huw Beverley-Smith, Ansgar Ohly, Agnès Lucas-Schloetter, *Privacy, Property
　and Personality: Civil Law Perspectives on Commercial Appropriation*, Cambridge
　University Press, 2005, pp. 129-130.

22　ユダヤ民族の指導者モーゼは主から十戒を受け（旧約聖書出エジプト記20章）、それ
　をその民族に伝える（出エジプト記34章32節「それから後、イスラエル人全部が近寄っ
　てきたので、彼は主がシネ山で彼に告げられたことをことごとく彼らに命じ」）。

23　旧約聖書レビ記25章。

24　カルフォルニア大学バークレー校の歴史学科のヘッセ教授は宗教改革家マルティン・
　ルターが *Warning to the Printers* という著書で、上述の聖書の一節を引用したのだが、
　これにより、知識を所有概念として捉えていなかったことの根拠として提示した。ヘッ
　セの前論文（注16）p. 53。

なくないと考える。

　中世以前の時期、ヨーロッパ社会では知識を保護したのだろうか、また、その保護体系は何なのかを考察することはやさしいことではない。特にいくつかの文献のみを根拠に結論を下すことは、無謀なことであり、おおむねこの時期のヨーロッパ社会で、知識を財産権として保護する制度や社会的な合意があったと見るのは難しいと言える。その点でそれ以前の時期に西洋や東洋とは知識保護において、特に異ならなかったと言えるだろう。

イ．中　世

　知識保護に関する一般的な思考枠により著作権を想定するとき、従来、国内での著作権論議は一般的に、その始原を英国のアン女王法やベニス公国の特権などに求めている[28]。ところで、アン女王法やベニス公国の特権といった初期の成文法や制度は、突然生まれたものではなく、熾烈な葛藤の産物であったという点から、当時とそれ以前の時期の状況を考察しなければならない。この点から宗教改革とそれ以後の啓蒙主義への理解が大事であり、それとともに克服の対象であった中世の知識観念を考察する必要がある。

　キリスト教的価値観がヨーロッパ社会を支配していた当時、知識は神に属するという意識が広まっていたことは、容易に想像できる。神に属する知識

25　イエスはこの世にメシアとしてきたことを旧約聖書を引用して宣布する。新約聖書ルカ福音4章17〜19節。

26　レビレート婚（夫の死後、妻であった者が夫の兄弟の1人と再婚する婚姻形態）制度（ルカ福音20章27〜40節）、姦淫罪（マタイ福音5章31〜32節）、離婚法（マルコ福音10章3〜9節）などの関する問答がそれらである。

27　ウムベルト・エーコ（움베르토에코）『論文を上手に書く方法』김운찬 訳、열린책들、2005年、225-226頁（日本語版『論文作法――調査・研究・執筆の技術と手順』谷口勇訳、而立書房、1991年）。引用するのは権威が足りないためであり、権威ある文献により自己主張を裏付けていると述べている。引用の目的と関連しては、注336、337の当該頁参照。

28　韓国の著作権教科書はほとんどこうした叙述形態をとっている。오승종『著作権法』博英社、2013年、20-21頁；이해완『著作権法』博英社、2012年、7-9頁；최경수『著作権法概論』한울아카데미、2010年、33-34頁。

16 第1部 総 論

は、当然私有の対象となることができないため、それを売買することは聖物売買罪に該当することもあった[29]。

著述活動は主に修道院を中心にして行われ、学問研究も多くの場合、教会内で行われ、著述と学問研究の結果物が、そうした活動を行った人々に属さないことは、極めて当然なことと考えられていた。教会の外で行う著述活動も、ほとんどが後援者らが支援し、本を出すときには献辞を捧げることで後援者への感謝を表した[30]。ルネッサンス期は詩人、発明家、芸術家らに以前には見られなかった名声をもたらしたが、彼らの天才性は精神的な能力や世俗的な努力の結果というよりは、神が特別に与えたものと見做されていた[31]。

封建時代の階層的な社会構造では私有財産が認められず、すべてのものは王または領主に属したため、著述からの知識とそれが表現されたものもまた、支配階層の所有に属しただけであり、著述家自身のものとなることはなかった[32]。15世紀に入り、印刷技術が発明され画期的に普及されることにより、著述家らが職業的な印刷業者に原稿を渡すときにも、本は文化の一部分として残され遺産のように後代に伝達されたが、私有の対象ではなかった[33]。

15世紀中頃の宗教改革は印刷術の普及と無関係ではない[34]。教会と世俗権力は、理念の分化と伝播とを促した印刷出版を規制する必要性を感じはじめていた。統治者らは、特定の印刷業者に商業的形態の独占出版権を与え、それに応じて印刷業者は、統治者の出版物への事前検閲の要求に従うことになる[35]。

---

29 Hesse、前論文（注16）p. 53。

30 同上。

31 同上。

32 Judy Anderson, *Plagiarism, Copyright Violation and Other Thefts of Intellectual Property-an Annotated Bibliography with a Lengthy Introduction*, McFarland & Company, 1998, p. 8.

33 Hesse、前論文（注16）p. 53。

34 金属活字の発明と宗教改革の関係についてはジョン・マン（존 맨）『グーテンベルクの革命』남경태訳、예지、2003年、334-384頁（第10章 分裂するキリスト教圏、統一される世界）を参照（日本語版：『グーテンベルクの時代——印刷術が変えた世界』田村勝省訳、原書房、2006年）。

英国では 1504 年にウィリアムパーク（William Facques）が欽定印刷所
（King's Printer）に指定されたのが、王が印刷出版業者に特権を与えた嚆矢
である。1557 年、書籍出版組合（Stationers' Company）に特権が与えられた。
書籍出版組合は、後にアン女王法制定に深く関与しているだけでなく、法制
定以降、英国の著作権の歴史に新たな伝統を樹立するのに大きな影響を及ぼ
しつつ、世界的にも著作権法の歴史で極めて重要な位置を占めている。

1570 年代、書籍出版組合には四つの会員業社があった[36]。この時期、書籍
出版業者に与えられた特権が、以前の時期と異なるところは、永続的な権利
として売買の対象になっていたことである[37]。現代的な意味の著作権または
出版権ではないが、これらの強固な権利または権利意識は、後ほど見るよう
に、アン女王法という成文法を生み出し、成文法と普通法との衝突と葛藤を
解決する過程で、英国の伝統が樹立されていく契機となった。

フランスも似た形で発展していった。パリに "The Paris Book Publishers
and Printers Guild" という出版印刷組合が生まれたのだが、その役割は英
国のそれと大きく異なるものではなかった[38]。

大方、15〜17 世紀、ヨーロッパでは商業的な印刷出版業が生まれ、著作
権と類似した制度と法律がつくられたのだが、それは国家権力の維持と宗教
的な理由によるだけのものであり、今日のように創作者を保護するためのも
のではなかった。

ウ．18〜19 世紀 —— 啓蒙主義時代と個人主義の登場

18 世紀は著作権の歴史で極めて重要な時期である。後ほど、ヨーロッパ

---

35 Hesse、前論文（注 16）p. 54；황혜선「知的財産権の歴史的淵源 —— 著作権と特許
を中心として」『図書館学論集』20 巻、1993 年、456-457 頁。

36 四つの会員業者はそれぞれ独占的に出版する書籍の領域を定め、お互いの領域を侵さ
ず、出版物に関する一種のカルテルを形成しており、具体的には次の通りである。①
Christopher Barker, the Queen's Printer：新・旧約聖書、共同祈祷文、成文法、各種政
府文書。② William Serres：個人祈祷本、小祈祷書、学校書籍。③ Richard Tottel：普
通法書籍。④ John Day：アルファベット本、教理問答集、詩篇。Hesse、前論文（注
16）p. 55。

37 Hesse、前論文（注 16）p. 55。

38 同上。

18　第1部　総　論

の主な国家別に詳しく考察するが、西欧の著作権の伝統に共通して、この
時期が特に重要な理由は、以下のいくつかに要約することができる。1、知
的産物を規律する各種手段が、ほとんど18世紀後半に準備されていた[39]。2、
啓蒙主義にともない市民階級が成長し、フランス革命が知的世界に大きな変
化をもたらした。

　18世紀のヨーロッパは啓蒙主義が広がり、市民階級が成長し文化生活で
は劇的な変化に遭遇することになる。読書人口が従来の特定階層、すなわち
貴族社会から一般中間階層である市民社会へと広がっていった。このような
読書人口の拡大は、印刷出版業の爆発的な膨張をもたらした。英国では18
世紀に1年間に出版された書籍の数が1世紀の間に約4倍にも急増してい
る[40]。

　読書需要の膨張は、引き続き供給者である著述家の拡大を生み出す。この
時期は以前の時期とは異なる一つの様相を見せている。すなわち、著述を一
つの職業として選ぶ専業作家が増えたのだが、彼らは以前の作家らが名声の
みを追い求めたのとは異なり、創作活動を通じて経済的収益を上げようとす
る傾向が目立つようになる[41]。著述家らの量的膨張は、素材の多様化をもた
らしたのだが、従来の宗教的な真理追究にのみ集中していたものから、世俗
的な多様な素材へと著述領域が多様化し、広がっていった。職業著述家の拡
大と読書への需要の膨張とは、出版市場を揺るがした。印刷出版業者を介し

39　Gilbert Larochelle, "From Kant to Foucault: What Remains of the Author in
　　Postmodernism", edited by Lise Buranen and Alice M. Roy, *Perspectives On Plagiarism*,
　　State University of New York Press, 1999, p. 121. 啓蒙主義の時代の天才たちである、
　　ディドロ、ボルテール、カント、フィヒテ等は中世においては普遍的なものではなかっ
　　た「思考の流布」に関し、法的権利を形作る上で大きく貢献したとしている。

40　Hesse、上掲論文（注16）p.56。一方、18世紀の読書人口の急増の原因をフランス
　　革命をはじめとするヨーロッパ各地域の革命的な社会雰囲気に求める見解もある。日
　　本の注目されている思想家、佐々木中によれば、ドイツの書籍生産は40万部から50万
　　部に達し、17世紀の2倍以上に至り、18世紀のフランスでは本の平均発行部数が初版
　　1000部から2000部に至ったのだが、これは当時の識字率を考えると、大変な数字だと
　　している。佐々木中『切りとれ、あの祈る手を——〈本〉と〈革命〉をめぐる五つの夜
　　話』송태욱訳、자음과모음、2012年、244-245頁（日本語版：書名同前、河出書房新社、
　　2010年）。

41　Hesse、前論文（注16）pp.56-57。

て結び付いた生産者（創作者、著述家）と消費者（読者）とが急増したのだが、流通を仲介する印刷出版業は政府から特権を受け、保護されたため、市場が変化を受けることになるのは、どうかすると当然なことだったのかもしれない。その契機となったのは、海賊版を印刷する出版社の登場であった[42]。18世紀中頃、ヨーロッパの出版物市場は文字通り一種の修羅場であった。読者はより多くの本を安価に手に入れようとし、政府はこうした国民の要求と啓蒙の次元から、海賊版出版物の市場に積極的に介入しなかった。これに対し、書籍出版組合または出版印刷組合[43]は、伝統的に認められてきた特権を永久的な財産権として認めさせようと、立法請願を行っただけでなく、海賊版出版社を相手に訴訟を提起するなど、強く対応した[44]。海賊出版物の広範囲にわたる出現は、今日であれば、著作権者の強力な抵抗に直面したであろうが、当時、出版印刷組合が強力に反発したことは注目に値する。

　特権を受けた出版印刷組合と海賊版出版社との葛藤は、専業作家らをして徐々に自らの権益に目覚めさせた。実際彼らの争いの対象である著作物の源泉は、作家だったからである。作家らは自らの作品の財産権を絶対的で永久的な権利として認めさせようとした。こうして、特権として保護されてきた出版印刷組合とこれに挑む海賊版出版社との葛藤に、著者さえも加勢することにより、これら三者の対立は尖鋭化することになった。長い法廷訴訟と立法論争の末、結局、特権は廃止され、出版印刷組合は崩壊するに至った。

　理論は闘争の過程で結集し、形成される。こうした出版物市場の大混乱は、当時の思想家らをして出版物、創作物、知識が私有の対象なのかという問い

42　Catherine Seville, "Talfourd and His Contemporaries: The Making of the 1842 Copyright Act", edited by Alison Firth, *Perspectives on Intellectual Property-The Prehistory and Development of Intellectual Property Systems*, Sweet & Maxwell, 1997, pp. 54-56.

43　書籍出版組合（Stationers' Company）は英国のロンドンの、出版印刷組合（Book Publishers and Printers Guild）はフランスのパリの特権をそれぞれ得ていた組合で、海賊版出版社または著者との間で葛藤が生じたことでは共通している。以下では、英国やフランスだけの特別なことではないので併用することにする。

44　特にロンドンとパリ中心の出版印刷組合に反旗を翻したスコットランド、スイスといった国々と、さらにリヨンのような周辺都市にある出版業者らは、ロンドンとパリの出版印刷組合が利益の多く出る本に永久的な独占権をもっていることに大きく反発した。Hesse、前論文（注16）p. 57。

20　第1部　総　論

を抱かせ、これによりさまざまな論争が惹き起こされた。いわゆる「パンフ
レット論争[45]」と呼ばれるこの論争は、小さなエッセー流の小論文の形でもっ
て進められたのだが、カント、フィヒテ、ロック、ヘーゲルといった当時の
有名な哲学者、著述家らが、こうした議論を主導したという点から、当時の
出版権、著作権への関心がいかに大きかったかがわかる。こうした論争の過
程で著作権を正当化する哲学理論が誕生することになったため[46]、この時期
は著作権の歴史で極めて重要だと言わなければならない。

　剽窃が社会問題となるには、市民意識の成長とともに個人主義の登場が原
因だとする見解においては、今日の剽窃禁止倫理の根源をこの時期に求めて
もいる。代表的にはシカゴ大学ロースクールのリチャード・A・ポズナー教
授[47] は、剽窃の概念を個人主義の登場と関連させて説明している。中世が幕
を下ろし、個人主義的な性向が広がる前は、剽窃が大きな問題とならなかっ
たということである。このことは、韓国でも少数の知識人のみが制限された
書籍を読み、それを教養として享受していた時期には、引用であることをこ
とさら明かさなくても、剽窃とは見なかったことと大きく異ならない[48]。ポ
ズナー教授によれば、出版文化と各種のメディアとが、今日のように発達し
ておらず、識字率の低かった時期には、芸術的な表現物への欲求は相対的に
少数の作品だけをその源泉とし、それを改善、洗練することによって、満た
されるしかなかったからである[49]。個人主義が広がる前は、創意性（creativity）
を独創性（originality）というよりは、改良（improvement）と理解したとし、
剽窃を一種の「創造的模倣（creative imitation）」として受け入れていたと
述べている[50]。

45　Ronan Deazley, *On the Origin of the Right to Copy*, Hart Publishing, 2004, pp. 149-
167.

46　詳細なことは注88-143 の当該頁参照。

47　米国の連邦控訴法院の判事を務めたポズナー教授は、著名な法経済学者として著
作権と剽窃問題に関心をもち、卓越した著書を残したことで有名である。Richard A.
Posner, *The Little Book of Plagiarism, Pantheon Books*, Pantheon, 2007. この韓国語訳
の題名は『剽窃の文化と著述の倫理』（정해룡 訳、산지니、2009 年）である。今後翻
訳書を指すときは「ポズナー（포스너）前掲書」とする。

48　注 250-254 の当該頁参照。

49　ポズナー（포스너）、前掲書（注 47）95 頁。

独創性が重視されたのは、個人主義の発達と密接に関連している。社会が徐々により複雑化するにつれ、社会構成員らにそれぞれ異なる役割が求められた。また、人々が家族制度や既存の権威から解放されながら、個人の価値が重視されるようになった。その結果「個性の崇拝」が生じ、剽窃を極めて敵対的な悪質な行為と認識するに至ったというのである[51]。剽窃がこうした個性と独創性とを傷つけたからである。ポズナー教授の分析によれば、現代は市場が独創性を好み、剽窃に厳しさを求める時代だと述べている[52]。

　また、もう一方では剽窃を厳重に処罰する雰囲気が形作られたのだが、それは、上述で述べた個人主義のほかに、芸術品市場の活性化から生じている。芸術的創作が少数の財政的な後援者に依存しているとき、作家間の競争は相対的に熾烈なものではなかったが、芸術の消費層が拡大するにつれ、後援者（パトロン）文化が消え去り、販売される文化へと変化しつつ、匿名の購買者により形作られた市場を満足させるための、作家（創作者）らの努力と競争とが始められた[53]。こうして財政的な後援者と決別し、独創的な事業へと転換する過程で、著者の名は一種の商標（brand name）のようになった。そこで、剽窃は一種の秩序を攪乱する行為となるという点から、従来とは異なり、剽窃を極めて否定的に見る厳格な文化が、形成されたのである[54]。こうして、過去には許されていた想像的な模倣が、剽窃だと見なされ始めたのである。

エ．英国のアン女王法制定と二大伝統の樹立

　上述で触れたベニス公国の法（1469年）と、その他にもさまざまな出版印刷に関する特権があったが、これは厳密な意味から、今日的な著作権制度と見ることはできない。したがって、1710年に制定された英国のアン女王法を、最初の著作権法と見るのが妥当であろう。いわゆる、18世紀の産物であるこの法について、別途に項を立てて議論するのは、著作権に関する大

50　同上80頁。

51　同上96-97頁。

52　同上105頁。

53　同上97頁。

54　同上98頁。

22 第1部 総 論

きな二つの思想（自然権の伝統と功利主義の伝統）の出発点が、アン女王法
とつながっているからである[55]。

アン女王法が制定された契機は極めて興味深い。歴史的な事件のなかで、
一方の意図がもう一方にとっては偶然な事情となり、意図と偶然との結合が
全く予想できなかった結果を生む場合がある。最初の著作権法であるアン女
王法が制定された契機は、そうしたものであり、そもそも、この法は著者や
創作者を保護しようとするものではなかった。

17世紀末、英国には書籍の出版に先立ち、本を納本する制度があった。
これにより、本を事前に検閲できたのだが、市民は以前の時期に比べ意識が
成熟し、事前検閲制度に不満を現し始めた。こうして1695年、書籍取引を
規律し事前検閲を許容してきた、出版特権制度（the Licensing Act）が廃止
されるに至った。ところが、議会が不注意にも特権制度そのものを全体的に
問題とし、全面廃止した拍子に、思いがけず海賊版への障壁を失うことになっ
た、印刷業者らの反発を引き起こすことになった[56]。書籍出版組合は、彼ら
の伝統的特権を永続する財産権として認めるよう、立法を求める請願をし、
海賊版出版社は特権制度を廃止し、すでに出版されたすべての本を自由に再
出版できるよう要求した。議会は出版特権制度の廃止にともなう出版界の混
乱を解決するため、1970年にアン女王法を制定した。

この法の骨子は、著者とその著者から原稿を購入した者に、14年間（更
新したときは14年延長される）、本の出版に関する排他的な権利を与え、そ
れ以降は共有とするものであった。こうして古典に対する書籍出版組合のす
べての独占権は、廃止されたわけである。この法は、書籍出版組合の見解と
著者の権利とを擁護する一方の側と、海賊版出版社の見解と公益とを考慮す
るもう一方の側との、不満足な妥協の産物と理解される[57]。

妥協の産物であるアン女王法は、間もなく引き続く訴訟に直面する。主に
英国内の出版社間での訴訟[58]が続いたのだが、例えば、1760年のトンソン
（Tonson）とコリンズ（Collins）の事件と、1769年のミラー（Millar）とテイラー

55　アン女王法に対する韓国の研究論文としては以下を参照。김윤명「アン（Anne）女
　　王府に関する著作権の法制史的意義」『産業財産権』20号、2006年8月。

56　Hesse、前論文（注16）pp. 61-62。

57　同上 p. 62。

（Taylor）の事件[59]が、その代表的なものである。初期の訴訟で英国の裁判所は、書籍出版組合側の権利を「永続する財産権」として認めていた。ところが、1774 年、ドナルドソン（Donaldson）とベケット（Becket）の事件[60]で、英国の裁判所はこうした判例を覆し、「制限された財産権」としてのみ認めるに至った[61]。ミラー判決を覆したドナルドソン判決は、以後英米功利主義の伝統が、自然権の伝統への優位へと方向を旋回する、一種の分岐点のような判決である。変化する判決で採用された論拠は、功利主義の伝統を構成する重要な哲学理論となる。それは英米の法理論が、ドイツ、フランスに代表される大陸法系国家とは異なり、判例を中心として蓄積されていく法的伝統とも無関係ではない。こうした判決については別途、哲学理論のところで論を進める。

オ．米国の著作権法制定

米国の著作権法は、植民地本国である英国の影響を大きく受けている。ドナルドソン判決で普通法上の権利（common law rights）より成文法上の権利（statutory rights）の方が優位にあることを確認したアン女王法と、これに関する英国裁判所の判決は、米国憲法の知的財産権条項にそのまま反映されている[62]。そして、こうした憲法の精神は 1790 年に制定された米国著作

58　この時期の出版社間の訴訟については、Mark Rose, "Chapter 5 Battle of the Booksellers", *Authors and Owners-The Invention of Copyright*, Harvard University Press, 1993, pp. 67-91 を参照。

59　Millar v. Taylor, 4 Burr. 2303, 98 Eng. Rep. 201（K. B. 1769）（以下「ミラー判決」とする）．

60　Donaldson v. Becket, 2 Bro. P. C. 129, 1 Eng. Rep. 837, 1774（以下「ドナルドソン判決」とする）．

61　この判決については Rose、前掲書（注 58）pp. 154-158 参照。ミラー判決からドナルドソン判決に至るまでの 5 年は英国の著作権法の歴史、さらには著作権の歴史と哲学とに大きな変化をもたらした期間と言える。この二つの判決は奇しくも同じ著作物であるジェームス・トムソンの詩集 *The Seasons* にからんでおり、二つの事件はどちらも出版権をもっている出版社と海賊版出版社が紛争を繰り広げたものである。

62　米国憲法第 1 条第 8 項第 8 号 "Congress shall have the power …… to promote the progress of Science and useful Arts, by securing for limited Times to Authors and Inventors the exclusive Right to their respective Writing and Discoveries."

権法に具現される。すなわち、作家や発明家は、自らの考えに特別な要求を
なすことのできる個人として認められる。しかし、公共善はこれらの要求
を制限するよう命令するとして、英国でのように普通法に基づいて永続する
権利である自然権的思想と、成文法による制限との間で緊張関係が形作られ
た[63]。

　「ボストン茶会事件」のように植民地本国の税金賦課に反旗を揚げたこと
が、米国の独立と深く関連しているとするなら、著作権分野も同じような脈
絡で理解できる。植民地本国である英国の出版物を正当な許諾を受けずに、
米国の出版社らが安価に出版することに、英国と米国の間に微妙な緊張が作
り出されていた。米国の著作権法は、著作権を自然権ではない成文法上の権
利として把握、制定された。これにより英国の著作物は、自然権ではなく米
国著作権法により、保護される対象となるに過ぎなかった。こうした米国の
立法態度は、立法者の意思が反映されたものであり、英国に対する独立主義
の視点から理解できる。

カ．フランス・ドイツ

　特権という制度があることでは、フランスと英国とは大きく異ならない。
英国と異なる点と言えば、フランスの場合、著作権が胎動する時期にフラン
ス革命（1789 年）という大きな変化を蒙ったということである。広く知ら
れているように、絶対王権に対する市民階級の抵抗は、さまざまな自由と基
本権が生成される結果をもたらした。著作権と関連しては、言論出版の事由
が表明され各種の特権が廃止されたのだが、そのなかの一つが書籍取引に対
する王の規制であった。こうした特権または規制が、廃止されることにより、
パリ書籍組合（Parisan Book Guild）は廃止されることとなる[64]。そうして誕
生したのが、1791 年のいわゆる「サイエス（Sieyès）法」とも言われる「言
論出版の自由に関する法律（Law on the Freedom of the Press）」である。

　近代的意味のフランス著作権法は、フランス革命当時の社会的・経済的状
況に影響を受け、人権、基本権の概念から出発したという点が特色だと言え

63　Hesse、前論文（注 16）pp. 62-63。

64　同上 pp. 63-64。

るだろう[65]。フランスはコンドルセ（Condorcet）の影響で、創作物に公益の役割が重視される伝統が生じ、出版物に関し排他的な権利を制限する側面が強かったのだが、それはフランス革命以降に現れた、社会主義の傾向と無関係ではない[66]。

　ドイツではほとんどフランスと似たような著作権の環境がつくられ発展してきた。ただ、ドイツは統一国家の成立が遅れ、1870年に統一された法制を整えることになる[67]。

キ．著作権の国際化傾向と保護貿易主義との葛藤

　ヨーロッパ国家間の頻繁な交易と文化的な共有は、創作物の交流をともなったのだが、創作物への財産権の認定がそれぞれの国で争点となるや、著作権問題は国際的に波及するしかなかった。18世紀以降のヨーロッパのさまざまな国家は、著作権法制を備えることになるのだが、これはあくまでも自国にのみ効力を及ぼす国内法であり、国際的な紛争解決の助けになることはなかった。

　国別に自国の著作物だけを保護する著作権法は、しばしば国際的な衝突を引き起こしてきた。それにより一部の反対はあったが、国際的著作権規範の必要性は徐々に増大していった。1886年、ついにヨーロッパ10カ国がはじめて国際的な著作権条約を締結することになる（「文学・美術著作物の保護に関する国際条約〔International Convention for the Protection of Literary and Artistic Works〕」、以下「ベルヌ条約」とする）。本書ではこの条約を詳しく紹介する代わりに、著作権の哲学・伝統と関連した部分だけを考察する。

　ベルヌ条約は締結されるまで、著作権の本質と関連した二つの伝統、すなわち、著作権を功利主義の観点から特定の国家による成文法的権利と見る視

65　배대헌「知的財産権概念の形成・発展」『知的所有権研究』第2輯、1998年、273頁。米国の著作権法は英国の著作権法の影響を強く受けたが、米国の著作権法がつくられた1790年はフランス革命の直後であったという点から、フランスの著作権法の人権的要素が加味されたと言える。

66　Hesse、前論文（注16）pp. 63-64。

67　同上 p. 64。

26 第1部 総 論

点と、不可侵の自然権という観点から国家による保護を越え普遍的な権利と
見る視点との間の、葛藤を調整した産物だったと言えるだろう。

　永続する権利として認めはしなかったが、ベルヌ条約により各加入国は
19 世紀と 20 世紀にわたり、著作権の存続期間を最初の 10 年から、死後 14
年へと延長し、さらに死後 50 年または 75 年までと引き続き伸ばしてきた[68]。
18 世紀以降、芽生えた二つの伝統で、著作権を絶えず強化する傾向を見せ
ている。

　この協約が誕生した当時の 19 世紀のヨーロッパと米国など、西欧の著作
権に関する国家間の勢力関係を考察することは、協約締結への積極性の程度
に直結するという点から、極めて重要である。当時、著作物に関する純然た
る輸出国（net exporter countries）は英国、フランス、ドイツといった国々
であった。これらの国家は、ほとんど著作権では自然権的保護の伝統を好ん
だ[69]。反対に当時ヨーロッパ中心の世界から見るのなら、開発途上国であっ
た[70]米国、ロシアなどの純然たる輸入国（net importer countries）では、功
利主義の伝統に立脚しベルヌ条約への加入を拒絶し、自国の成文法による保
護に固執した。これは米国の保護貿易主義とも一脈相通じるのだが、今日の
知的財産権、特に著作権の国際的保護を強調する米国の見解とは、非常に相
反するという点で、注目に値する。

　経済学者であるケンブリッジ大学の 장 하 준 教授は、開発途上国から抜け
出した米国が、自らの過去を忘却し開発途上国に通商問題などで、経済的圧
迫を加えることを批判している。チャン教授は一つの争点として、知的財産
権の問題を絶え間なく提起している[71]。チャン教授の主張の核心は、知的財
産権の保護そのものに対するものであるというよりは、知的財産権という制
度を利用し、通商的圧迫を加える米国などの西欧先進国が、過去においては
知的財産権の侵害国家であったことを明らかにすることで、そうした圧力の
不当性を指摘しようとしているのではないかと思われる。米国がベルヌ条約

68　同上 p. 65。

69　英国の場合、自然権の伝統もあったのだが、判例（ドナルドソン判決、注 60）により、
　　成文法上の権利が普通法上の権利に優先するとすることにより、功利主義の伝統に立つ
　　ことになった。

70　Hesse、前論文（注 16）pp. 65-66。

と関連してたどってきた足跡を跡付ける作業は、今日の韓国の姿を見るのに大きな助けとなるという点から、米国の著作権の歴史は私たちに示唆する点が多い。これは「大韓民国とアメリカ合衆国間の自由貿易協定（以下「韓米FTA〔Free Trade Agreement〕」とする）と同様に、著作権が重要な争点の一つだった国家間の交渉でもそうなのだが、本項の主題である著作権の思想（伝統）を研究する上での一つの実証例となるだろう。

　20世紀後半に入ると、国際的に著作権と知的財産権に関する国家間での利害の衝突は、より一層深刻な様相を呈する。この過程で主に純然たる輸入国家である開発途上国らは、米国が過去にとっていたように、おおむね功利主義の伝統により知的財産の社会性を強調し、公益の次元では著作権を相対的にあまり保護していない。特に国際的な保護においては、非常に不満足なレベルの法をつくったり運用している。これは19世紀の米国が、主に植民地本国である英国と先進ヨーロッパ諸国の著作権、特許権の保護要求を拒絶するときと似た方法である。興味深いことは、そうした米国が1970年代以降、開発途上国に知的財産権の保護を力説し、そのために貿易制裁手段を積極的に活用するなど、強力に圧迫している点である[72]。

　米国は最も短い時間で知的財産の純然たる輸入国から、純然たる輸出国に変化、発展した代表的な国である。19世紀初、英国作家たちへの海賊行為でニューヨーク、フィラデルフィア、ボストンで巨額の利益を上げた諸出版社があった。彼らは著作権を功利主義の視点から理解し、米国の公益は名作を安価に利用することだと正当化した。例えば、1843年、チャールズ・ディ

71　장하준 教授はいくつかの著書において、西欧先進国の後発国家に対する経済圧力の不当性を指摘する過程で、知的財産権を一つの素材として提示している。Ha-Joon Chang, *Kicking Away the Ladder Development Strategy in Historical Perspective*, Anthem Press, 2002, pp. 81-85；*Globalisation, Economic Development and the Role of the State*, Zed Books, 2003, pp. 273-301. チャン教授は著書でも知的財産権が過度に保護されていることを批判している。Ha-Joon Chang, *Bad Samaritans-Rich Nations, Poor Policies & the Threat to the Developing World*, Random House Business Books, 2007, pp. 122-144. 一方、ハッセも今日、文化商品と技術を純輸入している開発途上国らは、19世紀米国の地位と似通っているとすることにより、チャン教授と同じ見解を見せている。Hesse、前論文（注16）p. 67。

72　Hesse、同上. pp. 69-70。

28 第1部 総 論

ケンズの小説『クリスマスキャロル』が、英国では2ドル50セントであったのに反し、米国では6セントで売られていた[73]。こうして安く売ることができたのは、違法な海賊版だったからである。さらに、イエスの人生を描いた『イエスの生涯（*Life of Jesus*)』の海賊版が米国内で横行するや、自らも海賊版で大きな利益を上げたアイザック・ファンク（Isaac Funk）卿は、こうした行為が十戒の「盗むな」という第8戒に背いた行為だと非難しつつ、これを国家的犯罪とまで述べている[74]。当時の米国が著作権侵害から自由ではないことを示すよい例である。

　著作権と関連して今も昔も利害が相反する集団があるのは常である。米国は主に植民地本国である英国から著作物を輸入したため、侵害国家として著作権を手厚く保護するよりは、幅広く利用することが米国の公益に符合するという姿勢を堅持した。しかし、利用の側面を重視するあまり、英国の作家らの著作権侵害物が米国の市場で安く売られたため、彼らとの競争は難しいと考えた米国本土の作家らが、1830年頃、国際的な著作権協約に加入すべきだと主張し始めた[75]。こうした主張は、主に英国作家の作品を出版する米国内の出版産業界の主張と相反し、ベルヌ条約への加入は壁にぶち当たった。

　19世紀末にベルヌ条約の成立を目の前にして起きた、米国内の著作権に関する論争は、主に英国の出版物を中心に海賊版で利益を得る側と、それにより被害を受ける側との対立であったが、結局、これは保護貿易主義と自由貿易主義との対立と葛藤と見ることができる。しかし、主な見解は前者であり、依然として知的財産権に関する限り、純然たる輸入国家という地位の限界から抜け出すことはできなかった。そうして1880年に入り、米国東部沿岸州に属する米国出版産業は、当時としては西部、現在の中部地方の諸州が海賊行為を常とし、その被害を被るや、これまでとってきた著作権に関する見解と戦線とを徐々に変えて行こうとする兆しが現れた。ちょうど1886年に登場したベルヌ体制への加入が有利だとの認識を米国の出版界に及ぼし始めた。しかし、上述で見たように出版界の主流と議会とは、米国法が作家の自然権を認定しないという理由から、ベルヌ条約の批准を拒否した。ただ、

73　同上 pp. 65-66。

74　同上。

75　同上 p. 66。

1891 年には英国と著作権保護に関する双務条約の締結に至った[76]。

　20 世紀に入り、米国は知的財産に関する純然たる輸出国となる。19 世紀に米国は主に英国の書籍、著作物に関し純然たる輸入国であった。そうしたことから、1891 年の著作権法（International Copyright Act of 1891, 26 Stat. 1106）が通過するまでは、外国著作物を国内では保護しなかった。ところで、今日米国は世界で最も強力な著作物輸出国となった[77]。ポール・ゴールドスタイン（Paul Goldstein）によれば、米国は第二次世界大戦が終わる頃、著作物に関する限り、最も多く輸出をする国になっていた。1947 年、米国が著作権に関する二つの伝統を調和する万国著作権条約（Universal Copyright Convention）を提案するに至ったことも、こうした産業構造の変化と無関係ではない[78]。さらに、米国は 1988 年に至りベルヌ条約に加入し、建国初期とは異なり、知的財産、著作物所有者の財産権的権利を強化する方向へと、政策と立法の基調を確固として維持し続けている。これは建国初期の著作権法の目的を「学びと知識の高揚を通じた公共の効用の増大」から、私的利得の増大の方向へと転換したことを意味している[79]。ここで、米国の伝統が功利主義の伝統から、自然権伝統へと変わるのでないかという疑問を投じることができる。だが、必ずしもそうではない。

　功利主義の伝統は、著作権を自然権として理解せず、公益のために国家が法律で認定する権利だとする見解である。功利主義で語られる公益が、「学びと知識の高揚」に一層重きをおき、著作物利用の機会を拡大することにあるとするなら、著作権の保護よりは利用の側面を強調するだろうが、「自国の知的財産権または著作権産業の育成および発展」にあるとするなら、知的財産権または著作権保護を強調する論拠として使用することができる。したがって、上述のような逆転現象は、功利主義の伝統に反するものでなく、か

76　同上 pp. 65-66。

77　Neil Weinstock Netanel, "Copyright and a Democratic Civil Society", 106 *Yale L. J.* 283, p. 306, n. 94（1996）から引用（原出所：Marshall A. Leaffer, *Understanding Copyright Law*, LexisNexis, 1989, § 12.5）。

78　Paul Goldstein, *Copyright's Highway: From Gutenberg to the Celestial Jukebox*, Stanford University Press, 2003, p. 151.

79　Hesse、前論文（注 16）p. 67。

えって適合していると見ることができる。米国の判例でロックの労働理論に言及する場合がときどきあるのだが、それは必ずしも米国著作権の伝統が、功利主義の伝統から自然権の伝統へと移っていったものだと断定することはできない。そうした分析よりは、米国の知的財産権の判例でよく使用する政策的アプローチ（policy-based approach）が、功利主義の伝統に正確に適合しているという分析がより妥当である。問題は米国の判例で、ロックの労働理論のような理論を掲げて、教義上のアプローチ（doctrinal approach）をする場合が多いのだが、これは米国の功利主義の伝統に反するものであり、実際は政策的なアプローチをしつつ、その論拠への敷衍として、ロックの労働理論のような自然権思想も語っていると見るのが、より正確な分析ではないかと思う[80]。

ク．社会主義の伝統

マルクス・レーニン主義に代表される、社会主義理念を実現したロシアの著作権制度または意識は、二つの接近が可能である。一つは理念であり、もう一つは上述で見たように、米国のような後発国からくる限界である。理念からくる著作権観念の限界は、同じ社会主義理念を採択している中国にも適用することができる。

80　筆者は米国判例の論理のうちでの学理的接近は、実際は米国産業の保護という政策的な仮面をかぶったものに過ぎない場合があると指摘している。

　一方、ある権利の本質を究明しその権利の範囲等を論じるとき、動員される法学方法論（methodology）として学理的接近方式（doctrinal approach）と政策的接近方式（policy-based approach）とがあり得る。ところで、後者の接近方式は局地的な市場（nationwide market）では、見解の差があっても、国家が目指し、重点をおく目標に統合・調整され得るので、国際的な市場におけるほどは、深刻ではないと言える。文化と伝統とにより大きな影響を受ける財産権のばあい、特定の国家の政策的考慮から出発した論理を、そうした文化と伝統を共有しない国にそのまま適用する上で、相当な無理、すなわち、相手国の抵抗にぶつかることになる。問題はこうした抵抗を免れるために、一つの国家の政策的考慮（policy basis）に根拠をおく論理なのに、その権利そのものの属性または原理原則（doctrinal basis）から出てきたものとして装う場合である。

　남형두「世界市場の観点から見たパブリシティ権——韓流の財産権保障としてのパブリシティ権」『ジャスティス』86号、2005年8月、96-97頁；「パブリシティ権の哲学的基盤（上）」『ジャスティス』97号、2007年4月、149頁。

マルキシズムと著作権とを一緒に考えてみることは、社会主義体制の国家の著作権法制の理解に助けとなる点が多い。労働を重視するマルクス経済学と、労働を財産権正当化の要素として見たロックの労働理論は、労働を媒介として互いに結ばれている部分があるように見える。マルクスは個人の創作行為は社会的経験の産物であるため、精神的労働の結果である知的産物も、当然社会的なもので社会に属すべきものと見た[81]。これはフランスの哲学者コンドルセが、労働は本質的に個人的なものというよりは社会的なものであり、特に、精神的な労働の場合、より一層そうであると見たこととも連関性がある[82]。

ボルシェビキ革命（1917年）は、ロシアの作家らのすべての作品を国有化するという結果をもたらしたのだが、その根底には上述のような哲学理論があった。ボルシェビキ革命以降、最初に公布された著作権令（Copyright Decree, 1917年）によれば、国家教育委員会（State Committee on Education）にロシアの作家の作品を国有化する権限を与え、出版物への国家独占を宣言することになる[83]。同じ社会主義国家である中国も文化革命時期（1966～1969年）に似たような経験をする。

共産主義革命を経て成立したロシアや中国の場合、理念的な土台であるマルキシズムは、著作物を多分に社会的産物と見る視点が優勢なのだが[84]、これは法律として保護するので、敢えて分類すれば、功利主義の伝統にともなう成文法上の権利だと言えるだろう。ただ、この時知的創作物を公開して、社会的効用の総てを増大するためのインセンティブは、経済的なものではなく、非経済的なものと理解されている。例えば、社会主義国家で盛んに行われた国家勲章（勲功、特権）といったものが、創作と発明を奨励する社会主義的手段と思われてきた。すなわち、社会主義国家では功利主義が、妙なことに、知識の伝達では国家独占と結び付き、私有財産を認めるよりは大衆的人気の報賞などの制度へと結び付けられた。ロシアの作家証明（Authors'

81　Hesse、前論文（注16）pp. 67-68。

82　同上 p. 61。

83　Natasha Roit, Comment, "Soviet and Chinese Copyright: Ideology Gives Way to Economic Necessity", 6 *Loy. Ent. L. J.* 53, p. 56 (1986).

84　同上 p. 57。

32 第1部 総 論

Certificates)、北朝鮮の功勲俳優または人民俳優のようなものがこれに該当する。中国も文化革命時にこれと似た経験があったものと知られている[85]。

次に、後発国からくる限界を考察する。社会主義以前の帝政ロシアは、1828年に著作権法を最初に制定した。1886年ベルヌ条約体制が発足した後も帝政ロシアは加入を拒否した。すべての著作物が国有化されたボルシェビキ革命以前の1911年の法でも、相変わらず外国著作物の保護には消極的な態度をとっていた[86]。帝政ロシア期であれ、ボルシェビキ革命期であれ、ロシアが一貫して外国作家の著作権の保護に熱心でなかったのは、理念的な理由だけでなく、一種の孤立主義的政策に起因している部分も大きい。そして、外国の著作物をロシア内で自由に翻訳、利用しようとする国家目的のためでもあった[87]。これは米国が植民本国である英国に対してもった著作権への認識と軌を一にしている。

ケ. まとめ

知識に関する私有概念が認めれなかった西欧の伝統は、中世を過ぎ宗教改革とルネッサンス時代を経て、著者や創作者を保護するための権利ではない、教権と王権とを維持するための手段として印刷出版業者に特権を与える形として発展する。それに続く時代における印刷術の発達は、書籍の広範囲な普及をもたらし、市民階級の成長と拡がりに大きく寄与したのだが、これは逆説的に、出版物供給の主導権を握った出版印刷組合の特権廃止をもたらした。この過程で著作権が誕生するのだが、知的創作物への権利付与は、互いに異なる二つの伝統、すなわち自然権の伝統と功利主義の伝統へと枝分かれすることになる。西欧の多くの国はこれらの伝統の論争の過程で、自らの国に合う特有な伝統を維持、発展させている。そうした伝統が大筋として今日の英米法と大陸法の伝統とにつながっている。

85　同上. pp. 67-68。

86　Zachary B. Aoki, "Will the Soviet Union and the People's Republic of China Fellow the United States' Adherence to the Berne Convention?", 13 *B. C. Int'l & Comp. L. Rev.* 207, p. 217 (1990).

87　Roit、前論文（注83）p. 56。

2. 哲学的考察

　財産権という制度は、個人間の権利と義務を発生させる法律関係を形成する。財産権は債権・債務という対人的な権利ではなく、対物的または対世的権利であるため、ある財産権が創設されると、権利者を除いたすべての人々は義務者となる。したがって、伝統的に認められてきた財産権を確認したり、新たな財産権をつくるには社会的な合意が必要である。こうした社会的合意を引き出すための正当化（justification）作業は、決して簡単なことではない[88]。ところで、知的財産権を正当化することはより一層難しいことである。なぜなら、知的財産権の対象となる知的創作物は有形物とは異なり、「私の使用が他人の使用を妨げない」非排他性があるだけでなく、権利が認められることにより、思考の自由な流れに制限を加えることになるという点で、一般的な有形物に対する所有権とは異なり、独占的財産権を付与することが負担となるからである[89]。

　著作権を含んだ知的財産権を正当化する哲学理論は、大きく自然権思想と功利主義思想とに分かれており、理論的対立は依然として国内外で活発に展開されている。これは著作権が他の財産権よりも比較的歴史が短いにもかかわらず、領域が日々拡張していくにつれ、大きな抵抗を引き起こしていることと無関係ではない。著作権を拡大しようとする試みは、絶え間ない論争を生んでおり、これは著作権正当化理論の精緻化へとつながっている[90]。

　著作権に関する二つの伝統は18世紀に形作られた。思想史的に見るならば、コンドルセを中心とした、知識は客観的なものであり、基本的には社会的性格をもつとする見解と、ティドロ（Diderot）、ヤング（Young）、レッシング（Lessing）、フィヒテ（Fichte）を中心とする、知識は主観的なものであり、個人の精神に由来する不可侵の私有財産だと見る見解との二つに分けることができる。

88　Edwin Hettinger, "Justifying Intellectual Property", 18 *Phil. & Pub. Aff.* 31（1989）参照。

89　同上 p. 51。

90　リーファー（Leaffer）、前掲書（注77）p. 18；Shyamkrishna Balganesh, "Copyright And Free Expression: Analyzing The Convergence of Conflicting Normative Frameworks", 4 *Chi.-Kent J. Intell. Prop.* 45（2004）を参照。

34 第1部 総 論

　前者の客観主義の陣営は、功利主義の伝統へとつながっており、アイデア
に対して自然権を認めていない。表現の独特な形式について、個人に法的に
排他的権利を認めることが正当化されるのは、制度が新しいアイデアの生産・
伝達を奨励する上での、最も最善の法的手段と見るからである。後者の主観
主義の陣営は、自然権の伝統へとつながっており、アイデアに対する永続的
な財産権を自然権として認めている。そうした権利を法的に認めることは、
ただ普遍的な自然権を成文法により確認することに過ぎないと見ている。

　功利主義の伝統では、功利主義哲学の理念のように、公共の利益を著作権
が追求する最高目的と見るのに反し、自然権の伝統では、個別の創作者らの
尊厳と私有財産の不可侵性とを、最も重要な法の原理と見ている[91]。

ア．自然権の伝統

　宗教改革とルネッサンスとを経て形作られた啓蒙主義時代に入り、出版物
の需要が急増する。これは市民階級の成長と無関係ではないことは、上述で
説明した。国家と教会の権力とが、不穏な思想を事前に取り締まるための検
閲の次元で与えた特権が、海賊版出版物に侵害を受けることが頻繁になった
ため、特権を保護するための理論が必要になったのは、西欧合理主義の当然
な帰結かもしれない。特権を受けた各種の出版印刷組合と、特権を受けられ
なかった海賊版出版社が、法廷の内外で繰り広げた論争は極めて熾烈なもの
であった。論争のなかで知識の概念と目的への根本的な苦悩が提起され、そ
れにともない、知的創作物の保護についての哲学的・認識論的な解決法が現
れ始めた。

（1）　ロックの労働理論（Lockean Labor theory）

　知的創作物を財産権として保護する正当化理論を論ずるとき、まず最初に
財産権に哲学的基礎を与えたロック（John Locke）の労働理論から出発す
るのは当然だろう[92]。ロックは人々が自らの肉体を所有しているため、労働
の果実を自分のものとして所有することは正当だと考えた[93]。人々は自らの
生命と肉体とを天賦人権の自然権として保有する権利をもっているため、手

91　Hesse、前論文（注16）p. 61。

足という身体の一部を利用した労働の結果物は、当然彼の身体の主人のもの
とならなければならないと見る。こうした論理によれば、労働により生産
された価値は、労働を投与した人の適法な所有となるという理論が可能とな
る[94]。

　今日の観点から見れば、これは極めて当然のことで、私有財産権を正当化
するために、敢えて、こうした理論まで必要なのかと考えられるが、ロック
の時代には当然なことではなかった。ロックと同時代の人々には、理性の合
理的発現が制限されていた中世的な思考が、依然として残っていた。したがっ
て、神に属さず、個人に与えられた自然権としての私有財産という概念は、
彼らには馴染みのあるものではなかった。

　ロックの労働理論によれば、労働と事物の競合には二つの意味がある。一
つ目は、労働は事物の価値を増大させる。労働が投入される前に価値がゼロ
であったのなら、その事物の全体の価値は、ただ労働の結果と言えるからで
ある。二つ目は、労働は私有の境界標となる。共有資源に労働を投与すると
いうことは、共有から自分のもの、すなわち、私有にするという、労働力を
投与する者の意思表現であるからだ[95]。ここでロックの労働理論は以下の三
つの前提が必要となる[96]。

① 　人が正当に所有できるものは、他人のための共有物が十分かつ良好に
　　残されている場合だけである（enough and as good provision）。
② 　人は自分の獲得物を浪費しない程度でのみ、所有できる（non-waste
　　provision）。

92　私有財産制度の擁護に関するロックの理論は、クレーマーの以下の著書によく整理
　　されている。Matthew H. Kramer, *John Locke and the Origins of Private Property-
　　Philosophical explorations of individualism, community, and equality*, Cambridge
　　University Press, 1997.
93　Alfred C. Yen, "Restoring the Natural Law: Copyright as Labor and Possession",
　　51 *Ohio St. L.J.* 517, p. 523（1990）（再引用出所：John Locke, "The Second Treatise of
　　Civil Government", edited by Peter Laslett, *Two Treatise of Government*, Cambridge
　　University Press, 1988）.
94　J. E. Penner, *The Idea of Property in Law*, Clarendon Press, 1997, pp. 188-189.
95　同上。
96　ロックの労働理論の三つの前提については、Penner、同上。

36　第1部　総　論

③　すべての人が浪費しないという前提の下、利用できるだけの十分な土
　　地が地球上にある。

　ヒューズはロックの方法論を「アイデアの私有化」と言える知的財産権ま
たは著作権の議論に引き入れようと、次のような議論を展開する。一つ目は、
アイデアをつくるには労働が必要。二つ目は、こうしたアイデアは共有から
得られるのだが、共有資源はそのアイデアが除去されたからといって、価値
が甚だしく減りはしない。三つ目は、アイデアはnon-waste条件を侵害せ
ずに、財産権化が可能である[97]。

　ロックの労働理論は著作権に特化した正当化理論ではなく、一般的な財産
権論に関する理論であるにもかかわらず、特別に著作権を正当化する上での
強力な根拠となる[98]。身体組織の一部である脳の活動にともなう産物が、す
なわち、知的創作物だと言える点から、その脳の主体である個人にその結果
物への財産権を与えるという論理は、魅力的なまたとない正当化理論である。
ロックの労働理論は知識の財産権化と関連し、本書の議論と密接に関連して
いるので、もう少し深く考察してみよう。

　ロックの労働理論が著作権の正当化理論として借用されるには、著作権が
既存の秩序に組み入れられる過程で、既得権をもった出版印刷業者と繰り広
げた、熾烈な闘いが契機となった。当時、ロックの認識論を精神労働の産物
である知識に適用した学者として評価されるヤング（Edward Young）は、
個人の個性こそが知識の聖なる源泉として、神に取って代わったのだと主張
することにより、知識がいかにして私有化されるかに関するロックの認識論
を支持していた[99]。

　ロックの労働理論は英国だけでなく、フランスの著作権哲学理論の形成に
も大きな影響を及ぼすことになる。1726年、フランスの法学者ルイ・デリク
ール（Louis d'Hericourt）は、出版特権を永久に保障するには「精神の産物

97　Justin Hughes, "The Philosophy of Intellectual Property", 77 *Geo. L. J.* 287, p. 300
　　（1988）.

98　Yen、前論文（注93）p. 547。一方、労働理論を著作権に適用したものとして
　　は、以下の論文を参照。Jessica Litman, "Copyright as Mith", 53 *U. Pitt. L. Rev.* 235
　　（1991）；Hughes、同上（注97）；Justin Huges, "The Personality Interest of Artists and
　　Inventors in Intellectual Property", 16 *Cardozo Arts & Ent. L. J.* 81（1998）.

彼自身の労働の果実であるので、彼の意思で処分する自由がなければならない」と説明することで、ロックの理論を適用している。彼は、出版特権は王が与えた恩恵でも、王が勝手に撤回できるものでもなく、作家の努力として保障される自然権であると主張するに至った[100]。こうした主張を百科全書派であるディドロが引き継いだのだが、ディドロは精神の産物である文芸物は、耕作の対象である土地に比べ、社会的規制の影響をより少なく受けるため、土地よりも一層財産権の対象となる理由が十分だと述べている[101]。

　ロックの労働理論はドイツにまでその影響を及ぼす。代表的なものとして、フィヒテは労働理論を発展させて適用する過程で、今日の著作権法学でも妥当するであろう卓見を提示している。フィヒテは労働理論を適用する過程で「精神の創造物が財産であるとするなら、それは目に見えないのだが、この問題をどう解くのか」という質問を投じることになる[102]。こうした質問は労働が投与されることにより、生成された知識とアイデアとを財産権として正当化するのに、これといった疑問を提起しなかった当時のロックの追随者らへの根本的な懐疑であり、知的創作物を細分化し、財産となり得るものと、なり得ないものとに分けるという、驚くべき発見だと言える。多くの人々が同じ考えを共有でき、できる限り多くの人々が同じ考えを、お互い拘束されずに自由に表現することが正当だという前提の下に、フィヒテは1791年にエッセイ "Proof of the Illegality of Reprinting: A Rationale and a Parable" で、重要なのはアイデアではなく、それを表現した形式だと主張している。アイデアは公開されれば、すべての人々に属す。しかし、アイデアを含んだ特別な形式は、作家の唯一の財産として残る。フィヒテは見えるものを形式

99　Hesse は、英国でアイデアに自然権思想を与える上で大きな影響を及ぼした二つの論文を挙げるなら、ロックの "Second Treatise"（1690 年）とヤング（Young）の "Conjectures on Original Composition"（1759 年）だと述べている。Hesse、前論文（注16）p. 58。ヤングはロックに比べあまり知られていないが、著作権正当化理論の形成に非常に大きな影響を与えた学者である。ロックは一般的な財産権の基礎は固めたが、著作権については積極的に議論しなかったのに反し、ヤングはロックの労働理論を知的創作物に直接適用することにより、大きく寄与したとしている。

100　Hesse、前論文（注16）p. 58。

101　同上 p. 59。

102　同上。

として見て、財産権として保護し、見えないものをアイデアや内容として見て、共有領域におき、すべての人々が使えるようにするのが妥当だという見解を提示している。18 世紀の哲学者であるフィヒテの知的創作物への見解は、今日の著作権法上確立された理論である「アイデア／表現の二分法（idea／expression dichotomy）」にそのまま適用できるという点で、驚くほかない。

　このように、著作権を自然権として理解する労働理論は、ロックから出発したのだが、ディドロ、ヤング、フィヒテなどを経て、知的創作物が個人の精神から由来するものとして、不可侵の使用財産だという著作権の正当化理論により確固として、その位置付けを行った。

　一方、上述でも見たように、マルクス・レーニン主義を基盤とする社会主義、共産主義体制で、知的創作物を個人的労働ではなく、社会的労働という視点から、私有財産として認めない議論も、その基礎をロックの労働理論においている[103]。

　ロックの労働理論は著作権哲学に関する、二つの伝統のうちの一つで、著作権法の胎動段階から最も多く議論されてきた理論であることは明らかである。著作権法の胎動段階で、自然権理論の主柱であった労働理論は、功利主義の伝統に基盤をおいた成文法上の権利（statutory rights）に対し、自然権（natural rights）として、著作権を一層強力な権利として位置付けを行っており、特定の国家で成文法として定められる権利でなく、人間固有の普遍的権利として理解することにより、ベルヌ条約などの国際的著作権規範の形成に、大きく寄与した側面を認めることができる。

　しかし、労働理論は功利主義の伝統という見地から絶えず批判を受けてきた。互いに異なる伝統と視点とからはじめられた批判は、それが根拠とした思想と哲学とが異なるために、一方的に評価することはできない。本書の主題とも密接に関連する、知識保護の観念または著作権制度への私たちの思想的土台を構築するという意味から、西欧の代表的な著作権論である労働理論を批判し、現在に適用して見ることの意味は大きいと思う。

103　上述での歴史的考察のうち、「社会主義の伝統」（注 80-87 の当該頁）を参考とすること。

労働理論への当時の批判 —— カント

　最近になって、ロックの労働理論が、基本的に規範的指針になり得るのか
に懐疑をもつ視点が、強力に台頭してきている[104]。ところで、議論はロック
の理論が胎動する当時へと遡ってはじめた方が望ましいだろう。当時の社会
環境（context）を共有する学者らの議論を考察することにより、ロックへ
の批判がより説得力を持ち得るからである。さらに、社会環境を乗り越える
理論自体への批判が続くとき、批判の合理性が担保されるであろう。

　その点からロックの労働理論への批判と議論は、当時の哲学者カントから
始めるのが妥当であろう。原始状態の財貨に労働を投与することにより産出
された結果物に、財産権が与えられのは正当だというロックの労働理論に対
し、カントは基本的に財産権を得るのに、必ずしも労働が必要なものではな
いと主張した。ここで、カントの哲学理論を今日の著作権理論に成功裏に接
木したと評価されるヘンメリー（Alice Haemmerli）教授の話を聞いてみよ
う。

　　実際カントは、例を挙げれば、土地を耕作することが土地への財産権を獲
　　得する上で、必ずしも必要なものではないという理由から、明示的に労働
　　理論を拒否した。カントは労働力を加え、事物を変形させることは、その
　　事物が専有に属したことの外部的表示、それ以上でも以下でもないと語っ
　　ている[105]。

　カントは財産または財産権の概念を、労働よりは人間の自由に求めている。
財産は自由から出てくるし、自由は個性の核心であるため、財産は個性と不
可分に結び付いているという点から、財産侵害を個性と自由の侵害と理解し
ている[106]。

　カントの著作権に関する認識と考えを、ドイツの観念論の観点から再度考
察してみれば、細部的な面ではロックの労働理論への批判的態度をとったカ

104　Jon M. Garon, "Normative Copyright: A Conceptual Framework for Copyright
　　Philosophy and Ethics", 99 *Cornell L. Rev.* 1278, p. 1306（2003）.

105　Alice Haemmerli, "Whose Who? The Case for a Kantian Right of Publicity", 49
　　Duke L. J. 383, p. 421（1999）（原典：Immanuel Kant, *The Philosophy of Law*〔W. Hastie
　　Trans., T. & T. Clark, 1887〕, 1796, p. 92）.

106　同上 pp. 418-419。

40　第1部　総　論

ントの理論は、大きく見れば、著作権を自然権として理解したという点から、ロックの労働理論と一括りにすることができる。

それ以外の当時の労働理論への批判 ——「社会的労働」

　創作物の価値が、誰もが一定の条件の下で使うことのできる「原始状態の財貨」に加えられた、労働の価値と同一だとする労働理論では、その労働が個人的なものであることを前提としている。ところで、労働の社会的側面を重視し、精神労働の結果物が個人的次元の私有財産権の対象でなく、社会的性格の共有の対象だと見る見解がある。

　フランスの哲学者であり数学者であるコンドルセは、ロックの労働理論をフランスで継承・発展させたディドロのエッセイ *Letter on the Book Trade* に対し反論を提起している。コンドルセによれば、アイデアの所有権と自然物としての有形物の所有権は同じであるはずがない。文芸物が自然の秩序から出てきた財産ではなく、社会的な力（social force）により保護されるものなので、社会に根拠をおく財産だと見たわけである。これによれば、文芸物への創作者の権利は真正な権利だというよりは、特権に過ぎなくなってしまう[107]。コンドルセの考えは今日にも綿々と続いている。一方では功利主義の伝統へとつながっているのだが、もう一方では、いわゆる「コピーレフト」陣営の論拠として使われることもある。知的創作物は特定な者の著作権として保護するよりは、文化的産物として、一般公衆の領域に属するべきだという主張は、コンドルセの議論にその根拠を求められるからである。アイデアの本質を社会性から見いだしたコンドルセの主張によれば、アイデアが個人的な努力の産物ではなく、集団的経験の産物だというもので[108]、これは今日の情報と知識の共有を主張することと極めて似ている。

　この主張をもう少し発展させてみよう。著作物が創作者の労働の産物だけではないという見解がある。人間の労働と産物は不可分の関係にあるため、人間の体と労働とによりつくられた産物は、その人間のものであるべきだとするロックの労働理論は、私有財産を正当化する上で説得力が極めて強い。

107　Hesse、前論文（注 16）pp. 60-61。
108　同上。

しかし、こうした正当化が知的財産権の領域には、そのまま適用され得ない点がある。知的創作物は無から想像されるのではなく、人間同士の社会的作用に従い、想像される社会的な産物だという性格があるからである[109]。

　知的創作物の社会的な産物性、文化的な産物性は、ヘッティンガー（Hettinger）のほかにも今日多くの著作権法学者が主張している。代表的な論者としてヨーク大学のクンベ（Rosemary J. Coombe）教授は、知的財産権が個人と世界とが主体と客体とに分かれる二分法を越えて、文化という範疇で一つに統合されるべきだと主張しつつ、知的財産権を文化の共有に反する概念だとも理解している[110]。

　一方、コンドルセによれば、アイデアは個人の自然権ではない制度の社会的効用に基盤をおいているとしたのだが、これは知的財産権に関する社会的効用主義の出発点にもなった[111]。上述で見たように、労働を重視するという点では共通点がある、ロックの労働理論とマルキシズムとを、知的創作物の側面で結ばれるよう媒介の役割をしたのが、他でもないコンドルセ流の社会的効用主義であった。

　今日の知識共有に関するさまざまな運動は、多分にイデオロギー的に接近するのだが、その始原を上述のようにコンドルセにおいていたのかは疑わしい。一方、知識共有運動の哲学理論と言えるコンドルセの理論が、ロックの労働理論批判から始まったことは、著作権に関する哲学理論と歴史的アプローチ方式がいかに重要かを再度気づかせてくれる。

時代の変化による労働理論批判 —— 大人の体に合わない子供服？

　ロックの労働理論が著作権の正当化理論として適切ではない、という論拠はほかにもいくつかある。これから始める議論は、ある点では時代的な違いを勘案したものだと言えるだろう。すなわち、ロックが労働理論を発表したときは妥当であったが、今日、普遍的に適用することはできないというところに重点をおくということである。

109　Hettinger、前論文（注88）p. 38。

110　Rosemary J. Coombe, "Objects of Property and Subjects of Politics: Intellectual Property Laws and Democratic Dialogue", 69 *Tex. L. Rev.* 1853, pp. 1857-1861（1991）.

111　Hesse、前論文（注16）p. 61。

42　第1部　総　論

　ロックは労働を苦痛と理解した[112]。労働は不快な行動、さらに、ある程度苦痛なものと見なされていた。それを「忌避（Avoidance）」という観点から理解するなら、人々をして労働させようとすれば、労働の不快感を財産により補償すべきだというのが、この理論の要諦である[113]。しかし、労働は常に不快なものだけではなく、時には愉快に自発的になされるという点から、愉快な労働により創出される知的創作物にまで、忌避の代価として著作権を与える労働理論は、現実に合わないように見える[114]。

　原始状態の自然に労働が投与されることにより、財産権が創設されるという議論に従えば、労働の価値のみでつくられる財産の価値は、労働の投入量と比例するか、少なくとも似ていなければならない。したがって、精巧な細工が施された有体物の場合には、こうした論理がある程度、説得力をもつことができる。しかし、精神労働に関与する創作者の精神労働投入の如何、投入量と関係なしに、知的創作物の市場での価値が決定されもするという点から、労働理論が知的創作物である無体財産の領域では、強い説得力を得るのは難しいという批判を免れがたい。例えば、多くの労力を傾けなくとも、天才の素質を発揮し、見事な創作物を作り出す発明家、文芸創作者などを容易に思い浮かべることができる。さらに創作行為またはそれと類似した実演行為に従事する、各種の芸術演技者、運動選手にまでその領域を拡大するなら、労働理論は極めて不自然なものとなる。経済的価値は、すなわち、市場で消費される市場価値と言えるのだが、労働力または実力が市場価値や広告価値を決める決定的要素となり得ない場合が多いからである。練習の虫と知られた数多くの運動選手、芸能人が努力の甲斐もなく、結局日の目を見ず、消え去っていく例はあふれている。反面、特に努力をしなくても、生まれつきの才能と幸運とで、スターの地位に登る人も少なくない。彼らの市場価値、広告価値を労働理論で説明するのは容易ではない。

　著作権の理論的土台として18世紀のロックの理論を借用するのは、全く意味がないことではない。しかし、18世紀と20世紀または21世紀は、時

112　Hughes、前論文（注97）p.302。

113　同上 p.303。

114　Hughes は労働を「不快な労働」と「愉快な労働」とに分け、後者の労働はなぜ保護されないかと労働理論を批判した。同上 p.305。

代状況が極めて異なるために、適用の過程で過度に作為的だという批判を受ける可能性がある。ロックの時代には、自己の労働の結果を不当な権力から守り抜かなければならない、当為性と時代的な要請により、私有財産という概念を確立しなければならなかった。そうした時代的な背景から見るとき、財産権に対する哲学的な基盤としてロックの労働理論は優れている。そして、この理論は特許法と著作権法の分野で、今も影響力が極めて強い。ある新しい権利が創設されるとき、ロックの時代の市民階級がそうであったように、一般的にその恩恵を受ける者は力が弱いため、権利保護の必要性が極めて強く要請される。しかし、創作者が受け取る代価が天文学的な額に膨らむとき、それが労働力を投下した結果として、創作者だけに全体的に与えなれなければならないという理論が、依然として妥当なのかは疑問である。繰り返して言えば、著作権の概念が胎動し始めた初期、労働理論は極めて説得力のある理論的土台となり得た。しかし、著作権が過度に保護されることにより、かえって制限する必要性が強く台頭している今日、労働理論は「大人に子供服を着せること」のように、体に合わない服である可能性がある。

　しかし、時代的な違いを勘案したさまざまな批判を受け入れたとしても、労働理論は知識保護に関する自然権理論の重要な土台を提供する哲学理論として、功利主義の伝統に反対する陣営で、依然として強力な位置を占めているのである。

（2）　観念論（Idealism）

　労働理論が、主に英国で知識の私有化または財産権化に対する、正当化理論として発展したとすれば、ドイツでは観念哲学に基づいた理論が発展した。英米法の判例理論は主に労働理論とインセンティブ理論、効率的な配分理論とに基づいているのだが[115]、これは英国の哲学者ロックの財産権理論とベンサム（Jeremy Bentham）の功利主義に根拠をおいている[116]。

　一方、ここで論じるヘーゲル、カントといったドイツ観念論哲学者らの主

115　知的財産権制度を保護する根拠として、インセンティブ理論は主に米国で、人格理論は主に米国以外で歓迎されている。Robert P. Merges, Peter S. Menell, Mark A. Lemley, *Intellectual Property in the New Technological Age*, Wolters Kluwer, 2003, p. 2 を参照。

44　第1部　総　論

張は、米国学者らの間とか、裁判所の判決では、それほど歓迎されなかった
のだが、それは米国の国家の起源、伝統と無関係ではない。米国の判例理論
と学者らの理論は、多分に英米系理論、すなわち労働理論と効率的配分理論、
インセンティブ理論に偏っている。

　知識保護を正当化する哲学の理論的土台を何をもってするかは、結局、選
択の問題へと帰着する[117]。すべての理論に長短があるからである。したがっ
て、どの理論が絶対的に正しく、他の理論は絶対的に間違っているとは言え
ない。ただ、相対的な優劣を語ることができるだけである。ところで、相対
的な判断の物差しは、法制度と権利が属する、その社会の文化、伝統、習俗、
政治・経済制度と密接に関連している[118]。

　以下では、ヘーゲルの人格理論と、最近になって再び注目を引いているカ
ントの自由理論を代表として考察することにする。

　（ア）　ヘーゲルの人格理論（Hegelian Personality theory）

　ヘーゲルの哲学理論はあまりに膨大であり、理解するのも難しく、ここで
はヘーゲルの哲学体系全般を論じるのは適切ではないだろう。豪州出身の知
的財産権の法哲学者であるドラホス（Drahos）も、知的財産権の法哲学で、
ヘーゲルのような大思想家を論ずるのは存在論、形而上学、社会的イシュー
といった現代思想に影響を及ぼした彼の思想体系全般ではなく、彼の力作に
現れた財産権制度に関する独特な説明を紹介することだと述べているほどで
ある[119]。ヘーゲルの著書『法哲学（*Philosophy of Right*）』で、財産は極めて
重要な哲学的言語として扱われている[120]。

　ヘーゲルは財産を人と事物との関係として説明するのだが、基本的には人

116　米国のインセンティブ理論がベンサムの功利主義から出てきたことについては以
　　下を参照。Steven N. S. Cheung, "Property Rights and Inventionedited", by Richard O.
　　Zerbe, Jr., *Research in Law and Economics vol.* 8, JAI Press, 1986, pp. 5-6.
117　そうした点から、ヒューズのような学者はロックの労働理論とヘーゲルの人格理論
　　のうち、どちらか一つだけをとらず、互いの弱点を補完すべきだと主張した。Hughes、
　　前論文（注97）pp. 365-366。
118　Haemmerli、前論文（注105）p. 413。
119　Peter Drahos, *A Philosophy of Intellectual Property*, Dartmouth Publishing, 1996,
　　p. 73.

は意思があるが、事物はそうでないという点で、人と事物とを区別している[121]。個人の意思はその個人の存在と世界で、絶えず追及する実在性と効用性の核心であり、自らを実現しようとする意思の闘争が、すなわち人格だと見ている[122]。したがって、人格は外部世界を自己のものだと主張することにより、はじめてその実在を現すのだが、財産（権）はこのような実現過程の最初の段階として、自由の最初の具現である[123]。すなわち、財産は個性の一部分である意思[124]の表現として、より多くの自由行動のための条件となる[125]。したがって、財産は個人が世界で生き残る上で必須のものであり、財産を否認したり、否定することは、個人の意思と自由とをまさしく剥奪することである[126]。

このように、ヘーゲルにとって財産は、個人が自らの独特な意思を表現する手段として機能するのだが、それは創作者の個性とアイデンティティを保護する一つの手段として、知的財産の保護に繋がっている[127]。

ヘーゲルの人格理論の検討

財産（権）を意思をもったある主体が、何も所有せず、意思のない物を対象として自己を具現することだと定義するヘーゲルの思想は、共有状態において労働を投下し、財産が発生するとするロックの労働理論と大きな違いは

120　プラトンは彼の著書 *Republic* で、私有財産を認めていないのだが、ヘーゲルはこうしたプラトンを批判し、私有財産制度を認める法体系を提示している。Drahos、同上 p. 77。

121　ペナー（Penner）、前掲書（注 94）p. 169。

122　Hughes、前論文（注 97）p. 331。

123　Drahos、前掲書（注 119）pp. 76-77。

124　財産となる意思と物の関係について、ヘーゲルは次の三つを提示している。物の占有、使用、譲渡がそれである。Eric J. Lubochinski, Comment, "Hegel's Secret: Personality and the Housemark Cases", 52 *Emory L. J.* 489, p. 502（2003）.

125　Hughes、前論文（注 97）p. 333。財産と人格の関係は以下を参照。Merges、前掲書（注 115）pp. 7-8。一方、コォールは私有財産に対し、人間尊厳性と「人格の延長」という観点から意見を提示したのだが、これはヘーゲルから由来している。Roberta Rosenthal Kwall, "Fame", 73 *Ind. L. J.* 1, p. 39（1997）.

126　Drahos、前掲書（注 119）pp. 77-78。

127　Kwall、前論文（注 125）p. 40。

46 第1部 総 論

ない。両者の理論が、後ほど論ずる功利主義の伝統と対比し、自然権思想として一括して分類するのはそのためである。

　しかし、労働理論と人格理論は知的財産権のなかでも、著作権の領域で有意味な違いを見せている。文学と芸術創作物において、当該作品と創作者の人格との間の結び目が極めて強力であるという点から、ヘーゲルの人格理論は知的財産権のなかでも、人格が創意的に連関した著作権のような権利を正当化する上で、有用であると知られている[128]。ヘーゲルが述べたように、「財産は人格の具現」という点から見ると、創作者の人格と芸術品との関係を簡単に説明することができる。例えば、詩、小説、音楽といった作品を「人格の自然な貯蔵所」と見ているのである[129]。その反面、著作権ではない、他の知的財産権として、特許権や商標権または営業秘密といった領域では、発明者や創案者の人格が具現されたとは言い難いのである。

　一方、著作物を人格の具現だと見るヘーゲルの人格理論は、創作物を人格と絶縁させ、自由に譲渡できるように許容することにより、文化産業を活性化しようとする政策や、こうした政策的な考慮を立法に反映する法体系では歓迎される議論ではない。ヘーゲルの人格理論が米国で歓迎されない理由がそこにある[130]。その反面、ドイツやフランスで著作権を論ずるとき、ヘーゲルの人格理論が深く入り込んでいる。特に、ドイツの著作権法では、著作財産権の譲渡を許容していないのは[131]、結局ヘーゲルの人格理論が投影された産物と理解できる。

　著作物を労働の産物として、人格と断絶されたと見るロックの労働理論よりは、人格の延長線上で、創作者の人格の産物だと見るヘーゲルの人格理論が、剽窃を創作者の人格に対する侵害として構成したり、少なくとも倫理違

128　Drahos、前掲書（注119）pp. 74-75。

129　同上 pp. 79-80。

130　米国では著作権または知的財産権を正当化する哲学理論についての議論が極めて活発である。ところで、労働理論や功利主義の伝統にともなう効率的な配分理論、インセンティブ理論に比べ、ヘーゲルの人格理論を議論する学者は指で数えられるほど少ない。例えば、ラディン（Margaret Jane Radin）、ヒューズ（Justin Hughes）、クォール（Roberta Rosenthal Kwall）、ドハティ（F. Jay Dougherty）、バークマン（Susanne Bergmann）、テレルとスミス（Timothy P. Terrel & Jane S. Smith）などである。

131　ドイツ著作権法第29条。

反として構成する上で極めて有用である。

（イ）　カントの自由理論（Kantian Freedom-based theory）

　カントは著作権に関し、いち早く言及した例外的な哲学者として挙げられる。カントは財産権が人間の個性の核心である自由から出発すると見ていた。そして著作権という概念が、作家の権利よりは出版印刷業者の特権の保護に重点がおかれていた当時の状況で、著作者の権利が何であり、なぜ保護しなければならないのかを分析した[132]。

　カントは具体的には文芸物の保護を力説したのだが、代表的な文芸物である本（book）は「有形の本」と「他の人に伝えられる講演」とに分けることができるとした[133]。カントによれば、本には「著述や講演の一部分」としての本と「講演を流布するための手段」としての本の二つがあり、前者の本からは「著者（the author of a book）」という概念が、後者の本からは「出版者（the owner of a copy）」という概念が導き出される[134]。その当時、著作権が出版権から十分に分化する以前であった点を勘案するなら、カントが著作権と出版物とを明確に区分していたことは驚くべきことである。

　カントによれば、本は作家の主観を表明する知的側面と、知識の共有という相互主観性とを含むもので、個別性と普遍性を共にする総合概念で、作家の考えは出版物として公表されたとしても、その考えに対する所有権は依然として作家にあると見ていた[135]。ここで「作家が彼の考えに対してもつ所有権」というのは、今日の著作権概念と極めて似通っている。

　出版権との概念区分が曖昧だった当時、出版特権と区別される著作権概念を明確にしたカントの理論は、後に「著作者の権利（author's right）」とい

---

[132]　Haemmerli、前論文（注105）p. 418。ドイツの学者シュタルベルクによれば、カントの著作権正当化の哲学理論を "work-based justification" として、作家の作品に基盤をおいた正当化理論だと述べている。Christian G. Stallberg, "Towards A New Paradigm In Justifying Copyright: An Universalistic Transcendental Approach", 18 *Fordham Intell. Prop. Media & Ent. L. J.* 333, p. 349（2008）.

[133]　Tom G. Palmer, "Are Patents and Copyrights Morally Justified? The Philosophy of Property Rights and Ideal Objects", 13 *Harv. J. L. & Pub. Pol'y* 817, p. 839（1990）.

[134]　Larochelle、前論文（注39）p. 123。

[135]　同上. p. 122。

48　第1部　総　論

うドイツ著作権法と、さらに大陸法系著作権法の根源を構成することになる。これは英米系の著作権（copyright）と区別される概念である。自由と個性から出発したカントの財産権の観点によれば、出版業者は決して作品への権利をもつことはできない。なぜなら、彼はその根源に対しては依然として他人だからである[136]。

　こうしたカントの考えは、フィヒテへと継承された。本を買うのは印刷された紙を見せたり、壁紙に使うためではなく、知的内容に対する権利を得ることだとすることにより、フィヒテはカントに続き、無形的財産権である著作権概念を、一層精緻なものとすることになる[137]。

　著作者の権利を強調したカントの考えは、以下で見るように、自然権的伝統ではあるが、労働理論では簡単に親しむことのできない、今日の著作者人格権発展の土台となる。カントは1785年に短いエッセイ「書籍翻刻の違法性について（Von der Unrechtmässigkeit des Büchernachdrucks)[138]」で、哲学者の講演は保護するべきだと力説したことがあり、大衆を相手とする講演は、著者と極めて密接に関連しているという点から、著者に以下の三つの権利が認められるとした[139]。

　1、著者の同意なしに大衆に講演を公開することを禁止する権利
　2、作品の著者性を請求できる権利として、他人がこれを行使しようとするときに禁止する権利
　3、他人が著作者の許諾を得ずに、著作者の名で実質的な変形をともなう出版物の出版を禁止する権利

　カントが言及した三つの権利は公表、氏名表示、同一性保持に関する著作者人格権に直結している。上述の三つ目の内容は、著者が自らの創作物を「歪曲されない権利」「毀損されない権利」その他に「修正されない権利」のこ

136　同上。
137　同上 p. 123。
138　Immanuel Kant, "Von der Unrechtmässigkeit des Büchernachdrucks", Reprint in *UFITA* 106, pp. 137-144 (1987). 英文では "On the Unlawfulness of Unauthorised Printing of Books" である。
139　J. A. L. Sterling, *World Copyright Law*, London Sweet & Maxwell, 2003, pp. 1280-1281.

となのだが、これは著作者に与えられた生得的権利として、彼自身の人格に内在しているものだとした[140]。

　これをカント哲学の核心語である、自由と個性とに還元すれば、カントは著作者の権利を人間の自由、個性とに密接に結び付いていると見ることにより、不可侵の権利として把握するために、自由に根拠をおく財産権を侵害することは、すなわち、財産権侵害と同じと見たのである[141]。

　カントは主に文芸著作物を中心として、著作者の権利に言及したのだが、本の出版と芸術作品の創作は本質的には異なると見ていた。その結果、芸術品は芸術家の同意なしに、複製され販売できるとした[142]。芸術作品は物であるのに反し。著者の講演からできている本は行為であり、これを公衆に公開することは、譲ることのできない権利だと理解していたからである[143]。カントの接近法は語文著作物を出版する印刷業者の権利が依然として強く、作家との衝突がたまに発生しても、語文著作物以外の異なる種類の創作物では、著作権の問題が深刻でなかった当時の状況では理解できるが、多種多様な創作物の著作権が論じられる今日、そのまま適用するには難しい点がある。カントを理解しようとするときには、当時の社会文化的な状況を考慮しなければならないのだが、先の言及のみで、カントやこれに同調したヘーゲルが、造形芸術のような芸術作品の著作権的な保護をないがしろにしたと断定するのは危険である。

　重要なのは、カントやヘーゲルが論理的創作物である講演など、語文著作物の人格的要素を強調していた点である。こうしたカントの考えは、本書の主題に少なくない示唆を与えてくれる。語文著作物において自由と個性を重視し、人格的要素を強調したカントの思想は、特に今日の語文著作物の剽窃論議に関する限り、依然として強力な影響を及ぼしているからである。

140　Drahos、前掲書（注119）p. 80。

141　Haemmerli、前論文（注105）p. 419。

142　カントだけでなくヘーゲルも文芸物は保護するが、造形芸術はほとんど保護しなくてもよいという趣旨で主張したとしている。Palmer、前論文（注133）p. 839。

143　Sterling、前掲書（注139）pp. 1280-1281。

50 第1部 総 論

イ．功利主義の伝統

（1） 功利主義の伝統の樹立

　自然権の伝統が、主に哲学者間の論争を経て発展したとすれば、功利主義の伝統は、主に法院の判例を中心にして発展してきた。功利主義の伝統が樹立する上で決定的に寄与した英国裁判所の二つの判例を考察してみる。

　まずミラー判決を見てみよう[144]。この事件は競争関係にある出版社間で起きた。ロンドンにある書籍出版組合所属の出版社アンドルー・ミラー（Andrew Millar）は、スコットランド南方の国境近くのイングランド地域で長年許可を受けずに、海賊版出版物を販売してきた悪名高いスコットランドの出版社ロバート・テイラー（Robert Taylor）を相手取り、訴訟を提起した。問題の書籍はトムソン（James Thomson）の『四季（*The Seasons*)』という詩集であった。ミラー出版社は 1729 年にこの本の著作権を買い入れ、保有していた[145]。ところが、テイラー出版社は 1763 年に同じ詩集を出版した。このときは、当時効果を発していたアン女王法上の著作権保護期間の 28 年が過ぎた状態であった。最高裁に該当する英国上級院院の首席裁判官マンスフィールド（Mansfield）が代弁した多数意見は、多分にロックの労働理論に根拠をおき[146]、原告（ミラー出版社）が保有している普通法上の権利（common law right）は、成文法上の権利（statutory right）に制限されないとすることで、アン女王法の適用を排除した。これに対し、反対意見を出したイエーツ（Yates）裁判官は、作品が出版されれば、唯一、成文法上の権利だけが有用だとして、成分法の優位を述べたが、結論として採択されなかった。上で言及したように、この反対意見は 5 年後のドナルドソン判決[147] では多数意見となった[148]。

144　注 59。

145　当時は出版社の権利と著作者の権利が混在しており copyright という用語を使用していたのだが、正確に言えば "the sole right of printing, puboishing and selling" を意味する。

146　原文をそのまま写せば次の通りである。"it is just, that an author should reap the pecuniary profit of his own ingenuity and labour." これで、ロックの労働理論がすでに多数意見に深く影響を及ぼしていたことがわかる。

147　注 60。

148　Seville、前論文（注 42）pp. 54-55。

裁判で勝ったミラーは 1769 年、死ぬ前に自分がもっていた *The Seasons* の著作権をロンドンにあるいくつかの出版社に売却した。その後、ミラー事件のときのように、同じ本の海賊版が販売されると、そのなかの一つであるドナルドソンに販売禁止の仮処分が下され、1772 年には永久的な禁止命令が発せられた。結果的にこの仮処分の命令は、出版社が保有していた著作権は普通法上の権利だというミラー判決にそのまま従ったものであった。ドナルドソンの不服に英国上院は紆余曲折の末、成文法であるアン女王法が、出版に関する普通法上の権利を廃止するものだという結論を下し、最終的にはドナルドソンに下された禁止命令を破棄した。成文法上の保護期間が過ぎたため、誰でも使用できるとしたこの判決は、永続的な権利として理解されてきた、普通法上の文芸著作物への権利に終焉を告げた[149]。

　ドナルドソン判決は次の 2 点において意義がある。1、アン女王法の立法趣旨である「学問と学びの奨励」という公益が、著作権法の最高の目的であると明らかにし、2、成文法上の権利が普通法上の権利より優位にあるとすることで、公益を掲げた功利主義の伝統が、個人的な権利を強調した自然権思想の伝統に優先することが確認された[150]。

　著作権の初期の歴史で考察したように、中世以降、何世紀もの間、特権を与えられ出版物の流通に関する独占的な利益を享受してきた、書籍出版組合と葛藤関係にあったアン女王法は、結局、裁判所の判決の助けを受け、既存秩序を新たに変えることに成功することになる。引き続き、この法は米国をはじめとする、普通法の伝統に従う国家で著作権法のモデルとなる[151]。

　このように、既存の集団の既得権を廃止し、新たな権利を形成しようとして始められた功利主義の伝統は、国家的・社会的な公益を掲げることにより、自然権を否定した。英米の功利主義の伝統は、個人主義的な権利や利益よりも、集産主義的な利益または公益をより重視したもののように見える。これは一般的に自然権の伝統ほどに著作権を保護しないものと理解し得る。とこ

149　同上 pp. 55-56。

150　Hesse、前論文（注 16）p. 62。

151　Jackson、前論文（注 9）p. 613。功利主義と経済的正当化（economic justification）に重きをおくアン女王法は米国連邦憲法の知的財産権の条項と条文形式、内容面において極めて似ている。

52　第1部　総　論

ろで、今日の英米法系の国家が著作権保護で、その他の国家よりはるかに強硬な態度を堅持していることは、長々と説明することもないだろう[152]。こうした逆転現象は、米国の地位の変化、すなわち著作物の輸入国から輸出国へと変化することにより、最も克明に現れる。本来、功利主義の伝統は国家的・産業的な考慮に対し、相対的に柔軟だという側面から見るなら、上述のような逆転現象は逆説的ではあるが、最初から予定されていたと見ることができる。

　英国の植民地であった米国は、著作権において英国と同じ功利主義の伝統にあったと言える。米国憲法の知的財産権条項や連邦著作権法は、英国のアン女王法に絶対的な影響を受けている。米国は独立した後も、一時英国から不法侵害国という汚名を耳にするほど、著作権、特に外国著作物の保護をないがしろにしていたが、20世紀に入り、著作権保護に極めて積極的な国となった。これには、立法と判例の役割が大きく、学者らの理論的支持も功を奏した。以下では功利主義の伝統が、有因理論と経済理論へと分化・発展していく過程を考察してみる。

（2）　理論の具体的展開

　功利主義の伝統は、公益を掲げて効用を唱えるという側面で、英国の功利主義哲学者ベンサム（Jeremy Bentham）の影響を多く受けたと理解され、著作権法の分野で、具体的には経済理論または誘因理論へと発展してきた[153]。

　経済的な観点から法現象を論ずる法経済学の大家、ポズナー（Richard Allen Posner）教授は、知的財産権を支持する理論として、経済理論を本格的に提唱した最初の学者である[154]。学者によってはポズナー教授の理論を動的（dynamic）なものと、静的（static）なものとに分けもし[155]、誘因正当化

152　Hesse、前論文（注16）p. 63。

153　功利主義の伝統を"The Utilitarian/Economic Incentive Perspective"と呼ぶことにする。Merges、前掲書（注115）p. 10。

154　Richard A. Posner, *Economic Analysis of Law*, Wolters Kluwer, 1986.

155　Michael Madow, "Private Ownership of Public Image: Popular Culture and Publicity Rights", 81 *Cal. L. Rev.* 125, p. 205（1993）.

（incentive justification）と経済的正当化（economic justification）とに分けもする[156]。

　一方、スタンフォード・ロースクールのレムリー（Lemley）教授は、知的財産権と関連したインセンティブを二つに分け、1、新しいアイデアを創作するためのインセンティブ、2、それが創作された後、そのアイデアを管理・向上・産業化するためのインセンティブとに分け、前者を事前的（ex act）な正当化理論、後者を事後的（ex post）な正当化理論だとしている[157]。

　レムリー教授がこのように知的財産権の正当化理論を、事前理論と事後理論とに分けて説明したのは、前者は多少制限する必要があるが、後者は機関や範囲を制限する必要がないという点から、区別の実益があると見たためである。前者、すなわち新しいアイデア創造者の創作活動を奨励しようと、創作物への超競争的な価格を許容するのは、上述の事前理論にともなうインセンティブとして、時にはこうした超競争的価格が、新しい創作物の消費を抑制するという点から必要悪に当たる。反面、後者、すなわちアイデアを維持・向上・産業化するのに与えるインセンティブは、資源の効率的な配分に助けを与えるという点で有用である[158]。こうしたレムリー教授の主張は、後ほど見るように多分に米国的なので、保護期間が満了する予定の米国の著作物を保護しようとする遡及立法だという誤解を呼び起こした。結局、米国が保護期間を延長し著作権産業を保護しようする、立法根拠として使われているようである。

　レムリー教授が述べる事後理論には、後ほど出てくる効率的配分理論の根拠である「共有地の悲劇」理論[159] が含まれている。事後理論にともなうインセンティブは、アイデアが創作された以後だという点で、効率的配分理論の根拠となるからである。

　インセンティブ理論と効率的配分理論とは、労働理論や人格理論のような

156　J. Thomas McCarthy, *The Rights of Publicity and Privacy vol. 1*, West, 2011, §2:6, §2:7.

157　Mark A. Lemley, Colloquium, "Ex Ante versus Ex Post Justification for Intellectual Property", 71 *U. Chi. Rev.* 129, pp. 130-131（2004）.

158　同上。

159　後述する効率的な配分理論（注 181-191 の当該頁）で詳しく説明する。

自然権の伝統理論とは異なり、未来志向的な理論であるに違いない。すなわち、労働理論と人格理論はすでに起きたことを補償するとか治癒する構造になっており、過去指向的な理論である。ところで、インセンティブ理論と効率的配分理論とは、社会構成員のより多くの福祉のために、未来に対し提供する制度的性格が強く、それこそ道具的・未来志向的理論であることがわかる。

これはベンサムの功利主義、すなわち「最大多数の最大幸福」という理念の下で一つとなり得る。こうした理由から、インセンティブ理論と効率的配分理論とを経済理論という一つの枠のなかに入れて考察してみる。ただ、大きく見て二つの理論は、最大多数の最大幸福という目的を志向するという点で共通点があるが、その目的を実践する手段として、一つは創作者に経済的インセンティブを与えようというもので、もう一つは誰もが勝手に使えないようにしようというもので（人為的希少性）あり、実践的な手段としては異なる理論として分類できる。

以下では創作の前後とは関係なく、創作・維持・産業化を奨励するためのインセンティブを与える必要があるという理論（誘因理論）と、経済論理を適用し、乱用されれば共有地の悲劇に陥ることがあるので、乱用にならないよう法的に保護しなければならないという理論（効率的配分理論）とに分けて、説明し批判したいと思う。

（ア）　誘因理論

誘因理論（インセンティブ理論）は人類の幸福を増進するための創作と発明またはその成果物の公開とを奨励するために、知的財産権を与えるべきだというものである。功利主義の最も代表的な理論であるだけでなく、知識を保護するための正当化理論のうち、最も広く知られている。発明と創作を誘い出すために、知的財産権を与えるという理論である。その反対に、これを保護しない場合、すなわち、競争者らが本や映画、音盤を容易く複写して使えるのなら、新しい創作物をつくり、発明技術を開発するのに莫大な時間と努力、お金を投資するインセンティブがなくなるだろうという点から、こうした災難のような結果を防ぐために、知的財産権を認めるべきだと説明もする[160]。これは未来のために現在を抑圧するもので、すなわち、未来の新しい

知的創作物が日の目を見られるように、現在の利用を制限するという点から、逆説的な理論だとの評価もされている[161]。

インセンティブ理論を法制度に具現するのに、最も積極的な国は米国である。この理論は英国のアン女王法以来、米国の憲法と司法部で共に最高の価値として支持されてきたものでもある[162]。インセンティブ理論を説明するとき、最も代表的に挙げられるメイザー（Mazer）事件で、米国の連邦大法院は、米国憲法が連邦議会に特許権と著作権を保護するための立法権を与えることは、発明と著作に対する個人の努力を奨励するためのものであると明らかにした[163]。

自然権思想との違い

知識を保護する著作権が、自然権として法律を別途に制定しなくとも、創作者に認められるとする自然権思想とは異なり、インセンティブ理論は、創作とその公開を奨励するために権利を与えるものであるため、著作権または知的財産権を自然権でなく、成文法上の権利（statutory right）として把握している。自然権論では知的財産権を労働の産物または人格の所産として見るため、公益により制限できない神聖不可侵の自由と見る。その反面、インセンティブ理論では、大衆の公的使用と創作者の経済的報賞との間で均衡をとることが大事だと見るため、著作権を拡張するだけでなく、制限する上でも有用な道具となる[164]。インセンティブ理論が適用された結果、知的財産権法は知的財産権を保護することにより、創作者と発明者とに誘因策を与えるだけでなく、保護期間満了やその他の制限により、優れた創作物への大衆の接近を認めることによっても、学問と科学の進歩を増進できるという点で両刃の剣となり得る。この点でインセンティブ理論は、学問と科学の発展のために、知的財産権の保護もするが、時には保護しなかったり、適切に保護す

---

160 Hettinger、前論文（注88）pp. 47-48。

161 同上 p. 48。

162 米国憲法は「科学と有用な技術の進歩を増進するために」特許と著作権に関する立法権限を連邦議会に与えている。米国憲法第1条第8項第8号。

163 Mazer v. Stein, 347 U. S. 201, 219 (1954).

164 Garon、前論文（注104）pp. 1306-1307。

56　第1部　総　論

る政策を使用できるという柔軟性を発揮することになる[165]。

インセンティブ理論への批判

インセンティブ理論は著作権の正当化理論のうち、最も代表的な理論なのだが、次のようなさまざまな弱点がある。

1、創作の重要な動機を経済的なものだけに求めるのは、人間の多様性への理解不足だという批判を免れがたい。人間が創作活動をするのは経済的理由もあるが、自己満足のための場合もあるからである。すべての人間が経済的インセンティブにより動機が誘発されると前提するインセンティブ理論は、人間の多様性への理解不足に起因するという批判を受けるに十分である。

2、社会主義国家では金銭以外の名誉、すなわち人民作家・人民芸術家（俳優・歌手）といったタイトルを与えることにより創作の奨励もするので、経済的な誘因を強調する典型的なインセンティブ理論は、こうした非経済的な誘因を説明するのに十分ではない[166]。つとにタルフォードが正確に上手く指摘したように、インセンティブ理論は特許と著作権とで偏差がある。特許の場合、インセンティブ理論にともなう正当化理論を構成するのはそれほど難しくはない。発明技術を発明者の許諾なしに使ってしまう場合、発明の動機が大きく損なわれるということは、難なく理解できるからである。したがって、特許の場合、一定期間独占を許容するのは、特許権者に十分な先使用権を許容し、合理的に報賞を得させるものであり、インセンティブが与える確実な効用への異見は特になかった[167]。特許は国家と発明者との間に経済的な報賞制度への確実な契約関係が形成されており、特許権保護の根拠に自然権的な接近や道徳的な根拠が、特に必要とは考えならなかった[168]。しかし、著作権の場合には出版市場が拡大するにつれ、経済的要因と保護の必要性が大きくなったのは事実だが、経済的要因のほかに、審美的要因も無視すること

165　同上 pp. 1315-1316。

166　社会的誘因または社会的効用については、Jeremy Waldron, "From Authors to Copiers-Individual rights and social values in intellectual property", edited by David Vaver, *Intellectual Property Rights*, Routledge, 2006, p. 128 を参照。

167　特許の保護期間が著作権に比べ相対的に短いのも、特に異見はなかった理由の一つだったとしている。Seville、前論文（注42）pp. 53-54。

168　同上 pp. 52-53。

はできなかった[169]。剽窃をしてでも出版しようとする剽窃者の場合、剽窃に
ともなう経済的利益より、時には当該分野の権威や専門性を先占しようとす
る誘因の方がより大きくもあり、これもまた、非経済的誘因と言えるだろう。
このように特許権とは異なり、著作権は経済的誘因理論だけでは不充分さを
感じるしかない限界がある。

　3、インセンティブ理論は非常に米国的な理論であり、全世界的な共感を
呼ぶには充分でない点がある。特にこれを論拠にして世界的な規範が形成さ
れるときには、法的安定性が阻害される蓋然性がある。インセンティブ理論
を適用した米国の法改正が、具体的に米国内で法的安定性を深刻に損なうと
いう理由から、激烈な論争に遭遇したことがある。既存の著作権保護期間
に更に20年を足した著作権保護期間延長法（Sonny Bono Copyright Term
Extension Act、以下では「CTEA」とも表記する[170]）の違憲性の是非が争点
になったとき、米国連邦大法院は遡及立法ではなく、合憲だと判決した[171]。
ところが、これを支持する人々[172]と反対する人々[173]との間に深刻な論争が繰
り広げられた。結果的には連邦大法院が違憲ではないと判決する過程で、イ
ンセンティブ理論が法律的な側面よりは、米国経済のための政策的な考慮
の側面に相当偏っているという批判を受けた。米国の連邦上院議員ハッチ
（Orrin G. Hatch）は、米国憲法で「科学と有用な技術の進歩を増進する目的」
というとき、その目的には新しいものを創作するインセンティブのほかに、
すでに存在する作品を保存、流布、向上させるインセンティブを与えるため
のものも含まれていると主張した[174]。ハッチ委員がこのように主張したのは、
著作権保護期間が満了する時期に、著作権を保有している者（出版社など）

169　同上 p. 53。

170　17 U. S. C. § 302 (2000).

171　Eldred v. Reno, 239 F. 3d 372 (D. C. Cir. 2001), cert. granted sub nom. Eldred v.
　　Ashcroft, 534 U. S. 1126 (2002), and amended by 534 U. S. 1160 (2002).

172　例えば、Orrin G. Hatch and Thomas R. Lee（共著論文）, Mark A. Lemley 等がある。

173　例えば、Ray Patterson, Paul J. Heald, Suzanna Sherry 等がある。

174　Orrin G. Hatch and Thomas R. Lee, "To Promote the Progress of Science: The
　　Copyright Clause and Congress's Power to Extend Copyrights", 16 *Harv. J. Law & Tec.*
　　1, p. 3 (2002).

58　第1部　総　論

の投資意欲が減じること[175]を防ぐための苦肉の策として、著作権保護期間を
延長すべき必要性があり、これに対し遡及的な延長ではないかという批判に
さらされたのである[176]。ハッチ委員は著作権保護期間が終わる頃に巨額を投
資した場合、著作権者からその著作物を買入れた出版社らが、投資金額の回
収に時間が十分でないため、保護期間を延長しなければ、保護期間が満了す
る頃に著作物の流布を阻害することになり、よくないと主張した[177]。しかし、
このように著作権保護期間が満了する頃に、投資者を保護するために保護期
間を延長しなければならないという論理に立つなら、再び延長された保護期
間が満了する頃に、投資した人々はどうやって保護するのかという問題がま
たしても生じる。そうしていけば、著作権が物権のように永久に保護される
結果が発生するかもしれない。また、著作権保護期間が満了する頃に、投資
する人の場合、著作物の保護期間がいくら残っているかを認識して投資する
のが常識であり、その危険は投資者が引き受けるのが正しい。したがって、
保護期間がいくらも残っていない状況で、巨額を投資した無責任な投資者を
保護するために、遡及適用という汚名を被ってまで、著作権保護期間を延長
することが妥当かは疑問である。このような批判に、ハッチ議員も著作権保
護期間延長法を擁護することは、法律的な問題ではなく、米国経済を支援す
るという点から、政策問題だと失言するほどであった[178]。このように、著作
権保護期間の延長が法的問題でなく、政策問題だとするなら、米国が政策的
目的から、世界の市場を構成する他の国々にその法を適用する過程で、他の
国の相当な反発を呼び起こし得る。ハッチ議員は著作権保護期間満了までい
くらもないときに、巨額を投資した投資者を保護しなければならないと力説
するが、これは世界が一つの市場となった現実に照らして見るとき、妥当で
はない。例えば、ディズニーのキャラクター、ミッキーマウスの保護期間が
満了になるのを待って、すなわち、それが共有資源になるときまで待って、
事業をはじめようとする企業があれば、こうした企業の期待も法が保護しな
ければならない。ところで、著作権保護期間延長法のように、突然、既存の

175　同上 p. 16。
176　Lemley、前論文（注 157）pp. 133-134。
177　Hatch & Lee、前論文（注 174）p. 16。
178　同上 p. 6。

著作物の保護期間を延長する法案が通過することにより、その企業は予想できなかった打撃を受け、現行法の保護期間を信頼し事業を準備してきた、こうした企業の期待を投げ捨て、不注意な企業の期待を保護するのであれば、法的安定性が大きく損なわれ不当である。こうした論理は、企業以ほかに個人消費者にも適用できる。すなわち、ディズニーのキャラクターの消費者である大衆も——特に世界市場の下では、米国以外に他の国の消費者らもこれに該当する——ミッキーマウスの著作権保護期間の満了と利害関係がある。ミッキーマウスの保護期間が満了すれば、ミッキーマウスを利用した各種製品の価格が下がるからである。

4、インセンティブ理論は過度なインセンティブにより、この理論が意図する新しい創作意欲を高めるより、かえって引き下げる逆効果が生じるという指摘がある。米国の憲法上、著作権の正当化理論の代表であるインセンティブ理論は、発明者や著作者が人類の文化を豊かにできるアイデアを、1人だけでもっていないで、積極的に外部に提供するよう奨励するために、インセンティブを与えようというのである。ところで、インセンティブを与えるための仕組みである著作権保護期間延長法のようなものは、新しい創作と発明を促進するよりは、既存の創作物と発明品とに安住する現象を加速する余地がある。これは、知的財産権制度の究極の目的である技術発展、豊かな文化の享有という理想に相反する。インセンティブの対象を創作者から、これを管理・流布・商品化する者にまで拡大するものに変質してしまったからである[179]。

5、ハッチ議員はこのような保護期間延長が、最初の創作者の創作インセンティブを増進する効果もあると述べる[180]。しかし、最初の創作者へのインセンティブは、はじめに保障された著作権保護期間でもって充分である。そして、著作権保護期間延長法のように、著作権者から著作権を引受けた業者を保護するために、既存の保護期間を延長するのは、遡及延長という攻撃に対する防御としては役不足である。

インセンティブ理論は知識を保護するために、知的財産権を与える合理的

---

179 Lemley、前論文（注 157）pp. 130-131。

180 Hatch & Lee、前論文（注 174）pp. 20-21；Lemley、前論文（注 157）p. 134 の脚注 15。

60　第1部　総　論

な理論であることに違いない。特に実定法律により、保護と制限という柔軟
性を発揮できる長所がある。しかし、創作者らの創作動機への多様性を充分
に包容できず、経済的インセンティブのみを重視している。したがって、発
明を保護する特許権と異なり、芸術的創作行為を保護する著作権は、経済的
な誘因のみでその権利を正当化するのに難しさがある。何より、米国の連邦
憲法の知的財産権保護条項の根拠となった理論として、米国の著作権産業を
保護するために、著作権保護期間を延長する法律を制定し、それに関する違
憲論議であらわになったように、世界市場の観点から法的安定性を損ない得
るという批判から自由ではない。また貧しい者はますます貧しく、富める者
はますます富む二極化現象を加速するだけでなく、結果的に資源の効率的配
分も阻害し得るという批判が説得力を持ち得る。

　（イ）　効率的配分理論（Efficient Allocation theory）

　資源を効率的に配分するために、著作権を保護する必要があるという効率
的分配理論は、法経済学者であるポズナー教授が本格的に主張した[181]。実際、
ポズナー教授以前にも、希少な資源を効率的に使用するようにするには、共
有よりは私有の方が一層効果的だと主張した学者もいた[182]。

　米国連邦法院もポズナー教授の理論を借り、法的に保護しなければ、誰も
が費用を支払わずに使用することになり、その価値がゼロに近づくため、乱
用を防ぐために権利を保護しなければならないと判決した例がある[183]。他人
の創作物を勝手に使用できなくすれば、その創作物の効用価値を上げること
ができるというのである。このように、人為的に乱用を防ぐという点で「人
為的な希少性（artificial scarcity）」という概念が重要になった。

　この理論は、誰でも費用を払わずに、使いたいだけ使うことのできる共同

181　William M. Landes and Richard A. Posner, "An Economic Analysis of Copyright
　　Law", *J. Legal Stud.* 18, p. 325（1989）.

182　Mark F. Grady, "A Positive Economic Theory of the Right of Publicity", *UCLA
　　Ent. L. Rev.* 1, 97, pp. 99-100（1994）（原出所：Harold Demsetz, "Toward a Theory
　　of Property Rights", *Am. Econ. Rev.* 57, 347, p. 356〔1966〕；Ronald H. Coase, "The
　　Lighthouse in Economics", *J. L. & Econ.* 17, p. 357〔1974〕）.

183　Matthews v. Wozencraft, 15 F3d 432, 437-438（Fed. Cir. 1994）.

財産とする場合、まるで羊が草を食むように牧草地が荒廃することになり、これを私有化してのみ、荒廃せず、適切に使用できるだろうという生物学者ハーディン（Garrett Hardin）の理論から出発している[184]。こうした理論は、シカゴ大学ロースクールのポズナー教授とランデス（William M. Landes）教授の共著論文で知的財産権の哲学的基礎理論として利用されている[185]。

効率的配分理論の検討

効率的配分理論は経済学分析枠により法を理解する、いわゆるポズナー教授の追随者らを中心とするシカゴ学派と少数の学者のほかには、米国内でも幅広い支持を得られずにいる。効率的配分理論の説得力が落ちるのは、著作権という権利の性格を適確に理解できていないところに起因するものと見られる。

1、著作権を含む知的財産権は「共有地の悲劇理論」が必ずしも適用されない[186]。共有地の悲劇理論は有体財産には適用できても、知的財産権のような無体財産には、その適用が難しい点があるためである。土地のような有体財産とは異なり、精神世界の領域である知的財産または知的創作物では、排他的使用があり得ず、「私が使用することが、あなたが使用することを妨害しない（my use does not interfere with you）」ということが可能である。乱用で資源が荒廃するだろうという恐れは、有体財産には妥当であっても、無体財産には必ずしも妥当ではない[187]。こうした反論は、特に情報化時代、

184　Lemley、前論文（注157）p. 141（原出所：Garrett Hardin, "The Tragedy of the Commons", *Science* 162, p. 1243〔1968〕）。

185　William M. Landes and Richard A. Posner, "Indefinitely Renewable Copyright", 70 *U. Chi. L. Rev.* 471, pp. 475-485（2003）.

186　知識を知的財産権として保護することを、精神世界にある見えない共有物に対するエンクロージャー運動に比喩した学者がいる。James Boyle, "The Second Enclosure Movement and the Construction of the Public Domain", 66-SPG *Law & Contemp. Probs.* 33, pp. 36-40（2003）. ボイル教授によれば、知的財産権においてハーディン（Hardin）が言及した共有地の悲劇は発生しなかった。かえって共有地はよりよく利用されたと述べている。Boyle、同上 p. 36。

187　Carol M. Rose, "The Public Domain : Romans, Roads, and Romantic Creators : Traditions of Public Property in the Information Age", 66 *Law & Contemp.* 89, p. 90（2003）.

62 第1部 総 論

インターネット時代に入ってからは一層説得力がある。インターネットの領域では、場合によって多くの人々が参加し利用することが、かえって相乗効果をもたらすという点から、伝統的な効率的配分理論の共有地の悲劇という論理は、一層その立場を失うことになった[188]。

　2、著作権は他の知的財産権に比べ、社会的な産物という性格または文化的な産物という性格が強い。著作物は特許や商標のように特定人の研究室や個人的な空間で、1人だけの努力によりつくられるよりは、社会・文化の構成員との相互関係のなかでつくられ、その社会と文化の一部として機能する場合が多い。したがって、他の知的財産権のように創作者に専有できるよう、許容する必要性または当為性は少ない。そのため、大衆がそれを乱用したとしても、他の知的財産権とは異なり、著作物をつくった創作者だけが犠牲になると断定するのは難しい。なぜなら、大衆（消費者）が、文化的な産物である著作物が誕生しその価値が増大するのに、寄与した自らの分を使用したと見ることができるからである。

　3、効率的な配分理論でも、それが追究する効率性を達成できない場合がある。すなわち、権利性を認め、私有化を許諾し独占的使用を保障してやれば、効率的配分理論が追及する効率性がよくなるだろうか。必ずしも、そうではない。著作権を過度に保護すれば、かえって生産性と競争性とを阻害することになり、結果的に本来追究しようとした効率性を喪失することがある。これは上述でのインセンティブ理論で、インセンティブが特に著作者に対するものでなく、知的財産権を管理、流布、産業化する者のためなのだとするとき、インセンティブを過度に強調すれば、かえって、すでに保護されている知的財産権に安住し、新しいものを創作する誘因をなくすことにより、新たな創作を奨励するためのインセンティブ理論本来の価値を失うことになるという批判と一脈相通じている。

　4、効率的な配分理論は経験的な証拠が足りないという批判を受けている。実際、効率的な配分理論には、この理論に馴染みのない法律家らが越えねばならない仮定が多い。法経済学が現実の法律問題を正確に把握できなかったという批判は、ポズナー学派のさまざまな試みと反論にも、それらが現実に

188　Boyle、前論文（注186）pp. 62-63；Rose、同上（注187）pp. 100-102。

検証されたことがないという理由から、依然として有効である。この点から、効率的な配分理論が説得力をもつには、より強力な具体的な証拠が必要である[189]。一般的に法経済学が刑法や環境法といった法領域では、制度導入にともなう犯罪の増減、汚染の増減などを計量化し、提示することができるので、分析枠が比較的、説得力があるかもしれない。しかし、知的財産権の分野では、成果物である社会福祉の増減を計量化し提示することが難しいため、説得力が弱いのは事実である[190]。さらに、特許権のように技術発展に直間接的に寄与する知的財産権は、それなりに、新しい発明により増加する社会福祉が、産業と技術の進歩という側面である程度計量化が可能である[191]。しかし、著作権の場合、結果物としての社会福祉は、文化の向上、個人の欲求充足といった主観的なものであり、計量化するのが一層難しい。このように社会的な産物としての性格、文化的な産物としての性格が強い著作権では、効率的な配分理論が、その根拠をなす理論となるには無理な点が多い。

ウ．まとめ

ヨーロッパを中心とする西欧世界では中世時代を終え、人間と個人の個性を重視する思想の流れが、自然と創作的知識に対する保護へとつながっていった。その出発は出版特権から始まったのだが、すぐに、叙述家への権利付与の形へと発展した。この過程で著作権という以前にはなかった権利が登場するのだが、これを法律がなくても認められる自然権と見る視点と、法律があってはじめて創設される成文法上の権利と見る視点とに分かれ、それぞれ、大陸法系と普通法系の伝統として継承されていく。

189　Hughes、前論文（注98）p. 180。

190　George L. Priest, "What Economic can Tell Lawyers about Intellectual Property: Comment on Cheung", edited by Richard O. Zerbe, Jr., *Research in Law and Economics vol. 8*, JAI Press, 1986, p. 22。

191　Cheung という学者は主に特許制度を対象に、ポスナー学派を批判していたのだが、これについては、Cheung、前論文（注116）pp. 6-15 を参照。

Ⅲ. 東洋の伝統 —— 倫理の構造

　西洋では財産権を付与する仕方により知識を保護してきたため、以前には
なかった権利・義務関係を生む、新しい財産権の正当化理論、すなわち哲学
理論が必要とされた。誰かに排他的権利を付与するということは、その人を
除いた他の人々が義務を負うということを意味する。さらに、その義務に違
反した場合、強制力がともなう法的責任が課せられるのなら、そうした新し
い制度をつくるときには深刻な抵抗がともなうのが常であるため、その抵抗
を相殺するための理論が必要となる。この点で財産権を付与する仕方により
知識を保護してきた西洋では、これに関する正当化理論が哲学論議として発
展した。

　その反面、知識に対する特定人の財産権観念が発達せず、先代から後代へ
と伝承されるものと理解していた儒学思想を共通の思想基盤とする文化圏
（東洋）では、財産権に関する正当化理論は必要でなかった。しかし、知識
を財産として保護しなかったものの、他人の知識を勝手に自分のものかのよ
うに引用することを容認する文化ではなかった。それが可能であったのは、
財産または財産権ではない、倫理として規律されていたからである。個人対
個人の関係を権利と義務とで規律するのではなく、個人を超える社会的規範
として、学問倫理または著述倫理の形で発展してきたのである。他人の知識
が保護されるという結果は同じであるが、他人の知識の保護を目標にしたと
いうよりは、倫理がもたらした産物という点で違いがある。

　倫理として規律される文化の下では、倫理を正当化する理論が、新たな権
利または財産権を創設するために、哲学的正当化理論を必要とする場合に比
べ、それほど顕著に発展しないのが常である。それは、突然、新しい排他的
権利をつくるのでなく、長い期間にわたって蓄積されてきたため、正当化理
論をつくることが、かえって改まったことと見られるからである。例えば、
孝に関する実践倫理とは別個に、それを哲学的に正当化する理論が相対的に
注目されないことと同じである。儒教文化圏で孝は、ほとんど先験的に与え
られた固定された定数のように理解もされる。

　こうした理由から、倫理的伝統として発展してきた東洋の知識保護の伝統

は、財産権の伝統として発展してきた西洋とは異なり、別途に哲学的考察を行わなかった。代表的な儒教文化圏に属する中国、日本、韓国の知識保護の伝統を考察することにより論を進めることにする。

1. 儒教文化圏に共通する背景

西欧の伝統とは異なり、中国をはじめとする日本と韓国はほとんど外部、すなわち西洋世界の圧力により、著作権法を採択した伝統があると理解されている[192]。繰り返して言えば、著作権制度が社会の必要によりつくられたものではなく、外部的な要因により、移植されたと見ているのである。著作権制度が長い期間にかけて誕生した西欧とは異なり、外部から移植された国では、この制度が定着する過程で、葛藤と衝突が深刻であった。移植された制度ということ以外にも、移植が短期間のうちに行われることにより、法と現実との乖離が大きかったからである。

しかし、著作権という異質的な制度が外部から移植されたことにより、すぐに、儒教文化圏国家には知識を保護する伝統がなかったと断定するのは、妥当でないだけではなく、危険でさえある。歴史の長い東洋でも、財産権の形の西欧的財産権ではなくとも、知識または創作物を保護する認識は明らかにあった。これを西欧的著作権の視点から見るなら、少なくとも著作権を支持するものであれ、著作権に反するものであれ、これに関する議論があったことは明らかである。

知識を保護する伝統とは異なる次元で、著作権制度と意識の不在を越えてこれを否定する伝統は、今日私たちの著作権への意識を照らし出し、制度化する上で克服しなければならない問題でもあるのだが、著作権の保護と公正な利用との間で、適正な均衡点を模索する上で、非常に重要な要素として働いてもいる。

中国の知識の私有化または著作権に関する否定的な見解は、多分に儒教的な伝統に基盤をおいたものと理解される。具体的には、儒学思想から知識の保護観念を導き出そうとする試みがある。中国にその源を発する儒学思想が、韓国の性理学にも綿々とつながっているため、上述のような試みは、韓国の

---

192 Jackson、前論文（注9）p. 607。

66　第1部 総　論

知識保護の伝統を理解する上で非常な助けとなる。特にこうした思想的な淵
源が、朝鮮時代後期の実学思想に至り、いかなる変化を見せているかを考察
すれば、韓国と中国との違いを発見することができ、研究は一層興味深いも
のとなる。

　中国と同じく、伝統的に韓国と交流が多かった日本もまた、大きく見て儒
教文化圏の国家だと言える。日本の場合、西欧の制度である著作権が移植さ
れる過程で、中国や韓国より葛藤をともなう要素が、相対的に少なかった理
由が何なのかを考察することも、我々の認識を理解する上で間接的な助けと
なるだろう。日本の場合、中国や韓国よりは相対的に西欧資本主義の歴史的
発展過程（封建制と資本の蓄積段階）に類似する歴史的経験がある。この過
程で西欧のような著作権の歴史があるのかを考察することも、また興味深い
点である。

2.　中　国

　知的財産権または著作権に関する東洋的伝統だけでなく、一般的な知識保
護に関する儒教文化圏の伝統を扱った国内研究を探すのは難しい。それはお
おむね著作権という制度が植民地時代に日本を通じて入ってきたとか、1945
年の解放後、主に米国によりに制度化されたと見る見地から、著作権制度の
歴史を西洋的な伝統を中心として理解するか、韓国の場合には著作権法が制
定された以降に制限されたためと見られる。しかし、著作権または知識保護
の観念は、文化を対象とするものとして似通った文化的経験を共有する文化
圏内では、それに関する意識も似通った発展をする。したがって、私たちと
地理的に隣接した中国の知識または知的創作物保護の伝統を考察することは
意味がある。

　中国の知的財産権の伝統または知識保護に関する意識を探るに足る資料は
多くない。ただ、最近になり、西欧の著作権の観点から中国の伝統に光を当
てた中国の学者の論文と、中国の外で中国の知的財産権の観念を研究した米
国学者の著述いくつかが目につく[193]。著者の国籍には違いがあるが、著作権

193　代表的な著述は以下の通り。呉漢東「関于中国著作権法観念的歴史思考」『法商研究』
　　中南政法学院学報、中国、1995 年、第 3 期、44-49 頁；Alford、前掲書（注 9）；Ocko、
　　前論文（注 9）；Aoki、前論文（注 86）。

という制度が多分に西洋のものであることを前提に、中国にこうした制度と
関連する意識があったかを考察するという点では共通している。

　紀元前5世紀ごろに活動した孔子も、自分は知識の創造者というよりは、
伝達者であると述べた。中国の偉大な思想家らは、新しいものを発見したり
主張するよりは、過去の聖賢らの知恵または知識を解釈する能力によって評
価された。知恵は過去から出てくるものであるため、学者らの任務はそれを
発掘、保存、伝達することと見たのである[194]。学者らは当時の評価と後世か
ら受ける尊敬とをそれへの報賞と考えていた。

　さまざまな変化が全くなかったのではないが、西欧と比較するとき、知識
に関する観念は大きな変動なしに続いていった。秦の始皇帝の焚書坑儒事件
をはじめとし、時代別に政治的理由により禁書命令を下したり、知識の流布
と流通を統制する場合もあったのだが[195]、これは中世の教会権力の異端に対
する取締まりと、世俗権力の特権付与にともなう思想取締まりと大きく異な
らなかった。

　異色なものとしては、象形文字である漢字の特性に知識の共有意識の根拠
を求めるものがある[196]。中国では、ある独特な表現を自分のものとする思考
風土が非常に弱く、それは漢字という文字の特性から由来する。中国文化の
源である漢字は、自然の形象をなぞった象形文字であり、長い期間にわたっ
てつくられ、知恵と知識の宝庫だと言える。中国の思想と文化が漢字という
文字に凝縮しているという点から、知識を特定人のものとして保護するとい
うことは想定し難いことである。この点から中国ではいかなる人も知識を独
占すると主張し、他人の使用を妨害することはできなかったし、取引の対象
となったものは、ただインクと紙とそして本だけであり、本のなかに入って
いる考えと表現は、決して所有の対象とならなかったとするヘッセ（Carla-
Hesse）の指摘は正確である[197]。

194　Alford、前掲書（注9）p. 25。
195　唐（618〜907年）の時代、王権を守るために書籍の自由な流通を禁止する法があっ
　　たのだが、代表的なものとして835年に私的な暦書の出版を禁止する皇帝の勅書である。
　　宋（960〜1179年）の時代、印刷産業を規制し、政府が許可した印刷工場でだけ出版で
　　きるようにした。Hesse、前論文（注16）p. 54。
196　Alford、前掲書（注9）pp. 25-29。

68　第1部　総　論

　中国の出版文化は西洋に決して引けをとらない。紙が西洋よりも先につくられたのは、その端的な例である。印刷術の発展と出版市場の拡大とが、西欧の著作権制度を胎動させたのであるなら、中国ではそれよりはるか以前から書籍販売が活発だったという点に注目しなければならない。中国ではすでに11世紀に相当な水準で、書籍が取引されていたという根拠がある。さらにこの時期（宋王朝）に「翻刻または重刻を許さず」という文が発見されるのだが[198]、これは今日の違法コピーへの警告文と似ているように見える。ところで、西欧と同じく出版社の権益をただ保護するだけで、これを著作権または財産権の概念として理解することはできない。中国の著作権制度を研究してきた中国の学者である呉漢東によれば、中国も西欧と同じく著作権概念の萌芽が、出版者の権利であったことを過去の文書から明らかにしている[199]。紙の発見と印刷術の発展では西洋に比べ決して劣っておらず、かえって先をいっていたと言える中国で、出版文化が活発に花開き、出版市場が活況を呈したことは、さまざまな文献により考証されている。この過程で違法複製で出版者の間で紛争が発生したのは、上述で見た英国でと異ならない[200]。しかし、英国やフランスと異なり、これが即出版特権と著作権法へと発展しないのは、経済的な面よりも精神的な価値をより重視し、金銭よりは志を立て出世することをより高く見ていた中国の伝統概念と無関係ではない。権利意識よりは義務を重視する伝統意識とも関連があるだろう[201]。

　一方、社会主義または共産主義体制を採択するはるか以前から、中国は個人よりは家庭と国家を重視する集産主義的性向の強い社会であった。西欧で知識の保護、著作権観念の誕生が、個人主義思潮の登場と関連が深いという点から見るのなら、中国のこうした文化は、知識を保護するための著作権制度を要求しなかったものと思われる。

　中国でも占星術に関する本、預言書、暦書と公式の公文書、王朝の歴史、公職者となるための試験書といったものは、政府が特定人にその出版を許諾

197　Hesse、前論文（注16）p.52。
198　呉漢東、前論文（注193）46頁。
199　同上。
200　同上。
201　同上46-47頁。

したという点から、西欧の特権制度と似ていると言える。また特権を与えた目的が不穏思想の流布を禁止しようとする事前検閲にあったという点でも、西欧的伝統と大きく異ならなかった[202]。中国のこうした伝統は、西欧世界と本格的な交易をはじめた18世紀まで続いた。また、正確に言えば、すべての私有財産を国有化した共産主義革命期まで維持されたいた。

先にロシアなど社会主義の国家圏での例を考察したように、共産主義体制の著作権観念は、労働を素材とするという点から、ロックの労働理論と一定部分理念を同じくし、労働のなかでも社会的労働を強調するコンドルセの理論とも類似している。知的創作物を社会的な産物と見る傾向が強いのであるが、知識の私有化を認めなかった中国の伝統は、このような社会主義または共産主義の著作権の観念とも一脈相通じている。

こうした知識の社会性に加え、金銭的・経済的誘因ではない、栄誉称号といった非経済的誘因により創作を奨励してきた社会主義の伝統が重なり、社会主義体制下の中国は、知的財産権に関する西欧の伝統との距離を相変わらず維持していた。こうした観念は、外国著作物への認識でも違いは見られなかった。米国などから海賊国家という汚名を着せられるしかない、社会文化的な環境が持続していたためである。しかし、中国に市場経済が導入され資本主義経済体制が浸透していくにつれ、交易が避けられなくなると、中国は西欧世界から知的財産権を保護するようにとの圧迫を絶えず受けることになる。代表的の例として米国は1980年代の後半、中国に各種の経済的制裁と最恵国待遇の更新を拒否、世界貿易機構（WTO）への加入反対といった圧迫手段を動員し、知的財産権の保護を強力に要請するようになった。その結果、2001年に中国はWTOに143番目の国として加盟したが、米国の努力にもかかわらず、中国の海外著作物の海賊版による侵害行為は、減少する気味は見られなかった[203]。最近は、韓流商品の違法侵害物が氾濫し、米国だけでなく韓国も、中国に知的財産権の保護を強力に要請しているのが実情である。これは同じ儒教圏の国家として知識保護、知的創作物保護に関する伝統を大部分共有している両国が、歴史的な歩みを異にすることになった意味あ

202　Alford、前掲書（注9）p.13。

203　Peter K. Yu, "From Pirates to Partners (Episode II)： Protecting Intellectual Property in Post-WTO China", 55 *Am. U. L. Rev.* 901, pp.999-1000 (2006).

70　第1部　総　論

る現象である[204]。

　一方、上述では主に著作権を財産権的側面で把握したのだが、精神的側面
から見れば、中国にも古くから剽窃を禁止し禁忌視する文化があった。唐の
文士であった　柳 宗元 （773-819）は、当時すでに剽窃という言葉を使用し、
他人の文章を引用し一貫性のない文章を書くことを批判している。

> 『文子』12編は老子の弟子の書であるとされている。この書には時に取
> り上げるに足るものがあるのだが、主旨はすべて老子の思想を根本としてい
> る。しかし、この書をよく見てみると、おおむね雑な感じがする。体系
> と条理のある部分は少なく、他の書を剽窃し、書き加えた部分が多い。孟
> 子と管子など何人かの書を剽窃したところが見えるのだが、優れた他の部
> 分と合わない。その考えと文章とが均一でなく食い違っている。他の者が
> 付け加えたのかもしれない。でなければ、多数の者があれこれ集めてつくっ
> た書なのだろうか[205]。

　南朝の文学批評家である　鍾 嶸は自らが編んだ『詩品』に、詩人宝月の詩
「行路難」を収録したのだが、「行路難」は本来、紫廓が詠ったもので、紫廓
の家にいつもやってきてとどまっていた寶月が、ついに紫廓が死ぬと、彼の
詩を盗み自分のものにしたということを明らかにした[206]。

　上述に挙げた事例は長い中国の歴史に比べれば、ほんの一幕に過ぎないが、
この話を通じ、中国でも知識を財産権または著作権として、保護しようとす
る認識が弱くても、剽窃を容認する文化では決してなかったことは十分理解
できる。

204　Alford、前掲書（注9）pp. 95-111。アルフォード教授によれば、中国と韓国は同じ
　　儒教文化の伝統の下にあったが、20世紀の中頃以降、互いに異なる道をたどることになっ
　　たとしている。中国は共産主義体制を導入し、私有財産制度を廃止することにより、知
　　的財産権制度に持続して好意的な態度を見せていないが、台湾が中国と違いを見せてい
　　るように、韓国も知的財産権に関する限り、中国とは異なることになったとしている。
205　柳宋元『柳宋元集1』（中国）오수형、이석형、홍승직訳、소명出版、2009年、161頁。
206　呉漢東、前論文（注193）45頁。鍾嶸によれば、紫廓の息子が訴訟を起こそうとしたが、
　　大金をもらってやめたと言う。

3. 日 本

　本書で日本の伝統思想に現れた知識保護に関する思想全般について語るのは難しい。その代わり、近代法の継承過程で、韓国に少なくない影響を及ぼした日本の著作権法を中心として、知識保護の伝統を考察してみたいと思う。

　19世紀末から20世紀初にかけて、日本を通じて韓国に西欧の文物が入ってきたとき、著作権という概念も一緒に入ってきた。韓国最初の著作権法である韓国著作権令が、日本帝国の統監部法令の一つとして公布、施行され、日本の著作権法が韓国にそのまま適用された。日本が韓国を併合した以降は、日本の法が韓国にそのまま施行されたという点から、韓国の著作権法の歴史を研究するとき、日本の著作権法史は必ず最初に考察してみる必要がある[207]。1945年の解放以降も、韓国の著作権法は相対的に他の国よりは日本の著作権法を多く参考にしていた。したがって、日本の著作権法の議論と判例とは、韓国に引き続き影響を与えてきた。特に、同じ儒教文化圏に属した国として、近代化を通じて西欧的な価値を受け入れる過程で、既存秩序との葛藤を同じように経験したという点でも、日本の知識と著作権の観念は、私たちに示唆するところが大きい。日本の知識保護と著作権の伝統を考察しなければならない理由がそこにある。

　中世ヨーロッパで、思想の検閲手段として無分別な出版を禁ずるために、出版業者に独占権を与え、それが著作権の萌芽となったのだが、日本でもこれと似たものを見いだすことができる。江戸時代の末、京都、大阪、江戸の三都市に中世ヨーロッパの出版ギルド（組合）と似通った本屋仲間が結成されていた。本屋仲間内の本屋を通じなくては出版が認められなかった。本屋仲間は今日の著作権侵害と似た重板、類板の異議申立てを仲裁したり、検閲機能も果たしていた[208]。本屋は通常、出版と販売を担いつつ、その過程で版木を所有していたのだが、それを蔵版と呼んだ[209]。版木の所有者である本屋が本を複製する権利をもつのだが、本屋は今日の言葉で言えば、出版権者に当たるだけで、著作権者とは区別される。蔵版も今日著作者に与えられる著作権と見ることはできない。ただ、ヨーロッパでは日本の蔵版と似た特権が

207　朴성호『著作権法の理論と現実』玄岩社、2006年、40頁。

208　大塚重夫『著作権を確立した人々』成文堂、日本、2005年、4-5頁。

209　同上。

72 第1部 総 論

判決を経て、著者らの権利へと発展したが[210]、日本ではそのような歴史的発展をたどらなかった。かえって、近代的意味の著作権、すなわち著作者に与えられる著作権は中国、韓国と同様に、外国勢力の圧力により導入された見るのが一般的である。

著作権が外国勢力により、移植された制度だということのほかに、知識または知的創作物への日本人の伝統的な意識や情緒を推論できる資料を見つけるのは容易ではない。日本での議論も主に開国以後に集中しているのは、著作権という制度が開国した後に、日本の知識人らがヨーロッパの文物を導入するときに一緒に入ってきたためと理解できる[211]。

開国以後、日本は西洋世界と不平等な協定を締結したのだが、著作権との関連でもその余波が及んだ。具体的には1895年に英国、米国、イタリアとの貿易関税協定を締結し、1896年にドイツ、フランス、オランダと協定を締結したのだが、こうした協定により、日本は著作権を含む知的財産権を保護する法を制定する義務を負うことになった[212]。日本が1899年に著作権法を制定し、同年、著作権に関する世界最初の国際条約であるベルヌ条約に加入したのは、上述のような西洋諸国家と協定を結んだ結果だと言える[213]。1886年、ベルヌ体制が始まった後、約100年以上が過ぎた1988年にはじめて米国がベルヌ条約に加入したのを見ても、知的創作物の保護に関し、西欧のように合理的論議の過程を忠実に経ない日本が、いかに早く加入したかがわかる。著作権法制定とベルヌ協約加入の過程で、日本がどれほど外国勢力の圧力を受けたかは推して知るべしである。

一方、日本は開国とともに西欧文物を輸入するとき、米国よりは主にヨーロッパをモデルとしたのだが、その影響が日本の著作権法にも残っている。日本は著作権法を制定する当時、著作権の功利主義の伝統と自然権の伝統と

---

210 例えば、英国のミラー判決（注59）、ドナルドソン判決（注60）など。

211 박성호、前掲書（注207）41-47頁。パク・ソンホ教授によれば、日本において「版権」という用語が使用されたのは、木版印刷による出版物の印刷に着眼し、西欧のcopyrightという用語を版権という用語に翻訳したためだと見ている。

212 Geoffrey R. Scott, "A Comparative View of Copyright as Cultural Property in Japan and the United States", 20 *Temp. Int'l & Comp. L.J.* 283, p. 331 (2006).

213 同上。

の間で、多分に後者に近い文化的観点を重要なものと考慮していた[214]。これはフランスとドイツの法的伝統に影響を多く受けたためである。近代化の過程で日本と米国との基本的な文化的伝統の違いが、精神的な産物を保護への接近方式の違いをもたらし、それが法制の違いももたらした。日本の著作権法に著作者人格権が採択されたのは、その影響と言えるだろう。

　もちろん、日本の場合、中国や韓国とは異なり、上述のような外国勢力の圧力のほかに、西欧文物である著作権という制度を自発的に導入するための努力を傾けていた。代表的な人物としては、旧大韓帝国末期、朝鮮の開化思想家らに大きな影響を及ぼした、脱亜入欧の主唱者である福沢諭吉がいる。彼はヨーロッパの文物を輸入するとき、著作権制度を積極的に紹介した人物として、日本の著作権法の歴史において除くことはできない[215]。これは彼の個人的経験とも無関係ではなく、明治時代の福沢諭吉の著書の海賊版は大阪、京都などで、偽版20〜25万部が出回るほど、極めて深刻なほど横行していた[216]。福沢諭吉は『西洋事情外編巻之三』で、西洋の著作権（copyright）を「蔵版の免許」と翻訳し、これに対する詳細な解説をつけている。この本は慶応3（1867）年に『西洋旅案内』『西洋事情初編』の海賊版が出回ると、これを受けて、追加して発行したものである[217]。しかし、上述のように日本の学者の著作権に関する議論と努力にもかかわらず、19世紀末の日本の著作権法が自生的なものであったとは言い難い。それよりは強い外国勢力の圧力のためだったと見るのが妥当だろう。

　日本は明治維新以降と第二次世界大戦以降、西洋世界と競争しつつ、彼らを凌駕したいと思っていた。日本は現在経済大国へと成長し、知的財産権を他のアジア諸国に比べ、極めて強く保護する国となった。たとえ知的財産権は日本の自生的な制度ではなかったが、西欧の制度を積極的に受容することにより、今日の日本を技術大国、文化強国としてつくるのに大きく寄与して

214　同上 pp. 331-333、p. 362。

215　同上。

216　福沢諭吉の個人的な著作権侵害による被害経験と著作権権保護の主張の相関関係については、以下の文献を参照。石井正『知的財産の歴史と現代』発明協会、日本、2005年、160-161頁。

217　大塚、前掲書（注208）2頁。

74　第1部　総　論

いる。例えば、特許における出願前公開制度が、米国では特許技術が流出し
得るという点から批判されている。しかし、個人主義よりは集団主義を強調
する日本の文化では、かえって先行発明者と利用者との間でクロスライセン
シング（cross licensing）を締結することが多い。こうした企業文化は、日
本企業の技術発展を支える一要素となっている[218]。産業化の過程で技術先進
国と知的財産権侵害にともなう紛争が起きるのは避け難い。日本も例外では
なかったのだが、日本は産業化に成功した以降も、日本の企業間でまたは日
本と他国の企業との間で、知的財産権侵害による法的紛争では、判決を目指
すよりは、裁判に入る前または裁判中に和解により終結する場合が多い。こ
のようにクロスライセンシング契約（cross licensing agreement）で解決す
る傾向の原因を紛争を避けようとする日本の文化に求めもする[219]。

　個人よりは家族、集団、会社を重視する集団主義の性向の強い日本文化と
伝統は、儒教思想の影響を深く受けている。日本では昔から個人が属する家
門、集団を裏切ることに、厳格な代価をともなう文化があった。日本が世界
的な技術保有国であるのに、営業秘密を保護する法が1990年代にはじめて
つくられたのは、このことと無関係ではない[220]。もちろん1970年の末、1980
年代以降、こうした集団主義が日本でも急激に瓦解し、終身雇用という概念
が以前の時代に比べ、目に見えて弱まったのは事実である[221]。しかし、依然
として日本の集団主義文化は著作権や特許権といった知的財産権で、個人の
財産権としての権利を徹底して執行するよりは、クロスライセンシングのよ
うに共生する文化と制度として根を下ろしたものと見られる。

　この点から、日本は未だ著作権を私有財産権として認識し、保護する程度
が極めて不十分な中国とは異なる。また、個人的財産権として認め始めら
れて以降、急激に保護の強度が強まり伝統的な共有精神と激しい葛藤を引き
起こしている韓国とも異なる。しかし、19世紀末の開国以降、中国、日本、
韓国の著作権に関する発展の有様が多少異なるといっても、西洋世界と比較

218　Dan Rosen and Chikako Usui, "The Social Structure of Japanese Intellectual
　　Property Law", 13 *UCLA Pac. Basin L. J.* 32, p. 51 (1994) を参照。

219　Scott、前論文（注212）p. 362。

220　Rosen & Usui、前論文（注218）p. 54。

221　同上。

する大きな枠から見るなら、日本は韓国と同じく、漢字、儒教的社会倫理、仏教文化などで中国の影響を多く受けたことを否認するのは難しい[222]。近代化と産業化の過程における、対応する態度と速度に違いがあるが、同じ儒教文化圏で、相当部分の歴史と伝統を共有しているという点から見れば、知識保護の観念は日本も中国や韓国と大きく異ならない。

　一方、知識保護に関する著作権制度のほかに、剽窃禁止倫理または研究倫理で、日本には独特な文化がある。開国以降、西欧の文物を導入する過程で日本政府は、翻訳を重視する政策をとった[223]。学界もこれに応え、翻訳作業が学問の基礎となる傾向が強く、翻訳は日本の学界の土台を強固にした側面が明らかにある[224]。翻訳作業の難しさと価値を貶める考えはないが、原典の創造性がもつ価値を乗り越えることはできない。翻訳が模倣へと流れ西欧学問の追従へとつながるとき、剽窃禁止の倫理はより重要になる。翻訳を重視する日本の学問風土が、剽窃禁止の倫理にいかなる影響を及ぼしたかを研究してみることは今後の宿題として残したいと思う。ただ、名誉を重視する日本特有の文化が加わり、剽窃だと判明する場合、極端な選択をした例もあり、最近になって、研究倫理違反として、何年間にもわたる研究結果を再調査するなど、日本社会も剽窃と研究倫理違反の問題により、難しい時期を迎えていることは注視すべき部分である[225]。

4.　韓　国

ア．問題提起

　剽窃が学界を越え社会一般の関心事となった2000年代以降、剽窃疑惑に巻き込まれた当事者らの共通する弁解は、自分が論文を書いた当時は、今のように強化された研究倫理、著作権または知的財産権という概念はなかったというものである。ここで注目すべき点は、剽窃を著作権の問題へと還元し

222　同上 pp. 54-55。

223　学問方法論としての翻訳の重要性については、김용옥『切磋琢磨大器晩成』図書出版통나무、1987年、13-63頁を参照。

224　哲学者、キム・ヨンオッ教授によれば、日本では学者を評価する上で翻訳を一番の業績と評価していると言う。김용옥『東洋学　いかにするべきか』民音社、1985年、39頁。

225　박형준、前記事（注7）；한창만、前記事（注7）を参照。

76　第1部　総　論

ようとする試みである。

　後ほど見るように、剽窃と著作権侵害は区別される概念である[226]。その違いを知りながら、意図的にこうした言葉を使用しているのなら、それこそ「頭隠して尻隠さず」と言えよう。韓国の伝統には、他人の知識を著作権のような財産権の形で保護する文化が、それほどなかったことは事実である。しかし、倫理的な次元の規範や文化がなかったのではないという点で、剽窃を著作権の問題に還元しようとする試みは、本質を曖昧にするもので、自分だけ生き残ろうとして、韓国を未開な社会または国家とすることに他ならない。

　剽窃と著作権侵害との違いを明確に区分できず、また著作権に対する社会の関心と保護意識が生じてから、いくらも経っていないというふうに主張するのは、剽窃という鋭い批判を避けるのに適切な対策のように見えもする。しかし、剽窃と著作権侵害とは明らかに区分される概念であり、韓国の伝統のなかに、著作権という財産権制度は存在していなかったとしても、剽窃禁止の倫理は厳然として存在していたという点から、これもまた適切な抗弁とはなり難い。以下で剽窃への韓国の伝統を論ずる実益がまさにそこにある。

イ．著作権の伝統

　今日、私たちが一般的に使う著作権という法概念が、韓国の伝統から出てきた固有の制度とは言い難い。特に西欧により、または西欧の影響を受けた日本により、非自発的に近代化される過程で、導入された西欧の法制度は、明らかに私たちの伝統とは遊離・断絶したものであった。しかし、洋の東西を問わず、長い歴史をもった共同体に内在した文化は共通するものが多い。互いに異なるものと理解していても、その実、同じ場合がたまにあるように、知的創作物をめぐる概念または議論が、西欧の著作権概念と一致しようとしまいと、私たちの固有の思想と日常とに全くないと見ることはできない。ここで大事なことは、必ずしも著作権に一致する概念だけが、本書の研究対象ではないという点である。著作権に相反する概念があるなら、それがなぜそうなのかを研究することも本書の関心の対象である。

　韓国の思想、特に伝統的な法概念によれば、著作権と馴染みのない文化が

226　注 267-273 の当該頁を参照。

あったことは事実である。米国が英国とドイツなどの哲学と思想から多くの影響を受けたように、韓国も地理的に近い中国の思想の影響を多く受けたことは否定できない。特に中国の代表的な思想である儒学は、韓国を含む中国周辺の諸国家の法規範だけでなく、個人の法意識にも大きな影響を及ぼした。アルフォード教授の分析によれば、中国、台湾といった東アジアの諸国家で知識を共有し分かち合うことは美徳として知られており、特定人がこれを独占するのは、知識人（両班＝公職にない学者）の道理ではないと理解していたとされる[227]。こうした伝統は誰もが聖人になれるという前提の下で、先生が学生を教えるということは、厳密に言えば、ただ学生をして悟らせることであり、知識を与えるのではないという信から出発している。したがって、伝統的に先生が弟子を教えるとき、報酬を受けないことを原則としてきた。先に知り悟った者が、そうでない者にそれを悟らせる義務を負うため、教えることが権利にはなり得ないという論理である。

　国内の著作権法研究者としては珍しく、김윤명は、韓国の伝統思想のなかに著作権観念を見いだそうと努めている。彼は『論語』に出てくる「温故知新」という四字熟語について、新しいものの土台は昔のものであり、ただ昔のものをそのまま借用するのではなく、それにより新たなものを創り出すことだけに意味があると述べている。したがって、著作権という概念が存在しなかったとしても、昔から共有に対する認識はしっかり存在していたことがわかるとしている[228]。私たちの伝統思想のなかで、知識共有の場となる古典と経書を一種の創作の源泉と見て、共有資源と考える斬新な見解である。

　上述のような著作権不在の伝統は、技術の分野でもそのまま現れる。すなわち、西洋とは異なり、東洋において巨大な建築物や有名な絵画、彫刻といった芸術作品の作者はほとんど明らかになっていない。韓国の有名な高麗象嵌青磁、新羅の仏像など国宝級の工芸品のほとんどや、彫刻、絵画または建築物などに作家の名前が記録されていたり、その他の方法で残っているものはほとんどない。例外として書や文人画の場合、落雁を押す方法で著作者が表示されたが、創作行為にかかわった平民または賤民のほとんどが、結果物に

227　Ocko、前論文（注9）p. 562。

228　김윤명「パブリックドメインの理解のための概略的考察」『創作と管理』49号、2007年秋、139頁。

78 第1部 総 論

名を残すということは、想像することさえ難しいことであった。韓国の伝統
では、創作者らが自らを新しいものの創作者というよりは、先代から学んだ
ものを次の代に伝える伝達者と考えていたためである。伝達者が自らの名前
を残さないことが、かえって当然なこととして受け入れていたのだろう。あ
の孔子さえも弟子らに教えるとき、自分は創造したのでなく、伝えているの
だと述べたという[229]。このように過去の韓国で、創作物は独占的な私有財産
というよりは、共同の文化遺産に近く、知的財産権または著作権として保護
するという認識が、ほとんどなかったといっても過言ではない。

　一方、紙と金属印刷術が西洋よりもはるか以前に発明された韓国で、著作
権の観念が芽生えずに、日本を通じて入ってきた西洋法の一つとして、移植
された理由を考えてみる必要がある。

　西洋よりも早く金属印刷術を発明したのだが、国家が印刷業務を管掌した
ため、私有財産としての著作権観念が形作られる環境ではなかったという見
解がある[230]。一面では頷けるのだが、ヨーロッパも近代以前までは教会（修
道院）と国家が、印刷出版業務を独占または管掌していたという点から、十
分な理由にはなり得ない。出版を個人ではなく国家または教会が管掌してい
たという点では、韓国とヨーロッパとは大きな違いはない。それでも、私有
財産としての著作権の観念がヨーロッパでまず形作られた原因は、宗教改革、
ルネッサンス、啓蒙主義、市民革命といった社会的変動に求めるのが妥当で
あろう。私有財産や財産権として把握される知的財産権または著作権も、個
人の権利意識の伸長とともに発達したと見なければならず、それは中世封建
体制が崩壊した土台の上に、私有財産を認める資本主義経済秩序が芽生えた
ことと無関係ではないからである。すなわち、宗教改革、ルネッサンス、市
民革命といった社会変革を自主的に経てきた西欧とは異なり、封建体制が外
国勢力により解体されるまで持続した韓国は、個性を重視する個人主義に基
盤をおいた権利・義務の財産権制度が十分に発展し難い土壌をもっていた。
すなわち、印刷術の発展が著作権制度を誕生させた西欧の経験を、韓国に適

229　Alford、前掲書（注9）p. 9（原典：The Analects of Confucius, bk. 7, ch. I. "The
　　 Master〔Confucius〕Said: I transmit rather than create；I believe in and love the
　　 Ancients.")。これは『論語』に出てくる「述而不作」を意味するものと思える。
230　김윤명、前論文（注228）161頁。

応し難い歴史的・文化的要因があったのである。

ウ．剽窃禁止の伝統

　知識保護に関する韓国の伝統思想は、上述で検討してみた中国、日本と大枠においては大きな違いはないようである。しかし、知識を財産権化する伝統は強くなかったが、文化的国家として剽窃についてすら問題意識がなかったと断定するのは危険である。

　上述で見たように、キリスト教文明とギリシャ哲学という二本柱からなる西欧世界でも、経典や古典を解釈、理解することに学問の主眼がおかれていたように、韓国もまた性理学を中心とする四書五経の研究に重きがおかれていた。したがって、共有財産とも言える古典を解釈することに、財産権を主張したり行使することは難しかったものと見られる。中国から伝来した儒学の影響を大きく受けた韓国の学問は、「述而不作（述べてつくらず）」という言葉のように、経典を解き、解釈する作業を重視する半面、そこから離れて新たな学問をしたり独自な創意的な著述を行うことに、大きな価値をおかない傾向が強かった。そこで、独自性や所有権を認めるよりは、共同の文化資産と見なす伝統のために、引用や出所表示に馴染がなかったという指摘がある[231]。共感できる面もあるが、時代と歴史的脈絡の相異点という変数を考慮しなければ、ややもすると、韓国の伝統では剽窃を禁じなかったとミスリードする可能性があり、注意しなければならない。以下では韓国の伝統のうち、剽窃の議論に関する痕跡を探し出し、それを現代的に解釈する作業を進めたい。

　（1）　剽窃の語源に関する論議──「剽窃」は日本から入ってきた言葉ではない
　文学では剽窃の沿革に関する研究が相当蓄積されているのだが、著作権法学では剽窃が重要な位置を占めているにもかかわらず、国内（韓国）の著作権の議論で、剽窃の語源を研究した成果を見いだすのは極めて難しい。おおむね著作権法学では「剽窃」という言葉は、誘拐という意味のラテン語

231　정 정 호「研究倫理と研究文化の相関性に関する断想」韓国学術団体総連合会主催、研究倫理セミナー、2011年7月29日、10頁。

80　第1部　総　論

(plagiarius) を日本の学者が日本語に翻訳したものを、そのまま韓国にもって
きたと理解しがちである。すなわち、剽窃という観念は韓国の伝統思想に
は存在せず、日本から入ってきたと理解しているのである[232]。剽窃は実定法
上の用語ではないが、中国[233]だけでなく、韓国の古文書からも見いだされる
という点から、その考えには同意し難い。国文学者の이혜순教授によれば、
高麗中期から朝鮮朝にかけて剽窃の使用例が続いて見られるとしている[234]。

　もちろん、剽窃という言葉が韓国の古典史料で、最初から他人の文章を自
分のものであるごとく引用する行為を指す意味として使われていたのでは
なかった。初期の古典史料では、侵略行為という意味で使われていたが[235]、
徐々に文章用語として使われるようになった。特に高麗時代の李仁老、李奎
報の文集に至ると、「剽掠潜窃」「剽掠」といった言葉が出てくるのだが、こ
れは驚くことに今日の剽窃とほとんど同じ意味で使用されていたことがわか
る[236]。

　このように日本語から始まったものでなく、韓国の古典や学問でも剽窃と
いう言葉またはそれと類似した言葉があったことは、偶然の一致と見ること
はできる。しかし、それよりは、西洋や日本といった文明国がもっている共
通の知的伝統と見た方が合っているだろう。文を尊重、重視する文明社会で、
他人の文章を自分のものであるかのようにする行動に対し、良くも悪くも議
論があるのは自然な知的現象であり、おおむね、これを非難、排斥しようと
努めてきたことは事実だからである。

（2）　剽窃を戒める諸文献

　高麗時代の代表的な文人である李奎報は『東国李相国集』で、詩の正しく
ない文体のうち、先人の意味を誤って引用するという意味の「拙盗易檻体」

232　허희성「判例評釈」『季刊著作権』創刊号、1988 年春、35 頁。

233　その代表としては唐の文筆家である柳宗元は自らの著述において剽窃という用語を
　　使用し、他人の詩文を盗用する行為を批判している。注 205 の当該頁を参照。

234　이혜순「剽窃に関する伝統的な諸議論」이혜순、정하영編『剽窃——人文学的省察』
　　集文堂、2008 年、10-30 頁。

235　同上 9 頁。

236　同上 10 頁。

という言葉を挙げている[237]。ここで、他人の物をとるという意味の「盗」という語が使われていることが目を引く。朝鮮時代の実学者である李睟光の『芝峯類説』によれば、昔の人の文章にも他の人の文章を模倣したものが多いと述べている。また他の人の文章を模倣するのはやさしくとも、創作するのは難しいという内容がある[238]。

　模倣よりは創作がより大事であると力説しているのである。韓国の伝統思想のうち、他人の詩文を模倣することよりも、創作することを重視し、他人の詩文を誤って引用することを窃盗行為と見る意識が明らかにあったということがわかる。

　朝鮮時代の科挙試験の弊害を、剽窃と連関させて問題を提起している場合も、どうかするとあるのだが、代表的なものとして、17、18世紀の李喜朝は、学問をする人の等級を上中下の三つに分け、そのなかで「学問に留意せず、単に科挙合格を任務と考え、章句の剽窃をなすだけの者」を下層に属すとし、剽窃の横行する風土を諌めた[239]。朝鮮時代、剽窃問題はほとんど科挙試験と関連して行われたとしつつ、今日の新春文芸懸賞募集での剽窃や大学の新規任用や教授昇進審査と関連した論文の剽窃が、個人の栄達のためのものだという点で、同じ脈絡にあると指摘する見解もある[240]。

　一方今日、著作権法学で出てきておかしくない議論として、詩文を書いていると、模倣や窃取して書いたのではないのに、偶然同じであることもあると指摘している文献も見られる。

　　詩文には必ず古語を使えばいいというものではない。しかし、時には知らないうちに偶然互いに一致してしまうことがある。＜中略＞言葉と意味が互いに符合してしまうのだから、おかしなことである[241]。

237　李奎報『国訳　東国李相国集Ⅲ』이정 섭訳、古典国訳叢書168。民族文化推進会、
　　1978年、244-245頁（22巻、雑文、論詩中微旨略言）。
238　李睟光『芝峰類説（上）』남만성訳、乙酉文化社、1994年、331頁（巻8、文章部1、文（散文）。
239　이혜순、前論文（注234）19-20頁（原出所：李喜朝『芝村集21』〔郷校会講日書示書生文〕、
　　韓国文集叢刊170、429頁）。
240　정하영「学問研究における剽窃の問題」이혜순、정하영編、前掲書（注234）47頁。
241　李睟光、前掲書（注238）383-384頁（巻9、文章部2、詩）。

82　第1部　総　論

韓国の伝統思想を研究する人たちの間では、これを一般的に「不期而同（期せずして同じ）」ともいうのだが、今日の著作権法に適用して見れば、著作権侵害の主観的要件を欠如したものと見ることができる。後ほど見るように、剽窃でも主観的要件が必要かということと関連し、論じることができる[242]。

（3）　引用に対する考え

昔から他人の詩文を引用して、その趣旨を誤って理解し、誤用する場合を指す意味として「膝甲盗賊」という言葉がある。李睟光の『芝峯類説』の諧謔編に、泥棒が他人の家から寒さを防ぐために袴の上に重ね着する膝までの衣類である膝甲を盗んだのだが、どう使うのかわからず、頭にかぶって歩いていて人々から嘲笑を浴びたという話を挙げ、他人の文章を窃取し、まるで自分が書いたもののように用いる人を指して「膝甲盗賊」という言葉ができたと紹介している[243]。諧謔編で扱われた話であるが、他人の詩文を誤って引用することに警鐘を鳴らす話という点から、当時も他人の文章を剽窃する文化と、これを指摘する文化が併存していたことがわかる。

一方、他人の詩文を誤って引用したことが、後世にそのまま伝えられることにより、その誤りが持続することを指摘した文もある。高麗時代の李仁報は、李白と杜牧とが古詩を誤って引用したことがあるにもかかわらず、後世の人々がその誤りを踏襲することを批判している[244]。いくら権威がある人でも、著述に誤りがあり得るということと、後世にそうした誤りが伝わらないようにするには、他人のものを引用するときには正確を期さなければならない指摘している。誤った引用が踏襲される例を挙げ、正確な引用の重要さを強調したものとして意味がある。

エ．茶山の思想

剽窃に関する韓国の伝統思想を論じつつ、茶山（号）丁若鏞の思想を別にしたのは、その学問の膨大さと深さにおいて、茶山を凌駕するだけの学者

242　注 495-506 の当該頁を参照。

243　李睟光『芝峰類説（下）』남만성訳、乙酉文化社、1994 年、299 頁（巻 16、語言部、諧謔）

244　李奎報『東国李相国後集』巻第十一、雑議四、「承誤事議」のなかから引用したものである。

は多くなく、茶山の思想のなかに、剽窃に関する考えを窺えるものが少なくなく、それが現代、誤って適用されている例が多いという点から、より深い研究が必要だからである。

特定の学者を通じて知識の保護または剽窃に関する伝統思想と現代的適用の糸口を探そうとする作業は、軽率だという批判はあり得る。しかし、韓国の歴史上の優れた学者の 1 人として、当時の学問と知識人社会とへの批判を躊躇らわなかったし、剽窃論議を推論するに足るさまざまな痕跡を残した茶山の思想を、知識の保護と剽窃の観点から考察することの意味は少なくない。

一方、著作権に関する韓国の伝統思想がないとして、韓国の法と法思想の貧困を語り、外国の思想にのみ依存するのは妥当ではない。財産権はそれぞれの国の文化、習俗、政治および経済などと極めて密接に関連しているのだが[245]、韓国では新たに財産権を導入しつつ、伝統思想と衝突が生じるとき、外来の制度と伝統思想とを調和させるために、必ずしも、ロック、ベンサム、ヘーゲル、カントといった西欧の思想家に依拠しなくともよいからである。この点でも、知識の保護に関する韓国の伝統思想を研究するとき、茶山の思想を出発点とし、その外延を拡大していくことは学問的に意味が大きい。

この部分の議論は一種の詩論的性格があり、今後、議論が重ねられるなら、剽窃に関する韓国の伝統思想を研究する上で、大きな助けとなるものと期待される。

（1） 茶山の限界

18 世紀の実学思想を集大成した茶山も経学から学問を始めたため、生涯、経学を最高の学問と考え、自らを経学者と位置付けていた。茶山の 500 冊を超える著書のうち、約半分に近い 232 冊が経学研究書だったということがその証拠である[246]。茶山は経学研究が学問の中心にならなければならないと強調しつつ、著書を執筆するとき、経学を優先して選択した[247]。

茶山の限界は、まさに当時の韓国の学問の限界でもあったのだが、このこ

245　Haemmerli、前論文（注 105）p. 413。

246　박석무『解説　茶山物語』文学手帖、2005 年、250-251 頁。

247　丁若鏞『流配地から送った手紙』박석무編訳、創作と批評社、1991 年、132 頁。

84　第1部　総　論

とを通じて、18世紀まで韓国の学問と知識世界とが、経学研究とその解釈とに専念していたことは十分推察できる。燕巖（号）朴趾源が主張した「法古刱新」の精神も、基本的には古典を前提とするという点で、これと一脈相通じている[248]。もちろん、茶山の偉大さは、朱子学に対する訓詁にのみ専念していなかったというところにある。茶山は既存の枠を解釈するのに終わり、新しい解釈を許さない当時の学問の旧弊を批判していた[249]。

　実学思想は朱子学が扱う学問の対象と外延とを拡大したが、依然として経学中心の学問という点で、著作権という制度が発達するためのいい土壌を提供することができなかった。具体的に分析するなら、1、「述而不作」の伝統により、新しい創作物の発現を期待するには難しい面があり、経学の解釈と訓詁に専念するあまり、原典が同一であり、「不期而同」が可能であるだけでなく、続出したという点からも著作権が論じられるのは難しい環境であった。

　2、西洋の場合、宗教改革以降、ルネッサンスと啓蒙主義を経て、学問と知識が多様になったことと比較するとき、韓国は多様性の幅が相対的に狭かったことを認めないわけにはいかない。これは学問と知識に対する、一般市民階級の強い読書欲の噴出が呼び起こした出版物の急増と、それにともなう海賊版出版物の氾濫、そして、それにより著作権論議が活性化し、著作権法が誕生したヨーロッパの18世紀と比較するとき、相対的に韓国の啓蒙主義時代とも言える18世紀には、依然として著作権が争点となるほど、読者層が一般市民にまで大きく拡大したり、印刷出版市場が拡大したりしていなかったものと考えられる。

（2）　茶山に対する新たな解釈——テキストとコンテキストという問題

　茶山は知識人が本を出し、世のなかに伝えようとするのは、たった1人の人だけでもその本の真価をわかってくれることを願うからだとしつつ、自らの著書が後世に伝わり、よく読まれることを願うという志を明らかにしてい

248　朴趾源『国訳　燕巖集1』신호열、김명호訳、民族文化推進会、2005年、6-11頁（楚亭集序）。

249　박석무『夜明け前、草庵から届いた手紙——解説　茶山物語2』文学手帖、2006年、85頁。

る[250]。茶山は「知識の伝達」に非常な関心を見せていた。それは上述で見たように、東洋的思考の下での儒学の伝統に誠実な態度である。ところで、茶山は知識または著述が伝達されないのは、今日の著作権侵害や剽窃といった理由からではなく、著述家の心構えによるとした。それは著作者と著作物との間の個人主義的関係を重視したという点から、創作物が精神の所産だという西欧の自然権の伝統に比較的近いと言える。

一方、韓国の伝統思想には知識の共有に関するものだけがあり、剽窃を警戒するとか、禁止するとかいう考えはなかったのか、という疑問を抱くことになる。ここでもう一度、茶山を振り返らなければならない。茶山は極めて異例なのだが、「剽窃」までではなくとも「引用」観念を抽き出せるだけの言及をしている。

> 杜甫の詩は歴史的な事件を詩を引用することにおいて、その痕跡が見えず、自ら創り出したかのようだが、子細にうかがってみれば、すべて出所があり、杜甫こそ詩聖ではないだろうか。韓愈の詩は字の配列法をすべて出所があるものでしたのだが、語句は自らたくさん創り出したので、彼はまさに詩の大賢となる。蘇東坡の詩は句と節ごとに歴史的事実を引用しているのだが、引用の様態が現れており、その跡があり、一目では意味がわからないが、あちこち注視してみて、引用した出所を探し出した後、その意味がどうにかわかるので、彼の詩は詩人としては博士だと称することができるだろう。〈中略〉しかし、詩に歴史的事実を全く引用せず、吟諷詠月なんぞをして、将棋を打ち、酒を飲む話を主題として詩をつくるのであれば、これこそ僻地の田舎で3、4戸が集まって住む村のソンビの詩に過ぎない。今後、詩をつくるときには歴史的事実の引用に主眼をおくようにせよ[251]。

上の文は一種の詩論または文章論と言えるものであり、著述に関する茶山の考えをうかがい知ることができる。茶山が現代的な意味で「引用」に言及したとは思わないが、前後の脈絡から茶山の「引用」に対する考えと当時の雰囲気とを考察できるという点から、極めて貴重な文献である。もちろん茶山が論じた対象はすべて中国の詩人であり、中国の文献なのだが、それを評

250　丁若鏞、前掲書（注247）141-143頁。
251　同上45-46頁。茶山が例として挙げた詩人は、皆唐宋代に活躍した人々で杜甫（712-770）、韓愈（768-824）、蘇東坡（1037-1101）である。

86　第1部　総　論

した人間は茶山だという点で、引用と出所表示に関する韓国の伝統思想を少しながらうかがうことができる。

　茶山は歴史的事実を引用しない「吟諷詠月」の類の文章を警戒していた。繰り返して言えば、古典を引用して文章を書くことを高く評価していた。ところで、引用方法、すなわち後ほど見るような「出所表示方法」の次元で言えば、直接的に引用するもの（蘇東坡の類）よりは、隠喩的に引用するもの（杜甫の類）の方が、はるかにより高い水準の文章だと評価している。ここで出所表示の側面から見ると、蘇東坡類の文章の方が杜甫類の文章よりよいと言えるのだが、茶山の評価は正反対であることから、茶山の「引用」と「出所表示」に関する認識が低かったと見ることはできない。

　韓国の伝統思想で、出所表示に寛大な面があるのは、先行情報の量が今日とは比較できないほど少なかったからだと言える。茶山は王に捧げた文で、ソンビらが科挙試験を受けるために読む本の種類と数が極めて少ないことを嘆いている。子供から老人に至るまで50冊の枠を越えることがないと言っているほどである[252]。事情がこうなので、上述のように古典を読む人の数が制限されていた過去の伝統社会で、制限された数の古典に関し出所を明らかにするということは、かえって詩文の水準を落とすと考えたのである。

　あの『東国李相国集』の李奎報は、必要がないのに知識があるように見せようと、古典から無分別に引用する文体を「強人従己体」と呼び「不宜泰」、すなわち望ましくない文体の一つとして言及をしている[253]。

　古典という専攻文献を利用する著述に関する、茶山や李奎報の言及を総合してみれば、引用をするとき、目立たぬようにするのがよいという茶山は、当時の高級な文章を読み駆使できる層が、極めて限定的であり、彼らが見る本の種類と数が両手で数えられるほど少なかったことを勘案するとき、剽窃を擁護していたとか、引用を否定的に考えていたとか、言うことはできない。一方、茶山研究家の박석무は「切って突いて磨いて整えるように、段階的にすべての誠意を費やして、玉のような子とも言える著書や作品が現れる」という意味で、「切磋琢磨」を学問の姿勢としていた茶山から、剽窃を警戒す

252　丁若鏞『茶山詩文集　第8巻』김신호、김재열訳、韓国古典翻訳院、1982年、対策孟子策編。

253　李奎報、前掲書（注237）245頁。

る精神を抽き出している[254]。

　韓国の代表的な思想家である茶山の剽窃と引用とに関する考えを考察して見るとき、上述のような当時の社会的脈絡（context）を考慮せず、今日の剽窃論（text）をそのまま適用することは、茶山思想を取り繕うだけでなく、茶山の権威を誤って引用、今日の剽窃論を違える蓋然性があるという点から注意しなければならない。

オ．まとめ

　韓国には「本泥棒は泥棒でない」という諺がある。この言葉は上述で見たアルフォード（Williams Alford）教授の著書 *To Steal a Book is an Elegant Offense* のタイトルを意訳したようであり、韓国をはじめとして中国、日本、台湾といった儒教圏の国家で、知識を私有財産と見ず、一種の共有概念と見る伝統思想と一脈相通じている面がなくはない。おおむね私たちの学問の伝統で、著作権のなかの著作財産権の側面に対する認識は、ほとんどなかったと見るのが正解だろう。

　しかし、ここで剽窃と関連して、韓国の知的伝統を誤って裁断する二つの観点を指摘、訂正しておきたい。

　1、韓国の知的伝統に著作権の観念がなかったという点を、剽窃に寛大だったということと結び付けることである。韓国の伝統思想に詩文、芸術といった創作物を財産権として保護することはなかったが、他人のものを自分のもののようにして引用する行為に対しては窃盗だとして、厳格な尺度を当てていたことは明らかなように見える。ただ、それが西欧でのように、著作権のような財産権の形式へと発展しなかっただけである。個人主義的な性向が西欧に比べ十分に発展せず、集団的な文化を重視したため、権利よりは義務の側面から著述文化が発展してきた。こうした点から、権利の側面（著作権）よりは義務の側面（剽窃禁止）が重視されたと考える。

　2、著作権ではない剽窃に限って見ても、韓国の伝統には剽窃に寛大な文

254　박석무は詩経の一節から由来する切磋琢磨の精神を学問を学ぶ姿勢としている茶山を称えながら、今日、教え子らの論文を自らの論文だと発表し、名を盗用し、剽窃論議に巻き込まれる学者が続出している現実を批判している。박석무、前掲書（注246）から引用したものである。

化があり、そうした文化的特性を東洋的学問の伝統に求める考えである。孔子はつとに「私は昔の聖賢らの教えを解し、伝えるだけで、新しいものをつくらず、昔のものを信じ、好む」と述べ、創作行為を山をつくるために費やされた一杯の籠の土に喩えていた[255]。このような思想に影響を受けた韓国の伝統思想は、今日、広範囲にわたる剽窃文化を正当化するのに利用されてもいる。しかし、韓国にも剽窃を警戒し厳しく叱責する伝統があったことは、上述で詳細に見てきた通りである。ただ、時代的な違いを考慮しないまま、過去の我々の知的伝統のうち、出所表示を厳格にしなかった文化だけを見て、剽窃を罪悪視しなかったものと断定することはできない。他人の文章を勝手に用いて、自分のもののように書くことを恥ずかしい行為と考えつつ、その出所を直接明かすことを、品格のある文章とは考えなかった韓国の伝統思想は、少数の知識人が極めて少ない古典を中心として詩文を書き、著述を残した当時の社会文化的環境において理解しなければならない。そうした背景を無視して、今日にそのまま適用することにより、韓国の伝統思想には著作権のなかの精神的な側面である、著作者人格権を推論できるだけの思想がなかったとか、さらには剽窃に寛大な文化が存在したと、断定するのは正しくない。

　結論としては、韓国の知的伝統によれば、知識を著作権のような財産権や、それに及ばないとしても、ある権利の形で保護する制度や認識を見いだすのは難しい。しかし、精神的な側面、倫理的な側面、義務的な側面で、他人の文章と創作物を尊重する文化があったことは明らかである。

Ⅳ．東洋、西洋の伝統の接木

　知識は文化の一部である。文化は時間（歴史性）と空間（地域制）を離れて存在できない。それに従って知識の保護に関する伝統は、歴史的に変貌してきたし、地域によりその違いを見せてきた。一般的に個人的性向が強く、いち早く権利義務体系のなかで財産権概念が発展してきた西洋では、それと

255　정하영、前論文（注240）41頁（原出所：『論語』〔述而〕のなかの「子曰　述而不作　信而好古」）。

は反対に集団主義的性向が強く、共同体倫理が長い間維持されてきた東洋に比べ、知識への権利意識または私有認識が、はるかに徹底していたと理解される。

しかし、韓国を含む東洋圏の社会で、知識の私有化、剽窃問題をどのように扱ってきたのかを、単に知的財産権または著作権観点からだけ展望するのは危険でもあり得る。アイデアや知識を財産権の対象と見て、著作権法または知的財産権法により規制する接近法も可能であったが、財産権の対象として見なくとも、他人の文章や考えを自分のものかのように行動することは、倫理的に非難、制裁する接近法も可能だからである。

「ひと夏を生きて死ぬ蝉は春と秋があることを知らない」

荘子第1編「逍遙遊」のなかに出てくる言葉で、原文は「朝菌不知晦朔蟪蛄不知春秋」である。その意味は「朝はえて夕に枯れる茸は晦日も朔も知らず、夏の蝉は春と秋を知らない」。すなわち、狭小な境遇にいるものは広大な事物を理解できないという喩えである[256]。ここから剽窃問題に接近するとき、ある一つの時点または部分的認識だけで、全体を裁断することは、まさに「朝はえて夕に枯れる茸」や「夏の蝉」の愚に陥る恐れがあるという知恵を得ることができる。したがって、上述で知識保護の伝統に対する観点が、歴史的にいかに変貌してきたか、剽窃に対する認識が、時代的にまたは地域的にどうであったかを考察してみる必要がある。

今日の知識保護規範は倫理的であれ、法的であれ、急につくられたものではない。もちろん、韓国をはじめとし、中国と日本の場合、著作権は外部から移植された制度という点から、制度化過程での議論が長いものでないことは事実である。しかし、西欧でも著作権制度が最初から順調に誕生したのではない。財産権の属性上、新しい財産権がつくられ、その位置を占めるまで、既存の秩序との摩擦が多かった。そうした点で、著作権という制度は突然移植されたのであれ、衝突と摩擦を重ねながら徐々に制度化されたのであれ、当時の状況の下で誕生したものだと言える。一方、他の権利または財産権と比較すれば、著作権は誕生してからそれほど長く経っていない。その点から

256　丁若鏞『茶山詩文集　第11巻』（임정기訳、韓国古典翻訳院、1983年）の「論」、「湯論」篇を参照。

90　第1部　総　論

権利の外延の拡張と関連し、利害当時者の間で絶えず紛争が発生している。その過程でこの権利の当為性に関する根本的な懐疑が、間断なく提起されている。繰り返して言えば、この権利は今現在も形成されつつあると言える。

　以上、知識保護の伝統を西洋と東洋とに分けて考察し、続いて韓国の伝統思想に対しても一瞥してみた。過去の中国、日本、韓国の知識、著作権に関する伝統と思考法は彼らだけの世界、すなわち、価値観が同一な世界のなかでは、これといった法的な衝突なしに平和に共存していたが、価値観が互いに異なる世界と交流または交易するときは、衝突が発生しないわけにはいかなかった。そうして、アルフォード教授が適確に指摘したように、西欧世界では、こうした東アジア的思考と行動様式を、著作権侵害と規定し、自国の知的財産権の徹底した保護を主張するのに反し、東アジアの諸国家、特に中国、台湾などでは、これを文化の問題でなく経済的な圧力として理解してきた[257]。

　共有地に柵をめぐらし私有財産としたエンクロージャー（Enclosure）運動とは異なり、知的財産権に関する国際的なエンクロージャー運動は、低開発諸国家が自国に有利につくった、知的財産権に関する各種の制限政策を取り払う運動だと言える。知的財産権に関する新しいエンクロージャー運動は、低開発諸国家が自国内で、知的財産権に関し取り得る政策の領域と機会とを奪っていっている[258]。

　このように、歴史的伝統と背景とが互いに異なる東洋と西洋との諸国家は、知的創作物、著作物の交易で極めて異なる見解をもっている。これは著作権と関連する各種の交際条約が締結され、機構が設立されても、その差は狭まっていない。最近、多者間条約ではない、特定の国家間の双務協定としてFTAが多く締結されている。しかし、FTAでも、著作権保護に関する国別の水準と意識の差は、衝突を引き起こしている。代表的な例としては、韓米FTAで、著作権分野が協定開始前から、いわゆる協定のための先決要件として脚光を浴びて以来、協定終了まで未だ妥結していない争点が最も多い分科会だったことが、それを証明している[259]。

　封建体制の崩壊と産業革命を通じた近代化の過程とを、長期間にわたり経

257　Arford、前掲書（注9）pp. 1-2.
258　Peter K. Yu, "The International Enclosure Movement", 82 *Ind. L. J.* 827, p. 828, 907（2007）.

験した西欧先進国と異なり、韓国はこうしたことが短期間に圧縮されて進められた。その上、日本帝国の植民統制と韓国戦争のため、産業化が本格的に進んだのは、20世紀中頃からだといっても過言ではないだろう。ところで、半世紀ぶりにアルフォード教授が指摘したように、韓国は知的財産権に関し中国とは異なる道をとった[260]。韓国は極めて短期間に、知的財産権侵害国から知的財産権輸出国または文化輸出国へと変貌している。特にこの20年間の韓流ブームは、東アジアを越えて全世界へと拡がり、韓国を文化産業、著作権産業に関し二重的な地位をもつようにした。文化産業の側面から見るとき、米国やヨーロッパに対しては依然として輸入国家の地位にあるが、中国、日本、台湾、その他の東南アジアをはじめとする多くの国で吹いているK-POPブームによって輸出国となり、相手国により文化交易で二重の地位をもつことになったわけである[261]。文化の産業化が、今や米国やヨーロッパ諸国家の専有物ではなく、韓国の経済の核心的なコードとして、その位置を占めることになった[262]。

韓流という用語は、多分に漢字文化圏を前提としていたのに反し、K-POP、K-CULTURE、K-DRAMA といった用語の進化に見られるように、韓国の文化は東アジアを中心とする漢字文化圏にとどまらず、米国、ヨーロッパ、南米、アフリカ、さらにはイスラム文化圏にまで進出している。その中心には、韓国の文化の優秀さと普遍性、そしてそれらを支える世界最高レベルの情報通信技術（IT）がある[263]。韓国文化を眺める観点に違いはあるが、韓国の文化産業、さらには知識産業は、有史以来このように世界的な関心を持たれたことはなかった。問題は、こうした産業の現況の変化に意識がきちんとついていっているかである。現実には政府と関連企業とが、文化の産業化を主要な政策手段として主張しているが、わずか何年か前にしても、知的

259　남형두「スクリーンクォーター縮小　経済的に実益があるのか」東亜日報 2006 年 2 月 28 日付コラム。

260　Arford、前掲書（注 9）pp. 95-111。

261　韓流に関連した韓国の二重の地位については以下の論文を参照。남형두、前論文（注 80、韓流）。

262　남형두「文化の産業化と著作権──薬売りと借力師（怪力男）」『文化政策論叢』18 集、2006 年、47-58 頁。

263　Nam、同上（注 11）pp. 313-314。

区別されて使われてもいる。前者を「広義の剽窃」とするなら、後者を「狭義の剽窃」とすることができる。本書での剽窃とは「狭義の剽窃」を意味し、著作権侵害を含むという意味で使われるときには、「広義の剽窃」という用語を使用する[268]。一方、剽窃は「広義の剽窃」よりもっと広い概念として、偽造、変造といった研究倫理違反をも含む概念として使われることがあるかと思えば、(「最広義の剽窃」)、「狭義の剽窃」よりもっと狭い概念として、許されない自己複製や重複複製を除いた、いわゆる「他人剽窃」だけを意味する概念としても使われる(「最狭義の剽窃」)。

広義の剽窃概念に入る狭義の剽窃と著作権侵害とは、しばしば混用されている。ところで、こうした混線はややもすると、剽窃に関する合理的な議論に支障をもたらし得る。実際、研究者たちや専門家でさえ、この二つの概念の違いを混同している場合が多い。そのため、剽窃に必要以上に厳格な基準を当てはめたり、あまりに寛大な結果をもたらす場合がある。こうした結果を避けるために、此の二つの概念の関係を明確に定立することが、剽窃の議論における極めて重要な課題である。

剽窃と著作権侵害との関係は、以下の<図1>に要約することができる。ほとんど両者は重なる(A)が、場合によっては著作権侵害とならないが剽窃となる場合(B)と、著作権侵害となるが剽窃にはならない場合(C)がある。

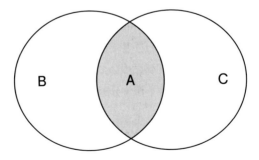

<図1> 剽窃と著作権侵害
A+Bで構成された円の内部が剽窃(狭義の剽窃)、A+Cで構成された円のなかが著作権侵害と仮定されるとき、A + B + Cの全体は広義の剽窃である。

---

268 本書において、著作権侵害と並行して剽窃に言及するときには、狭義の剽窃を意味する。そのように並行して使用しないときには、広義の剽窃を意味する場合も時折あることを前もって断っておく。

第 2 章　剽窃と著作権侵害　　97

（1）　共通部分（＜図 1 ＞の A）

著作権侵害と剽窃とが同時に成立する場合である。著作権者がもつ複製権、公演権、公衆送信権（放送権、伝達権、デジタル音声送信権）、展示権、配布権、貸与権、二次的著作物作成権などの著作財産権を侵害したもので、出所（被侵害物）を表示せず、侵害者が自分のものかのようにした場合がこれに該当する。

＜図 1 ＞は議論の進行上、若干誇張されている点がある。便宜上、A の部分が B または C の部分より小さく描かれているが、実際に起きる事件のありようを見ると、A の部分が大部分であり、B または C の部分は極めて小さい。一方、この＜図 1 ＞を提示した筆者の意図は、著作権侵害と剽窃の差異を強調するところにあり、重要なことは、重複しないそれぞれの固有の領域、すなわち B と C の部分である。B と C の部分を中心に論議を進める。

（2）　著作権侵害とならないが剽窃となる場合（＜図 1 ＞の B）

著作権法は著作物を「人間の思想または感情を表現した創作物」と定義している（第 2 条第 1 号）。これによれば、著作権の保護対象は「表現」に局限されるだけで、「思想または感情（以下ではアイデアとする）」ではない。ところで、後ほど詳細に論ずるように、アイデアのうち、独創的なものは剽窃の対象となる[269]。この点が剽窃と著作権侵害とを分かつ最も重要な違いである。ときおり、著作権法に関する専門家でさえ、表現でさえなければ、アイデアは借用しても問題はないというのだが、それは著作権侵害にならないだけで、剽窃の責任がないということではない。剽窃と著作権侵害とを明確に区分せず、上述のように言及することは、特に専門家が公式な場で言及することは、一般の人を混乱に陥れることがあり、非常に危険である。

一方、表現のなかにも著作権の保護対象にならないものもある。著作者がわからなかったり、保護期間が満了し、共有状態（public domain、公共財）にあるもの、著作権法上「保護されない著作物」がこれに該当する。もちろん、剽窃が成立するには、欺瞞という要件が必要なため、共有著作物として広く知られているものは、出所表示をせずに使用したとしても、剽窃が成立

269　注 362、363 の当該頁を参照。

98 第1部 総 論

するのではない。しかし、共有状態におかれた著作物であるにもかかわらず、その事実が広く知られていない場合には、剽窃が成立することもある。また、著作権法上保護されない著作物である裁判所の判決や、事実の伝達に過ぎない記事、いわゆる「ストレート記事」は、著作権侵害の対象ではないものの、場合によっては剽窃の対象となり得る[270]。

また他の場合だが、著作権侵害は公正利用という抗弁が許されるが、剽窃にはそうした例外はない。したがって、小さな部分を抜粋して使用する場合、著作権侵害には該当しないものの、理論上は剽窃に該当し得る[271]。ここで、理論上という言葉を使ったのは、その小さな部分が当該分野で一般的に使用される考えや表現であるなら、剽窃に該当しないが、そうでなければ、剽窃となり得るからである。

（3）　著作権侵害となるが剽窃とはならない場合（＜図1＞のC）

剽窃は単に複製しただけでは成立せず、「自分のものかのようにすること（passing off）」が必要である。したがって、そうした意図がなければ、著作権侵害にはなったとしても剽窃にはならない。同意なしに著作物を全部または一部複製する場合、いくら出所表示しても著作権侵害となる。例えば、著作権として保護されている映画を不法に複製しブログに載せ、不特定多数の人が鑑賞できるようサービスしたのなら、たとえ、この映画が自分の著作物であるかのように欺かなかったとしても、著作権侵害となるのは当然である[272]。しかし、自分のものだと欺かなかったことで、剽窃ではない。

さらに、他人の著作物を借用しながら、引用した部分について積極的に誠実に出所表示を完全にしたのなら、自分のものかのようにしたものではない

270　マスコミの記事の剽窃問題については注366-371の当該頁参照。米国でも政府の官吏が作成した著作物については著作権侵害が成立しないが、剽窃は成立すると言う。Stuart P. Green, "Plagiarism, Norms, and the Limits of Theft Law : Some Observations on the Use of Criminal Sanctions in Enforcing Intellectual Property Rights", 54 *Hastings L. J.* 167, p. 200（2002）.

271　同上 p. 201。

272　同上。スティーブン・スピルバーグの映画を不法に複製し販売する業者が、自分の作品であるかのように騙す意思がなくても著作権侵害となるのは、消費者らが有名作家の作品と考えて購入し、不法侵害者はそこで利益を得るからだとしている。

ので、剽窃ではない。しかし、量的・質的に被引用物が主となり、自らの叙述部分が従となる関係ならば、正当な範囲を越えて主従関係が形成されたものとして、著作権侵害となり得る[273]。

以上のように、剽窃の要件である欺瞞という要素を、消極的にまたは積極的に否定することにより、剽窃に該当しなくても、著作権侵害となる場合がある。

2. 著作権法の寄与

剽窃を研究するとき、著作権法の寄与、表現を変えれば、著作権法学専攻者の有利な点や著作権法による接近の有用な点は、筆者がとる研究方法論の核心であり、譲ることのできない長所である。このように、剽窃を適確に理解するには、著作権法という道具が極めて大きな助けとなるが、それが牽引するものには、一定部分限界があるので、ある瞬間にはその限界を認めなければならない。

（1） 共通部分——牽引関係

上述で見たように、著作権侵害と剽窃は用語を混用する場合も多く、広義の剽窃は著作権侵害を含むために、著作権侵害が含まれた剽窃論議で、著作権法または著作権法学が寄与するのは、しごく当然である。

著作権侵害をともなう剽窃（＜図1＞のAの部分）は、著作財産権の複製権、伝達権などの侵害であり、法的責任を構成することがあり、著作者人格権（公表権、氏名表示権、同一性保持権）の侵害になることもある。言葉を変えて言えば、著作権または著作権侵害とほとんど重なる剽窃に関する議論を行うとき、著作権法学専攻者は非常に有利な位置にいることになる。

（2） 異なる部分——区別の実益

剽窃と著作権侵害とを区別することの実益は、大きく二つある。

1、剽窃の場合、倫理規範違反であるため、原則的に刑事処罰はできず、

273　韓国著作権法第28条の正当な範囲を越えた著作権侵害型の剽窃は注549-567の当該頁を参照。

民事責任も例外的に問うことしかできない。しかし、著作権侵害の場合、民事上の侵害停止、損害賠償を求めることができるだけでなく、刑事的な責任まで問うことができるという点から、制裁手段に大きな違いがある。

　2、著作権侵害と剽窃は被害者の範囲に違いがある。著作権侵害の被害者は、著作権者であるだけだが、剽窃の被害者は、著作権者や被剽窃者以外に読者、学界または所属機関とその同僚らも含まれる。したがって、著作権侵害の場合、著作権者（被剽窃者）の同意または許諾により、著作権侵害者（剽窃者）が免責され得るが、剽窃の場合、必ずしもそうではないという点で違いがある。実際の裁判で、著作権者（被剽窃者）の同意または事後承認が、著作権侵害者または剽窃者の責任を免除または軽減し得るかが争点となる場合が多い。法院が著作権者の意思に拘束されねばならないのかと関連し、この二つは極めて異なって機能し得る。この両者の違いを適確に認識できなければ、結果がややもすると曲げられて現れることがあるという点から、区別の実益は小さくない。

（3）　まとめ

　共通する部分があり、牽引関係にあっても、異なる部分があり区別の実益があっても、剽窃は著作権侵害と引き離して論じることは不可能である。しかし、混用できない明らかな境界線があり、これをまた明確に区分することが必要である。この点で著作権法学は剽窃研究にまたとないよい方法論を提示するのである。

Ⅱ．　剽窃と著作権侵害との関係

1．　混用にともなう混乱

　剽窃の対象は知識である。知識は著作権またはその上位概念である知的財産権の保護対象となる場合もあり、そうでない場合もあるが、著作権または知的財産権と極めて密接に関連していることは否定し難い。剽窃が著作権侵害と近接した距離にあるということは、ただ法学だけでなく、他の学問分野でも認めている事実である。何ゆえ、この二つを混同したり混用する場合が多いのか。法学者または知的財産権法学者のなかには、もちろん、概念定義

の違いのためだと見る余地がなくはないが、明確に区分せず、混用して使う場合があるほどである[274]。問題は混用がもたらす弊害である。剽窃の定義を誤ってしまう場合、関連する議論が合理性を維持できなくなる点から、その弊害は少なくない。なかでも、特に著作権侵害との明確な区別と関係設定とが最も重要である。

一方、上述のような学界の混乱は実務にも及ぶ。剽窃事件で被剽窃者の「事前の許諾」または「事後の同意」が、剽窃者の責任を免罪したり軽減する事由となるかは、裁判で随時ぶつかる争点である。剽窃に関する不正確な概念定義は、ややもすると判決を誤ってしまうことがある点で深刻である。

剽窃と著作権侵害の概念上の混乱は、ただ韓国だけの問題ではなく、米国でも学界や裁判所で同じことが起きている[275]。しかし、両者の概念が分化し始め、区別の重要性は過去に比べ、時が経つほど強調されるものと見られる。これは「正しい著述」の重要性と直結している。幸いなことは、韓国でも両者の違いを明確に理解し区別する判決が出ていることである。

ソウル高等法院は、いわゆる「法学教科書Ⅰ控訴審判決」で、被引用著作物を過度に多く引用したという点を認め、正当な範囲内での公正な慣行に合致する行為と見るのは難しいとしながらも、完璧ではないが、出所表示があり、自分のものかのようにしようとする意図がなかったので、剽窃ではないと判断した[276]。これは著作権侵害と剽窃とを分け、著作権侵害にはなるが、

274　韓国の著作権法専攻者のなかでも、剽窃と著作権侵害に関する科学的な分類について語れる人は珍しいくらいである。例えば、정상조教授は剽窃に関する道徳的な規範が、全て法規範として成文化されているとか、法院により承認されているのではないとしつつ、事実上、剽窃を著作権侵害のような意味で使用している。정상조「創作と剽窃の区別基準」『法学』44巻1号、ソウル大学、2003年3月、107-108頁。

275　Roger Billings, "Plagiarism in Academia and Beyond: What Is the Role of the Courts?", 38 *U. S. F. L. Rev.* 391, pp. 392-393（2003-2004）. 剽窃と書作権侵害は領域が重なってもおり、米国判例でさえ二つを混用している場合があると言う。Green、前論文（注270）p. 200 の脚注138。

276　ソウル高等法院 2005. 6. 30 宣告 2004 ナ（나）52967 判決（以下「法学教科書Ⅰ事件控訴審判決」とする）。敢えて言えば、＜図1＞のC部分に該当すると見たのである。しかし、後述の出所表示に関する議論（注 426-433 の当該頁参照）で見るように「不備であるが、出所表示があった」と見た判断には同意し難い。

剽窃にはならない場合を予定または前提していたという点で意味がある。

　ソウル行政法院は、いわゆる「会計原理事件判決」[277] で、剽窃と著作権侵害との違いをより明確に区別している。原告は剽窃の疑いを受けている自らの会計学書籍を、研究業績として昇進に使用したという理由で学校側から解任処分を受けた。これを不服として提起した行政訴訟で、法院は共著者から出版許諾を得たことにより、著作権侵害の責任はないが、それが即剽窃責任をも免除するものではないとすることで、剽窃と著作権侵害を区別している。両者の区別の実益は後ほど子細に論じるが、上述の事件を例に挙げれば、極めて明確となる。著作権者が許諾したことで、著作権侵害の責任からは逃れられるのだが、剽窃の場合、その剽窃物を自らの研究実績として、昇進の資料として提供することにより、学校機関を被害者としたという点で、著作権者の許諾は、剽窃の責任を免れさせるものではない。

2.　正当化根拠の違い

　著作権を保護する正当化の根拠、すなわち、哲学理論として自然権の伝統と功利主義の伝統があることは先に触れた。功利主義の伝統のうち、インセンティブ理論によれば、著作権とは作家や芸術家が、作品を創作するインセンティブだと見ている。ところで、剽窃は倫理の問題であり、こうしたインセンティブ理論理論に正当化の根拠を求めるのは難しい。例えば、親孝行という倫理、泥棒をしてはいけないという倫理を、インセンティブ理論に求めるのは難しいだけでなく、こうした倫理が成文法上の規定または倫理章典により、はじめて創設されたものと見るのも難しい。創作意欲を高めるために、法として著作権という権利をつくったという功利主義の伝統によるインセンティブ理論は、剽窃には適切ではないのである。

　剽窃禁止倫理は、法または倫理規範を創設することで生じた義務ではない。まさに、殺人罪、窃盗罪、詐欺罪といったカントが述べた一種の「普遍的定言命令」の一つと見るのが妥当である。法や規範があってはじめて罪となるとか、非違行為となるのではないという意味である。他人の文章や独創的な

277　ソウル行政法院 2007.5.10 宣告 2006 年구합 24947 判決（以下「会計原理事件判決」
　　とする）。

考え（アイデア）を、自分のものかのように引用して使う行為が不当だというのは、文明社会で一般的に共感できる倫理規範である。ただ、それを明確にし具体的なガイドラインをつくり、それが規範としての役割を果たすことは別個の問題である。

一方、西欧の著作権の保護理論に、剽窃禁止倫理の正当化の根拠を求めるなら、功利主義の伝統よりは自然権の伝統の方が近く、なかでもヘーゲルの人格理論が適切である。知的創作物を人格の所産、霊魂の延長線として見るこの理論は、剽窃を人格権または人格的利益から禁止できると見る点でそうである。

3. 目的と趣旨との違い

著作権侵害と剽窃とは、存在または立法目的に違いがある。著作権侵害の有無を判断するとき、韓国著作権法第 1 条にある「文化および関連産業の向上発展」という立法目的を考慮しなければならない。その反面、剽窃禁止は一種の倫理規範として社会的合意の問題に帰結する。

著作権侵害かどうかを判断するとき、政策的な考慮（policy based approach）が可能で、実際に多く介入もしている。特に国家間の著作権と関連する通商摩擦が発生したり、協定を締結するとき、著作権を産業として保護しようとする傾向が強い国家と、そうではない国家との間では、利害関係が尖鋭に対立することになる。このとき、表面的には国際的な基準を掲げもし、著作権正当化理論が登場もするが、その裏面には、自国の産業保護に関する政策的な考慮が深く関連していることは、経験的に証明されている[278]。一方、剽窃は著作権侵害のように対立した利害当事者間の精鋭な葛藤よりは、社会構成員間の約束、合意といったより規範的（normative）な側面が強い半面、相対的に政策的な考慮は弱いと言える。

著作権法と剽窃禁止倫理とは、ちょうど商標法と不正競争防止および営業秘密保護に関する法律の関係に喩えられることもある。結果的には、商標権者または周知・著名商標の使用者を保護するという点で、二つの法は同じで

278　남형두「韓米間自由貿易協定の著作権執行分野に対する国内法移行の検討」『通商法律』82 号、2008 年 8 月、36-38 頁。

110 第1部 総 論

を得られない被害。2、経済的保障として、例えば奨学金、定年保障、昇進、その他の経歴上の恩典といった保障を得られない経済的被害。3、消極的名誉毀損という損害がある。一般的には名誉毀損という結果は、積極的に名誉を毀損する行為として発生するものであるのに反し、剽窃そのものは被剽窃者の名誉を積極的に毀損するのではないが、剽窃行為により被剽窃者に向けられねばならない評価が、剽窃者に向けられ、結果的に、被剽窃者が得るはずであった評価を失うことになるので、「消極的な名誉毀損」に当たると見る[293]。

（イ） 読 者

読者も剽窃の被害者となり得る。読者が本を読むときは、名義上の著者が作成したものと信じているため、万が一、それが剽窃物であるなら、読者は騙されたことになる[294]。韓国でも最近読者が剽窃の被害者となり得るかが裁判の争点となった事件があった。ベストセラーとなった『マシュマロ物語』は、有名なアナウンサーが翻訳者となって出版されたのだが、その後、この本を自分が翻訳したという専門の翻訳作家が登場したことで、大きな問題となったことがある[295]。アナウンサーは放送局から解雇され、ある弁護士が一部の読者らを集め、アナウンサーを相手に詐欺罪で告訴した。刑事事件としては検察では容疑なしと処理された後、彼らは民事上の損害賠償請求訴訟を提起したが、やはり法院で棄却された。法院は騙取行為、すなわち、読者が騙されて本を購入したという点を認めなかった。結局、この事件では読者である原告側が敗訴したのは、剽窃者の欺瞞行為と被害者らの被害との間に因果関係が認められなかったためである。

一方、芸能人や政治家といった一部の有名人の場合、ゴーストライターによる出版が社会的に容認されている。しかし、万が一、ゴーストライターが許容される種類の本でなかったなら、すなわち、読者が当該書籍や論文を選択したのが、著者と本との関係からくる信頼のためだと見られる著述で、学

---

293 以上、Green、前論文（注270）pp. 188-189。

294 同上 p. 189。

295 ソウル中央地方法院 2007. 4. 25 宣告 2006年가합92054 判決（以下「マシュマロ物語事件判決」とする）。

術分野の代表的な専門書、教科書といった本であったなら、上述の判決の趣旨に照らして見るとき、読者らは明らかに剽窃の被害者となっていただろうと考えられる。

剽窃の場合、著作権侵害と異なり、著作権者ではない読者が被害者集団に入る理由について、ポズナー教授は、読者の信頼（reliance）を誘導したかを、一つの要素として見ている[296]。読者が剽窃作品を原典だと考えなかったのなら、しなかったであろう行為をすることにより発生した損害について述べ、これを「消極的な信頼（detrimental reliance）」を放棄した行為と見ている[297]。

分けて説明すれば、1、剽窃作だということがわかっていたら、読者が買わなかっただろうという点から、購入を誘導する行為、すなわち、詐欺による被害者はもちろん読者だと見ることができる。読者らは自分が騙されたという事実を知ったなら、腹を立てたであろうことは明らかだからだ。しかし、ポズナー教授はそうした詐欺で、読者が被害を受けたと見るのは難しいとしている[298]。なぜなら、読者がよりよい他の本を読む機会を失ったと断定し難いからである。かえって、この場合、真の被害者は読者でも実際の著者でもなく、同じ種類の、すなわち競争する同じ分野の作家だとする[299]。一理ある言葉である。「マシュマロ物語事件判決」でのように、剽窃が「誘導する行為」として失敗した場合であるなら、ポズナー教授の言葉は正しい。しかし、万が一剽窃が「誘導する行為」として成功した場合なら、状況は変わってくる。すなわち、剽窃作であることを知っていたら、読まなかったであろうし、知らないで読んだことで、時間と費用の浪費をもたらしたと見ることができるため、読者が被害者となり得る。引き続き、ポズナー教授の主張が妥当な側面、すなわち、剽窃が「誘導する行為」が成功しない場合の議論へと続けていく。この場合、剽窃作家のように活動する作家らが被害者となり得る。しかし、これに加えて実際の著者は被害者となり得ないというポズナー教授の見解には、必ずしも同意することはできない。「マシュマロ物語事件判決」

296　ポズナー（포스너）、前掲書（注47）43頁。
297　同上。
298　同上 68頁。
299　同上 68-69頁。

112　第1部　総　論

でのように、実際の著者、すなわち実際の翻訳家でありながら、自分の氏名を表示することを放棄する代価として、翻訳料のほかに、それ以外の金銭を受け取った実際の作家も、被害者となり得る。氏名表示権は一身に専属した権利（韓国著作権法第14条第1項）であり、譲渡したり放棄することにする契約そのものが無効となるからである。

　2、ポズナー教授は、読者が教授（評価者）である場合、剽窃した学生の課題が剽窃作であることを見抜けず、独創的だと見た結果、よい点数を与えることで、相対評価として他の学生に被害を与えることになったこと、すなわち評価の誤謬を誘導したという点も批判している[300]。

　　　（ウ）　論文審査機関

　広く見ると読者に含まれると言えるのだが、論文審査機関である学会、学術誌または論文審査委員も、剽窃の被害者となり得る。論文を学術誌などに掲載するために提出する場合、当該学術誌は掲載の是非を判断するための審査委員を委嘱することになるのだが、剽窃物であることを知らずに、審査して掲載決定をし、学術誌に掲載した場合、当該学術誌は剽窃物を掲載したことからもたらされる、評価の失墜という被害を受けることになる。剽窃が確認された場合、当該剽窃論文を撤回（retraction）することは、読者らの被害が広がることを防ぐためのものであるが、失墜した学術誌の信頼を回復するための目的もあるという点から、学術誌が剽窃の被害者となり得ることを反証している。もちろん、すでに掲載された論文を撤回したからといって、損なわれた評価が完全に回復すると見ることはできないが、撤回決定をしないよりははるかにましである[301]。

　一方、剽窃物への掲載留保決定を下し、最終的に学術誌に掲載しなかったとしても、学術誌と審査委員に被害が発生しないわけではない。このとき、二つの場合を想定することができる。1、剽窃を理由に掲載留保（掲載拒絶）の決定を下した場合と、2、剽窃以外の事由により、掲載留保の決定を下した場合である。どちらの場合であれ、学術誌と審査委員に被害が発生する。

300　同上 43-44 頁。
301　すでに本として出版されたものを回収することはできないので、論文撤回の意味はオンライン上における閲覧、複製などのサービス中断に限られると言えるだろう。

まず、2の場合は審査委員らが剽窃であることに気づかず、騙されたことにより、たとえ、他の事由で掲載留保の決定を下したとしても、剽窃の被害が発生したと見ることができる。1の場合は剽窃であることを知ったため、騙されたのではないが、時間を浪費したという点から被害がなかったと見ることはできない。

　このことと関連して、他人の論文を自分単独のまたは被剽窃者との共同名義ですること（これは後ほど、論じる「著者名の横取り」に該当する[302]）に、被剽窃者の同意があったことが、学会誌業務の担当者らの編集・出版への業務妨害罪の成立を妨げないという判決があり目を引く[303]。この判決によれば、学会誌が被剽窃者とは別に剽窃の被害者となるということを前提としている。

（エ）　所属機関

　特定の大学の学位論文が剽窃だと明らかになり、学位が取り消されたり、大学や研究機関の教授または研究者らの著述が剽窃だと明らかになった場合、当該大学や機関は名誉と評価が失墜する被害を受けることになる。学問の研究倫理が厳格な米国では、剽窃問題が外部に公表されるだろうか。決してそうではない。米国の多くの大学や研究所で剽窃が発生した場合、主に当事者間の契約問題として表沙汰とならずに解決される傾向がある[304]。剽窃者が教授であるなら、定年保障のない場合には雇用契約の更新拒絶により、定年保障がある場合には解雇されることにより、雇用関係が解消される[305]。このように、大学などの当該機関が評価の低下を恐れ、剽窃の問題を表沙汰にせずに処理することは、大学などの当該機関が、剽窃の被害者であることを反証していると言えるだろう。

　であるなら、大学など当該機関は評価の失墜という被害だけを受けるのだろうか。学位論文の剽窃により、学位授与機関である大学が評価の失墜以外に、さまざまな経済的な損失など、実質的な被害も受ける。米国連邦控訴法

302　注446-466の当該頁参照。

303　大法院2009.9.10宣告 2009도4772判決（以下「業務妨害判決」とする）。

304　Billings、前論文（注275）p.398。

305　同上。

院の判決のなかには、異例とも言えるが、学位論文の審査過程で、教授らが学生らの論文剽窃に介入することにより、学校の評価が失墜したことを認めたことのほかに、それにともない、入学生が減り、大学基金の募金にも大きな悪条件になったことを認めているものがある[306]。

教授と学生との間で内密に繰り広げられる学位取引

　上述のフロスト（Frost）判決によれば、剽窃が大学などの当該機関の評価の低下を越え、入学率の低迷、基金募金への悪条件といった経済的な損失まで及ぼすことになった点を認めている。この事件は教授と学生との間に、ある種の経済的代価を前提とし学位が内密に取引されたことを示している。これは、韓国の一部の大学で発生する歪んだ姿とも一致している。すなわち、この事件で教授は、自分に研究用役という経済的利益を与える地位にある政府の公務員を、博士課程の学生として受け入れ、剽窃を認める等の方便により、学位論文を容易に作成できるようにし、博士学位を授与した。学生である公務員は彼への対価として、自らの地位を利用し、指導教授に研究用役を集中し、契約内容も有利に変更する特恵まで与えていた。こうしたことは、韓国でもたまに起きている。こうした公然たる学位取引の過程で、学問の精神に見合う学位論文が提出されることは難しい。かえって、こうして取引される学位論文には剽窃部分が相当に多いのが常で、学生から経済的な利益を得ようとする教授は、提出論文に剽窃があったとしても見て見ぬふりをする場合が多い。韓国でたまに発生することが、米国でも発生したという点で驚くしかない。この事件で米国の連邦政府は、事件に関係した教授らと学生らをすべて調査し、刑事告訴することにより、事件が白日の下にさらされたのだが、私たちにも極めて重要な示唆を投げかけている。

　（オ）　学界 —— 正直な著述を実践する大多数の学者・研究者・学生
　剽窃が著作権侵害と異なる最も大きな理由として、被害者集団が異なるとするとき、最も広範囲で深い害悪を被る被害者は「正直に著述してきた大多

306　United States v. Frost, 125 F. 3d 346, 367(6th Cir. 1997)（以下「フロスト判決」とする）.

数の学者と学界（academe）」だと言える。学界は特定の個人や集団ではないため、具体的で個別的な剽窃事件で、ほとんど被害者としての意見を表明する機会を得られないでいる。しかし、剽窃禁止倫理が守られなければならない最も大きな目的は、正直な著述でもって代弁される学問の正直さにあるとするとき、それは、学界の存立基盤という点から、剽窃の被害者として五つ目の集団である学界は、極めて重要な集団である。

シカゴ大学政治学部のチャールズ・リプソン（Charles Lipson）教授によれば、学問の正直さには三大原則がある[307]。

①　自分の名で提出したり発表するすべての研究実績は、実際自らが研究したものでなければならない。
②　外の研究者の研究実績を引用したり、参考にしたりしたときには、必ずその出所を明らかにしなければならない。ただ学術用語を引用したものでも例外となることはない。
③　研究資料は正確で正直に提示しなければならない。研究実績と関連のあるすべての資料は、それがいかなる形のものであれ、例外となることはない。

学問の正直さに関する三つの原則は、学問、特に著述では一種の黄金律とも言えるだろう。剽窃はこのような黄金律を守り、研究し、文章を書いてきた大多数の学者と研究者を被害者にする。

ここで、具体的に直接的な被害を受ける程度により、被害者集団を細分化すれば、剽窃者と直接の競争関係におかれている所属機関の同僚（第1集団）、所属機関を離れ、同じ学問を専攻する他の学者（第2集団）、剽窃者と直接の競争関係にはないが、学問共同体と言える学界全般（第3集団）がある。

第1群：所属機関の同僚ら

剽窃者と同じ機関に属する同僚は、剽窃者が剽窃論文を量産することにより、昇進や経済的インセンティブで、相対的な被害を受けることがある。韓

307　チャールズ・リプソン（찰스 립슨）『正直な著述 —— 学問的倫理性と正直な参考文献引用法』（原書：*Doing Honest Work in College*, University of Chicago Press, 2004）김형주, 이정아訳、멘토르、2008年、8頁。

116 第1部 総 論

国の大学間の順位争いで、重要な要素の一つが教授らの発表論文数である。論文に対する質的（qualitative）評価よりは量的（quantitative）評価が優先される状況で、大学は所属する教授らに論文を多く作成するよう奨励するのだが、剽窃論文を量産する人がいると、剽窃せずに正直な著述を実践する同僚らは相対的に被害を受けるしかない。競争を煽る政府とその指針に順応する大学とが、教授昇進と再任用の審査時に事実上、相対評価性を導入しており、この過程で当該所属機関に剽窃者が出れば、そうでない多くの同僚が昇進や再任用で、脱落する等の不利益を被ることがある。また、論文の本数を基準にして経済的報賞（インセンティブ）を与える場合、制限された予算を執行する過程で相対評価となるしかないため、正直な著述を実践する人は被害を受けることになる。

　教育機関の学生らも、第1集団に含めて論じることができる。報告書などの課題を剽窃して提出した学生が、正直に課題を作成し提出した学生よりも、いい評価を受けるならば、正直な学生が剽窃の被害者となることはいうまでもない。韓国は学生らの剽窃に極めて寛大な方であり、それが法廷問題にまで波及することはほとんどない。しかし、米国では高等学校と大学に在学中の学生が、課題や試験で剽窃行為を行うことで、当該科目でFや不可を受けたり、有期停学、無期停学、退学、最悪の場合には学位取消しなどの懲戒処分を受けた事例が多い。甚だしくは、同僚学生らの届出と請願により、剽窃でスペックを積んだ学生の大学入学が取り消された事例もある[308]。

第2群：専攻分野が同一の学者たち

　同じ専攻分野を研究する学界に剽窃論文を量産する人がいれば、正直な著述を実践する研究者が被害を受けることになる。評価や認知度は学界の各種利害関係に影響を及ぼすことがある。もちろん、長期にわたり正直な著述を実践する学者らの真価は現れるのが常であるが、短期的には剽窃者が学界を主導する現象を周りでよく目にすることができる。

308　Jill P. Capuzzo, "Moorestown Journal；Seeing Crimson", *New York Times*, July 20, 2003（以下「ホーンスティン〔Hornstine〕学生事例」とする）を参照。

第3群：学界（academe）全般

　剽窃者と所属機関、専攻などで、直接関連をもってはいないが、学問共同体の構成員という関係から見るとき、剽窃者は学界全般を被害者としてしまう。著述に対する道徳的な弛緩により、剽窃が横行するなら、結果的に学界には不信が蓄積し、学界全体が非倫理的集団へと転落することになる。後ほど詳細に見るように、ランベリス（Lamberis）弁護士の判決で、米国の法院は剽窃にともなう直接の被害ではないが、真正なる被害は「正直な学者ら」に発生するとして、かえって、この事件での真正な被害者は、すべての正直な学者たちだと認めている[309]。被審人の剽窃は、正直な学者たちの努力を貶め、さらに学界で長い間維持されてきた名誉制度（honor system）を蹂躙した行為だと認めている[310]、ここでいう「正直な学者たち」とは、すなわち、学界のことである。

（3）　判例——被害者の同意・事後許諾が抗弁となり得るか

　被害者の事後許諾が剽窃の責任を免除できるかと関連し、米国と韓国の判決を紹介する。まず、米国で出された判決である[311]。原告（控訴人）フォークナー（Faulkner）はテネシー大学でフロスト（Frost）教授の指導の下で博士課程を修了し、論文を作成していたのだが、論文の主題が米国陸軍の機密情報と関連し、学則によって中断させられた。これにより、原告は他の主題を選択しなければならなかったのだが、指導教授の指導の下、新しい論文 "Remote Sensing of Turbulence Using Doppler, Lidar and Radar Techniques" を提出し、論文が通過し、博士学位を得た[312]。一方、テネシー大学の教授会では、この論文を別途に審査を行った末、5対2の評決で博士学位の取消しが決定された。その理由は、この論文がフロスト教授の論文といくつかの研究報告書を、そのまま引用したということであった[313]。原告は

309　*In re* Lamberis, 93 Ill. 2d 222, 443 N. E. 2d 549, 66 Ill. Dec. 623（1982）（以下「ランベリス弁護士判決」とする）．この判決の詳細は注 509 の当該頁を参照。

310　同上判決 229 頁。

311　Faulkner v. University of Tennessee, 1994 WL 642765（Tenn. Ct. App.）（1994）（以下「フォークナー博士判決」とする）．

312　同上判決 p. 1。

剽窃というものは著書の同意なしに引用したときに成立するものであり、この事件のように、著者の同意があるなら、もはや、剽窃ではないと抗弁した[314]。これに対し法院は、剽窃を原告の主張のように定義するなら、博士課程の真摯さ（integrity）は完全に破壊されるとし、父の足跡をたどる息子は父の許しのみを受け、その主題について研究しようという努力も傾けないまま、父の研究物を絶えず、複製するだろうという喩えを挙げ、その不当さを説明している[315]。法院は学生よりも過ちがより大きい論文指導教授の庇護の下に隠れようとする学生（原告）に対し、学生の指導教授への信頼は誤っていると判断した[316]。

　この事件で米国の法院は著作権侵害とは異なり、剽窃の責任は著書の同意をもっても免責できないことを明らかにした。またさらに、博士論文での指導教授の了解または同意が、剽窃責任を免除するものではないことを確認している。

　これと関連する韓国の判決を紹介しよう。上述の会計原理事件の判決で、法院は著作権者（共著者）の許諾を得ていたとしても、剽窃の責任には影響はない[317]とすることにより、フォークナー博士判決と軌を一にしている。ところで、法学教科書Ⅰ事件控訴審判決では、剽窃による懲戒量定では、著作権者の事後許諾を斟酌している[318]。剽窃が明らかになり問題となった後、著作権者から問題にしないという意思があったことは、「事後同意」と言える。これは会計原理事件の判決の「事前承諾」と比較される。「事前承諾」であれ「事後同意」であれ、被剽窃者の同意という点では同じである。そして、会計管理事件と法学教科書Ⅰ事件のどちらも、剽窃を理由として教員を懲戒したことを不服とする事件という点でも同じである。ところで、法学教科書Ⅰ事件では、被剽窃者の同意（事後同意）が剽窃者の懲戒の軽重を決める上で、考慮する要素となっていたのに反し、会計原理事件では上述で見たように、著

313　同上。

314　同上 p.4。

315　同上。

316　同上 p.6。

317　会計原理事件判決（注277）。

318　法学教科書Ⅰ事件控訴審判決（注276）。

作権者から同意を得た事実が剽窃行為の評価にほとんど影響がないと釘を刺している。

　懲戒の量定は裁判官により異なって見ることができる点があるとしても、剽窃の意味を明確に理解するのなら、すなわち、剽窃にともなう被害が単に被剽窃者だけに局限されるのではなく、学界全体に及ぶことを理解するなら、被剽窃者の同意を剽窃者の懲戒を軽減する事由とすることは、必ずしも妥当とは言い難い。その点から、博士学位指導教授である被剽窃者の同意の下で、剽窃が行われたのであり、そうした同意により免責されるとした剽窃者（学生）の主張に対し、学生の指導教授（被剽窃者）に対する信頼は誤っているとした米国法院の判決（フォークナー博士判決）は、剽窃の本質を見抜いているのである。

（4）　応　用
クリエイティブ・コモンズは剽窃責任をも免除できるのか？
　いわゆる「著作権の部分的共有」と呼ばれるクリエイティブ・コモンズ（Creative Commons）運動で、出所表示義務を免除し、さらには剽窃責任をも免除することは可能か、そして正当なのか。著作権侵害の責任の側面では可能で妥当であるとしても、剽窃責任ではそうではないとする。剽窃の被害者論で考察してみたように、剽窃禁止という学界の倫理は、著作権者の処分権の範囲内にはないからである。

インターネットで購入して使えば剽窃責任も免罪されるか？
　インターネットで購入して使えば、剽窃も免責されると考える傾向がある。購入したのだから、著作財産権侵害ではない。しかしインターネットなどで販売されるということの意味は、代価を得て著作財産権の複製権を譲渡したり、利用を許諾するというだけであり、著作者人格権まで譲渡したり、処分したのではないため、著作者人格権のうち、氏名表示権侵害の有無は別個の問題である。

　さらに、インターネットで購入したからという理由で、出所表示しないで使うならば、読者はそれが著者のものだと誤認し得るという点から、剽窃に該当することがある。インターネット購入かどうかは、著作財産権侵害と関

120　第 1 部　総　論

連があるだけで、剽窃が成立するかどうかとは何ら関連はない。

エ．自己複製とゴーストライター論議での有益性

　剽窃と著作権侵害の違いを明確にするなら、自己複製とゴーストライターの許容可能性の議論に極めて有益である。自らの先行著述を再び使用して後に行う著述に利用する場合、自らの先行著作物の著作権者であるため、著作権侵害は成立しなくても、剽窃責任を負う場合があるかと思えば、他の人をして、自分の考えを整理したゴーストライターの著述は、著作権法上、明らかに著作者人格権（氏名表示権）の侵害となり得るにもかかわらず、剽窃と見ない場合がある。このように理解の難しい問題も、剽窃と著作権侵害との違いを明確に理解すれば、簡単に解決することができる。

　両者の違いを詳しく説明しているグリーン（Green）教授によれば、剽窃では同意（consent）より被害（harm）に、より集中する必要があるとしている[319]。グリーン教授は無意識的な自己引用（unacknowledged self-quotation）が剽窃の真正な例だと述べている[320]。自らが自分のものを引用したことなので、同意があったと言えるが、剽窃には同意の有無よりは被害の有無の方がより重要である。したがって、自己複製物を読む読者に、それを原作（original work）だと信じるべく騙したため、剽窃に該当し得る[321]。国内では自己の物権の窃盗が犯罪として成立しないように、自己複製はそもそも問題とならないと主張する研究者がたまにいるが、それは、著作権侵害ならば、そう言えないこともないが、剽窃では正しくない。自己複製で被害者となり得る対象は「著者自身」ではなく読者らと彼が属している学会などであるからだ。

　その反面、政治家、有名人、判事といった場合、代筆者（unacknowledged ghostwriter）が書いた表現を自己の名義で直接発表したり、公開することが多いのだが、こうした著述は誰にも被害を与えないという点から剽窃と規定しない。ゴーストライターが許容される領域である。その理由は、こうした人々は、自ら著作物をつくるだろうという文化的期待が（cultural

---

319　Green、前論文（注 270）p. 190。

320　同上。

321　同上。

expectation）がないからである[322]。

　以上で見たように、剽窃と著作権侵害の違いを理解するなら、自分自身のものを引用したとしても剽窃となり（許容されない自己複製）、他人が代わりに書いたにもかかわらず、剽窃とならない理由（ゴーストライター）を容易に説明できる。

オ．時効の存否と起算点の違い

　剽窃と著作権侵害は、時効制度でもその違いを見いだすことができる。著作権侵害は民刑事上の責任をともなうため、民事上の損害賠償請求権の消滅時効と、刑事上の公訴時効のような時効制度と親密である。ところで、法的責任ではない倫理的責任として剽窃の時効が問題となるのは、剽窃という非違行為に対する懲戒時効または検証時効なのだが、結論から言うならば、剽窃には時効制度が適用できない[323]。

　たとえ剽窃に時効制度が適用できるとしても、時効の起算点から著作権侵害と剽窃とでは全く異なる。著作権侵害罪の公訴時効と、剽窃の懲戒時効または検証時効とを比較するなら、公訴時効は犯罪行為が終了したときから進行するのだが（韓国刑事訴訟法第252条第1項）[324]、著作財産権侵害罪は他人の著作財産権を複製、公演、公衆送信、展示、配布、貸与、二次的著作物の作成の方法で侵害することにより終了するので、このときが公訴時効の起算点となる。

　しかし、剽窃では欺瞞的要素も成立要件であるため、剽窃物が市中に流通したり、図書館から貸し出され、読者が引き続きその剽窃物を読むことのできる状態にあるなら、欺瞞行為、すなわち「自分のものかのよう」に騙す行為は引き続き起きることになる。したがって、当該剽窃物が絶版とされるか、市中または図書館などから完全に回収されたとするとき、はじめて犯罪の被害がこれ以上発生しなくなるという点から、その時点を剽窃という非違行為の終了時点と見なければならない。剽窃に懲戒時効や検証時効を認めるとし

322　同上。

323　剽窃の検証時効については後ほど詳細に論ずる。注676-693の当該頁参照。

324　韓国刑事訴訟法第252条（時効の起算点）

　① 時効は犯罪行為の終了したときから進行する。

1、第37条第1項への文理解釈上、出所明示義務が著作財産権制限の要件
となるのは難しい。第37条第1項は「この款の規定により著作物を利用す
る者」に出所明示義務を与えており、出所明示義務の対象は、著作財産権の
制限を前提としていると解釈されるからである。2、第37条第2項は「出所
明示は著作物の利用条件により、合理的だと認められる方法でしなければな
らず（以下後略）」と規定しており、出所明示義務はこの履行の有無が「合
理的と認められる方法」をどう見るかにより、異なり得る可能性の道を開い
ている。このように、不確定な概念により、著作財産権制限が成立かどうか
が異なり得るというのは、法的安定性を害する恐れがあるという点でも、著
作財産権制限の成立と出所明示義務の履行の有無とを異なって見るのが妥当
である。3、ベルヌ条約でも我々の著作権法第37条のような出所明示義務条
項をおいており（第10条第3項）、出所明示義務は著作財産権制限を前提と
しているという点から、出所明示が著作財産権制限の要件だと見ることはで
きない。

　であるなら、「空白」は②の見解により、付随的義務が適用される領域と
見ないわけにはいかない。付随的な義務は現行の著作権法では、著作財産権
制限の要件とはならず、義務違反が著作者人格権の侵害ともならない、著作
権法という規範内では強制力がともなわない、それこそ「空白」に投げ出さ
れたのである。ここでこそ剽窃の真価が発揮される。このような「空白」に
法規範ではなくとも、倫理規範として剽窃禁止倫理が適用されるなら。付随
的な義務が無用なものではなくなる。

　また、上述の「空白」に該当する事案、例えば、正当な範囲内で他人の公
表された著作物を研究等の目的により引用する場合、合理的な出所明示義務
を守らなかったという理由で、著作財産権の制限に該当しないとすることで、
即時、民刑事責任がともなう著作財産権侵害として構成するとか、著作物の
全部または相当部分を引用したのではなく、一部分を引用しながら出所表示
をしなかったとして、著作者人格権（氏名表示権）侵害として構成するのは、
どちらもあまりに過酷であり、現実に合わないだけでなく、学問領域では必
ずしもそうすることが妥当でないという点から、法規範（著作権法）により
規律するよりは、剽窃禁止倫理という倫理規範により規律する方が望ましい。
すなわち、たとえ、法では義務を規定してはいるが（第37条）、その違反に

法的強制力を発動するよりは、学界に通用する剽窃禁止倫理が適用されるようにすることの方が、著作権法という法規範を越えて、私たちの社会の全体的な規範秩序にも符合している。

まさに、上述のような議論で見るように、著作権法と剽窃禁止倫理は極めて密接かつ有機的に関連している[327]。

6. 小結論

以上で見たように、剽窃は著作権侵害と明確に区別される概念であり、その違いを明確に認識することが、剽窃を適確に理解し、議論を合理的にする第一歩である。

今日大学があまりに研究成果物に対し、知的財産権として保護、統制しようという傾向を「学問資本主義（Academic Capitalism）」だと批判し[328]、大学を知的財産権という同じ船に乗った運命共同体と見なし、大学と知的財産権制度の存在理由とが絡みあっていると指摘した見解は極めて斬新である[329]。こうした指摘と軌を一にして、知的財産権または著作権の過度な保護とその行使を制限しようとする試みが、以前からあることは周知の事実である。

ところで、剽窃と著作権侵害とを明確に区分する見地から見れば、学問倫理もまた名誉的な側面（honor approach）の剽窃論は、大学の過度な著作権保護の動きと、それへの反省または反発の影響を受けることはできず、受けてもならないだろう。

327　この点から、韓国著作権法第 37 条は著作権侵害と剽窃禁止倫理の結節点としての役割を務めていると言える。

328　Corynne McSherry, *Who Owns Academic Work? -Battling for Control of Intellectual Property*, Harvard University Press, 2001.

329　同上 p. 37, 65。

第2部

各　　論

第1章　剽窃の定義

1.　伝統的観点の剽窃

　剽窃をいかに定義するかにより、剽窃の有無の判断が異なってくるという点から、剽窃の定義は剽窃論のスタートであり、ゴールであると言える。これはまるで著作権法の著作物性（copyrightability）、すなわち、著作物を保護するための要件をどう見るかにより、著作権侵害か否かの判断が異なり得ることと似ている。比較対象著作物に同一であるか類似していると認められる部分があったとしても、その部分に著作物性が認められるかにより、著作権侵害か否かが異なることのように、剽窃をいかに定義するかにより、剽窃判断の結論が異なる。

　ところで、論者ごとに剽窃の定義がそれぞれ異なり、剽窃判断に関する各種のガイドラインでも、剽窃の定義が一致しないというのは、剽窃論議を空回りさせ得るという点から、極めて深刻な問題である。その一方、剽窃を定義する作業がそれほど難しいことの反証でもある。

　一般的に剽窃は単純な複製行為を越え、窃取と欺瞞を要素とする。辞書的な意味は次の通りだ。

　　<u>標準韓国語大辞典（国立国語院）</u>
　　　剽窃
　　　　「詩や文章、歌などをつくるときに他人の作品の一部を黙って引用する行為[330]」

　　<u>ウェブスター英語辞典</u>
　　　plagiarism
　　　　"the act of using another person's words or ideas without giving credit to that person: the act of plagiarizing something[331]"

330　http://stdweb2.korean.go.kr/search/View.jsp（2013. 12. 12).

2. 現代的観点の剽窃

第1部で論じたように[332]、剽窃と著作権侵害との違いを適確に知ることだけでも、剽窃の定義作業の重要な一段階が終わったと言えるほど、既存の剽窃概念と定義に関する議論は、合理性と論理性を欠いている点がある。ところで、それだけで剽窃の範囲が確定するのではない。最近になって剽窃問題は自己複製、重複掲載、不当著者表示などへと議論が広がっているのだが、従来の剽窃の定義では、これらを説明するのに困難の点がある。そのため、それらを包摂する剽窃概念の定義が必要となった。

従来の剽窃概念の定義は、出所表示の有無を中心としてなされた。そのため、最近剽窃の範疇に含めて論じられる自己複製、重複掲載、不当著者表示といった行為を包摂するのが難しい。一方、海外の剽窃に関する有力なサイトでは、出所表示の欠落により剽窃となる場合（Sources Not Cited）と、出所表示をしても依然として剽窃となる場合（Sources Cited But Still Plagiarized）とに分けて説明もしている[333]。そのなかには、私たちの現実と規範のレベルに照らし、剽窃とは見難いものもある。ただ、剽窃を出所表示欠落の有無だけで把握しないという点は参考にするべきだろう[334]。

剽窃として論じられるものには大きく見ると、出所表示と直接関連がある剽窃と直接関連はないが、私たちの社会で一般的に剽窃として論じられる剽窃とがある。ここで著作権侵害型の剽窃、自己複製／重複掲載、不当著者表示などを論じる新たな場が必要となった。剽窃の定義に抵触せずに、こうした議論が可能となるよう、出所表示の欠落を核心とする伝統的な意味の剽窃を「典型的な剽窃」と定義し、上述のような新たな類型の剽窃を「非典型的な剽窃」という範疇に一括して論じる。

331　http：//www.merriam-webster.com/dictionary/plagiarism?show=0&t=1386745564 （2013. 12. 12）.

332　注 267-329 の当該頁。

333　http：//www.plagiarism.org を参照（2012. 5. 19）。このホームページはターンイットイン（Turnitin）の製作会社として知られている iParadigms が提供する無料サイトである。

334　上述のサイトで提示した二つの範疇の剽窃が、筆者が本書で試みている分類、すなわち「典型的な剽窃」と「非典型的な剽窃」とが必ず一致するのではないが、剽窃に関する外国の有力サイトにおいても、出所表示の有無だけで剽窃を論じていないことは明らかである。

130 第2部 各　　論

第2章　典型的な剽窃

　出所表示と直接関連のある「典型的な剽窃」は、出所表示を欠落したもの
と、出所表示をしても不適切にしたものとに分けられる。さらに、出所表
示を欠落しているものの、それが許容される場合もある。このように、出所表
示と直接関連があるが、出所表示の有無だけで剽窃かどうかを判定すること
ができないところに剽窃論議の難しさがある。この点から典型的な剽窃論議
を、引用の目的から始めたいと思う。それに続き、出所表示の詳細を考察し
た後、関連するいくつかの争点を順を追って論じる。

Ⅰ．引用の目的

　今日一般的に引用は剽窃の相対概念として理解されている。例えば、剽窃
を避けるには引用を徹底して行えとか、引用を適確にしなければ剽窃に該当
するとかの一般の考えがこれを支えている。もちろん、先に指摘したように、
引用にともなう出所表示を徹底して行ったとして、剽窃（広義の剽窃：著作
権侵害型の剽窃を含む概念としての剽窃）の危険を完全に免れるのではない
（＜図1＞のCの部分〔96頁〕）。一方、引用にともなう出所表示をしなくとも、
必ずしも剽窃になるのではないときがある[335]。このように、例外的な場合を
除くなら、引用を剽窃の相対概念として見ても大きく違ってはいないだろう。
　であるなら、他人の文章や独創的な考えを借用するとき、借用するという
表示、すなわち、引用はなぜしなければならないのかという問いにぶつかる
しかない。この問い、すなわち引用の目的を正確に理解することは、出所表
示をいつ、いかにしなければならないかに直結している。引用の目的を適確
に理解するなら、引用時に出所表示を省略しても剽窃にならない理由が説明

335　後述で見るように、引用にともなう出所表示を省略しても剽窃にならない場合があ
　　る。隠すことが剽窃の核心なのかに関しては注 476-482 の当該頁を参照。

できる。

　現存するイタリアの哲学者であり小説家でもあるウンベルト・エーコは、つとに論文作成に関する著作を叙述したことがある。その著作で彼は論文を作成するときに引用することは、批評的文献の権威として、論文作成者の主張を裏付けたり、確認するための行為であると主張している[336]。これを基に考えをもう少し発展させれば、引用の目的は大きく「権威の源泉の提示」と「検証の便宜の提供」という積極的なものと、「剽窃回避」という消極的なものとに分けて見ることができ、さらにいくつかの付随する目的も考えることができる。

　一方、引用と出所表示は、事実上、同じ意味で使われているのだが、厳密に検討するなら、前者は「借りてきて使用する」という意味から、引用の積極的な目的に合致していると見ることができる反面、後者は多分に剽窃の責任を免れるために、出所を明らかにする側面があるという点から、引用の消極的な目的に合致する側面がある。しかし、以下では引用と出所表示とを区別せずに混用するが、必要なところではその意味を異なって使用する。

1.　権威の源泉の提示

　不完全な人間である著者は、自分より一層高い権威を借りてきて、自己の主張の根拠にしようとする。これは著者をよく知らない読者をして著者の主張を信じさせるための最も効率的な手法である。逆にこう説明してみよう。「はじめに、神が天と地を創造した」という言葉は聖書（The Holy Bible）の始まりである創世記1章1節に出てくる。ところで、この言葉の終わりに注をつけ、この言葉が真実であることを証明するための根拠を提示していない。否、そうする必要がない。聖書を経典とするキリスト教徒にとって、この言葉は他の根拠が必要ない事実である。信の対象であるためである。それ自体が絶対の権威であるため、これを裏付ける他の権威は必要ないということである。

336　エーコ（에코）、前掲書（注27）225-226頁。

創世記型論文

しかし、論理的で学術的な文章を書く人が、ある主張をしながら、注をつけないということは、「この文章は真理なので、信じよ」ということに他ならない[337]。本書が対象とする学術的著述で、注の必要ない場合はないと言っても言い過ぎではない。高度に複雑多岐にわたる現代社会で、自らの主張を裏付けるために、自分より一層高い権威を借りてくる必要のない学者や研究者は、ほとんどいないからである。

掲載回数より被引用回数がより重要

最近、主要メディアが発表する大学順位に各大学が敏感に反応、競争しているのだが、主要な審査指標の一つが、所属教員らがSCI、SSCI（社会科学論文引用索引）級の世界的な有力論文集に論文を何編掲載したかである。ところで、この指標は、熱心に研究する学者らがいかに多いかを示してくれるのだが、必ずしも、世界的に権威のある学者がいかに多いかを示すことはできない。メディアが先に立って、大学の順位と序列付けをすることが必ず必要だとか、その意図に同意するのではないが、こうした作業がきちんと機能するには、世界的学術誌への掲載回数よりは、そうした論文集に収録された論文の引用回数を指標とするのが、その趣旨に一層合致している。大学の潜在力を評価するのではなく、現在の位相を評価するのなら、その大学に所属している教授が、世界的に個別の学問分野で、どれほど高い権威をもっているかがより大事なのだから。

本文より注がより重要

このように「被引用回数」が「掲載回数」よりも大事だというのは、権威ある学術誌から引用される学者の権威が、著書の権威よりも一層高いということに根拠をおいている。学問の世界の権威と評価という点から見れば、「本文より注が一層重要」なわけである。特許権や商標権とは異なり、著作権では、公表された著作物を一定の要件の下で、許諾を受けずに使うことができるが、出所表示義務がある。特許権や商標権で、先行する特許・発明や商標

337　説明の便宜のためにこのような論文を「創世記型論文」と呼ぶことにする。

を使用するとき、特許権者や商標権者に使用料（ロイヤリティ）を支払うのと同様に。著作権では注に先行著述を記載することが、すなわち、先行著者の評価や権威を高めているのである。出所を表示することが、一種の代価支払い行為に該当するという代価理論は、学界で「本文より注が一層重視」される理由をよく説明している[338]。学問をする人々は「自分の名前が注に入るために勉強する人々」だと言っても大きく違ってはいないであろう。

　以上で見たように、引用の最も重要な目的の一つは、著者の主張を裏付けるべく、その分野で著者よりも権威のある学者とその主張とを権威の源泉として提示することである。

2.　検証便宜の提供

　学術情報の特徴の一つである「累積性[339]」により、学問の過程は累積作用と言える。上述での論議と土台の上に自らの主張を裏付け、その上にまた他の研究者の議論が蓄積されることで、学問が完成していくからである。巨大なピラミッドを考えてみよう。ある著書が自らの新しい主張というレンガを既存の主張の上に積んだのだが、それが位置しているすぐ下のレンガがしっかりしていないなら、いくらも経たずに、その建造物は崩壊してしまうだろう。万が一、その建造物に人が住んでいるなら、建造物の崩壊は人命被害をもたらすこともある。

　自然科学分野だけでなく、人文・社会科学の分野でも、誤った理論や主張は大きな被害をもたらし得る。一般的に自然科学分野の主張を載せる著述は、数値、実験といった客観的根拠であり、比較的検証しやすい。その反面、人文・社会科学分野の著述は、科学分野に比べ主観性が相対的に強いため、客観的検証の重要性が軽く扱われる傾向がある。ところで、人文・社会科学分

338　「代価理論」とは筆者が考え出したもので、この詳細については、남형두、研究報告書「剽窃問題解決方案に関する研究（I）―― 文化産業発展のための土台として著作権意識を高めるための基礎研究」韓国著作権委員会、2007 年、123-125 頁を参照。

339　学術情報の累積性については、Robert K. Merton, *On the Shoulders of Giants*, Harcourt Brace & World, 1965, pp. 267-269。名和小太郎『学術情報と知的所有権 ―― オーサシップの市場化と電子化』우인하訳、韓国科学技術情報研究院、2003 年、27-28 頁（原書：書名同前、東京大学出版会、2002 年）。

野の著述も誤った主張であることが後に明らかになれば、それによる弊害は、より間接的で長い期間にかけて現れるという点から、決して検証をいい加減にしてはならない。例えば、誤った経済理論を根拠とした政策により、世界経済、国家経済または企業や家計部門に回復し難い損害が発生することがある。社会学分野の誤った理論により、社会的な葛藤がもたらされ、それにより戦争、虐殺が起きた例も多い。法学の場合にも誤謬と明らかになった理論や学説に根拠をおいた判決により、被害を受けた紛争当事者がいかに多いか数え切れない。もちろん、学問が社会現象に及ぼす影響が、必ずしも直接的なものではなく、その他のさまざまな要因と複合的に作用するため、因果関係を明らかに証明することは難しいかもしれない。しかし、誤った理論や主張が、直接または間接的にもたらす社会的な余波は、極めて深刻なため、現実に適用する前段階で、理論の検証は徹底的に行わなければならない。

ところで、学術的な文章であっても引用が適確になされておらず、出所表示がいい加減であれば、検証しようとしてもできなくなる。もっともらしい主張があり、それを他の人が自分の主張の根拠としたり、さらに、現実の政策に反映したくとも、その主張を裏付ける根拠となる主張や論拠が、明らかになっていなければ、思慮深い学者や慎重な政策立案者は、それを借用することに躊躇するだろう。そうせずに、やみくもに借用する場合、基礎がしっかりしておらず、いつ崩壊するかもしれない建築物を建てることと同じである。したがって、ある新しい主張が発表され、それが論争の主題を提供できるほどよいものであるなら検証しなければならない。検証は著者が注を通じて行うことができる。著者が自分の論文などの著述で、自己の主張を裏付けるために提示した注がどれほどしっかりしているかにより、その上に積み上げる著者の主張が受ける力の大きさが異なってくる。万が一、その分野ですでに廃棄された理論や信頼性に疑問がある学者の主張を論拠として注に明示していれば、著者の主張はその分、力を得ることができないだろう。

ここで、引用や出所表示がしっかりされていなくても、全くないよりはましではないかという意見が提示され得るだろう。全体的に妥当な意見である。出所表示がない文章は検証しようとしてもできないが、出所表示がきちんとされていない文章でも、少なくとも検証が可能だからである。検証を経て玉石をえり分けられる点から、学問世界に及ぼす弊害が相対的に少ないと言える。

このように、学界で検証という過程は学問発展のために必要不可欠である。ところで、検証が可能ならば、引用と出所表示が先行されねばならない。すなわち、引用は検証のために必ず必要なのである。

一方、「権威の源泉」をもたらす作業である引用の第1の目的は結局、その権威の源泉が真正であるかを判断するための「検証便宜の提供」という引用の第2の目的とコインの裏表の関係にある。

注のない社会

引用がずさんで検証という学問過程が徹底してなされなければ、学問の対外依存度が高まる。これまで、私たちの学界は注がずさんな論文が横行していたため、国内の文献は信じることができず、海外の文献だけを信奉する傾向があった。これは、自ら読んでいないにもかかわらず、外国の文献を読んで参考にしたかのように、注と参考文献に外国文献を溢れるほど羅列して飾ることにより、剽窃を生む悪循環を持続させる。「巨人より遠くを見渡す小人」という言葉からもわかるように、学問は先人の肩に立つことであり、次代の者がまたその肩に立って遠くを眺めることだとも言える（学術情報の累積性）。レンガを1枚ずつ積み上げるように、学問と文化がそうやって進んでいくのだが、引用を適切にしなければ、検証できないレンガを積んだことになり、毎回、壊してはまた積む悪循環を繰り返す[340]。そのことによる学問発展への阻害と非効率はいうまでもない。

韓国の判決のなかには、韓国と中国の警察組織を比較・検討した論文の著者（原告）が、中国公安組織の閉鎖性のために資料収集が難しく、出所表示をできなかったという主張をしたのだが、法院はそれが剽窃を正当化する事由となり得ないことを確認しつつ、これを容認する場合、大学の構成員と学問への信頼に大きな打撃を与えることになることを理由として挙げている[341]。ここで、学問に対する信頼に打撃を与えるということは、当該著述を信じるべきか否かの不確実性に由来している。引用にともなう出所表示が明確になっていれば、当該出所を確認することで、著述の信頼性を検証するこ

340　남형두「脚注のない社会」朝鮮日報 2008 年 3 月 4 日付コラム。

341　大田地方法院 2008.7.23 宣告　2008 가합 1112 判決（以下「研究年実績物民事事件判決」とする）。

とはできるが、そうでないということは、著述の信頼性を検証できないということであり、この判決は引用の目的を正確に看破しているわけである。

一方、裁判制度で、証人を申請した当事者の反対側の当事者が、当該証人を反対尋問できるよう、反対尋問権を保障するのと同じ論理で、引用の目的を理解する見解がある[342]。引用を読者が著者の主張の妥当性を検証する手段の提供だと理解するもので、これは「検証便宜の提供」という引用の目的と軌を一にするもので、全体的に妥当な主張である。

3. 剽窃回避 —— 免責目的

引用の本来の目的ではないと言えるのだが、時とともに重要な目的の一つとなっていくのが「剽窃の回避」、すなわち「免責」である。後ほど詳しく言及するが、自己複製／重複掲載に関する議論で、自らの先行論文の出所を明らかにすべきかについての議論は、上述で言及した引用の目的である「権威の源泉の提示」または「検証の便宜の提供」のどちらにも該当しない。

まず、自己複製／重複掲載の論文で、自己の先行論文の出所を明らかにすることを、引用の第一目的である権威の源泉をもってくることに適用してみれば、自分自身を権威者として押し立てることになり、必ずしも引用目的に合致することではない[343]。また、先行論文で第三の異なる文献を引用した場合、自らの先行論文は二次出所に該当するわけだが、これをいちいち明らかにし、再引用方式によらず、原出所（上述で述べた「第三の異なる文献」）だけを明らかにしても、検証の便宜提供という引用の目的は果たしたことになる。したがって、自己複製／重複掲載の非難可能性の有無が議論されるその後の論文で、自身の先行論文の出所を明らかにすることは。上述で提示した二つの引用目的と直接的な関連はない。

それでも、自己複製／重複掲載により問題が発生し得る論文を作成するとき、著述者としては予想される非難を避けるために、自己の先行論文の存在を明らかにするのが安全である。これは出所表示／引用の消極的な目的であ

342　장정희「反対訊問と剽窃」大韓弁協新聞（401号）2012年6月4日付コラム。

343　もちろん、自らが当該分野の権威者ならば、後発論文を作成するとき、自らの先行論文を権威の源泉としてもってくることは不自然なことではないという点から、ここでは部分否定表現を使用した。

る「剽窃の回避」または「免責」に該当する。非難を避けるために出所表示をするが、読者もその論文（後行論文）が新しいものでないことを知ることになるという点での順機能もある。

剽窃を回避するための引用は教育課程で強調されることがある。後ほど考察するが、剽窃の判定で難しいことの一つは、出所表示義務が免除される「一般知識」に該当するかどうかを判断することである。当該分野の専門家らの間では、一般知識なのかどうかの判断はある程度可能で、合意できる部分がある。しかし、教育課程にある学生らの場合、判断が難しいという点で、一般知識なのかが不確実だと考えられる場合、自己防御の次元で出所表示を行う方が安全である。プリンストン大学の学問倫理（Academic Integrity）規定にも、「引用しなければならないかどうかという疑問があったら、引用するように」という条項がある[344]。さらに、ある事実や考えが一般知識なのかわからないからといって、出所表示を欠落してはならず、剽窃の責任に対する抗弁になり得ないとはっきりと明らかにしている。プリンストン大学の規定にある引用は、剽窃回避または免責のためのものだと言える[345]。

剽窃の回避が引用の目的になるという現実は、学問、芸術の自由な発展の側面から見るとき、あまりに規範的で四角四面と感じられることもある。特に芸術的な表現または表現技法によっては、出所表示をも省略し、学問の種類によっては、出所表示義務の水準と程度が異なり得るという点を考慮すれば、あまりに防御的だとか、多様性を無視するものだという批判が提起され得る。しかし、剽窃の検証により国中が殺伐となった状況[346]では、引用の本来の目的ではないが、剽窃の責任からも自由になるためのこの目的が、しばらくは重視されるものと見られる。付け加えれば、こうした過渡期的な現象が終わり、学問の発展が成熟した段階に進入するためにも、剽窃の検証と判断は、高度の専門的領域だということへの社会的合意が必要なのである。

一方、剽窃回避という引用の目的から見れば、自己複製／重複掲載の場合、非難を避けるために、いちいち出所表示をする面倒くささの代わりに、冒頭

344　Princeton University, Academic Integrity, "When to Cite Sources", http://www.princeton.edu/pr/pub/integrity/pages/cite/（2013. 12. 16）.

345　Princeton University, Academic Integrity, "Not-So-Common Knowledge", http://www.princeton.edu/pr/pub/integrity/pages/notcommon/（2013. 12. 16）.

138　第2部　各　論

に注（annotation）をつけて先行論文の存在を明らかにすることにより、剽窃という非難を避けられるようにするとか、後ほど見るように[347]、出所表示の基本単位は「文章」なのだが、議論を展開する過程で止むを得ず、自らが書いた先行論文の相当部分をそのまま引用しなければならない場合、剽窃という非難を避けるために、引用される最初の部分に —— それが題目だとしても —— 注をつけて、その事情を明らかにすることで十分だと見ることは[348]、まさに引用の目的のうち、剽窃回避に由来すると見るなら、合理的理解が可能である。

4.　付随的目的 —— 学界の好循環

　引用の本来の目的ではないが、引用がきちんと守られれば、付随してくるよい効果がある。一種の付随的な目的と言えるのだが、引用と出所表示を適確にするなら、学界だけでなく社会にさまざまな効果の好循環が現れる。

ア．新進または少壮学者の保護

　引用と出所表示の文化が根を下ろせば、学界に新しい理論や主張を提示する新進学者や研究者が、学界に成功裡に根付くことができる。これは学界に望ましい学問的権威の樹立と世代交代というよい伝統が定着するのに大きく寄与する。

　よい例として米国の事例を紹介しよう。ハーバード・ロースクールを卒

346　筆者はこうした社会の雰囲気を以下のように表現したことがある。

　　　これまでの十数年の間、剽窃が社会的に深刻に人々により語られたにもかかわらず、剽窃論議がなくならない理由は何か。剽窃が急に増えたというよりはコンピュータの発達のせいである。ほとんど全ての論文がデータベースで構築され誰でも簡単に検索できるだけでなく、剽窃検索ソフトを使用すれば、類似度を具体的なパーセントで算出できるようになった。これにより、誰もが剽窃を簡単に検証できると考え、実際にマスコミが先導する剽窃検証の嵐はこれからも引き続き吹き寄せるものと予想される。今や学位があるとか、論文を発表したことがある人は、それぞれ雷管を一つずつ抱えていることになった。さらに自嘲的に言えば、断頭台に首をおいている状況だと言える。

　　　（남형두「剽窃問題を扱う軽さについて」延世春秋 2013 年 4 月 1 日付コラム）

347　注 423、424 の当該頁を参照。

348　これは「文章単位」に出所表示をしなければならないという原則に対する例外となる。

業した若い2人の弁護士、ウォーレン（Samuel D. Warren）とブランダイス（Louis D. Brandeis）は、1890年に個人的経験を基にして"The Right to Privacy"という論文を母校の学術誌（ハーバード・ローレビュー）に発表した[349]。28頁ほどの分量のこの短い論文は、米国法学論文の歴史上、最も多く引用された論文であり、さらには、この論文が米国の法学に及ぼした影響を研究した論文があるほどである[350]。大成する人物は幼いときから違ったところがあるとか。後日、ブランダイス弁護士は米国連邦大法院の大法官となる。学問を主な業とする教授でもない、30代の少壮の実務弁護士らが書いた論文が3世紀にわたり、他の論文に非常に大きな影響を及ぼすことができた要因は、論文間の連結通路である引用と出所表示に徹底していたからである。後に続く研究者らがこの論文を引用しつつ、絶えず注で出所を明らかにすることにより、この論文が生き残っただけでなく、論文の存在が光を浴びた。万が一、若い少壮学者らが書いた従前になかった独創性のある論文を、彼らより権威のある学者が引用しつつ、出所表示をしなかったら、おそらく後続した議論で、その権威ある学者のものと思われ、少壮学者らの名前は記憶から消え去っていたかもしれない。ところが、誰もそうしなかったため、この論文は3世紀にかけて米国の法学界だけでなく、韓国にまで影響を与えている。

　いくら、少壮学者だとしても、自らの研究結果が学界で検証された後、認められることになれば、自らの理論と考えとが、当該分野の後続議論へと続いていくという確信があるとき、より深みのある研究がなされる。ところで、研究結果を先生や自分よりももっと権威のある学者が剽窃する場合、韓国の学界の雰囲気上、これに対し問題提起するのは難しいという点を考慮するなら、最初から研究に臨む姿勢が乱れることがある。これはずさんな研究をも

349　Samuel D. Warren and Louis D. Brandeis, "The Right to Privacy", 4 *Harv. L. Rev.* 193（1890）.

350　バロン（Barron）という学者がその代表なのだが、ウォーレンとブランダイスの共著論文そのものを研究対象とした論文を発表した。James H. Barron, "Warren and Brandeis, the Right to Privacy, 4 Harv. L. Rev. 193（1890）: Demystifying a Landmark Citation", 13 *Suffolk U. L. Rev.* 875, p. 876（1979）. 特に、当時の有名な法学者ロスコー・バウンド（Roscoe Pound）がこの論文に対し米国法学に新たな1章を加えたとする評価が目を引く。

140　第2部　各　論

たらし、ずさんな研究をしてきた少壮学者が後に中堅または元老となる場合、自らが受けたことを繰り返す悪循環を引き起こすことがある。

　何年ほどか前に、教授の論文を何十も代筆してきたある時間講師が、自分の境遇を悲観した末、自殺した事件があった。その時間講師は自分の名前ではない、自分の教授任用の権限をもった大学教授の名前で論文を書いてきたのである。学界の長い誤った権威主義の一面を見ているようで寂しい[351]。こうした論文の横取り、特に教え子の論文の横取り、論文上納の慣行はこれまで韓国の学界に毒キノコのように蔓延していた。

　ところで、最近韓国の法院はこうした慣行が誤っていたと、はっきりと釘を刺した。甚だしくは、論文を投稿したときに制限があり、実際の研究者である自分の教え子（修士課程の学生）の名前を共著者として入れなかったという、もっともらしい主張に対し、法院はそうした場合でも、注などでそうした趣旨を明らかにできたのに、そうしなかったという理由で、剽窃に該当すると判決したことがあった[352]。博士論文の審査に関与した教授が、論文指導学生と共同名義で論文を発表したことが、学界の慣行だとしても、学界の歪曲された現象であるだけで、剽窃に該当するという判決も宣告された[353]。教え子とともに研究した論文を発表しながら、教授単独の名義にするとか、論文の指導以外、論文作成に関与しなかったにもかかわらず、共著論文とすることが、これ以上学界の慣行だという名の下では、正当化できない環境が韓国にもつくられたと言えるだろう。

イ．独創的研究と学問との好循環

　独創性のある研究をしても簡単に剽窃され、剽窃の行為に寛大な文化が温存されるなら、独創性のある研究は壊滅するであろう。しかし、剽窃禁止の倫理がよく守られ、著作権遵守の意識が高揚し、引用が適切に守られるなら、

351　남형두「学者の真の権威」韓国日報 2010 年 6 月 3 日付コラム。

352　ソウル高等法院 2008. 1. 25 宣告 2007 누 15973 判決（以下「研究所員共同論文事件判決」とする）。

353　大邱高等法院 2005. 1. 27 宣告 2004 나 1173 判決（以下「博士論文指導事件判決」とする）。남형두「『他1名』──教授と学生の共著論文の議論に寄せて」『出版文化』584 号、2014 年 7 月を参照。

最初のアイデア創案者と開発者とが誰であるかが明確にわかることになり、学界と学問研究の結果を応用する政府を含む実務界で、水平的または垂直的な相互作用が極めて活発に展開されるだろう。

引用と出所表示とが遵守される文化が定着すれば、一種の「アイデア実名制」といった効果を収めることになるだろう。それはまるで農産物の原産地表示と同じく、農産物の最終消費者に自分の名前が公開されることにより、生産者がより責任感をもって、農産物を栽培、出荷することに喩えられる。研究者は自分の研究成果物に自らの名をつけたまま、学界と実務界で論じられるとき、より責任のある姿勢で研究に臨むであろう。これはまた、一層独創的で正直な研究に拍車をかける好循環という効果をもたらすであろう。自らの名を明らかにして行う研究の基盤がつくられるなら、匿名のなかに隠れなくてもよい文化が定着し、そうなれば、学界のような専門分野の同僚グループの間で、真摯な学問的討論が活性化されるであろう。結論的に、独創的な研究が引用により保護されれば、研究者はより独創的で正直な研究をすることになる、好循環の構造を生むことになる。

インターネットの発展にともない剽窃者の隠れる場所が消える

一方、インターネットを通じた疎通の活性化は、学界にも大きな影響を及ぼした。過去、学位論文が製本されて図書館に納本され、論文や本も同様にアナログの形で保存されていた。こうした環境で、剽窃の疑惑を明らかにするということは非常に難しいことであった。しかし、今日ではほとんどすべての資料が、最初からデジタルで作成されたり（born digitally）、アナログ形態の資料もデジタルに変換して保存している。このようにデジタル化された情報は、データベース構築を可能とし、さまざまな機関が競って開発した剽窃検索ソフトは定性的（qualitative）部分では依然として十分ではないが、定量的（quantitative）部分では実質的に類似の部分を機械的または算術的に検出するのに成功している。インターネットと技術の発展により、剽窃者は隠れる場所が消え去ってしまったのである。

特に、国家または自治体が運営する図書館と大学図書館とは、情報化が進み、情報図書館化している。学術誌はほとんど各図書館が提供する学術情報のデータベースを通じたり、独自の図書館の電子ジャーナルサービスを通じ

142 　第2部　各　論

て、読者がオンラインでデジタル形態の文書にアクセスできるようになった。

　一方、国家情報化基本法により、政府は公共情報の民間活用を促進するのに、その対象となる国家が生成した公共情報には政府または政府が資金を出し、設立・運営される各種の政府出資研究機関の研究結果が含まれている。大学教授やこれらの研究機関に所属する研究者の研究成果物が、公共情報として分類され、一般人の接近が可能となることにより、剽窃の検索はより簡単になった。

　このように、インターネット技術の発展と公共情報とをデータベースの形態で構築し、一般に積極的に利用させる政府の政策により、剽窃は時とともに、その居場所がなくなっている。引用は適切にすることにより得られる独創的な研究の向上と学問の好循環とは、インターネット技術の発展と学術および研究情報の資料化に続く、剽窃検索ソフトの開発と発展とにより、一層加速化され得る。

ウ．学界と実務界との産学連携

　引用と出所表示がきちんと守られるなら、学界と実務界とが互いによい意味で相乗作用を引き起こすことができる。以下では実務の分野が明確に存在する代表的なものである法学と社会科学の分野とに分けて議論を展開する。法学の場合、裁判、捜査、弁護士諮問といった実務界があり、社会科学、政治学などの社会科学分野の場合、政府の政策実施を通して自らの理論を実験または実践できるという点から実務の現場があると言える。

（1）　事例1：法学界と法実務界との産学連携

　判決で引用と出所表示をきちんと守れば、判決の正当性と国民の司法に対する満足度を高める本来の機能のほかに、副産物として法学発展にも大きな助けを与えることができる。

　韓国の司法制度は先例拘束の原則に従いはしないが、現実では、事実上の判決が法源の役割を果たしていることを否認するのは難しい。このように、権威ある判決で自らが書いた論文などの著述が引用されるのなら、それは学者として極めて大きな光栄である。法学は現実の問題を解決するための実用学問としての性格が強いため、自らの理論が理論にとどまらず、現実の問題

とぶつかる熾烈な裁判過程の結論である判決文の論拠として使われるのなら、学者としては学問的成果が公認されたものと言える。

このように、自らの著述が判決に引用されることにより、当該分野の少数の学者たちにだけ読まれるにとどまらず、他の学者や非専門家である国民にまで知られ（水平的）、さらには学術誌とは比較できないほど伝播力が強い判例集または判例データベースを通して後世にまで伝播されるとなれば（垂直的）、緊張せずにはいられない。判決に引用されたときには知られていなかったが、後になって調べてみたら、剽窃論文であることが明らかになったなら、最初に受けた栄光に比較さえできない不名誉を得るからである。したがって、志のある学者であるなら、上述のような栄光と不名誉とを一緒に考え、剽窃などは夢にも思わないだろうし、さらに、判決で引用され得るより独創的でありながらも、合理的な主張を展開するために、学問的な精進に努めるであろう。こうしてもたらされた法学の発展は、再び裁判への助けとなり、最終的に国民を利することになるだろう。このように、大きなこと、小さなこと、すなわち、判決で学者の著述を引用することから始められるという点で、判決での引用と出所表示は極めて重要である。間違いなく、法学界と法実務界との産学連携と言えるであろう[354]。

（2） 事例2：政府の政策と社会科学一般

本書が主要な対象とする人文・社会科学分野には研究機関が多い。特に政府が出資する研究機関の場合、研究成果物が政府の政策または立法に反映もされる。政府出資の研究機関の研究員のほかに、一般大学の教授らの研究物も、政府の政策樹立や立法過程でも引用される。

政府の政策樹立や立法過程で、各種の報告書などをつくるとき、大学教授や研究機関の研究者らの著述を借用し、引用と出所表示を適切にするなら、政策的なアイデアの実名制が根を下ろし、実務界（政府、国会）と学界の疎通が円滑になることにより、責任の所在を明確にし、当該分野の専門家を容易に探すことができ、結果的に予算支出を減らし、国民に利益が戻ってくる

---

[354] 남형두「判決文作成と著作権法の尊重——産学連携の実験2」大韓弁協新聞2005年8月22日付。

ことになる。特に韓国は政府の公務員や国会の専門委員の頻繁な人事異動により、政策の一貫性が維持されない場合が多い。このとき、前任者が作成した報告書に政策的なアイデアの出所が誰なのか、簡単に記載されていれば、後任の公務員は業務を早く把握することができるだけでなく、出所に明示された専門家（大学教授、研究院）に直接連絡し、業務を一貫して進めることができる。

　ところで、政府の政策報告書や国会の立法資料で引用と出所表示がきちんとなされていない場合、後任の公務員は当該分野の専門家または当該する政策的アイデアの出所がわからず右往左往し、同じ案件で再び研究用役を外部に発注することにより、予算の浪費をもたらし得る。実際、韓国で政府と政府出資研究機関との研究用役の重複発注による予算の浪費が、極めて深刻なものとして現れている[355]。こうした非効率と浪費とは、結局「疎通の不在」から始まっているのだが、これは引用と出所表示とにより簡単に解決できる。

　一方、政府の内部資料や国会の立法資料に使うための政策報告書などに、出所表示を要求するのは無理なことではないかという気がすることもある。しかし、一般の学術文献に要求される水準の出所表示ではなく、政府や国会、そして政府出資研究機関の特性に合わせ、簡略な形の出所表示で充分であろう。これが韓国著作権法第37条第2項にいう、「合理的だと認められる方法」の出所表示となるだろう。これに対しては、後ほど出所明示のところで詳細に述べる。

5.　引用の弊害とそれへの反論

注の濫用への惧れ

　他人の文章を多く引用したり、出所表示を詳細につけることが、かえって学問の権威を貶めるという見解がある。独創的でなく見せようとするとか、過度な衒学から生じているという見解がある。さらに、引用が不必要な一般知識まで引用することにより、一般知識を特定人のものとする恐れがあると

355　이근영「予算節約方法？『研究者の自由討論』から見えてくる」ハンギョレ 2012 年 3 月 27 日付記事、http://www.hani.co.kr/arti/science/science_general/525305.html（2012. 9. 29)。

いう指摘がある。引用の弊害または「注の濫用」を惧れているのである。このうちの一部は、妥当であるが、今なお私たちの現実では引用と注が多いため生じる不作用よりは、あまりに少ないために生じる問題がより大きいという点から、提起された指摘を一つずつ考察する必要がある。

ア．引用が多いと著述の権威が落ちるか

一般的に学術的著述では引用の多い著述は権威が落ちると評価されてはいない。ところで、判決文で、引用にともなう出所表示は、必ずしも判決文の簡素化に逆行することではないのに、判決文は引用が多いと権威が落ちると考えられがちである。これは極めて権威主義的なもので、今日の民主主義国家、国民主権の理念に照らして見るとき、十分、旧態依然との批判を受けるに値する。国民主権国家で司法制度もまた公的サービス機関の一つである。司法機関への国民の満足度を高めるために、法官が判決の主文に至ることになった論拠を親切に説明し、その論拠を他から借りてきたなら、明らかにするのが妥当である。

社会が複雑になるにつれ、専門的な領域の紛争が多く起きている。また、判決文を作成しつつ、当該分野の専門家の著述を参考にすることは、だんだん不可避となっている。こうした状況で、他人の著述を参考にしつつ、判決に何ら出所も明かさないことが、法院と判決の権威を高めると考えるよりは、当該分野の権威ある学者を出所として明らかにすることにより、判決の権威が高まると考えることが、民主主義の理念に一層符合するだけでなく、憲法と司法制度の趣旨にも合っている。

イ．引用は著述の独創性を低下させるか

引用をしばしば行うと、他人の著述を写したものと考えられ、独創性が落ちる著述に見えるという指摘がある[356]。しかし、かえって引用とそれにともなう出所表示を正確にすれば、引用した部分と自らの執筆部分が区分されることにより、自らの著述の独創性を目立たせることができる[357]。

---

356 米国の有力な剽窃関連ウェブサイトで、次のような時宜にかなった問題提起を行った。"Doesn't citing sources make my work seem less original?", www.plagiarism.org (2012. 10. 1).

146　第 2 部　各　論

　著者や読者のどちらもが、剽窃せず、他人の考えと文章についての引用と出所表示を正確にする文化が定着するなら、文章のなかで出所表示がない部分は即著者の独創的な考えを含んだ部分であるので、著者の考えを理解するためには、かえってその部分（出所表示がない部分）を注意しつつ読むであろう。もちろん、著述の目的によっては異なることもある。読者が著者の考えよりは、それに先行する著述や理論により関心があるのなら、引用された部分とそれの出所として提示された資料に関心が集中することもある。出所として表示された資料は、上述で見たように、著者の議論を裏付けるために、提示された一種の権威をもつ文献であるからだ。しかし、一般の読者ではなく、すでに当該分野の背景となる知識に広く当たった上で、著者の考えを知るために、該当する著述を読む読者であるなら、かえって、引用と出所表示がない部分を集中して読むであろう。なぜならその部分に、まさに当該著者の独創性のある見解が提示されているからである。

　しかし、これまでの議論は、引用と出所表示が適切に守られる文化が定着したときを前提としている。昨今の韓国の現実のように、剽窃が乱舞する風土では引用と出所表示がない部分に、著者の独創的な見解が現れていると断定し難いからである。現実がそうだからといって、正直な著述文化を放棄することはできない。最初が難しいだけで、引用と出所表示を適切にすれば、かえって独創性のある部分を区別しやすくする長所があり、それが引用する目的の一つである。

ウ．引用は衒学の表現なのか

　エーコは注をたくさんつけるのは、博識であることを自慢しようという俗物根性の表現であり、読者を幻惑しようとする試みだという見解に一部同意しつつ、豊富な注により自らの研究を包装し、非本質的な資料により、注をぎっしり埋めることになると批判している[358]。しかしだからといって、こうしたことが注が正しく使用された場合の利点を相殺できないと述べている[359]。つとに、剽窃研究に深い関心を傾けてきたパク・ソンホ教授も「しかし、

357　同上サイト。

358　エーコ（에코）、前掲書（注 27）241 頁。

359　同上。

『注の濫用』による弊害がいくらひどいといっても、他人の者を自分のものとする剽窃よりはひどくはないであろう。注の過剰は『学問をひけらかす衒学』にとどまるが、剽窃は『学問を盗むこと』だからである」と指摘している[360]。それは、韓国の学界の現実を正確に診断したものだと思う。韓国の現実は今なお、注をあまりにも多くつけることが問題ではなく、注を省略し剽窃することがより大きな問題だからである。ときどき、注の弊害を主張する学者がいるが、それは私たちの現実に合っていない。今なお私たちは注の弊害よりは、剽窃の弊害をもっと警戒しなければならない時代と学問的風土に生きているからである。

衒学が剽窃よりはましだ

注の濫用が衒学だという主張は、ややもすると剽窃物の擁護へと傾いてしまうことがある。衒学のために注を濫用する場合があるのは事実である。しかし、剽窃が衒学よりも一層危険である私たちの学問風土では、こうした主張に同意するのはかえって危険である。それはまるで障害者の駐車区域に非障害者が駐車する場合があるからと、障害者の駐車区域をなくしてしまおうという論理と似ている。障害者の駐車区域に駐車する非障害者がいるなら、これを規制した後に制裁するのがよく、障害者の駐車区域をなくすやり方で解決するべきではない。衒学のために注を濫用する人がいるなら、彼らへの学界の制裁、例えば「低い評価」により警鐘を鳴らすのが望ましく、それを言い訳に出所表示が多いことを非難し剽窃物を擁護することではない。

一方、米国の有力な剽窃関連ウェブサイトによれば、引用の目的として、研究者がそれまでしてきた研究の量を見せようとする側面もあるという[361]。「衒学」と「研究量の誇示」との境界が曖昧ではあるが、極めて深刻な衒学までには至らなくても、研究過程を見せる程度で、自らが検討し参考にした資料を注に出所として明らかにするのは、決して非難されることではない。相変わらず剽窃が横行する韓国の現実に照らして見るとき、この程度の衒学は恐れるほどのものではない。

360　박성호「剽窃とは何か」『市民と弁護士』37号、1997年2月、163-165頁。

361　"citing sources shows the amount of research you've done.", www.plagiarism.org（2012. 10. 1）.

148   第2部 各　論

Ⅱ．出所明示

　典型的な剽窃は、他の著作物や独創的なアイデアを借用しても、出所を表示しないことにより、自分のものであるかのごとく欺くことを言う。ところで、現実に生じる問題はそのように簡単ではない。出所表示の欠落が剽窃になるのなら、出所表示はいつしなければならないのか、どの程度までしなければならないのか、いかにしなければならないのかについての議論が、まずなされなければならない。出所表示をしなくともよい場合には、出所表示の欠落は剽窃になり得ず、出所表示をしても適確にしなかったなら、剽窃になり得るからである。

　第Ⅰ節が、出所表示をなぜしなければならないのかについての議論であるなら、第Ⅱ節はいつ、どこに、いかにしなければならないのかについての議論であると言える。第Ⅰ節において、出所表示／引用についての原論的な議論を終えたので、ここでは、それを発展させた具体的な議論が可能となった。

1．アイデア

　アイデアのなかには一般的に広く知られており、特に誰のものであると明らかにする必要がないものがある。すなわち特定人のアイデアだと認識されない平凡なアイデアは、出所を明らかにしなくとも剽窃には該当しない。特定分野の一般理論やその分野の著述を執筆するとき、典型として、または必須として取り上げられるものは、出所表示をしなくとも剽窃ではない[362]。一般知識ではないアイデア、すなわち、独創的な考えを盗用し、自分のものであるかのように使用する行為は、当然剽窃である。

ア．表現との関係

　著作権の保護対象は表現（expression）だけで、アイデア（idea）ではない。しかし、アイデアだからといって、何の条件もなしに借用できるものではな

362　義政府地方法院 2006.6.16宣告 2005노1161判決（名誉毀損事件判決）。

い。著作権侵害には該当しないが、剽窃になり得るからである。剽窃はまた著作権侵害に該当するかという問いに関連し、重要な境界となる表現とアイデアとを区別することは、非常に難しく、実際、この著作権法の最も重要な論点に該当する。著作物性の概念から始まり、著作権侵害に至るまで、著作権法のすべての争点は、まさにアイデアと表現との二分法に始まり、二分法に終わるといっても過言ではないだろう。

　表現のなかにも、著作権法上保護を受けられないものがある。例えばアイデアを表現できる方法が極めて制限された場合には表現を保護することが、即特定のアイデアを保護する結果を生むことになり、著作権法の趣旨に反することになるという、いわゆる「融合法理（Merger Doctrine）」が適用される場合である。また、「ありふれた情景（Scènes à Faire）の理論」が適用される場合だが、あるジャンルの著作物の展開過程で登場するありふれた表現は、それが表現であったとしても、著作権の保護対象とは見ない。上述のように「融合法理」や「ありふれた情景の理論」が適用される表現は、今や著作権法の保護対象ではないのだが、ここでは剽窃の対象にもならないのかという点に注意を向ける必要がある。

　これらが、表現としては保護を受けられないが、アイデアとして独創性があるなら、剽窃の対象となり得る。この点でこの議論は自然に「アイデアの独創性」論へと結び付く。ところで、ありふれた場面に該当する表現は、特定のジャンルの著作物で、ほとんど刺身のつまのように使用されるものなので、独創性を併せ持つことは難しい。ただ、融合法理が適用される領域では、特定のアイデアを表現できる方法が極めて制限されていても、アイデアそのものに独創性があるのなら、著作権法上の表現として保護を受けることはできないが、剽窃の対象となる独創性があるアイデアには該当し得る。

イ．一般知識との関係
　剽窃から保護されるアイデアは平凡ではなく、独創性がなければならない。平凡なアイデアまたは誰のものか確認できず、すでに公共財（public domain）に組み込まれた一般知識は、出所を表示しなくてもよい。ところで、問題はどんなアイデアまたは知識が一般知識なのか、または独創性があるのかを区分するのが、極めて難しい点にある。ある点では、アイデア／表現を

区別することよりももっと難しいかもしれない。学問別に異なり、同じ学問のなかでも判断する者の知識水準により、一般知識なのかを異なって見ることができるからである。

プリンストン大学の学問倫理規定によれば、一般知識かどうかが明らかでないと考えられる場合、学生は教授に質問することになっている。そして「疑われるなら、引用しろ」としている[363]。学生らは教授に問い合わせてでも、一般知識かどうかの判断に助けを得ることができるが、教授や研究者らは学術的な著述を行う過程で、出所表示と関連して一般知識かどうかを常に他の権威者に確認するというのは、事実上不可能である。結局、これは学者の良心に任せられている領域である。出所表示の欠落により剽窃かどうかが判断の対象となるとき、剽窃疑惑の当事者は、一般知識なので出所表示を省略したと強弁するだろうし、剽窃だと見る側では、一般知識ではない他人の独創性のあるアイデアだと主張するだろう。この過程で剽窃の容疑を免れるために、他人の独創性のあるアイデアを一般知識だと貶めるのは、剽窃行為に負けず劣らず、非良心的な行為として非難されて当然である。したがって、出所表示の欠落による剽窃かどうかの判断では、一般知識かどうかについての判断が先行されなければならないのだが、これは非常に専門的な領域であり、必ず第三者の客観的判断が必要である。剽窃かどうかを判断する委員会に、必ず当該分野の専門家が入らなければならない理由がここにある。剽窃疑惑物の属する分野の専門家であってはじめて、権威をもって問題となっている知識またはアイデアが、一般知識なのかどうかを判断できるからである。

一般知識の特定人所有化

逆に剽窃疑惑を避けるために、または学問知識が足りないため、一般知識なのに独創性のあるアイデアまたは知識と錯覚した末、自分が接した著述を出所として表示する場合、一般知識を特定人の独創的アイデアとしてしまう恐れがある。

エーコは一般的に知られている概念に対しては、参考資料や出所を提示してはならないと主張している[364]。一般知識について特定人の著述を出所とし

363　注344、345の当該頁を参照。

て引用した場合、この著述を読む後に続く学者らはややもすると、この一般
知識を特定人が創案したと誤認する恐れがあるからである。これは非常に不
当なものであり、引用の弊害と見ることができる。自らの著述が極めて正直
な著述のように見えるようにする算段で、広く知られている一般概念なのに、
不必要に注をつける場合がたまにある。これはただ、その一つの文章だけの
問題ではなく、こうした文章が重なれば、ややもすると一般的な知識または
概念が、誤って特定人のものとして、固着化してしまうという点で問題があ
る。

　一般知識というのは、長い期間にわたり学界でこれ以上異論の余地のない
確立された概念や構想、常識となった理論だと言える。このような一種の巨
大な知識を、特定人の著述で見たという理由から、その特定人を出所として
表示することは、何らかの意図があるのなら、一層批判される可能性が高い
が、何の意図がないとしても、学界によくない影響を及ぼす。

　こうしたことが起きるには、それなりの理由がある。著述する立場では剽
窃を避けるために、一般知識なのかが不明確ならば、自らが参考にした著述
を出所と表示しがちである。もちろん、それが一般知識ではないのに、主観
的な判断の下に一般知識として考え、出所表示をしない場合よりはまだまし
だと言える。しかし、このように一般知識なのかが不明確な場合を越え、そ
の分野に識見が少しでもあれば、一般知識なのか容易に判断できるものに対
してまで出所を表示するのは、一般知識を特定人のものとする弊害を生む。

　しかし、こうした弊害があるとしても、それを理由にして引用にともなう
出所表示を怠ったり、出所表示のない剽窃物を擁護することはできない。こ
れは上述で見た衒学の方がかえって剽窃よりましだという論[365]と軌を一にし
ている。ただ、一般知識であることがほとんど明確なものに対してまで、そ
れが一般知識であることを知らず、引用出所を表示した著述は、自らの知識
不足の限界を表すものとして、学界の「低い評価」を受けるしかない。

364　エーコ（에코）、前掲書（注27）256頁。

365　注358-361の当該頁参照。敢えて区分すれば、「衒学が剽窃よりましだと言った場合」
　　とは、学問的な虚栄をひけらかすために過度に出所表示をしたもので、積極的な場合と
　　言うことができ、ここでの「一般知識であるかどうかを知らず、出所表示をした場合」
　　とは、剽窃の責任を避けるためのもので、消極的な場合と言えるだろう。

ウ．公表されていないアイデアの場合

これまでの議論は「公表された（published）」アイデアを前提としている。したがって、「公表されていない（unpublished）」アイデアは、公表されたアイデアと異なる保護を受けるのか。繰り返して言うが、公表されたアイデアは、借用しながら適切な出所表示をせずに、自分のものかのように使用するなら、剽窃が成立するのだが、公表されていないアイデアはそうではないのか。ここで、公表（publication）の定義をどうするかによって、「公表されていないアイデア」の範疇が異なり得るが、以下では議論の便宜のために次の二つに分けることにする。

本（電子書籍を含む）の形で出版されない場合としては、1、研究会などで発表された場合と、2、研究会等でさえも発表されない場合がある。このように分けたのは、一般的にアイデアの盗用にともなう剽窃論は、本の形で出版された著述のなかにあるアイデアを前提としているため、「出版されないアイデア」を「公表されていないアイデア」と見るなら、本書が対象とする学術著作物の剽窃での公表されていないアイデアとは、創作行為が完了した状態で、公的に発表された時点を前後してさらに細分化できる。これをもう少しわかりやすく、フローチャートを使って説明する。

アイデア着想 → アイデア完成 → アイデア発表 → アイデア出版
   ↳ ① ↲   ↳ ② ↲   ↳ ③ ↲   ↳ ④

ここで「アイデア着想」から「アイデア完成」に至るまでアイデアの形成は、発想者の内部で行われる。もちろん、着想から完成に至るまで、他人と意見を交換して影響も受けもするし、着想そのものも他人の影響を受けもするが、いつアイデアを剽窃したのかという議論の便宜のために、単純化することにする。アイデア完成の後、アイデア発想者はこれをすぐに本として出版もする。このとき、「アイデア発表」と「アイデア出版」という段階は一つに合わせられる。しかし、本書が対象とする学術著作物の場合、ほとんどの学者は自らのアイデア（独創的な考え）をすぐに本として出版するよりは、研究会等を通じて発表したりする。まさにこうした一般的な学術行為の過程を考慮し、アイデア発表とアイデア出版とを異なる段階として分ける。アイ

デアが発想者の内部にあった後、外部に表出された段階を、アイデア発表の段階とアイデア出版の段階とに分ければ、アイデアの剽窃も、この二つの段階でそれぞれ発生し得るのだが、特にアイデアの発表以降からアイデアの出版以前までの期間（フローチャートの③に該当する期間）に、外部に表出されたアイデアの剽窃論議が意味をもち得る。

さらに、アイデアの完成以降、アイデアの発表以前までの期間（フローチャートの②に該当する期間）またはアイデア発表とアイデアの出版とが一つに合わさった場合には、アイデアの完成以降、アイデアの発表（出版）以前までの期間（フローチャートの②と③を合わせた期間）は、発想者のアイデアが外部に表出される前なのだが、この期間に対しても発想者のアイデアが剽窃の対象となり得るだろうか。剽窃について「当該分野の一般知識ではない、他の著作物または独創的なアイデアを、適切な出所表示なしに自分のものかのように、不当に使用する行為」という一般的な定義に従うとき、「他の独創的アイデア」を、必ずしも発表または出版されたものに限定しないという点から、未発表／未出版のアイデアも剽窃の対象として論ずる必要がある。

エ．新聞等、マスメディア上のアイデア

人文・社会科学分野の学者らの学術的アイデアが多く交流する場としては研究会、学会といった学術発表会と同じく、新聞等大衆の接近可能なマスメディアが多く活用されている。これはマスメディアが以前に比べ多く増えたこともあるが、学者らがマスメディアを通じ、自らの考えを積極的に広める傾向も強まったからである。

学者らの場合、自らの専攻分野ですでに研究を終え、本または論文を出版した後、そのなかの一部または要約物を、メディアにコラムなどとして掲載する場合がある。特に経済学、社会学、政治学など、社会科学分野の教授や研究者らは、メディアから時事的な事案に関する原稿の依頼を受けたり、時には自ら自分の専攻と関連する内容のコラムも寄稿したりする。このように、すでに単行本や論文の形で出版された以降、メディアにコラムを掲載するとき、そのなかに独創的なアイデアがあるなら、既存の単行本や論文にある内容であるので、他人がこれを自分のものかのように、出所表示なしに借用す

れば、剽窃になるのに大きな問題はない。

　ところで、学者のなかには特定の主題についての研究を始めるや否や、または研究の途中に独創的なアイデアをメディアに事前に公開する人もいる。一種の「種籾」状態の研究主題とアイデアとを、正式に研究成果物として公表するに先立ち、紙上にコラムなどの形で披露するのである。これまで発表されたことのない奇抜な着想やアイデアが紙上に公開されたとき、「先に見つけた者が持ち主」というふうに、そうしたアイデアを勝手に引用することは問題となり得る。こうした風土が蔓延すると、新聞などのメディアに斬新なアイデアを発表することをためらうようになり、結果的にメディアを通して、知識が疎通する順機能を阻害する恐れがある。また、当該コラムを書いた学者が、後にこれを土台[366]にして学問的な成果物を出したとき、以前のコラムに出ていたアイデアや表現を第三者が剽窃、発表したなら、かえって当該学者が剽窃者という汚名を着せられることがある。いわゆる逆混同が起きるのである。このため、出版されない独創的アイデアをメディアに発表するとき、剽窃から保護する必要がある。

　マスコミのコラム等の記事と関連した剽窃問題は、三つに分けられる。1、メディアに公開された独創的なアイデアを学術著作物から剽窃する場合、2、メディアに公開された独創的なアイデアを他のメディアから剽窃する場合、3、学術著作物をメディアから剽窃する場合である。

　先に言ってしまえば、上述の3は韓国新聞倫理委員会新聞倫理実践要綱第8条第3項（他の出版物の剽窃禁止）に該当する。ところで、問題となる場合はほとんどない。それは、実際メディア（新聞）が、他人の学術著作物をはじめとする他の出版物を剽窃した事例がほとんどないからというよりは、学術著作物の著作者が、メディアを相手に剽窃問題を提起する事例がほとんどないためと見るのが合理的である。その理由は学術著作者の間でも、剽窃疑惑を提起することに著作者らの負担が大きく、その上、メディアを相手に問題を提起することは、韓国の学界とメディアとの現実に照らしてみるとき、簡単でないからである。一方、ここではメディアに公開された独創的なアイデアが、剽窃の対象となるかを論じる場であるので、学術著作物をメディア

366　上述で「種籾」という表現を使ったのはまさにこのためである。

から剽窃すること（上述の３の場合）を議論の対象とするのも適当ではない。以下では、メディアに公開された独創的なアイデアの剽窃を、１、学術著作物で使用する場合と、２、メディアで使用する場合とに分けて論ずる。

（１）　学術著作物などで使用する場合

　学術著作物で新聞などのメディアに出た独創的なアイデアや表現を、出所表示なしに借用することは、剽窃禁止倫理により解決することができる。新聞などに発表された独創的なアイデアや表現だからと言って、剽窃禁止の対象として保護を受けられない理由はないからである。ブルーブックで新聞などのジャーナルに対する出所表示の方法[367]まで載せているのも、このことを裏付けている。

　新聞記事（コラムを含む）から知った独創的アイデアを、自らの論文等の著述に活用しながら、出所を明らかにしなくてもいいのであれば、結局、新聞のコラムなどに、独創的なアイデアを公開することをためらう文化が生じるであろう。そのようになれば、新聞のコラム等の水準が低下し、新聞のコラム等を引用する学術著作物を高く評価しない風土がつくられる悪循環が起きるだろう。

　このような悪循環を断ち切るためにも、新聞などのメディアに発表された、独創的なアイデアや表現も、学術著作物と同様に剽窃から保護する必要がある。急変する現代社会での言論の役割は、時とともに大きくなっており、メディアに学術的な性格の独創的アイデアが活発に流通している点からも、これを剽窃から守る必要性は一層大きい。

立法または政策に使用する場合

　一方、新聞のコラムなどに出たアイデアを、学術著作物に借用する場合からさらに進んで、国会や政府が各種の法案や政策を樹立するとき、これを積極的に採用する事例が多いのだが、このときも剽窃と言えるだろうか。結論から言えば、剽窃と見ることはできない。公共の利益のための法案や政策を

367　Columbia Law Review, Harvard Law Review, University of Pennsylvania Law Review, and Yale Law Journal, *The Bluebook-A Uniform System of Citation Nineteenth Edition*, Harvard Law Review Association, 2010, pp. 151-152.

156 第2部 各 論

樹立する過程で情報を収集するとき、新聞などに公表されたアイデアを借用するのはよくあることであり、これに対してまで「正直な著述」という剽窃禁止倫理を適用するのではない。ただ、公表された法律や施行される政策に重要な独創的なアイデアを出すことで、寄与した学者や専門家を出所として明らかにするということは、そもそも不可能で妥当でもないが、どんな形であれ、アイデアの創出者に相応な待遇をすることが、創意的なアイデアの再生産と流通のための好循環の助けとなる[368]。

（2） マスメディアで使用する場合

新聞記事やコラムを作成するとき、新聞等のマスメディアに出た、独創的なアイデアや表現を借用しながら出所をつけるの容易ではない。これは作成者のせいというよりは、新聞というメディアの特性にその原因を求めるのがより妥当かもしれない。新聞記事（コラムを含む）などで出所を明らかにすれば、記事の簡潔さが損なわれ、記事作成の原則に合致しないことになる。だからといって明らかにしなければ、剽窃という非難を免れないというジレンマにおかれることになる。そこで、出所を明らかにせずに、剽窃を免れて記事を書くことを、理想的だが、永遠に到達できない「聖杯（Holy Grail）探し」に喩えることもある[369]。

実際、紙面の性格上、出所をいちいち明示できないのが、マスメディアの特性であり限界であるのは明らかである。だからといって、やみくもに借用することが正しいと見ることはできない。これは結局、新聞倫理綱領等の当該メディアが属する連合団体の倫理規定に依存して解決するしかない[370]。

368　例えば、立法や政策樹立の過程において作成する立法報告書、政策報告書などには、特定の学者や専門家の独創的なアイデアであることを明らかにすることがある。これに対する追加論議については以下を参照。남형두「成人用映像物の著作権保護問題」『著作権文化』182号、2009年10月、9頁の脚注3。

369　강남준、이종영、오지연「新聞記事の剽窃可能性の有無の判定に関する研究：コンピュータを活用した形態素マッチング技法を中心として」『韓国新聞学報』52巻1号、2008年2月、442頁の脚注3（原出所：Norman P. Lewis, "Paradigm disguise：Systematic influence on newspaper plagiarism", Unpublished Doctorial Dissertation〔2007〕）。

370　同上。

（3）　まとめ

上述で見たように、メディアに公表された独創的なアイデアが、論文など
に剽窃されたり他のメディアに剽窃される現象は、極めて深刻なレベルであ
る。これは学問とメディア界との健全な疎通を阻害する要素となっている。
上述で指摘したように、韓国のメディア界で実際にこの問題が本格的に扱わ
れるには難しい点がある。しかし、メディア間の競争が激化すれば、早晩こ
の問題が一般世論でも水面に浮かび上がり、ある期間メディア内部で大きな
難関にぶち当たるだろう。

本書では一般的な記事の剽窃は扱わなかった。これに関してより詳しく知
りたい読者は、米国のメディア界を騒然とさせたニューヨークタイムズとワ
シントンポストとの剽窃事件を扱った筆者の小論文[371]を参考にしてほしい。

オ．アイデアの歪曲

アイデアの盗用でも剽窃でもないが、これと似たものとして「アイデアの
歪曲（distorting ideas）」も「正直な著述」に反する[372]。他人のアイデアを引
用するときは、引用文の核心的な考えを毀損してはならない。その理由は、1、
研究活動の正直さを確保するためである。これはアイデアの歪曲を剽窃の一
つの類型として、把握する根拠となり得る。2、他の研究者らの考えを自分
に有利な方へ操作せずに、自分の考えと他の研究者らの考えを比較すること
こそが、過酷で公正な検証を通過することにより、自らの研究方法の優秀さ
を証明することであるからだ[373]。リプソン（Lipson）の主張によれば、論文
作成者は自分が簡単に論駁する目的から、引用文として論理的根拠が貧弱な
部分だけを提示してはならないとする[374]。これは実際に論文作成者が容易に

371　남형두「事件、その後 —— 記事剽窃に寛大な韓国」『言論仲裁』127 号、2013 年夏、
　　24-31 頁。この小論文はピューリッツァー賞を受賞したワシントンポストの記者の剽窃と
　　ニューヨークタイムズのブレアー記者の剽窃事件を中心にして記事の剽窃を扱った。特
　　に、韓国のマスコミにおいて記事剽窃と関連し、大きく混同しているものの一つである、
　　「ストレート記事」は著作権保護対象ではないという判決（大法院 2006. 9. 14 宣告
　　2004 도 5350 判決）が剽窃にも適用されると理解しているのである。この論文ではスト
　　レート記事も剽窃の対象となり得ることを論証した。

372　リプソン（립슨）、前掲書（注 307）83-84 頁。

373　同上 84 頁。

158 第2部 各 論

陥ることのある誘惑であり、正直な著述では、必ず注意しなければならない部分である。学問の精緻さ、学者の緻密さと関連して放棄できない価値だという点から、リプソンの主張に全体的に同意する。

新しい版（edition）で意見を変更する場合、以前の版を引用するのは適切でない

ある著者の著述が引き続き変更されてきた場合、以前の理論を廃棄したのが明らかな以上、最終見解、すなわち、批判対象となる論文等の著述の最終版（final edition）[375] を批判することが妥当なのだが、現実ではそうでない場合が多い。明らかに次の版があるのに、以前の版を引用して批判するのは、アイデアの歪曲に当たる余地がある[376]。国内の学者のなかには、自らが批判する著述が、その著者の最終見解でなく、明らかに新しい版の論文または著書が出ているのに、意図的であれ、不誠実であれ、自分が扱いやすい以前の版の著述を批判することが往々にしてある。これは学者としての良心に反するものであり、不適切である。

もちろん、頻繁な学説（見解）の変更を批判しようとして、以前の版に言及しなければならないときもあるが、そうした目的でなければ、自らが批判しようとする著述を引用するときには、最終版を対象とすることが望ましい。

万が一、このようにしないとき、これを剽窃だと言えるのか。これは「不適切な引用」が剽窃に当たるのかという問題である。剽窃は基本的に「他人のものを自分のものかのようにすること」を要件としている。そうした点から、他人のアイデアを自分のものかのようにすることではないので、アイデアの歪曲のような不適切な引用は剽窃とは言えない。しかし、学界において、精緻な論文または著述という評価は得難い。

一度歪曲された引用は持続して歪曲を生む

さらに、アイデアの歪曲は、持続して長期間にわたり被害を生むことがあ

---

374 同上。

375 批判する対象（論文）の最終版のことを指す。

376 エーコも「最終版」に言及することが、学者としての良心に符合すると主張している。エーコ（에코）、前掲書（注27）258頁。

る。例えば、AがBの論文に引用されているCの論文または独創的なアイデアの存在を知ったと仮定しよう。Aは後ほど見るように、再引用方式に合わせてCを原出所として、Bを二次出所として出所表示を行った。ところが、万が一、Aが参考にしたBの論文から、BがCの主張を歪曲して引用していたなら、またAが原出所であるCの論文を直接確認せず、Bが引用したCの主張をそのまま自分の論文に引用、紹介したなら、Cの主張はAとそれに後続する学者らにより、引き続き歪曲されたまま伝達される可能性が高い。ある1人（B）が歪曲して引用することにより、他の者（C）の独創的なアイデアが、引き続き歪曲される結果をもたらすのだが、このようなアイデアの歪曲は剽窃とは言えないが、学界に及ぼす弊害は剽窃と同じく大きい。したがって、他人のアイデアを歪曲した論文を、学界で低く評価することにより、一種の制裁を科すのが妥当である。

2. 間接引用（paraphrasing）

ア．学術的著述の原則

原則は間接引用、例外的に直接引用

　学術的な著述をするとき、他人の文章を引用するのは避けられない。完全に新しい創作物なら、引用はないだろうが、読者を論理的に説得し、自己の主張を披歴する著述で、他人の文章を引用しないというのは不可能である。このとき、他人の文章を助詞一つ違わず、原文をそのまま引用するもの（直接引用）と、考えを借用しながらも表現を変えるもの（間接引用、書き変え[377]、簡略な書き変え[378]、言い換え〔paraphrasing〕といった言葉が使われているが、どれも同じ意味である〔以下では間接引用またはパラフレイジングとする〕）。その選択は著者の文体による。しかし、引用符やインデントを頻繁に使用しながら、直接引用を濫用すると、全体の著述の価値が下がるので、直接引用が必要な以下のいくつかの場合を除いては、自らの表現に変えること、すなわちパラフレイジングが基本[379]である。人文・社会科学分野で他人の著述を引用するときには、間接引用、すなわちパラフレイジングが原則

377　유재원、장지호、최창수、최봉석「行政学会剽窃規定制定のための基礎研究」韓国行政学会、2005年度、夏季共同学術大会発表論文集（V）、2005年、350頁。

378　リプソン（립슨）、前掲書（注307）77頁。

160　第2部 各　論

であり、例外として直接引用をするのが妥当である。

①　著者の文体が強力な魅力をもっているとか、引用文そのものが論文を書く人に重要な意味があるときであり、例えば演説文がその一つだ[380]。

②　批判対象とするために原著述をそのまま引用しなければならないとき、すなわち、間接引用をすることにより、原著述を歪曲する余地があるときである。批判対象となる著述の特定の表現が重要な場合は、その表現を任意に変形、歪曲してこれに対し論駁するなら、合理性を失うことがある。このとき、歪曲されて引用され、論駁される原著者の強力な批判に直面することがある。

③　文体や文章ではなく、特定の単語や文句も直接引用が必要な場合がある。原著述で原著者が特別な意味を与えるために、独創的につくった特別な単語や単語の結合である句がそれに当たる。それがその分野で重要な意味があるのなら、書き変えたり、簡略に書き変えたりすることにより、原著者がその単語や句を通じて主張しようとする意図が、歪曲されることがあり、含蓄的な単語をつくろうと苦労した原著者の努力を見過ごす恐れがある点から、直接引用をしなければならない[381]。

イ．出所明示義務は直接引用にだけ適用されるのか

　ここで引用の定義と関連し、直接引用だけを引用と見るのか、間接引用も引用と見るのかは重要ではない。出所表示と関連し、直接引用のほかに間接引用にも出所表示義務があるかが重要なのである。

　よく、他の独創的アイデアや表現を借用するとき、すなわち引用するとき、出所表示の義務があるという点を認識しながらも、直接引用にだけに適用し、間接引用（パラフレイジング）には出所表示をしなくてもいいという考えが広がっている。剽窃の定義に照らしてみれば、間接引用にも当然出所表示をしなければならないのだが、このように考えるのには、表現を変えれば、著作権侵害を避けることができるという思考が底辺にあるからである。これを

379　同上 78 頁を参照。

380　同上を参照。

381　ここで、固有単語を引用符なしに、そのまま使用したり、原文から使用された重要な単語を引用符なしに、そのまま使用しても剽窃だという見解がある。유재원等、前論文（注 377）350 頁。

合理的に説明するためにも、著作権侵害と剽窃とを明確に区別する必要があることは、上述で指摘した通りである[382]。

この問題は「アイデアの剽窃」と同一線上で見ることもできる。表現を変えても、アイデアが維持されてこそパラフレイジングとなるのだが、アイデアに剽窃が成立する以上、間接引用（パラフレイジング）にも出所表示をしなければ、剽窃が成立するのは当然だからである。

直接引用であれ間接引用であれ、他の表現やアイデアを借用しながら、出所表示をしないで自分のものかのようにすれば、剽窃に該当するという点から、直接引用と間接引用とを異なって見る理由はない。実際、プリンストン大学の規定によれば、パラフレイジングは出所表示の義務を軽減しないと明示している[383]。

一方、直接引用をしなければならないのだが、わかりやすく書き変えた場合、すなわち、上述で直接引用をしなければならない例外的な場合に該当するのだが、パラフレイジングをしたのなら——もちろん、それにともなう出所表示をしたという仮定の下で——出所表示をしたことにより、剽窃だと見るのは難しいが、著者が苦心して創作した文章を改作することにより、それ以降、第三者に再び引用されるとき、原著者の固有の表現と文章とが消え去る可能性があるという点から、望ましい著述とは言えないだろう。

ウ．過度な間接引用の場合

学術的な著述で、特別な場合を除いては、パラフレイジング方式が原則だと言えるし、このとき、出所表示義務は免除されない。ところで、間接引用の場合、たくさん変形されるほど、引用表示を省略する可能性がある。変形されても、原著述に根拠していることが明らかなら、出所表示をすることが剽窃を避ける方法となるであろう。これは高度の倫理的問題が機能する部分であり、著述する人の良心が働く個人的な領域に属すると見ることもできるが、剽窃かどうかの判断は、客観的になされるので、軽く考えてはならない。

---

382 注283の当該頁を参照。

383 Princeton University, Rights, Rules, Responsibilities, 2. 4. 6. General Requirements for the Acknowledgment of Sources in Academic Work, Paraphrasing, http://www. princeton.edu/pub/rrr/part2/index.xml#comp23（2013. 12. 16）.

3. 再引用

ア. 意 義

　学術情報の特性である「累積性」を象徴的に表現する「巨人の肩の上にのる小人」に見るように、学問の過程とは、先行研究の土台の上に築き上げられる。ところで、ここで「先行研究」は研究者が直接に接した文献だけでなく、その文献が土台としている「また他の先行研究」をも含む。先行研究を通して「また他の先行研究」を引用しようとするとき、思慮深い研究者ならば、「また他の先行研究」に目を通すであろう[384]。

　このように、先行研究が複数存在する場合、再引用の問題が生じるのだが、出所表示と関連していくつか考えてみる点がある。1、原出所を明らかにせず、二次出所だけを明らかにするのは妥当か。2、研究者が直接に接せずに、原出所を読んだように引用するのは妥当か。3、思慮深い研究者として、二次出所を通して知った原出所に直接目を通した後、これを引用しつつ、原出所以外に二次出所も一緒に明らかにしなければならないのか。

　上述の三つは、大きく次の二つに分けてみることができる。1と2は原出所を直接確認しないという点から、一つに括ることができる。ただ、二次出所だけを出所として提示するか、でなければ、原出所だけを出所として提示するかの差があるだけである。3は原出所を直接確認した場合である。以下では、原出所を直接確認しな場合（上述の1と2の場合）と、確認した場合（上述の3の場合）とに分けて議論を展開する。

イ. 原出所を確認していない場合

　思慮深い研究者ならば、基本的に自分が読んだ文献（二次出所）から引用した他の文献（原出所）の内容に関心をもつことになった場合、原出所を探して確認するのが当然である。そうしなかったなら、研究者としての正しい態度とは言えない。原出所を見ないまま、すぐに引用したり（以下の(2)項）、二次出所だけ明らかにする場合（以下の(1)項）は、どちらも研究不正行為に該当することになる。これをもう少し具体的に考察する。

384　以後の議論の便宜のために、最終的に引用しようとする「異なる先行研究」を原出所、「先行研究」を二次出所（secondary source）とする。

（1）　原出所を表示せず二次出所だけを明らかにするのは妥当か

　権威の源泉の提示と検証便宜の提供という引用の本来の目的から見れば、いかなる場合であれ、必ず原出所を明らかにしなければならない。原出所の内容を借用しながらも、原出所を明かにしないで、二次出所だけを明らかにするのは、正しい学問の態度ではなく、正直な著述と見ることはできない。ところで、学術文献、特に学位論文のデータベースの構築と検索技術の発展は、資料の膨大さと検索の利便性という、研究によい環境を提供してくれる反面、独創性のある原資料または原情報を探そうとする努力を簡単に放棄させている。例えば、ある研究者がインターネットを通じて検索された特殊大学院の修士学位論文から、自分の論文に引用するに足るよい情報を得たとしよう。ところで、その情報は修士学位論文作成者のものではなく、他の権威ある学者のものだったとするとき、当然、後者の著述を探して読んだ後に、引用しなければならないのだが、慎重でない研究者は、検索で最初に探したものを引用してしまいがちである。デジタル情報化とネット検索技術とがもたらした暗い面だと言える。このように論文を簡単に書こうとする風潮が定着すれば、情報の玉石が選り分けられず、悪貨が良貨を駆逐する弊害が発生する。

学位論文を引用する著述の不適切さ

　学位論文は独創的な原資料である場合もあるが、ほとんどは既存の研究を集め、その上に自らの考えを加える構造となっており、関連資料と論議とが膨大に集められているのが常である。したがって、研究者が自らの研究主題に合う学位論文を探すのだが、それがほとんど二次出所に過ぎず、原出所がほかにある場合がほとんどである。このとき、思慮深くない研究者はすぐに二次出所に過ぎない学位論文だけを出所表示しつつ、引用義務を果たしたと考えがちなのだが、非常に正しくない学問方法論である。学位論文を出所として引用するのは、その学位論文の作成者の独創的な部分を借用する場合を除外しては、望ましいと見ることができない理由がそこにある。

（2）　原出所を読んだかのように引用するのは妥当か

　原出所に直接目を通さず、二次出所として間接的に接しただけなのに、原

出所に直接接したように二次出所を排除して原出所を直接引用するのは正しいのか。研究者が読んだのは二次出所であって、原出所ではないので、研究者が原出所を引用し出所表示をするのは、リプソンが述べた、学問の正直さの三大原則[385] に合致しない。自分が直接読んでいないのに、原出所を出所として表示したり参考文献として列挙するのは、その原出所が主に外国の文献であったり、権威のある学者のものであるとき、研究者の論文を装飾する効果がある。一種の「学問的虚栄」である。

ウ．原出所を確認した場合

二次出所を通じて原出所の存在を知ったなら、原出所を直接確認することが、思慮深い学者として当然な学問的態度である。この場合、再引用にともなう出所表示をどうするかが問題となる。

ポズナー教授は特に再引用に対する意見を披歴している。二次資料のなかに引用された一次資料（筆者が言うところの原出所と同じ概念）を再引用しながらも、そうした事実を明らかにしないことは、真正な剽窃か、でなければ、剽窃概念の曖昧さを表す典型的な事例なのかと問題を提起している[386]。ポズナー教授は特定の分野、例えば法学分野のように、引用は好きだが、独創性はそれほど重視されない分野では、二次資料を適示することで終わり、一次資料を探して引用することを重要に考えないと批判しながら、それは一次資料を探し出す辛い作業を自らが直接したように騙すもので、剽窃に該当すると主張している[387]。引用を単に衒学的なものと決め付けられない点から妥当な見解だと思う。ただ、学問の分野別に相対的ではあるが、法学の分野が必ずしも独創性を重視しないという点には同意し難い。実際に法学の分野の教科書と関連する何件かの剽窃事件で、剽窃疑惑の当事者は、法学教科書を受験関連書として独創性のない一種のハウツー物的な著作物だと抗弁したことがある[388]。裁判のなかでなされた主張であるが、ポズナー教授の診断と一致

385　注307。

386　ポズナー（포스너）、前掲書（注47）38-39頁。

387　同上 39-40頁。

388　法学教科書I事件控訴審判決（注276）：ソウル中央地方法院 2007.8.17日 宣告 2006 가합 66789 判決（以下「法学教科書II事件判決」とする）等を参照。

するもので興味深い。しかし、現存する偉大な法学者の 1 人であるポズナー
教授の法学という学問に対する診断は、韓国と米国の学問風土の差という脈
絡で理解すべきであり、特定の言及のみから即断するものではない。

　二次出所を省略し原出所だけ明らかにすることは剽窃に当たるのかは、剽
窃概念の定義に戻って論じる必要がある。すなわち、剽窃が他の著作物や独
創的なアイデアを自らのものかのように出所表示をせず、発表するものだと
するとき、特に原出所が一般的に誰のものなのか、当該分野でよく知られて
いる場合、二次資料を通して再引用方式で原出所を引用するのが、かえって
未熟に見える場合もあるからである。しかし、そうした場合のほかに以下の
いくつかは、二次出所を省略することが、二次出所の著者のアイデアなどを
自分のものかのように発表する剽窃に該当し得る。ここから議論はいかなる
場合に原出所のほかに二次出所を明らかにするのかへと移っていく。

（1）　原出所が一般に広く知られていない場合

　よく知られていない原出所を発掘し自らの論議に引き入れた、二次出所の
著者の労苦は、単純なアイデアを越え著作物として保護されるに十分である。
著作権法は編集著作物を保護するのだが、その理由は素材の選択と配列とに
創作性があるからである。このとき、「素材」は必ずしも著作物である必要
はないというのが、一般的な解釈である。このように、編集著作物を素材（著
作物）とは別個の独立した著作物として保護する著作権法の精神に照らして
見るとき（韓国著作権法第 6 条第 2 項）、よく知られていない文献（原出所）
を議論に持ち込んだ、二次出所の著者の寄与は、後に続く議論で記憶すべき
は当然なことである。この場合、二次出所表示を省略し原出所表示だけをす
るなら、それは著作権侵害となるか、少なくとも、剽窃に該当する可能性が
高い[389]。引用に関する代価理論によれば、上述のような二次出所の著者を原
出所の著者と別途に出所表示をすることにより、一般に広く知られていない
原出所を発掘した、二次出所の著書の努力に対する代価を支給するのは妥当
である。

　法学を例に挙げれば、こうした現象は主に比較法研究（comparative law

389　後述（注 445 の該当頁）に見る「不適切な出所表示」による剽窃を言う。

166　第2部　各　論

study）で多く発生する。特定の制度に関して外国の法制または判例を研究し紹介する、比較法研究者らの論文を通して実質的に助けを受けた場合、二次出所と言える比較法研究論文への出所表示を省略し、すぐに原典であるその外国文献（原出所）を自分の論文に借用することが、法学界で蔓延している。こうした現象は、ただ法学界にだけにあるのではない。例えば、国文学会の「古文研究」、語学分野の「古代語研究[390]」社会科学全般の「思想史研究」で、こうした誤った慣行の存在は容易く推察することができる。それだけでなく、数多くの史料を考証する歴史学会は、こうした現象が一層多いであろう。

　ところで、原出所を発掘したことへの報賞として、二次出所の著者に対し出所表示をすることにより、その労苦を記憶すべきだという論理は、概して、学問の流通と往来が極めて自由で、国際化の傾向が強い自然科学分野よりは、相対的にそうした傾向が弱いだけでなく、特定の国家または地域の文化、伝統、習俗を領域とする傾向の強い、人文・社会科学分野でより妥当し得る[391]。したがって、二次出所の出所表示を原出所とともに併記する方式での再引用は、人文・社会科学でより必要となる。

（2）　原出所が当該分野で広く知られていても引用する分野であまり知られていない場合

　これは主に学際的研究（interdisciplinaryresearch）で発生するのだが、現在、議論が進められている分野とかけ離れた[392]分野の文献（原出所）を借用する場合、やはり上述の(1)と同様に、発掘した者（二次出所の著者）

390　최장순「誤った慣行、剽窃の生態学：②引用の原則整備、急がれる…未刊行知的財産の盗用も剽窃」教授新聞 2006 年 9 月 11 日付記事。これによれば、多くの人々が古代語のような分野の原出所の解読が難し過ぎて、これを紹介した二次出所に依存する傾向が強まっている。

391　このことは、哲学や宗教学、心理学といった学問の普遍性（universality）を否認しているのではない。こうした学問もまた、人種、国家、文化に関係なく、人間の本性と普遍性を追求する学問の性格をもっていることは明らかである。しかし、数学、物理学、化学、生物学といった自然系または自然現象を扱う学問や、これを応用する工学分野、さらに人体を扱う医学のような自然科学分野は、人文、社会科学分野に比べ地域性（locality）が相対的に弱い、ということを言いたいのである。

の創作的努力を記憶し報賞すべき必要がある。それが(1)と異なるのは、原出所が(1)とは異なり、当該分野（原出所が属する学問分野）では広く知られているということである。このように、原出所が当該分野で広く知られているのなら、同じ当該分野に属する二次出所の著者が原出所をその当該分野で書くために借用するとき、特別にその二次出所の著者を記憶するとか、原出所の発掘・紹介に対する努力を報賞すべき必要性はないか、あっても微々たるものと言える。しかし、ある資料（原出所）が特定の専門分野で広く知られていても、それとかけ離れた分野であまり知られていないのなら、資料をそのあまり知られていない分野の議論のために紹介した二次出所の著者は、(1)と同じく学問の発展に大きく寄与したと言えるだろう。

　例を挙げてみよう。今は知的財産権法または著作権法学会で広く知られた「共有地の悲劇」という理論[393] は、世界的に有名な科学雑誌『サイエンス』に載せられた1人の植物学者の論文[394] から始まった。共有地に羊らを放牧していたら、しばらく後に羊らが飢えて死んだという実証的な例を挙げ、環境論的な見地から人口統制と地球の資源管理を主張した論文である。ところで、この論文が自由主義経済学者らの手を経て、知的財産権を保護しなければならない理論的根拠として使われるようになった。ハーディン（Hardin）の論文が生物学、環境学、経済学、法経済学、知的財産権法学という互いに異質な学問の壁を越え、影響を及ぼすことになったのには、全く異なる学問の世界にこれを引き入れた学者らの寄与したところが大きい[395]。その後、この

392　もちろん、学問の世界の有機性から見れば、諸学問の間で一つかけ離れて独自に存在する学問というのはあり得ないが、ここで「かけ離れた」という表現は相対的な意味で使ったものである。

393　公共財（public domain）である資源は限界効用がゼロとなるまで浪費される傾向があるので、自然を効率的に利用するためには人為的な希少化（artificial scarcity）が必要だという理論である。남형두「パブリシティ権の哲学的基盤（下）――『虎死留皮人死留名』の現代的変容」『ジャスティス』98 号、2007 年 6 月、87-88 頁の脚注 123、124（原出所：Matthews v. Wozencraft, 15 F3d 432, 437-438〔Fed. Cir. 1994〕）を参照。

394　Garret Hardin, "The Tragedy of Commons", 162 *Science* 1243 (1968).

395　その代表としてはラムリーのような学者が挙げられる。「共有地の悲劇」の理論を著作権の正当化理論に紹介し、接木を試みたラムリーの以下の論文を参照。Lemley、前論文（注 157）p. 141。

論文と特に論文の題目は、かえって知的財産権の分野で人々の口に上るほど、普遍的な概念となった[396]。今や知的財産権法学で「共有地の悲劇」という理論を叙述するとき、ハーディンの原典を改めて引用する必要さえないほどなので、これを知的財産権法学にはじめて取り込んだ学者を引用し記憶する必要がなくなったと言える。しかし、ハーディンの理論をはじめて知的財産権法学に紹介し、その発展に寄与することとなったのには、ハーディンの理論をはじめて知的財産権の議論に引き入れた学者の寄与は小さくない。敢えて、代価理論を挙げなくとも、この場合、原出所のほかに二次出所の著者への出所表示をするのは極めて当然である。

剽窃禁止の倫理または著作権が、学術情報の利用を促進し学問発展に資することができるという筆者の主張は、まさに、上記のような議論により一層強固になり得る。上記のような再引用の遵守は、学際的研究をより活性化することは明らかで、活発な学際的研究こそが、学問発展になくてはならない重要な研究方法論だからである[397]。

（3） 二次出所の著者の創作的努力が加味されている場合

二次出所の著者が、原出所を分析、加工する過程で自らの考えを加味した場合、二次出所を明らかにするのは当然である。このとき、二次出所の著者が加味した部分があるのに、その部分をも論文に借用しながら、ただ原出所だけを明らかにし、二次出所を省略するのなら、二次出所の著者の考え（原

396　ハーディンの "The Tragedy of Commons" という題目の論文を意識しつつ、変形されたものと見られる論文の題目については Carol M. Rose, "The Comedy of the Commons: Customs, Commerce, and Inherently Public Property", 53 *U. Chi. L. Rev.* 711, p. 723（1986）；A. Samuel Oddi, "The Tragicomedy of the Public Domain in Intellectual Property", 25 *Hastings Comm. & Ent. L. J.* 1, p. 8（2002）等。

397　環境保護に関する論文が著作権法とエンターテイメント法の哲学的基礎として活用されるということは、極めて興味深いことである。ハーディンの論文がパブリシティ権の論議に至るまでの「学問の疎通」または「統合現象」については以下の論文を参照。남형두、前論文（注80　韓流）88-89頁の脚注6。このように学問間の領域を行き交う学問の研究方法が、米国などの先進国においては極めて活発である。最近、韓国の学界の一角において主張される、学問間の統合も学際的研究によりなされるものであり、一時的な統合または学際的研究ではない持続する統合と学際的研究がなされるには、こうした再引用方式の遵守が必須である。

出所にはなく、二次出所の著者が加味した部分）を自らの考えかのように発表したものとして、剽窃に該当する。

ここで「加工」または「加味」の範囲をどう見るかということが問題となり得る。明示的に加工または加味したもので、それが独自の学術的な価値がある場合には、原出所のほかに二次出所の著者も保護を受ける価値が十分にある。ところで、加工または加味の程度が明示的に顕著でなく、ただ二次出所の著者が、自らの議論を展開する過程で原出所を借用した程度であるなら、果たして、これを上記で述べた、加工または加味に該当すると見るかが問題となる。

積極的に言えば、原出所を二次出所の著者が、自らの論を展開する過程で借用したことそのものが、当該学問分野の発展に寄与した、一種の加工または加味に該当すると見られなくはないので、上述の(1)と(2)のどちらもこれに該当すると言える（以下「積極的な見解」とする）。ところで、消極的に見れば、原出所を自らの議論に取り入れることは、誰にでもできることなので、このような二次出所の著者の労苦は、必ずしも記憶すべきほどではないと見て、二次出所を明らかにしなくてもよいと見ることができる（以下「消極的な見解」とする）。特に、原出所を借用したことのほかに、明示的な加工または加味がないのに、二次出所を表示しなければならないのなら、再引用の段階があまりに多くなる弊害があり得るということが、消極的な見解を支えている。

例えば、Ａという原出所をＢが引用して使い、これを再びＣが引用した後、ＤがＣを通じてＢとＡを知った場合、積極的な見解に従えば、Ｄは原出所であるＡのほかに、二次出所であるＢとＣも明らかにしなければならない。学問の連続性のため、こうしたことが繰り返されれば、再引用段階は三段階、四段階、五段階を軽く超えることもある。いくら著作権と剽窃禁止の倫理を徹底するとしても、これほどまでしなければならないのは、多少度が過ぎると言える。こうした見地に立つ場合、積極的な見解をとるのが難しいことがある。しかし、こうした面倒さのために前の二つ、すなわち(1)と(2)はもちろん、本項の議論のうち、原出所を引用したことのほかに、二次出所の著者の考えが明示的に加味された場合でさえも、再引用（原出所のほかに二次出所を記載すること）を省略することが、正当化されることはない。

170　第2部　各　論

　三つの例を挙げてみよう。1、分析そのものの意味が極めて大きい場合である。上述で見たように、アルフォード教授は中国、台湾などの東アジア諸国が、米国の知的財産権を侵害する原因を、それらの国家に共通する伝統思想である需学思想に求めた[398]。そこでは孔子の『論語』は、中国と台湾など東アジア諸国で極めて普遍的な思想書であり、これらの国に属する学者らは、敢えて米国の学者（アルフォード教授）の助けを受けなくとも『論語』に容易く接近できる。しかし、『論語』を分析し、知的財産権に関する共有精神を見つけ出し、これを共通した伝統思想としている国々の薄弱な知的財産権保護意識の原因として分析したことは、極めて卓越した研究である。しかし、原出所である『論語』が一般に広く知られた著書だとしても、これを分析し、特定の主張を裏付ける資料として使った著述者（アルフォード教授）の著書は、『論語』を原出所とするなら、二次出所に当たるのだが、決して省略できない二次出所である。分析と適用とが上記で述べた「加工」と「加味」に当たるからである。もちろん、この場合は(2)にも該当する。

　2、韓国ではあまり活性化していないが、外国では書評（Book Review）が一つの重要な著述として、その位置を占めている。主に新刊を中心に読者に紹介する形のこのジャンルは、ただ紹介レベルにとどまることもあるが、書評者の分析と評価が目を引くこともある。代表的な例としては、上述で挙げたハーバード・ロースクールのアルフォード教授の著述（1995 年）へのオッコ（Ocko）教授（ノースカロライナ州立大学歴史科）の書評 "Copying, Culture, and Control：Chinese Intellectual Property Law in Historical Context"（8 *Yale J. L. & Human*, p. 559〔1996〕）を挙げることができる。この書評はアルフォード教授の著述と同じく、優れた論文という評価を受けている。したがって、この書評（論文）で書評者は一種の二次出所の著者に該当し、アルフォード教授の著書は原出所に該当するのだが、原出所に対する分析と評価とが、独特な意味をもった書評者の論文とアイデアとを借用しようとするときには、書評者を二次出所の著者として表示するのが望ましい。ちなみにハーバード・ローレビューのブルーブックには、こうした書評の引用法を別に用意しているのだが[399]、これを見ても、二次出所（書評者）を原

398　注9の当該頁。

出所とは別にまたは併記して出所表示をするのが妥当、との根拠を得ることができる。書評で原典の紹介を越え、批判と批評を追加したものは加工と加味に当たる。

3、翻訳である。原典を翻訳したとき、原点は原出所、翻訳物は二次出所に当たるのだが、その翻訳物を借用する場合、原点とともに翻訳物の出所を明らかにするのは妥当である。翻訳は高度の学問的努力が必要な作業であり、加工または加味と見るに十分だからである[400]。

（4）　まとめ

巨人より遠くまで見る小人は「巨人の肩の上にいる小人」である。学界において見れば、巨人に当たる業績は一朝一夕にはできない。膝、腰、肩などなど、多くの小さな巨人の努力があったため、巨人の肩に座り、遠くを見渡すことができる。このとき、膝、腰、肩を形作ることになる過程に、原出所のほかに二次出所の著者の努力が寄与したところがあるなら、これを記憶することが、再引用の趣旨であり、二次出所の著者を記憶すべき理由となる。

こうした観点から見れば、二次出所を通じて原出所を知り、原出所を引用するとき、出所表示をどうするかと関連し、原出所だけを表示すればよいという立場に従うのなら、(1)、(2)、(3)のように、特別な場合、二次出所の著者の寄与を記憶すべきなのに、二次出所を明らかにしなくてもよいということになる。結局、二次出所を迂回することを、かえって正当化したものであり、妥当ではない。原出所と二次出所のどちらも明らかにすべきという立場も、二次出所の軽重、すなわち(1)、(2)、(3)のような特別な場合を問わず、常に二次出所を原出所とともに明らかにするようにし、引用の趣旨に合わないだけでなく、以下で見るような「再引用のジレンマ」に落ちる恐れがあるので、同意し難い。

結論的に言えば、二次出所を通じて、原出所を知り、その原出所を引用して論文を書く場合、二次出所の著者が寄与したものがあり、これを明らかにする場合（上述の(1)、(2)、(3)）には、原出所とともに二次出所どちらも

---

399 *Bluebook*（注367）p. 154。
400 「翻訳物の剽窃──再引用問題」については注532-535の当該頁を参照。

明らかにし、その外の場合には、原出所だけを出所として記載しても問題はない。もちろん、この場合、原出所を必ず確認しなければならないことは言うまでもない。ただ、原出所が消え去ったり、探すのに相当な難しさがあり、原出所を直接確認できない合理的な理由[401]がある場合には、例外として二次出所に依存するしかない。

　整理すれば、再引用の事例で、非難可能性の側面から見るとき、最悪なのは、二次出所により原出所はわかったが、原出所を確認せずに二次出所を省略し、原出所だけを出所として表示した場合（イ．(2)の場合）だと言える。この場合、ときどき二次出所の著者が原出所を引用する過程で犯したミス（誤字、脱字）が、新たに作成される論文にそのまま残ってしまうコメディが演じられもする[402]。次に悪いのは、原出所を明らかにせず、二次出所だけを明らかにする場合（イ．(1)の場合）である。この場合、論文の格を引き下げることになるのは言うまでもない。前者を後者より一層悪いと見るのは、原出所を確認しなかったという点ではどちらも共通しているが、前者の場合「学問的な虚栄」が一役買っているからである。

　再引用に関する最善の方法は、二次出所を通じて原出所を知り、その原出所を引用しようとするとき、二次出所の著者の寄与を記憶すべき事情があれば、二次出所を原出所とともに明らかにし、そうすべき事情が客観的に存在しないなら、原出所だけを記載すべきである。

（5）　再引用のジレンマ

　上述のように整理するとしても、再引用しなければならない場合とそのやり方に関して、依然として確定していない部分が残ることになる。例えば、(1)での「一般的に知られていない場合」、(2)での「学問間の親疎の程度」、(3)での「二次出所の著者が加工または加味した程度」をどう見るかという問題があるからである。

401　例えば、原出所がウェブサイトの資料である場合、当該ウェブサイトが閉鎖されたり、アップデートされることにより、これ以上、原出所を確認できない場合もある。

402　著作権法ではこれを、いわゆる「共通の誤謬（common errors）」というのだが、原作の手違いが侵害疑惑物にもそのままあり、侵害の故意がないという抗弁ができなくなるという理論である。

しかし、剽窃論を始めるや否や、その基準がすぐに明確に導き出されるだろうと期待するのは、一種の木に縁って魚を求める類に当たるだろう。たとえ、初期の段階ではあるが、こうした議論を通じて再引用をなぜしなければならないか、再引用に関する基準がどうあるべきかを論じることだけでも意味がなくはない。さらに、上述のような議論は剽窃の有無を離れて、論文の格、水準、質と関連して参考すべき点がある[403]。

一方、原出所が第2、第3と引き続いて再引用されるなら、その過程で原出所だけが生き残り、二次出所（第2、第3などの引用として、上述で例として挙げた原出所Aと最終利用者Dとの間に存在するB、C等を言う）が消え去る場合があり得る[404]。これはある点では、自然な現象であるかもしれない。特に新しい議論として記録される場合ではない二次出所は、人類の文化遺産を形成するのに一定部分寄与した後は、共有の領域へと消え去るものだからである[405]。ただ、そのように消え去るのに一定の時間が必要で、その期間に再引用の方式で、二次出所の著者を記憶するのは妥当である。これは、著作権に関する哲学理論のうち、いわゆる誘因理論によっても裏付けられている。二次出所の著者が原出所を発掘し自らの論拠として使うのには、自らの著述の信頼度を高めるためということもあるが、そうすることにより、自らの著述が当該学界だけでなく、社会文化界に寄与するよう、確かな論拠を準備するため、ということもある。こうしたいい著述を残すよう誘因すべく、社会は著作権という制度で著者の著述を保護するのである(誘因理論)。一方、それが著作物として保護されないものであるなら（アイデア領域）、剽窃禁

403　ある段階に入ると、剽窃かどうかの問題よりは、どれほど水準が高い著述かどうかの問題へと入ることになる。すなわち、上述で提示した再引用方式にしたがわないとして、剽窃だと断定できない場合があるが、論理性、論文の正直さ、資料提示の忠実さ等から差異のある評価が可能だという意味である。

404　逆に、二次出所の一部が原出所の権威と認知度を圧倒して、それだけが生き残ることもある。

405　本文(3)を例にすれば、二次出所の著者が少し加えた部分が、原出所の価値に溶け込んでしまい、新しい理論として存在できず、原出所と一つになってしまう場合もある。これは学問という巨大な枠から見れば、常にあり得ることだと言える。このとき、二次出所の著者は、その存在が消え去る前までは、再引用方式による出所表示により、その寄与への代価が報賞されたと言えるだろう。

止の倫理によってでも保護することが、誘因理論と同じ脈絡で必要である。

エ．自己複製／重複掲載の場合

　自己複製／重複掲載が剽窃と関連して、いかなる評価を受けるかは、後ほど詳しく論じるが[406]、概略を語るなら、これらのなかには剽窃として非難されるものと、そうでないものとがある。ここでは再引用と関連し自己複製／重複掲載を論じるときは、許される自己複製／重複掲載の場合を前提とする。

　再引用と関連し自らの先行著述が、ここで述べる二次出所に該当するのかが問題となり得る。自己複製／重複掲載に厳格な物差しを適用すれば、自らの先行著述で他人の著述を引用した場合、自らの先行著述は二次出所に当たるものなので、原出所とともに自らを二次出所の著者として新たな著述で明らかにしなければならないか、という問題が生じる。

　結論から言えば、通常の再引用と異なり、二次出所の著者が自分自身となる自己複製／重複掲載の論文で、出所表示は結局原出所の表示で充分であり、自らの先行著述を出所として表示しないことは、ことさら非難するに当たらない。ただ、以後の著述の序または注釈（annotation）で、先行著述の存在を明らかにすることで十分であり、本文では原出所だけを表示すればよく、自らの先行著述をいちいち二次出所として明らかにする再引用方式をとる必要はないと見る。

　これは「代価理論」によっても説明が可能である。二次出所の著者を表示することは、二次出所の著者の労苦に対する報賞であり、二次出所の著者が、後の著述の著者本人となるため、必要がないだけでなく、場合によっては不当な自己引用（self citation[407]）にもなり得るという点から、自己複製／重複掲載型の著述の場合、原出所で十分であり、自己自身を二次出所の著者として表示することは省略しても問題はない。

オ．再引用するときの出所明示の方法

　エーコによれば、二次出所では引用しない方がよいとしている[408]。しかし、

406　注568、569の当該頁。

407　「不当な自己引用」については、注610-614の当該頁。

408　エーコ（에코）、前掲書（注27）257頁。

第 2 章　典型的な剽窃　175

続いて二次出所を引用する方法を提示しているのだが、これは文献を引用す
るとき、できるだけ原出所に依拠するのがよく、二次出所にだけ依存するの
はよくないという意味に理解できる。エーコが述べる二次出所を引用しなけ
ればならないときとは、次の二つの場合である[409]。

① 　読者／話者の関心が、二次出所の著者が原出所の主張を自分のものと
して責任を負っているという事実に注がれているとき
② 　読書／話者の関心が原出所にあり、ただ、二次出所の著者に全く言及
しないことが、良心の呵責となるのを抑えようとするとき

これは上述で見た二次出所を、原出所と別途に表示すべきという見解と同
じ脈絡である。違いがあるとすれば、筆者の主張は代価理論に立脚し、原出
所が二次出所を通じて一般に知られることになった過程で、二次出所の著者
の労苦を記憶すべきだという点に注目したのに反し、エーコの主張は、最終
読者の観点により多く注目している。繰り返して述べるが、再引用に関する
筆者の見解は、いわゆる対価理論に根拠をおくもので、著作権または知的生
産権の正当化理論に基盤をおいた視点であるとするなら、エーコの見解は学
界の信頼（credit）に、より集中した視点と言えるだろう。

一方、エーコは自分が述べた二つの場合に、注と参考文献との引用法を異
なってすべきだとする。すなわち、①では二次出所を先に書き、括弧のなか
に原出所を表示する方法をとる反面、②では反対に、すなわち原出所を先に
書き、括弧のなかに、二次出所から再引用したという意味を明らかにするや
り方を提示している[410]。再引用するとき、原出所と二次出所とを一緒に明ら
かにした方がよく、その理由を十分に説明している。さらに、二次出所を明
らかにするべき理由に従い、出所表示の方法を異なってすべきだというエー
コの主張は、極めて説得力のあるもので引用ガイドラインをつくるときに、
反映できると考える。

409　同上 257-258 頁。

410　同上 258 頁。

4. 出所明示の単位

ア．議論の意義と前提

　原則的に著述者は、他人の文章を自分のものかのように主張してはならず、引用するたびに出所を明らかにしなければならない。ところで、具体的に他人の表現やアイデアを借用するとき、出所表示をしなければならない最小単位をどう定めるかは、結局これを守らなければ、剽窃に該当する剽窃判定の基準となるという点から極めて重要である。本来、引用と剽窃はコインの裏表のようなもので、引用の単位は、まさに剽窃認定の最小単位と同じである。

　他人の文章を借用しながら出所表示をしなければ、剽窃になり得る最小限の単位をどう設定するか。もちろん、このとき「他人の文章」は「アイデア」よりは「表現」に関するものである。アイデアに関するものはこれとは異なり得る。アイデアも剽窃の単位となり得るが、表現と異なりアイデアは単位が極めて伸縮性があり、ここで論議する定量的な分析が適合しないからである。

　もう一つの前提は、表現は著作権法上「保護を受けられる表現」に局限すべきだというものであるっ。そうでなくて、一般公衆の領域に属し、誰もが使うことのできるものには、ここで述べる出所表示の単位が必ず適用されるとは言えない。ここでもう一度「保護を受けられる表現」と「保護を受けられない表現またはアイデア」との境界をどう定めるかという問題が生じる。これは定性的な判断の領域に属するため、ここでは論外とする。繰り返すが、ここで論議しようとする出所表示の単位は「保護を受けられる表現」を前提とする。

<u>定量分析の単位としての著作権法上、保護を受けられる表現の前提</u>

　一方、「出所表示の単位」論議は、後ほど出てくる「不適切な出所表示」のうちの「部分的／限定的な出所表示」論議とは異なる。部分的／限定的な出所表示は、出所表示の不均一性に非難可能性が集中しているものであり、ここでの議論は出所表示が均一かどうかを離れて、出所表示の最小単位を論ずるという点で違いがある。例えば、ある剽窃疑惑の当事者が、剽窃疑惑物の全体で段落（パラグラフ）の単位で出所表示をつけたのなら、不均一なものではない。段落の単位で一貫して出所表示をしたからである。問題はこう

した出所表示は妥当かにある。引用の目的と出所表示制度の趣旨とに照らして判断する部分であり、本項の議論はまさにそこに焦点を合わせている。

イ．議論の限界

結論としては、筆者が出所表示の単位として「文章単位」を提案するのは避けられない選択である。後ほど見るように、既存のいくつかの議論があまりに不合理に進められており、それは座視できない状況であり、さらに現実的な要求に応えられないのは無責任な側面もあり、止むを得ず提案したものであり、「一つの基準」と理解してもらいたい。

したがって、筆者の文章単位の提案は、剽窃判定の決定的な基準というよりは、一つの判断資料として提示したものである。決定的な基準とするには、学問の多様性、アイデア／表現、一般知識、著作権法による保護対象としての表現、自己複製／重複掲載型の論文、直接／間接引用、インデントの有無、時代別の規準など、考慮すべき要素が多いからである。

本書の読者に断っておきたいことは、この部分の議論だけで剽窃かどうかを裁断するのは危険だという点である。上述で言及したように、出所表示の単位を提示するということは難しい作業であるが、現実の要求に応えるための避けられない選択だという点を、もう一度強調しておく。

ウ．既存の議論と批判

学問が多様なのに、剽窃の判断の根拠となり得る出所表示の最小単位を、定量的に提示するということ自体が、極めて難しいことである。しかし、現実の質問に対し答えを回避するには、現実の要求があまりに強い。そのため、百家争鳴風に多くの意見が提示されている。

一般的に、米国では研究者が引用符合や正確な言及なしに、原資料から4〜8以上の単語をそのまま移せば、学術上の剽窃と見なされるとされている[411]。米国の例を紹介することで、私たちの場合にも、ほとんど似たような水準で適用すべきだという主張もある[412]。かと思うと、どの程度の分量の文章に注をつけるべきかについて、国内に統一された原則はないが、段落ごと

411　유재원等、前論文（注377）347頁。

に注を表示するのが適当との見解もある[413]。

　おおむね、「連続するいくつかの単語」という提案と、「段落単位」という提案とに分けて見ることができる。問題は、こうした提案が背景や合理的根拠への説明なしに、極めて早く学界だけでなく、一般に広がっているという点である。以下では、代表的な上述の二つの提案を批判した後、項を別にして、筆者の代案を提示する。

（1）　いくつか連続する単語：提案

　「4ないし6単語の連続」または「8単語の連続」のように、連続するいくつかの単語が同一なら、剽窃と見るという提案は、学問の多様性を無視したものだという批判をともかく、少なくとも、韓国では採択し難い。単語の意味が文法により異なり、分かち書きの文法も異なるという点から、こうした米国式の提案は韓国には適用し難い。連続した一定の単語数以内を出所表示単位とするには、分かち書きが明確な文法をもった言語構造でなければならない。英語は例外的にハイフォン（hyphen）を使用する場合を除いて、分かち書きが明確なために、連続した単語数を基準に出所表示の最小単位を定めても、それなりの合理性が担保されている。しかし、韓国語は分かち書きの文法が極めて不明確という点から、こうした主張の採用は難しい。分かち書きのない日本語でも同様であろう。著者によっては、分かち書き文法を無視し自分の作文法にこだわる場合もある。こうしたことを一律に批判できないのは、著述の過程で強調法または読者の息遣いなどを考慮して、分かち書きを調整する例が多いからである。

　一方、이정민（イ・ジョンミン）教授は学問の先進国では「5単語以上」続いたものを2カ所以上連続して他人の文章から借用したり、「8単語の連続」なら剽窃に当たるという主張を紹介している[414]。「電子化された言語資料（corpus）から

412　이인재（イ・インジェ）「研究倫理確立のための引用と剽窃の理解」『倫理研究』66号、2007年、12頁；이정민（イ・ジョンミン）「人文社会科学分野での剽窃判定基準の模索」이인재責任執筆『人文・社会科学分野剽窃ガイドライン制定のための基礎研究』韓国学術振興財団、2007年、60-79頁等を参照。

413　韓国法学教授会編『論文作成および文献引用に関する標準案』韓国法学教授会、2004年、9頁。

見れば、英語は4単語、韓国語は3単語が連続して出てくる場合は多いが、韓国語や英語で6単語が連続して同一に出てくる例はほとんどないと見て、6単語の連続使用を剽窃の規準として提示したものと見られる[415]。イ・ジョンミン教授は言語学者らしく、言語資料という道具を利用し、慣用的に使われる連続する単語を3単語または4単語と見て、6単語が連続して偶然に同じく使用される可能性を一蹴している。言語学者の分析として耳を傾けるに足ると考える。しかし、韓国語のように分かち書きの法則に柔軟性をもつ言語で、慣用的に使われる言語資料を6単語未満に制限し、剽窃判定のガイドラインとするのは非常に危険である。

さらに、連続するいくつかの単語を基準として出所表示単位を定めるのは、まるで直接引用にだけ出所表示をしなければならないと映ることがあり、不当でもある。上述で見たように、間接引用も出所表示義務は免除されず、被引用物の表現を変えて書いた間接引用は剽窃が成立しないと解釈される余地があり、受け入れ難い。

（2） 段落単位：提案

段落単位で出所表示をすべきだという見解によれば、そうすることにより、本文にある注の数を減らし、時間と紙面を節約し印刷された外観をきれいにできるとして、一つの段落で引用をいくつも含んでいる場合、最後の部分に注番号をつけ、一つの注にすべてを引用することも許されるとする[416]。しかし、これは次のいくつかの理由から同意し難い。

1、出所表示の本来の目的と機能に符合しない。段落単位で表示された一つの注のなかに、複数の文献の注または内容の注があれば、正確にどの本文にどの注がつながって（matching）いるのかわからず、混乱がもたらされ、結局、出所表示本来の機能を遂行できなくなる恐れがある。

2、読者を剽窃の危険にさらす恐れがある。一つの段落がいくつかの文章

414　이정민、前論文（注412）60-61頁。

415　同上 61頁。イ・ジョンミン教授は英語を例にして"I don't know it"、"I wat you to"という表現を、韓国語では「できる」、「なる」といった表現を、四つの単語または三つの単語が連続して出てくる使用頻度の高い表現として挙げている。

416　韓国法学教授会編、前掲書（注413）17頁。

によりなっているとき、段落の終わりに注がついていれば、最後の文章のみ引用したのか、その段落すべてを引用したのかを読者が分別するのは難しく、ややもすると、こうした著述を引用する後続研究者を剽窃の危険にさらす恐れがある。特に同じ著者からいくつもの文章を引用しながら、それを一つの段落に集め、段落の終わりに出所表示をすれば、読者としては注がついた文章を除く、その文段内の他の文章は、著者の文章だと誤認する恐れがある。これは典型的に他人の文章を自分のものかのようにする剽窃に当たる。

Id. が乱発される文章を水準の高い文章と見ることはできない

3、著述水準を引き下げる恐れがある。通常、著述者としては特定人の著述に多く依存して文章を書くとき、依存度を低く見せようと、このように段落単位で出所表示をしたくなる誘惑を感じるのは事実である。特定人の著述からさまざまな文章を借用しながらも、段落の終わりにたった一度出所表示をすることで十分だとするなら、著述者としては段落を限りなく長くした文章を書くとか、甚だしくは一つの「項」や「節」の単位で出所表示をする状況にまで至り得る。一言でいって、道徳的な緩みが起き得る。万が一、これを後ほど提示する筆者の提案のように、「文章単位」の出所表示へと還元すれば、注はすべて（*Id.*）、すなわち「同上」が繰り返されるだろう。これはすなわち、特定文献に過度に依存したことを自白することになるため、思慮深い著述者としてはこれを避けるために、特定の文献のほかに異なる文献を追加して引用するよう、自らに要求するだろう。このようになれば、一つの文献に依存する著述よりは、さまざまな文献を参考にする著述となるのだが、これにより、著述の水準が高まるのは当然である。「形式を備えることにより、質的水準が向上」する結果を生んだもので、正直な著述の順機能と言える。

形式を備えようと思えば質も高まる

おわりに、韓国の判決のなかにも段落単位に出所表示したものを剽窃だとしたものがあり、紹介する。

原告は被引用著書の該当部分の内容をそのまま、あるいは若干の修正を経て本文の内容としているだけで、独創的な内容はほとんど書いておらず、

一つの段落または全体の文章を引用したのに、一つの文章にだけまたは文章の中間にだけ引用表示をしたことにより、剽窃したものと見るのが相当であり、その引用の程度に照らして見るとき、参考文献に被引用著書を表示したということだけで、異なって見ることはできない。こうした剽窃は学者として重大な懲戒事由に該当する[417]。

（3）　共通分母型の出所明示：章／節／項単位の出所明示

　段落単位の出所表示の度が過ぎると「章」や「節」「項」全体を他人から引用しつつ、その題目だけに出所表示をする場合がある。これがさらにその度が増せば、後ほど見るように、序文に行う「包括的／客観的出所表示」へと進むことがある。一つの章／節／項に属するいくつかの段落または文章を特定の出所から引用する場合、段落単位の提案や後の文章単位の提案によれば、段落ごとまたは文章ごとに出所表示をつけなければならない。このとき、同じ出所を引き続き羅列するしかない。これを避けようとして、共通する一つの出所を章／節／項の題目の後に抜き出してつけたという点から「共通分母型出所表示」と呼びたい。

　共通分母型出所表示方法の一環として、章／節／項の題目に出所表示をするのは、段落単位の出所表示よりよくなく、代表的な出所表示の欠落にともなう剽窃と言える。コンピュータによる著述が一般化した今日、学生たちのレポート等から、こうした現象を簡単に発見できる。いわゆる、「コピペ」がその極に達すれば、こうした一つの章／節／項を一括して特定の出所から借用しつつ、こうした共通分母型出所表示の誘惑に陥ることになる。剽窃疑惑の当事者としては章／節／項の末尾に出所表示を行うことが、ややもすると、一番最後の文章だけを引用したものと誤認されることを恐れ、このような共通分母型の出所表示を行うものと理解できる。しかし、そうした意図は正当化されることはない。

許容される自己複製／重複掲載の場合

　ところで、章／節／項単位の共通分母型出所表示が容認される場合がある。先行著述が自分のものであるとき、いわゆる「許容される自己複製[418]」また

417　研究年実績物民事事件判決（注341）。

は「非難可能性のない自己複製 」論文である場合、議論の展開上、自己の先行著述の特定部分（章、節または項全体）を、ほとんどそのまま引用しなければならないときがあるのだが、このときは共通分母型出所表示を避けられない[419]。もちろん、このときは後行著述の議論展開上、止むを得ず、自らの先行著述の特定部分全体を引用するしかないことを明らかにしなければならない

章／節／項の題目そのものを引用する場合

一方、「章／節／項などの題目のおわりに注をつける場合」が常に誤っているわけではない。その題目の固有な表現やアイデアを、特定人から借用する場合には適切な出所表示だと言える。厳密に言えば、この場合は不適切な出所表示の一つとして論じられる、共通分母型出所表示でないと言える。同一の出所表示を避けるために、題目に出所を明らかにするのではないためである。

エ．代案——文章単位

（1）原　則

上述で見たように「連続するいくつかの単語」の提案と「段落単位」の提案は、出所表示の単位としては採択し難い。どうしても提案しなければならないのなら、「連続するいくつかの単語」に代わり得るものとして、文化的な違いを勘案したのが「文章単位」である。

文章によっては8単語以上であるのが一般的と言えるのだが[420]、現実的に他の代案を探すのは難しく、明確さという長所があり、原則的に文章単位を出所表示単位として提案する。もちろん、文章単位の出所表示単位を悪用する場合、すなわち、同一の出所表示の反復を減らすために、無理矢理一つの文章をつくる過程で、復文や重文を過度に多く使用するのは正しくない。こ

418　非難可能性のある自己複製と非難可能性のない自己複製については注 577-581 の当該頁を参照。

419　文章単位の出所表示に対する例外が認められる場合である。注 423、424 の当該頁を参照。

420　特に学術的著述の場合、一般の口語体文章に比べ、一つの文章がほとんど長い。

の場合には節が文章を代替すると見た方がよい。すなわち、二つ以上の文章として書かねばならないものを、文章単位に執着するあまり、一つの文章にした結果、いくつかの節が使用されるなら、節ごとに出所表示をするのが妥当である。

（2）　例外1：意図と脈絡

　上述で「原則的に」としたのは、前後の脈絡から見るとき、騙す意図なしに二つ以上の文章を続けて引用した後、出所表示を最後にだけつけても許される場合があるからである。被引用文の特定表現または独特なアイデアを引用する過程で、それが一つの文章になっていない場合がある。文章ごとにすべて独特なアイデアや表現になっておらず、特定の文章の独特なアイデアを説明するための導入として、一般知識を羅列したり、敷衍するとして、反復する場合がある。このとき、いくつかの文章を引用しながら、核心のアイデアまたは上述のような論理の流れにおける結論として、焦点となる文章のみに出所表示をしても問題はない。この場合、文章ごとに出所表示をしなければならないなら、一般知識に対し出所表示をすることにより、一般知識を特定人のものとしてしまう愚を犯し得る。

　被引用文で一つの文章を引用する場合にも、引用者の著述法によっては、これをいくつかの文章に分けることがある。このとき、被引用文の文章を分かち書きした引用文の文章ごとに、同一の出所表示をするのが当然だと見ることができるが、必ずしも、そうしなくてもよい。被引用文の核心的なアイデアが残っている引用文の末尾にだけ、出所表示をつけても問題はない。間接引用も同様である。

　出所表示の単位として、文章単位を決定的な基準として提示するのが難しい点が、まさにこの部分のためである。結局、著述者の意図と全体の脈絡などを考慮し、出所表示の欠落の有無を判定しなければならない。すなわち、一部の文章に文章単位で出所を表示しなかったとしても、それが、上述で指摘したように、一般知識に該当する部分や、被引用物の核心的な思想を引用する過程での、その導入または敷衍に当たる部分であるなら、そうした欠落を挙げて、文章単位ごとに出所表示をしなかったので、剽窃と断定することは自制しなければならない。

（3）　例外2：左右にインデントを使った直接引用の場合

　上述で学術的著述において他人の文章を引用するとき、原則は間接引用であり、例外的に直接引用をした方がよいという意見を披歴した。ところで、いくつかの文章をいっぺんに引用なければならないときがある。核心的な思想や独特な表現が文章ごとに分かれており、上述のように、そのなかの一つにだけ出所表示をするのが不適切な場合である。このときは、全体を一つの引用符で括ったり、インデントも使い、字の大きさや字体を変えた後、最後に出所表示を一つつけて、自分のものでないことを明らかにすることで充分である。

　一方、本文のなかで「引用符で括るやり方」と「インデント方式」は、どちらも原文（被引用文）をそのまま借用したものだという点から、同じ直接引用と言えるのだが、一定の長さ内であるなら、「引用符方式」で、それ以上なら、いわゆる「長い引用」と見てインデント方式を採ることにするという、学界の合意があるようである。おおむね、三つの文章までは引用符方式で、四つの文章からはインデント方式ですべきだという見解があるかと思えば[421]、インデント方式を区画引用と呼び、区画引用の場合、50またはそれ以上の単語を引用するときにすべきものとして、引用符なしに左側と右側にインデントを使用しなければならないという見解もある[422]。

　長い引用、インデント方式、区画引用といった用語はそれぞれ異なるが、意味は同じである。そして、おおむね四つの文章以上なら、50以上の単語の分量だと言えるだろう。具体的なやり方には違いがあるが、重要なことは、そのように長く引用したとしても、引用符を別につけなくても字の大きさ、インデントなどにより、本文との違いを見せるという点で共通点がある。

　ところで、注意する点はインデント方式または区画引用方式が、常に上述

421　www.plagiarism.org（2012.5.17）。このサイトによれば、四つ目の文章からは左右にインデントをするのだが、字の大きさも小さくしなければならず、引用文全体のはじめと終わりには半行分をさらに加えるよう勧めている。すなわち、本文の行間が"single space"ならば、インデントで引用する部分のそれぞれの前後に、本文との行間を"1.5 space"とした方がよいというのである。さらに、このようにすることにより本文との違いが生じるため、引用符は別途必要ないとしている。

422　韓国法学教授会、前掲書（注413）10頁。

のように文章数や単語数のように引用文の量を基準とするものではないということである。著者の必要により、三つの文章以下または50単語未満を引用する場合にも、強調の意味からとか、持続的に後半部分で言及される議論を特別に目立たせる必要があったりするとき、引用符方式ではない、インデント方式または区画引用方式を使うこともできるということである。例えば、判決文の引用がよい例である。法学の論文で判決文のかなり長い部分を引用するときは、インデント方式、区画引用方式が好まれるのだが、長くなくとも、上述のような特別な理由があるときには、本文と区別できるインデント方式なども使用される。

（4）　例外3：自己複製／重複掲載との関連

　上述で、自己複製／重複掲載論文は先行著述が研究者本人のものだという点から、先行著述が他人の著述を引用する場合、後の著述で再引用方式を厳格にとらなくてもいいと述べた[423]。同じ問題が出所表示単位の議論でも発生する。

　議論の過程で、自らの先行著述を相当部分そのままに引用するときがあるのだが、専門性が強く、持続性がある研究領域であるほど、こうした必要性が高い。例えば、政府出資研究機関の研究員は、政権交代後も引き続き同一主題の研究を受け持つことは日常茶飯事である。もちろん政府政策を樹立するための政策的アイデアの提供が目的である、研究報告書を作成するとき、政府の交代、国際秩序の変化、環境要因の変化といった要因につれ、以前の研究報告書と異なって作成するときもあり、また、そうしなければならないのである。ところで、その過程で以前の報告書の特定部分として、例えば、歴史的な背景や研究方法論、先行研究結果、世論調査結果など、各種統計資料はそのまま借用することもでき、そうした方が望ましい研究とも言える。この過程で自らが作成した以前の研究報告書の特定の「章」や「節」を新たな研究報告書に、そのまま引用しなければならない場合がある。

　この場合、自己複製としての非難可能性があるかは後ほど詳細に論じるので、非難可能性の有無は別論とし、ここでは出所表示をどうするかだけを論

423　注406、407の該当頁。

じる。こうした著述方式が剽窃なのかは、自己複製／重複掲載の議論で判断することで充分であり、別途に出所表示の単位まで議論することではないと考える。二重処罰になるからである。

文章単位の原則を固守する場合、自らの先行論文を文章ごとに出所として提示しなければならないので、極めて面倒なことになる。だからといって、インデント方式も難しいこともある。場合によって、インデント方式で処理するのは適当でないほど、多くの部分を先行著述から引用しなければならないときがあるからである。

結論から言えば、上述で見た引用目的（権威の源泉提供、検証便宜の提供、剽窃回避）と、後での自己複製／重複掲載に対する非難可能性の趣旨などを総合してみれば、この場合には、自らの先行著述が始まる項や節の題目への注で、その項や節に属する内容を自らの先行著述から引用したという点を明らかにすること、すなわち上記で述べた「共通分母型出所表示[424]」のほかには特に代案はないと考える。

5. 不適切な出所明示

ア．意　義

この間、学術的著述で剽窃を避けるには、出所表示をしなければならないという議論は頻繁にあった。学術的著述をするほとんどの研究者は、このことをよく知っている。そうして、論文をはじめとする学術的著述で、出所表示をそれなりに着実に行っている場合が多い。ところで、出所表示の意義と方法を知らないとか、時には知りながらも怠ることもある。さらに、事実上の剽窃に該当するにもかかわらず、悪意的にこれを避けようと出所表示のまねごともする。

本項は上述で議論したことへの一種の補完的性格をもっている。実際、出所表示の最小単位を「文章」とするという原則を固守するなら、本項の議論は必要がない。その他、独創的なアイデアに対する出所表示をしない場合とか、間接引用だとして出所表示をしない場合とか、再引用で原出所を明示しなかったり、二次出所の著者の寄与があり、原出所以外に二次出所を明示す

424　注 417-419 の当該頁。

べきなのに、そうしていない場合などを、一般的な出所表示の欠落にともなう剽窃と見るならば、これ以上の議論は必要ないのかもしれない。しかし、先にいく度となく言及したように、剽窃論議はそれほど単純ではない。現実に発生する問題は、上記で述べた原則的要素が完璧に備わっているか、欠如しているだけではなく、互いに複合的に結び付いている。例えば、独創的なアイデア引用の問題は、間接引用との関係が密接であり、再引用問題とも関連があり、その独創的アイデアが論理的に説明される過程で、二つ以上の文章によって表現されもする。ここで、まるで「木」1本1本を抜くように、出所表示の欠落の有無を確かめることもできるが、全体的に「森」を展望するように、学問倫理である剽窃禁止倫理を違反しているかを確認する必要もある。ここで著述者の意図と剽窃とが疑われる部分の前後脈絡を考慮することもできる[425]。この過程で部分的には出所表示の欠落が問題になるとしても、全体としては当該学問や同時代の観点または基準から、容認されることもある。その反面、部分的に出所表示の欠落があるだけでなく、全体としても容認できない水準であるなら、剽窃判定により確定した判断を提供することもある。これまで考察してきた出所表示の問題が「木」であるなら、本項の議論は「森」に該当すると言える。しかし、出所表示の本質はその目的と機能に照らして見るとき、前者にあるため、後者すなわち本項の議論は、補完的な性格をもつことになる。

また、出所表示の義務違反の形は、上述で論議したことのほかにも極めて多様である。結局、筆者はただいくつかの原則を提案し説明しただけである。残りは「合理性」という不確定な概念に任せるしかない。ここで著作権法上の出所表示規定の精神が剽窃にも適用されなければならない。

第37条（出所の明示）
② 出所の明示は著作物の利用状況に従い、<u>合理的だと認められる方法に</u>よりしなければならず、著作者の実名または異名が表示された著作物である場合には、その実名または異名を明示しなければならない。（下線

---

425 文章単位の出所表示原則を守らなかったとしても、例外として剽窃だと見ることのできない場合として、著述者の意図と脈絡が重要だとしたことについては、注420、421の当該頁。

は引用者。以下、下線部分について同じ）

　韓国著作権法第37条第2項の「著作物の利用状況に従い、合理的だと認められる方法」は、剽窃禁止倫理の出所表示の適正性判断にそのままもってきても問題がない。実際「合理的な出所表示」を違反したかが、裁判において争点となったことがたまにある。

　本項では判決を中心として、出所表示義務違反の問題を考察するのだが、出所表示義務違反という点から典型的な剽窃である「出所表示欠落」に含めることができる。しかし、十分ではないが、出所表示を全く行わないのではないという点から、「不適切な出所表示」という題目の下で論じたいと思う。本項の議論は例示的なものである。今後も事例の発生にともない、新しい類型の不適切な出所表示の議論が追加されるだろう。

イ．包括的／概括的な出所明示

　学術的著述の本文で出所表示を適切にしなくとも、序文に概括的に特定の著述に依存して書いたと明らかにすれば、出所表示義務を果たしたと言えるか。引用目的、出所表示機能に照らしてみれば、あり得ないことである。これと関連した判決をいくつか紹介する。

　まず、代表的な法学教科書Ⅰ事件について、大法院は次のように判示している。

　　原告が執筆し刊行した著書の内容に、正当な範囲を超過してドイツの学者らの著書を引用した部分が含まれているが、著書の性格と対象、引用した部分の内容、原告が出所を概括的に表示した点などに照らし、原告の上記執筆、出版行為が所定の懲戒事由に該当せず（後略）[426]

　上述の大法院判決で「出所を概括的に表示した点」が懲戒事由、すなわち剽窃に該当しないとした事実関係を原審判決でもう少し詳しく見れば、以下の2点に分けて見ることができる。①著者の序に概括的に被引用著書を明らかにする方法、②著書の各章および節に出所である自らの論文を記載することのほかに、本文では具体的に出所表示をしない方法（ただ、引用した自分

426　大法院2006.12.22宣告 2005다41009判決（以下「法学教科書Ⅰ事件判決」とする）。

の論文には引用部分ごとに注をつける等の方法で引用した）がそれである。
原審法院はこうした出所表示の方法が「誠実な」ものとは言えないが、剽窃
と見るほどではない、という趣旨で判決した。

> 原告は、読者がこの事件の各著書の当該部分が、この事件の各原著書を引
> 用したという事実を認識できる程度に、その出所を序、論文等を通じて表
> 示したと言えるところ（ただ、本文の各当該部分ごとに、具体的に出所を
> 表示する方法と比較するとき、上述のような出所表示の方法が「誠実な」
> 出所表示方法とは言えない）。(後略)[427]

　しかし、残念なことに、法学教科書I事件の原審判決を含んだ大法院判決
は、引用の目的と合理的な出所表示方法について、適切に理解していないも
のと見られる。再び引用の目的に戻ってみよう。引用の本来の目的は、読者
をして当該叙述がいかなる先行（引用）資料によって裏付けられているかを
明らかにすることにより、当該著述の信頼度を高め（権威の源泉提供）、そ
の先行資料の権威の程度により、当該著述の信頼度を検証する機会を読者に
提供するためのこと（検証便宜の提供）である[428]。この判決が注目するのは、
剽窃疑惑の当事者（原告）が序文に概括的ではあるが、被引用著書の存在を
明かしているため、心底、被引用著書を隠し、自分の著作物であるかのよう
に提示する意図はなかったというところにある。これは引用目的のうちの
「剽窃回避[429]」と解釈される余地がある。しかし、引用本来の目的を度外視し、
消極的な目的（剽窃回避）だけに ―― それも「忠実な」ものではないという
点を認めている ―― 重きをおき、剽窃ではないと見たのは妥当ではない[430]。
　この判決の通りであるなら、今後、著述者らは本文で引用した著述（被引
用著書）の出所をいちいち注で提示しなくとも、被引用著書の存在を序文に
明らかにすれば、剽窃の責任から自由になれるのである。学界でこのような
著述方式が通用するものと考えるなら、一言で言って、あまりに純真だとい

427　法学教科書I事件控訴審判決（注276）。

428　注336-342の当該頁。

429　注343-348の当該頁。

430　この事件で原告は、ただ自らが引用した著書を序文に明らかにしたというもので、「剽
　　窃責任回避」という引用の消極的な目的を、それも極めて杜撰に達成しただけである。
　　引用の目的を積極的なものと消極的なものとに分類したのは、注336の当該頁を参照。

190 第2部 各 論

う評価を受けるだろう。これは韓国の学問水準の低さを自ら表したもので、司法府が剽窃に関し、こうした結論を出したことには断じて同意し難い。

　幸い、法院は大法院判決宣告を前後して、この判決が極めて独特な判決と見える程度に、これと異なる判決を何度か宣告[431] しているという点で、この大法院判決に対する筆者の強い異議提起への心強い支持と言える。

　「博士論文指導事件」（2005年判決）で、大邱高等法院は序文に出所を掲載することにより、出所表示を省略できるという、教育界で一般的に合意された指針は、存在しないと明示的に判決している。

> さらに、上述のような各序言の記載によって、被引用著作物の挙示に代えるとか、引用の目的、著作物の性質、読者の一般的観念などを考慮して、被引用著作物の挙示を省略できるという、教育界の一般的な合意された指針等が存在すると認めるだけの証拠もなく、これを「公表された著作物の引用」に該当すると見ることはできない。（後略）[432]

　これだけでなく、「芸術哲学事件判決」（2004年）において、ソウル行政法院は本文で、注などを通して具体的に出所表示をする代わりに、序言で上述の被引用著書を参考にしたと述べるだけでは足りず、その言葉通り、単に参考にしただけで、自らの著書を著述したものと誤解される余地があるという点を剽窃認定の根拠としている[433]。この事件で法院は、剽窃の責任を避けるためには、序言で本文の章別に参照した文献を提示したことでは足りず、引用の根拠を正確に適示しなければならないという趣旨で判決している。これは、法学教科書I事件判決とはっきりと対比されるもので、引用目的を適切に把握した、極めて妥当な結論である。特に序言で記載した通りに、「単に参考にしただけのもの」と誤解する余地があるという点を、出所表示の不当性の根拠として挙げたのは、極めて斬新である。

　一方、判決の傾向として判決宣告時点と同じく、剽窃が問題となる著書の出版時期が重要である。最近宣告された判決でも、剽窃疑惑著者の出版時期

431　法学教科書II事件判決（注388）；博士論文指導事件判決（注353）；ソウル行政2004.7.13宣告 2004구합6297判決（以下「芸術哲学事件判決」とする）など。

432　博士論文指導事件判決（注353）。

433　芸術哲学事件判決（注431）。

が 1980 年代または 1990 年代なら、それより以前に宣告された判決事案の著書が、2000 年代に出版されたものに比べ、必ずしもより厳格な出所表示基準を適用されたとは期待できないからである。これは、著作権侵害判断の公正な慣行に対する基準や剽窃での剽窃の判定基準は、判決宣告の時点ではなく、著述または出版時期を基準としなければならないという点から、そうである[434]。法学教科書 I 事件大法院判決が 2006 年に宣告されたが、この事件で剽窃疑惑の著書 3 冊は、1989 年から 1992 年の間に初版が出され、1998 年から 1999 年の間に再版された。2004 年に宣告された芸術哲学事件の剽窃疑惑の著書は 1998 年に、2005 年に宣告された博士論文指導事件の剽窃疑惑の著書は 1996〜2001 年に、2007 年に宣告された法学教科書 II 事件の剽窃疑惑の著書は 2005 年に出版された。判決宣告日でなく、剽窃疑惑の著書の出版日を基準とするなら、韓国の法院の判決は最近出版された著書に対し、出所表示基準を過去に出版された著書より一層厳格に適用していると言える。

学恩型出所表示

　客観的出所表示の程度が過ぎると、序文に被引用著書の著者に対する感謝の意を表したことをもって、出所表示だと主張する場合もあり得る。法学教科書 I 事件控訴審判決によれば、著者が被引用著書の存在を隠さず、積極的に開示したので、出所表示が全くないと見ることはできないという論理が可能だからである。筆者は批判の次元でこうした「客観的出所表示」を「学恩型出所表示」と呼びたい[435]。実際、これと関連した事件が発生したことがある。法学教科書 II 事件判決文に次のような部分がある。

　　ただ、この事件の著書の序文に「こうした理論的な根拠は尊敬する○○大学○○○教授の教えに負ったところが大きい」、「本書が出版されるに当た

---

[434]　これは後ほど詳細に論じるように、剽窃かどうかの判断の、いわゆる「行為時法主義」、すなわち、剽窃行為時の剽窃判定基準を準拠基準として適用しなければならないということと関連している。注 695-701 の該当頁を参照。

[435]　法学教科書 I 事件において、大法院が剽窃ではないとした「序文に述べる概括的出所表示」が容認できるなら、通常、韓国の学者らが著書の序文に「○○○先生の恩から受けた力が大きい」と好んで書くのも、概括的に出所表示と見ることができるのではないかという冗談も可能だと思われる。

192　第2部　各　論

り、学問的に多くの教えと助けをくださった〇〇〇教授に深い感謝を捧げる。また、同僚の教授として多くの学問的なアドバイスをくれた XXX 教授にも深い感謝を捧げる」と記載されている[436]。

　法院は著書の序文に感謝の言葉を載せたことに対し、正当な出所表示として認めなかった。法学教科書Ⅰ事件で個別的な出所表示の代わりに、序文に概括的に出所表示をしたことに対し、剽窃ではないと判決したこととよい対照をなしている。

　ウ．部分的／限定的な出所明示

　剽窃者の心理には、著述の一部にだけ出所表示を適切にすることで、あたかも、著述全体を正直なものかのように見せようとするところがある。これは読者を騙すもので、不適切な出所表示に当たる。有名な剽窃専門サイトによれば、こうした場合を「完全犯罪（the perfect crime）」と呼んで、出所を表示したのに、剽窃となる類型の一つとして規定している[437]。韓国では著述の全体的な出所表示が均一でなく、特定部分にだけ集中的に出所表示が行われた場合を「部分的／限定的出所表示」と呼ぶのだが、法院の判決のなかには、これを合理的な出所表示とは認めないもの（法学教科書Ⅱ事件判決）があり、目を引く。特にその理由として、出所表示がない部分は、著者固有のものと誤認されるという点を挙げているが、妥当な判断である。

　　原告は何カ所に限定して脚注をつけ、被引用著書を出所として表示することのほかには、一切の出所表示をしない点（こうした限定的・部分的出所表示により、かえって出所を表示しない他の部分は原告自身が直接著述したもののように見える蓋然性が大きい）[438]。

　ソウル行政法院も 2008 年に宣告した事件で、部分的な出所表示に対し、引用部分と著述者の独創的研究の部分が、区分されていないという点を理由として剽窃と判断している[439]。一方、韓国行政学会の指針も「引用した部分の一部分に対してだけ引用表示をした場合」を剽窃に当たる場合として例示

436　法学教科書Ⅱ事件判決（注388）。

437　"Sources Cited（But Still Plagiarized）", www.plagiarism.org（2013. 7. 27）を参照。

438　法学教科書Ⅱ事件判決（注388）。

している[440]。出所表示という外観を呈しているが、剽窃になり得る代表的な場合だと言える、部分的／限定的な出所表示という非難を免れるために、出所表示の程度はどの水準まででなければならないか、という問いが続くことになる。

これまでの法院判決で論争の的となってきた部分的／限定的な出所表示は事実上、出所表示という外観を呈しているだけで、出所表示とは見られないほど、極めてずさんなものであったと言える[441]。したがって、こうした水準の部分的／限定的な出所表示を剽窃と見るのに大きな無理はない。問題はこうした程度に至らなくとも、いくつかの段落、いくつかの文章の出所表示を欠落したとき、部分的／限定的な出所表示と言えるか、にある。これは上述で見た出所表示の単位とも直接つながる議論だという点で、極めて難しい問題である。

一方、出所表示を全面的にせず、一部についてだけした事件（「名誉毀損事件判決」）で、法院は論文の細部的な部分で、他の論文の引用を欠落したとしても、脚注と参考文献で論文作成の参考にした資料等を明らかにしたという理由から、剽窃ではないと判決している[442]。これは法学教科書Ⅱ事件判決の剽窃判定基準に比べて非常に寛大なものと見える。ところで、この事案で問題となった本の発行年度が1990年であることを考慮すれば、研究年実績物行政事件（発行時期2007年）、法学教科書Ⅱ事件（発行時期2005年）、芸術哲学事件（発行時期1998年）と比較し、剽窃判定に関する法院の規準が、より厳正となっているものと理解できる。

エ．間接的な出所明示

本文で該当する部分ごとに具体的に出所表示をせず、章／節／項別に一括して引用文献を記載するものを、適切な出所表示と見ることができるか。こ

439　ソウル行政 2008. 10. 30 宣告 2008 子합 22754 判決（以下「研究年実績物行政事件判決」とする）。

440　유재원等、前論文（注 377）351 頁。

441　その代表としては、法学教科書Ⅱ事件判決（注 388）、芸術哲学事件判決（注 431）、研究年実績物行政事件判決（注 439）等を挙げることができる。

442　名誉毀損事件判決（注 362）。

れは、上述で見たように、章／節／項等の著述の相当部分を特定の著述から借用した場合、文章ごとに出所表示をする代わりに、章／節／項の題目に出所表示をする「共通分母系出所表示[443]」と区別されるものであり、出所表示が適切になされた自らの先行著述を、章／節／項などの冒頭または末尾に明らかにすることで、当該著述でいちいち出所を表示する手間を代替するものである。共通分母系の出所表示が、特定人の一つの文献を出所として表示したものであるなら、今論じている出所の表示方法は、いくつかの出所から借用しながら、いちいち出所を表示せず、出所表示が適切にされた自らの先行著述を明らかにしたという点で異なる。すなわち、被引用物に対して直接出所表示をせず、出所表示が適切になされた自らの先行著述を明らかにすることで代えるという点から、「間接的出所表示」と呼びたい。

　引用の目的、すなわち、権威の源泉を借用し検証を容易にするためのものであるという点で、このような間接的出所表示を、合理的な出所表示と見るのは難しい。上述で見た法学教科書Ⅰ事件控訴審判決でも、法院はこれを「誠実な」出所表示方法ではないと判断している[444]。

出所表示がされた先行論文を表示することで十分か

　法学教科書Ⅰ事件控訴審判決で、剽窃疑惑の当事者は、出所表示が適切にされた自らの先行論文を、本文の各章または各節の1カ所に一括して記載したのだが、これに対し法院は「誠実な」出所表示ではないとしながらも、最終結論では剽窃ではないとした。この判決によれば、出所表示を適切にした自らの論文を冒頭に提示し、その論文を参考にしたと叙述さえすれば、後の著述はすべて出所表示義務を果たしたものとなるというわけだが、これが学界で「合理的と認められる方法」の出所表示として受け入れられるかは未知数である。

　これは出所表示の義務とも関連し、自己複製／重複掲載とも関連する争点なのだが、この判決一つだけで、韓国の法院の態度を断定することはできないが、法院は剽窃判断で、剽窃の疑惑当事者の意図を重視したものと理解で

443　注417-419の当該頁。

444　注427。

きる。ずさんであるが、出所を概括的に明らかにすることにより、自分のものかのようにしようとする意図がなかった、と見たのである。しかし、引用目的が権威の源泉を借用し、検証を容易にするためのものだという点で、こうした出所表示を合理的な出所表示と見るのは難しい。さらに、このような出所表示により、出所表示義務を果たしたとか、剽窃責任を免れるのなら、出所表示を適切にした自らの論文一つをもって、以後の論文を簡単に重複して発表できることになるという点から同意し難い。

　学問発展という大枠から見るなら、上述のように先行論文を記載することにより、合理的な出所表示を果たしたと見るのは難しい。また具体的で個別的な内容に結び付かない概括的な参考文献の表記は、本文の内容を「自分の考え、または表現のよう」にしようという意図がなかったと見るのは難しいため、法学教科書Ⅰ事件判決を一般化するのは簡単ではないだろう。

オ．再引用の出所明示の問題

　上述で見たように、二次出所を通じて原出所の存在を知り、原出所を借用することになったなら、原出所を直接確認しなければならない。ところで、原出所を確認せず、二次出所だけを明らかにすることにとどまるとか、原出所だけを明らかにする場合は、不適切な出所表示に該当する。

　さらに、原出所を確認した場合、二次出所を明らかにすべき特別な事情[445]があるなら、原出所とともに二次出所を明らかにすべきなのに、原出所だけを明らかにしたものも、不適切な出所表示に当たる。もちろん、この場合、二次出所だけを明らかにしたものが、不適切な出所表示であることは言うまでもない。

カ．不正確な引用例

　自らのものではない他人の文章から引用した場合、出所表示をしなければならないという点には、共感が形成されている。しかし、具体的に注等にこれをいかに表示するかについて、十分な理解があると見るのは難しい。そう

445　原出所とともに二次出所を必ず表示しなければならない場合については、注389-402
　　の当該頁を参照。

したなかで、これと関連して極めて意味のある判決があるので紹介する。

　芸術哲学事件で法院は、実際に剽窃疑惑の著書は侵害物から相当部分をそのまま引用したのに、序文で単にこれを参照したと叙述することで、文字通り参照だけして自分が著述したものと誤解される余地があるという点を、剽窃判断の根拠としている[446]。剽窃を避けるには出所表示をするだけでは足りず、注に出所表示をし、いかなる用例として引用したかを、明確に表示までしなければならないものと理解される。

　ハーバード・ローレビューのブルーブックでは、他人の文章をそのまま引用したのか、でなければ、それを参照にして自分の考えに付け加えたのかに関し、引用の用例を異なって表示するようにしている。要するに注に何らの「別途の表示なしに（no signal）」出所を表示するものと、'see' 表示の後に出所を表示するものとである。① 本文の主張を直接言及する出所を表示したり、② 本文のうち、直接引用した出所を表示したり、③ 本文の内容で言及された出所を表示するときは、何らの表示なしに、すぐに出所を注に記載すればよい（cited authority）。しかし、本文の主張を裏付ける追加出所を表示する場合には 'see' と記載した後、その出所を表示しなければならないと規定している[447]。韓国語で言えば 'see' は「参照」に当たる。これを芸術哲学事件に適用してみれば、単に参考するという程度を越えて、直接叙述する形で引用したのに、序文に記載したそのまま、単に参考にしたのみで、著述したものと誤解する余地があるという点を挙げ、剽窃と認めたので、結局 'see' をつけなければよかったのだが、つけたことが適切な出所表示ではないと見たのである。

　私たちも今後、ブルーブックのような引用指針をつくるとき、芸術哲学事件判決は「参照」の用例についてのよい根拠となるだろう。

キ．逆剽窃と第三の剽窃

　典型的な剽窃の一つである不適切な出所表示として、「逆剽窃」と「第三

446　芸術哲学事件判決において、序文の「概括的出所表示」の適切さも剽窃に関する重要な争点であり、上述で見たように、ここでは「引用用例の適切さ」だけを論ずる。注433。

447　*Bluebook*（注367）p.54。

の剽窃」も議論するに値する。国内ではこれに関する議論が十分ではないが、一応、以下で概念の定義を明らかにすることで、今後の関連した議論を期待する。

（1）　逆剽窃

　通常の剽窃は「他人のものを自分のものかのように」することなのだが、逆剽窃（reverse plagiarism）は「自分のものを他人のものかのように」することである。これは自分の主張を権威のある他人の主張とすることで、読者を騙すという点で剽窃と異なって見る理由はない。また、自分の考えでもないのに、自分の考えだと捏造した人（上述の「他人」）は、剽窃者の文章の水準が低ければ、学問の権威、評価が低下し、名誉が毀損される被害を受けることになるという点で、通常の剽窃と同じく非倫理的行為に当たる。この場合、法的責任も問うことができる。後ほど見るように、逆剽窃の程度が著書全体へと広がれば――例えばＡが著述した後に、その分野の権威者であるＢの著述として発表したり、ＡとＢの共著として発表する場合――後ほど見る不当な著者表示であり、いわゆる「著者名の無断記載」になる[448]。

　一方、逆剽窃は「逆混同」と取り違えてはならない。逆混同とは、権威者が剽窃すれば、かえって原著者がその権威者を剽窃したものと混同する現象のことで、剽窃の悪影響の一つである。すなわち、逆剽窃は剽窃の類型の一つであり、逆混同は剽窃の否定的効果の一つだという点で異なる。

（2）　第三の剽窃

　引用目的に照らしてみるとき、以下のように不適切に引用するものも、剽窃禁止の倫理に違反するものに含めることができる。ある著者（Ａ）が他の人（Ｂ）の考えだとして引用したのだが、研究者の故意または不注意で、その著者（Ａ）のものと誤って引用する場合である[449]。剽窃とは他人の文章を自分のものかのようにすることであり、この場合、研究者としては自分と関

448　注 646 の当該頁を参照。
449　エーコ（에코）、前掲書（注 27）256 頁。エーコはこの場合を剽窃だと断定はしないが、ある著者が他の人の考えだと引用した考えを、まさに、その著者のものとしてはならないと強調している。

係のない他人（上述の例でのＡとＢ）間の問題と見ることができるが、文章（考え）の帰属を誤まることで、次のような弊害を生み出すことがある。

①　その文章（考え）がその分野で重要な価値がある場合、持続してＡのものと誤って知られることにより、Ｂに被害を及ぼすことがある。
②　その文章（考え）がその分野で批判されるものであるなら、Ａも自分のものとして知られることを積極的に願わない場合、Ａに被害を及ぼすことがある。

　一方、ＡとＢのほかにもいかなる場合であれ、その文章に接する人々には研究者の過ちで、文章（考え）の帰属を誤認させることにより、通常の剽窃とは様態は異なるが、読者にも同じ害悪を及ぼすという点で、剽窃の範疇に入れることができる。通常の剽窃、逆剽窃と区別するために、これを「第三の剽窃」と呼ぶことにする。
　上述で見た三つの剽窃概念、すなわち、逆剽窃、逆混同、第三の剽窃の共通点はどれも一般の読者、当該分野の学界にいる研究者らに、ある文章（考え）の帰属（出所）を誤認、混同させるという点で、これを禁止しなければならない必要がある。ここで、逆剽窃と同様に第三の剽窃も真正な文章（考え）の出所者に財産上の被害を及ばさず、剽窃者自身が財産上の利益を得ないという点で、著作権侵害とは異なり、これにより著作権侵害と剽窃との違いが説明できる。

ク．まとめ

　以上、さまざまな不適切な出所表示について検討してみた。不適切な出所表示も出所表示の欠落と同様に剽窃に当たる。ところで、不適切な出所表示は上述で見たように、その類型が多様であり、その被害の程度にも違いがある。例えば、再引用の引用方式を間違えたり、不適切な引用例を使用したものと客観的な出所表示とを同じ水準で見るのは適切ではない。章／節／項を一括して引用しながら、出所表示を一度だけつける共通分母型出所表示と、一部分で出所表示を欠落した部分的／限定的出所表示とを同じ水準で非難することも妥当ではない。
　冒頭で指摘したように、不適切な出所表示は、出所表示の欠落に対する補

完的な性格をもっているのだが、その類型と程度が極めて多様だという点から、剽窃に該当するとしても、それにともなう制裁の程度は異なるしかなく、また異ならなければならない。軽微な剽窃も剽窃ではあるが、剽窃の判定にともない制裁手段を決めるときや、その事実を外部に知らせるときは、慎重を期すべきである。その点で剽窃判定と制裁の選択は極めて専門的な領域だと言える。

6. 出所明示の方法

　出所表示の方法は引用の方法とコインの裏表の関係にある。ここでは上述で論じた出所表示の欠落と不適切な出所表示以外のものを中心に、引用方法について紹介する。それとともに、参考文献は出所表示ではなく引用方法でもないのだが、広く見れば引用にともなう後続作業と言えるので、ここで合わせて論議する。

ア．引用と出所明示の要素

　一般的に引用と出所表示には次のような五つの要素がある[450]。

① 著者情報
② 引用される文献（被引用文献）のタイトル
③ 被引用文献の出所（出版社の名称と住所）——論文の場合
④ 出版日
⑤ 引用された面（頁）

　引用方式は引用の目的に忠実でなければならない。したがって、「権威の源泉を引用するために」とか、「検証の便宜を提供するために」という引用の積極的な目的と、「剽窃の責任を免れるため」という消極的な目的とを達成するための、合理的かつ効率的な手段であれば十分である。そうした点から、上記五つの要素はこのような引用目的の達成に必須なものと言える。ところで、すべての学問分野に統一して適用される引用方式は今のところ存在しない。学問分野の特性により、要求されるものが異なる。

　本書が対象としている人文・社会科学分野に限るなら、シカゴ様式、

450　以上 www.plagiarism.org を参照（2012.10.9）。

MLA 様式、APA 様式がその代表的な引用方式である。そのほかに、法学分野ではハーバード・ローレビュー編集委員会がつくり、これまで 19 回の修正作業を重ねているブルーブックを他のロースクールやローレビューでも普遍的に借用している[451]。

　韓国でも、このような引用および出所表示に関する統一化の作業が試みられてきた。学問分野別の特徴のため、すべての学問を網羅する引用方式ははじめから無理であり、どの分野であれ、上述のような五つの要素を中心として引用方式が制定されるのなら、大きな問題はない。

　ところで、韓国における問題は、引用方式に関する試みがあまりに多いことにある。最近になって、各種の剽窃疑惑が増えたため、学界を越えて政府と一般社会も剽窃への関心が増大した。特に教育界に影響力がある政府（教育部）または政府の支援を受ける団体、例えば、韓国研究財団（旧学術振興財団）などが、教育予算の支援と監督権限とで、大学や各種学界をして剽窃判定基準（ガイドライン）や引用、出所表示方式に関する基準を制定するよう圧力を行使している。そのため、各大学や学会は十分な考慮と苦慮をしないまま、一種の展示用として各種の剽窃判定と引用に関する規定を量産している。このようにしてつくれらたさまざまな規制は、検査を受けるための飾り物的な内容を含んでおり、実際に機能しないという悪循環を重ねている。

　上述で例として挙げた、ハーバード大学のローレビューやブルーブックは私立大学の学生らがつくったのだが、長い期間、改訂作業をしてきており、信頼を確保することにより、米国内の他大学でもこれを借用している。韓国でも大学や学界別に何が何でも新たにつくるのではなく、よくできた規定を

451　ブルーブックは 1926 年に創刊され、2010 年に 19 版となる改訂を重ね、現在まで刊行が続いている。はじめはハーバード・ローレビューにおいて製作されたのだが、現在はコロンビア・ローレビュー（Columbia Law Review）、ペンシルベニア大学ローレビュー（University of Pennsylvania Law Review）、イェール・ロージャーナル（Yale Law Journal）が共同編集し、ハーバード・ローレビュー協会（Harvard Law Review Association）から出版している。法学論文作成に関するブルーブックは米国全域で一般的に使用されており、韓国の学会誌のなかにも、これに従うものもある。一方、剽窃と引用に持続して関心を傾けてきたポズナー教授は、複雑すぎるという理由からブルーブックに批判的である。Richard A. Posner, "Goodbye to the Bluebook", 53 *U. Chi. L. Rev.* 1343 (1986).

借用して使うことにより、学問分野別に統一された規定または規範をつくっていくことが望ましい。

イ．注の機能

注は借金を返すのに使用される。他人の文章を引用することは、まさに借金を返すことだと述べたエーコは、注の必要性を以下の八つに整理している[452]。

① 出所表示に利用
② 本文において論議されたテーマに関して、それを裏付ける他の参考文献的な表示を加えるのに使用
③ 内部および外部の参照指示に利用、すなわち当該論文の他の部分を参照するよう述べるときまたは外部の他の本や論文を参照するよう述べるとき
④ 根拠となる引用文（本文のなかでは邪魔になることもある）を導入するのに利用、議論の脈絡が切れないようにするため
⑤ 本文で主張したことを拡大するのに利用。すなわち周辺的な観察や他の観点を紹介するとき、注に書くことにより、本文が重くなり過ぎることを防止する
⑥ 本文の主張を修正するのに利用。著者の主張に同意しない人の主張を載せるとき
⑦ 外国語の文献の場合、本文に原文を載せるとき、注に翻訳文を載せたり、その反対の場合
⑧ 借金を返すのに使用[453]

一方、韓国ではわずかに韓国法学教授会の文献で注の効用について言及しており、注には以下の四つの用途があるとしている[454]。

㋐ 本文の叙述 ── 原文をそのまま引用する場合はもちろん、特定の事実

---

452 エーコ（에코）、前掲書（注27）241-243頁。
453 この8番目が筆者の代価理論と関連している。エーコの理論と筆者の代価理論の関係については、注338の当該頁を参照。
454 韓国法学教授会、前掲書（注413）16頁。このうち㋐と㋑は文献脚注、㋒と㋓は内容脚注だとしている。

202 第2部 各 論

　　または見解を明らかにする場合を含む——に対する出所に言及する場合[455]

　　⑴　参照事項（cross-references）を指示する場合[456]

　　⑵　本文の議論を広げたり、詳細にするための付随的な叙述をする場合。
　　すなわち、執筆者が考えるに論文に含める価値がある内容だが、本文に
　　入れると本文の思考の流れを阻害することがある場合[457]

　　⑶　感謝の表示[458]

　上述のように、一般的に知られた注の機能のほかに、筆者は次のいくつか
を追加したい。

　1、「貯蔵所またはメモ機能」である[459]。コンピュータによる著述の場合、
一つの作業をすべて終わってはじめて、他の作業をするのではなく、時には
さまざまな文書ファイルをコンピュータの画面に随時アップしたりダウンし
たりする。こうした文明の利器を使用していると、ある一つの作業をしてい
るときに浮かび上がった奇抜なアイデアをまるでメモでもするように、他の
文書ファイルに貯蔵できるので、これこそ魚網鴻離（棚からぼたもち：訳注）[460]
ではないか。これは「魚を獲るために仕掛けた網に雁がかかったのだが、こ
れを捨てるべきか」という意味で、求めるものでない他のものを得ることに
至るという意味である。数多くの著書を残したことで有名な茶山、丁若鏞は、
ある主題を執筆している過程で、主題と離れた他のいい考えが浮かんできた
ら、即時メモする習慣があったという。茶山は執筆の過程でメモの重要性を
上述の魚網鴻離という言葉で力説している[461]。墨と筆が必要だった茶山の時
期に比べれば、今日のコンピュータによる著述は、いわば運動場のような1
枚の紙または机が、目の前に広がっていることに喩えられる。それほど著述

455　エーコの①に当たる。

456　エーコの③に当たる。

457　エーコの④、⑤に当たる。

458　エーコの⑧と似ている。

459　これはエーコの④、⑤と韓国法学教授会の⑦と関連があるが、本文での議論の流れ
　　を邪魔しないためという消極的な目的を越えて、今後の研究のための貯蔵という、より
　　積極的な目的があるという点で違いがある。

460　詩経、邶風、新台編に出てくる故事成語である。

461　丁若鏞、前掲書（注247）82-84頁。

が容易になったのだが、執筆中に浮かび上がる重要な考えを今後の研究のためにメモしておいたり、他のファイルに貯蔵しておくこともできるが、当該論文などの注に記載することもできる。このとき、注は一種の「貯蔵所またはメモ機能」を遂行することになる。一方、貯蔵所またはメモ機能を遂行する注は、読者（主に同じ学問分野の研究者）としては、学問的議論と追加議論についての知的好奇心を掻き立てる通路となることがある。

2、引用目的のうち、消極的なものとして「剽窃回避」の目的があるということは、上述で見た通りである。こうした目的を達成するためにも注は必要である。著述する立場では出所表示の欠落にともなう剽窃という非難から自由になるために、予防の次元で注をつけることもある。

ウ．注の付け方

学問分野によっては注の形式をとらず、本文で引用する部分のすぐ後ろの括弧のなかに、著者と年度表示のみの略式の注または本文内の注の形をとることもある[462]。しかし、ここでは脚注と後注についてのみ論議する。

脚注と後注の違いは、ただ位置が異なるということのほかになく、読者が終わりまで読むようにしようと思えば、後注で、そうでなければ、脚注にしてもよいという見解がある[463]。ところで、エーコは上述の「注の機能」のうちの①、②、③の目的のためには脚注の方式がよく、④と⑧の目的のために、特に注が非常に長いときは後注方式がよいという意見を提示している[464]。エーコは注は絶対に過度に長くてはならないと考えているようである。もちろん場合によっては、用途通りに脚注を使っていると、相当長くなることがある。脚注が長くなることを好まない見解（上述のエーコの見解）は、読者が本文を読んでいくとき、読みの中断現象をもたらしてはならないという必要からきているものと理解される。

しかし、本文と脚注とは、互いに異なる大きさの文字により区別され、境

462　人文学分野のなかで、MLA方式を標準とする分野があり、心理／マスコミの分野ではAPA方式による引用を強制しているのだが、これらの様式の場合、どちらも脚注または後注の制限的な使用を勧めていると知られている。

463　www.plagiarism.org（2012.10.17).

464　エーコ（에코）、前掲書（注27）244頁。

界線があるために中断現象は必ずしも恐れることではない。かえって後注で
処理することにより、本文と相関関係にある、いわゆる不足部分を補充説明
する「注釈」に当たる注を見過ごし、本文への理解が充分できないことが危
惧される。この点で注の長さにより脚注と後注とに分けようという見解には
同意し難い。ただ、著述の性格により、注の方式を異なってするのは必要で
ある。例えば、本文と注の内容とを随時対照、点検しなければならない形の
著述では、脚注がよりよく、そうした必要よりは参考文献的な性格の注、す
なわち、どんな文献に依存しているかを一目瞭然に見られる必要がより大き
い形の著述では、後注がより考慮され得る。特に章／節／項の単位で後注を
つけずに、論文や著述の最後に一括して後注で処理することもあるのだが、
こうした場合、本文と比較して読まなければならない補充説明の「注」は極
めて不便である。おおむね議論が激烈に進められる場合、すなわち、論争的
な性格の著述では脚注がよく、論争よりはある考えをかなり長い分量で持続
して著述しなければならない性格の著述では後注がよい。

エ．参考文献

　注と別途に、論文などの学術著作物の末尾には参考文献を記載しなければ
ならない。参考文献には一般的に著者名、書名、出版社名と出版地、出版年
などを必要な記載事項とするが、出版地は必ずしも必要ではない。

　一方、ときどき参考文献を省略することもあり、本文で引用したり、参考
にしたりしなかった文献を参考文献[465] に記載することもあるのだが、どちら
も参考文献の目的を忘却、誤解したものである。

参考文献の省略

　参考文献を省略することは、単行本の著述よりはジャーナル類（学術誌）
において多い。学術誌の編集方針により、参考文献を記載しない場合もある。
それは脚注が参考文献の書誌情報を充分に含んでおり、参考文献を別途に掲

---

[465]　「本文で参考したもの」というのは「本文で引用したもの」に対比される概念として
　　使っている。すなわち、後者は本文において直接または間接引用した文献のことを言い、
　　前者は直接または間接引用しないものであり、本文の内容を裏付ける上で使用されたも
　　のことを言う。

載することを重複と見ているからである。この場合も剽窃と断定するのは難しい。実際、ジャーナルの編集方針に従い提出したが、削除される場合もあるからである。しかし、こうした編集方針は必ずしも正しくはない。後ほど見るように、再引用なのに原出所を直接引用する方法で偽装する場合、参考文献に完全な書誌情報（著者名、書名、出版社、出版年）を記載するのは難しい。脚注に比べより詳細な書誌情報を記載しなければならない参考文献の特性のためである。ところで、脚注だけをつけて参考文献を省略してもよいという見解は、上述のような不適切な著述を容認する口実となり得る。そうした点から、一部重複する点があったとしても、完全な書誌情報を載せた参考文献を脚注と別途に提示することは必要である。

参考文献は「関連資料目録」とは違う

　本文で引用したり参考にしなかったのに、参考文献に記載する現象は、単行本やジャーナル類でよくある[466]。著者のなかには参考文献を「関連資料目録」程度に理解した結果、本文の内容と関連するものとして、自分が所蔵している文献または自分が知っている文献全体を記載する場合がある。同僚研究者や後進研究者の研究の便宜のために、関連資料を論文などの著述の末尾に記載すること自体は非難できない。この点から参考文献と別途に、関連資料目録を論文などの著述の末尾に添付することは望ましい著述方式である。実際、誠実で真摯な研究者はこうしたやり方を実践している。重要なことは、本文で引用したり参考としない文献資料を、関連資料目録という明白な記載なしに、参考文献目録に載せることは、自身が引用または参考にしなかったのに、そうしたかのように読者をして誤認させるという点で問題がある。自らの著述に対する信頼を参考文献目録に載せた文献（自身が本文において引用または参考にしなかった文献）によって、裏付けようとしたことにより、読者もまた、そのように誤認しその著述を高く信頼することもあるという点から、剽窃と類似した倫理違反と言える。これは関連分野の有名な学者を、本人の許諾なしに、名誉著者、連絡著者、共著者として記載することに似て

466　ここでまず前提としなければならないことは、参考文献は後注とは違うということである。後注は脚注と同様に、注を表記する一つの方式で、ただ注において使用された文献の書誌事項だけを記載する参考文献とは異なるからである。

206　第2部　各　論

いる。こうした行為に適用される基準をここに適用するなら、剽窃に当たる
と見ることができるが、剽窃までは至らないにしても、少なくとも正直な著
述には当たらないと言える。

参考文献の真正な目的

　上述のような混線は、ほとんどの参考文献の目的または意義を誤解したこ
とに起因する。参考文献は本文で引用または参考にした資料を、一目瞭然に
見る助けとするためのもので、読者をして本文の頁ごとに引用された文献を
確認させるのは、不親切な態度だというところから始まっている[467]。注は引
用文献（参考文献）の版（edition）にこだわらず、ただその内容（テクスト）
を確認させることだけを目的とし、その文献に対する完璧な書誌情報は参考
文献に回すのが原則である[468]。その点で参考文献の記載は、剽窃を明らかに
する付随的な効果をも生む。不注意な剽窃者の場合、再引用しなければなら
ないのに、自分が直接原出所を引用したかのようにしようとするとき、二次
出所の注にだけ依拠して、原出所を自分の著述の注に引用する。この場合、
二次出所の注だけでは、原出所の完璧な書誌情報を知ることができないため、
論文の末尾に参考文献を正確に記載できなくなる。このとき、剽窃者はこう
した文献を参考文献に記載しなかったり[469]、不完全な書誌情報を記載するこ
とになる[470]。したがって、剽窃の有無が論じられるとき、脚注と参考文献を
対照して見たり、参考文献だけに目を通すだけで、剽窃の有無が簡単にわか
る場合が多い。この点で参考文献は剽窃を摘発し、さらに予防する機能も遂
行していると言える。

オ．余論 —— 柔軟な適用

　出所の表示方式は引用目的を離れて存在しない。引用の目的に符合するな

467　エーコ（에코）、前掲書（注27）245頁。

468　同上 248頁。

469　正確に言えば、参考文献に記載できないと言うべきである。

470　したがって、参考文献に記載された書誌情報が一定した方向性をもって、水準が似
　　たような情報を提供しなければ、すなわち、書誌情報の量や水準に偏差が生じ、均一で
　　ないなら、剽窃を疑うことができる。

ら、著述の種類や性格により、出所の表示方式は柔軟性をもつことができる。重要なことは著述者が引用の目的、すなわち、権威の源泉提供、検証便宜の提供、剽窃回避にどれほど切実に努力したかにある。

　例えば、政府に対し政策的なアイデアを提供することを、主目的として設立された政府出資研究機関は、随時、研究報告書を作成し政府に提出することとし、研究報告書の形で外部に出版もする。こうした報告書は、短いものは10頁ほどのイシューペーパーがあるかと思えば、数百頁にも達する単行本形式もある。このように報告書でも、他の著作物や独創的アイデアから借用したものがあるなら、原則的に出所表示をするのが妥当である。

　上述で見たように、出所表示は原則的に文章単位で行い、間接引用方式であっても出所表示は免除されない。ただ、政府出資研究機関の特性を勘案し、出所表示義務を柔軟に適用すべき研究成果物があるという点を認めなければならない。著作権法も出所の明示は「著作物の利用状況により、合理的と認められる方法」で行うようになっている（韓国著作権法第37条第2項）。政府出資研究機関またはシンクタンクの研究成果物のなかには、米国のヘリテージ財団の報告書のように、車内の「読みもの」用に5〜7頁程度のイシューペーパーがある。韓国の政府出資研究機関でも名前は「イシューペーパー」「イシューリポート」「政策ブリーフ」などと異なるが、短い報告書タイプの成果物が溢れている。

　読者である政府側の便宜のために、報告書の量を減らす要領で箇条式でも作成するのだが、出所表示をするのは、そうした報告書作成の本質に反するものと理解されることもある。しかし、出所表示は簡単にすることもできるので、報告書の量を減らすために出所表示を省略することに、必ずしも同意するのは難しい。

　一方、上述のような短い報告書が、後に長い報告書の形で出版されることがあり、さらに、単行本として出版されることもあるのだが、まず、発表された短い報告書に出所表示が省略されることにより、後続の研究成果物に連続して出所表示が欠けることがある。短い報告書では出所表示の欠落が大きな欠陥とならないこともあるが、後に単行本などで出版されるときには、出所表示の欠落の持続が剽窃問題へと飛び火することがあるという点から、最初からいくら短い報告書でも出所表示をするのが望ましい。

そのほか、短い報告書だとしても、政策報告書を受ける政府が政策を樹立するとき、報告書に出所が表示されていれば、報告書に含まれているアイデアを実際の政策に反映するかどうかを決定する上での助けとなり得る。また、政策報告書の提出を受けた政府の公務員が代わったとしても、後任者がその問題を引き次いで処理するとき、その分野の専門家が誰なのか、簡単に探し出することができる予想外のメリットもある。

以上、さまざまな点を考慮するなら、短い政策報告書の場合、時間上、急いで作成しなければならない現実的な必要性を勘案しても、出所表示が当然免除されるものとは理解することはできない。ただ、報告書の種類により、出所の表示方式だけは柔軟にすることはできるだろう。

7. 公正利用と剽窃問題

公正利用が著作財産権の制限事由となる理由の一つは、市場に及ぼす影響が少なく、被害が大きくないからである。ところで、公正利用という著作権法上の例外条項を利用して、剽窃が横行することがあることを指摘した研究者がある。ポズナー教授は公正利用の条項が、剽窃の避難所になり得るとしつつ、場合によっては公正利用が許容される範囲内で、他人の著書から少しずつ借りてきて、出所表示を行わずに1冊の本を著述できると述べている[471]。範疇化すれば、「出所表示のないパッチワーク型著述」と言える。これは以下で見るように、いわゆる「出所表示を具備したパッチワーク型著述」と対比されるものであり、分けて見ていくことにする。

出所表示のないパッチワーク型著述

ポズナー教授の主張は一面妥当な点もあるが、この主張が説得力をもつには、1、包括的な公正利用条項の存在と、2、公正利用の場合、出所表示義務の不存在が前提とされなければならない。韓国も韓米FTAの国内法移行にともなう著作権法の改正（2011年12月2日）により、包括的な公正利用条項をおくことになった。この条項がおかれる前は、第28条（公表された著作物の引用）がその機能の一部を代行したが、今や米国と同じ包括的な公正

---

[471] ポズナー（포스너）、前掲書（注47）40-41頁。

利用条項が導入されることにより、著作財産権制限条項（第23条から第38条）に該当しない場合、著作財産権侵害を避けることができなかった過去に比べ、著作物利用に関し、多少柔軟な環境がつくられた。ところで、改正された著作権法は包括的な公正利用条項（第35条の3）で、出所表示義務を免除してはいない（第37条第1項）。したがって、ポズナー教授の主張の韓国への適用は難しい。

　包括的な公正利用の場合、出所表示義務があっても、著作物の利用状況により、合理的と認められる方法により、出所表示をしなければならず（第37条の第2項）、出所表示を省略することも、ここでいう「合理的と認められる方法」に含まれるのではないかと考えられるが、第37条第1項との関係上、第2項は出所明示義務がある場合を前提にしているという点で「合理的と認められる方法」に出所表示の省略は含まれるのではないと理解される。

　ポズナー教授の議論は著作権侵害と免責とに関するもので、剽窃の議論となると違ってくる。ポズナー教授の見解通り、包括的な公正利用の条項が出所表示義務を免除する場合があっても、それはあくまでも、著作権侵害に関するものだけであり、剽窃を避けるには、出所表示義務が依然として存在しているからである。ポズナー教授も剽窃に関しては、これに同意している[472]。

　結果から言えば、新設された「包括的な公正利用条項」（第35条の3）は、著作権法上の出所表示義務の有無とは関係なく、剽窃議論に影響を及ぼすことができる。繰り返して言えば、剽窃を避けるためには、出所表示をしなければならず、著作権法上の公正利用条項がこれを変更することはできないので、「出所表示のないパッチワーク型著述」は剽窃に当たる可能性が高い。

出所表示のあるパッチワーク型著述

　これまでの議論は、出所表示をしない場合を前提にしたものであり[473]、万が一、出所表示を適切にしつつ、公正利用という制度の背後に隠れたならど

472　同上40頁。

473　上述で、ポズナー教授が提起した問題、すなわち公正利用の範囲内において、他人の著書から少しずつ引用し、出所表示をしないで、本を1冊著述できることになることを考えてみてもらいたい。注471。

うなるか（いわゆる「出所表示を具備したパッチワーク型著述」[474]）。これは非典型的な剽窃の「著作権侵害型剽窃」のうちの「正当な範囲と剽窃」という項目で詳細に扱う[475]。結論から先に言えば、出所表示の有無と関係なく、他人の著述から少しずつ引用して作成した論文、すなわち「パッチワーク型」著述は特別な事情[476]がない限り、剽窃から自由ではない。「出所表示のないパッチワーク型著述」は剽窃（狭義の剽窃）に、「出所表示を備えたパッチワーク型著述」は著作権侵害型剽窃（広義の剽窃）に該当する可能性が高い。

8. 隠すことが剽窃の核心か

出所表示をしなくとも、剽窃が成立しない場合がある。著者（話者）や読者（聴者）が著者の文章（表現やアイデア）が、著者自身のものではないことを十分知っている場合である。ここには欺くとか騙すという関係が形成されないため、剽窃の核心的な要素である欺瞞行為が発生しない。

例えば、パロディ形式の場合、出所表示をしなくとも剽窃だとは言わない。パロディという用語は、分野別に概念の定義が異なることがある。文学、芸術で一般的に使用されている概念でもあるが、著作権法でも実定法上の用語ではなくとも、判例では公正利用の一つの態様として認められている。原告（著作権者）の著作権侵害の主張に対し、被告（利用者）はパロディだと抗弁する場合が多い。パロディという抗弁が成功するなら、利用者は著作権侵害の責任を免れるが、失敗すれば責任を負うことになる。

剽窃事件でも、著作権侵害事件のパロディ抗弁の要件が参考にできる。しかし、著作権者の経済的利益を考慮するパロディ抗弁の要件と異なり、剽窃はそうした要件よりは、剽窃者の意図と読者の反応がより重要である。すなわち、上述で見た「被害者論」がここにも適用されているのだが、著作権侵害の被害者は著作権者であるので、パロディ抗弁の成功如何は、著作権者の経済的利益を考慮するのは当然である。しかし、剽窃の被害者は被剽窃者だけでなく、読者も含まれるので、パロディ抗弁の成功如何については、被剽

474　注 556 の当該頁を参照。

475　注 556、567 の当該頁を参照。

476　素材の選択、配列、構成に創作性があり、さらに、編集著作物であることを明らかにするなら、こうしたパッチワーク型著述は編集著作物として成立し得る。

第2章　典型的な剽窃　　211

窃者の経済的利益減少の有無に相対的に重きをおかなくてもよい。

引喩／相互テクスト性と剽窃

　一方、ポズナー教授はパロディのほかにも、前作を出所表示なしに文字通り引用する場合を引喩（Allusion）[477] だとして、読者がその事実を知っているので、剽窃とは言えないとしている[478]。ポズナー教授が「引喩」を剽窃ではないと見るのは、読者が騙されなかったからである。すなわち、著者も隠したりまたは騙そうとする意思がなく、読者もその事実を知っており、騙されないだけでなく、騙される恐れがないために、剽窃とは見ないのである。かえって、こうした表現様式は文学と芸術分野で水準の高いものと評価されることもある。

　これと関連し、剽窃は相互テクスト性（intertextuality）との関係で論議することにする。相互テクスト性とは、すべてのテクストは全く新たに誕生することはなく、以前のテクストから変造、発展・進化するというもので、広く見れば、剽窃も相互テクスト性に含めることができる。しかし、相互テクスト性では、原テクストが再生され知られることになるのに反し、剽窃は原テクストを隠蔽しようとするという点で、相互テクスト性に含まれないとする[479]。

　であるなら、どんなものが剽窃として禁止され、どんなものが引喩または相互テクスト性として容認されるのか。出所表示なしに原典を借用するという点で、剽窃と引喩または相互テクスト性は紙一重の差だと言える。ここから剽窃判断の主体という争点へと自然につながっていく[480]。「隠すこと」が、文学と芸術表現形式の一つなのか、でなければ、読者を騙そうとしたものなのかを判断するのは、芸術表現形式への理解が必要だという点から、一般

477　ポズナー教授の原書にある "Allusion" を翻訳者の 정해룡 は「引喩」と翻訳した。
　　정해룡「倫理的な著述のガイドライン —— 著述倫理の違反事例と模範的な著述の事例」
　　リチャード・ポズナー（리처드 포스너）『剽窃の文化と著述の倫理』산지니、2009 年。
478　ポズナー（포스너）、前掲書（注 47）42 頁。
479　안정오「相互テクスト性の観点から見た剽窃テクスト」『テクスト言語学』22 号、
　　2007 年、123-140 頁。
480　유재원等、前論文（注 377）351 頁。

212 第2部 各　論

人が剽窃の判断主体となってはならないという主張の論拠となり得る。著作権侵害の実質的類似性の判断理論のうち、一般人が実質的類似性の有無を判断しなければならないという、いわゆる、「聴衆テスト（通常の観察者）理論[481]」をここに適用できない理由にもなる。

　一方、文学と芸術領域ではない学術的著述とでは、引喩や相互テクスト性が占める場は特にないように見えたり、相対的に小さく見えたりする。本書が主要な議論の対象としている人文・社会科学分野の著述で、文学、芸術ジャンルで主に使用されるパロディ、引喩、オマージュ[482]、その他に、相互テクスト性にともなう表現技法が利用される可能性が高くないためである。しかし、書籍のタイトルや論文のタイトルでパロディはまれに発生し、さらに本文でもその可能性を全く排除できないという点で、上述の議論は十分に意味がある。

　結論から言えば、剽窃が成立するには、出所表示の欠落または不適切な出所表示が必要なのだが、場合によっては、出所表示を省略するとしても、著述者と読者のどちらも騙したり騙されたりする関係ではない、高度の表現技法の一つとして使われるときには、必ずしも剽窃が成立するわけではない。

9.　教科書問題

ア.　問題の所在

　韓国の大学で使用される教科書[483]のなかには、出所表示を適正に備えていないものが相当数ある。最近、教科書の剽窃または著作権侵害が裁判の争点となることが、かなり多く発生している。実際の引用にともなう出所表示を適切にせず、問題となった場合、著述者は教科書の特殊性を強弁する傾向がある。裁判の過程で剽窃の疑惑を受けた教科書執筆者らは、ほとんど読者の便宜のために小さな活字からなる脚注をつけるのは難しいとか、高度の学術的性格の著述でないとか、ひどい場合は受験関連書に過ぎないなどと、自身

481　聴衆テスト（通常の観察者）理論については、오승종、前掲書（注28）1003-1004頁を参照。

482　フランス語のオマージュ（Hommage）は尊敬、敬意の意味であり、芸術作品においてある作品が他の作品に対する尊敬の表示として、わざと模倣する手法のことを言う。

483　ポズナー（포스너）、前掲書（注47）42-43頁。

の著述の価値を自ら貶めたりもする。

　他の著述とは異なり教科書は出所表示義務を免除されたり、軽減されなければならない特別の事情があるのか、またこれを認めなければならない利益があるのかを論じる。

イ．教科書の特殊性議論

　教科書というのは、おおかた概念を説明し、その分野で一般的に認められた体系により、著述者自身の独自な見解は最小化し、当該分野で確立された理論を紹介する本だと言える。しかし、これとは異なり、既存の体系に従わなかったり、当該分野の確立された理論を紹介するよりは、これを批判したり、独自の見解を明らかにすることに重きをおくものもいくらでもある。このような傾向が強まれば強まるほど、いわゆる「標準化された教科書」の性格は弱まり、「専門書」の性格が強まる。このように、大学で使用される教材でも、その性格が多様なため、剽窃論議において教科書という一つの範疇に一括して論じるのに難しさがあるという点を前提としなければならない。

　ただ、一般的に見るとき、教科書には概念に対する説明と、確立された理論に至るまでの過程に対する沿革的・歴史的考察、理論とその哲学的背景、現在も解決されていない論議、今後の展望などが含まれている。したがって、個性と独創性よりは包括性、正確さ、標準性がより重視される著述だと言える。

　ここで、概念を詳細に扱う教科書は、独創性よりは検証された正確さがより重要なので、出所や起源は重要ではないという見解がある（ポズナー）[484]。一般的な意味から見るとき、教科書の内容（体系を含む）は相当な部分が「一般知識」に該当するので、これを借用するとき、出所表示をすれば、かえって一般知識を当該教科書の著者のものと思わせる恐れがあることは、上述で「一般知識の特定人の所有化」という概念として説明した[485]。同様に、教科書の著者も自らの独創的な見解を繰り広げるよりは、当該分野の一般的論議を整理したものなら、その部分に限り、出所表示を省略することが正当化され

484　注364、365の当該頁。

485　ソウル中央地方法院 2004. 6. 10 宣告 2002 가합 7003 判決（以下「法学教科書Ⅰ事件一審判決」とする）。

214 第2部 各 論

得る。

　実際に、韓国で法学、経済学、政治学、行政学、経営学、社会学といった社会科学分野の、いわゆる教科書として使われる教材を見れば、おおむね大学の授業で使用されるだけでなく、国家公務員試験などの各種公務員試験の準備に活用される場合が多く、教材の著者がこうした需要を勘案し、執筆の方向を定めたりする。これにより、教材の独創性よりは包括性、標準性、正確さなどに重きをおく傾向がある。教科書剽窃事件で剽窃疑惑を受ける教科書執筆者らが、剽窃の責任を避けるために自らの教科書を一種のハウツー物だと評価を貶める根拠がそこにある。

　ポズナー教授の論議をもう少し続けよう。彼によれば、米国でも程度の差はあるが、法学教授らがアイデアと出所とを徹底して明らかにしないのだが、それは独創性を重視していないからだとしている[486]。ところで、ポズナー教授の論を韓国に適用するとき、注意すべき点がある。

　1、米国と韓国の学問風土が非常に異なるという点を考慮しなければならない。正確に言えば、教科書の執筆層と執筆目的、そして、教科書が学界で占めている比重などについての違いが大きい。ポズナー教授が例として挙げた法学の場合、米国において学者らの学問的力量は、おおむね論文や専門書を通して評価を受ける反面、韓国では今なお教科書の比重が少なくない。米国では一般的に有名な学者は教科書を執筆しないのだが、韓国の名のある学者のなかでは、教科書を執筆する場合が多い。そのため、教科書を執筆する目的が学生たちのための授業教材を越え、同僚学者間の自己主張を繰り広げる場となっているのが厳然とした現実である。その結果、学者間での論争が教科書で行われる場合が多いため、学術的な論議の場で教科書を引用する比重は米国より相対的に高い。

　2、ポズナー教授も認めているように、いくら教科書だといっても、そのまま無断借用するのは剽窃となり得る[487]。教科書で一般的に使用される概念や表現ではない、著者の個性と独創性とが現れた部分は、剽窃だけでなく、著作権侵害の対象となり得るからである。

486　ポズナー（포스너）、前掲書（注47）46頁。

487　同上43頁。

法学の分野だけに限って見るとき、韓国で教科書の剽窃事件が発生すると、剽窃を疑われる学者らは、おおむね法学教科書を受験関連書としての一種のハウツー物のようなものだという趣旨で抗弁する。これはポズナー教授の主張、すなわち独創性よりは一般概念を重視するという主張と同じような脈絡で理解できる。しかし、上述のようにポズナー教授の主張は、韓国にそのまま適用されるには難しい点がある。したがって、韓国では教科書に出所表示義務を免除したり軽減することの論拠として、そのまま使用するには問題があるように思える。

ウ．判例検討と批判

韓国の法院は、教科書剽窃事件で多様な判決を宣告している。そのため、法院の一定な立場を知るのは簡単ではない。学問の種類と性格を考慮したというよりは、時期別にまたは法官の観点により、異なっていたと言った方が正直であろう。

教科書の剽窃により懲戒を受けたが、法院でその懲戒が無効と確認された事件から批判的に紹介する（法学教科書Ⅰ事件）[488]。法院はこの事件の各著者が、学習教材または受験関連書という点を考慮し、本文の当該部分で出所表示を行わず、その出所を序文や論文などに表示したとしても、剽窃ではないと判決した（法学教科書Ⅰ事件一審判決）。以後、控訴審と大法院判決もその点に関する判断をそのまま維持している。

剽窃の有無を判断するとき、公正な慣行に対する考慮の要素として、「著述の性格と対象」を挙げたことは妥当である。著述の性格と対象に従い慣行が異なることがあり、それに対する公正さも異なり得るからである。著述の性格と対象には、専攻の区分にともなう違いも入り込むことがあり、学位論文、学術論文、教科書といった著述の目的も含まれることがある。そして、そうした著述の性格により、量的・質的主従関係の形成の範囲や出所表示の厳格性は異なることがある。そうした点から、大学の教材または司法試験向けの受験関連書という執筆目的が、著述の性格と対象として考慮されるのは

488　注 426。以下での事実関係は一審判決（注 485）と控訴審判決（注 276）を基にして要約、整理したものである。

妥当である。さらに、法学という専攻の特性、すなわち、ドイツに始まり日本を経て韓国に入ってくることになった法律の継承過程を考慮し、ドイツと韓国の法学教科書が理論上、似通うしかないという点が考慮されたのだが、これもまたある程度説得力がある。

　問題は上述のような著述の性格と対象が、公正な慣行の考慮すべき要素となるということと、この事件で公正な慣行に合致するほど結論を左右できる要素なのかとは別だということだ。法学教科書II事件の場合、細部の専攻が異なるだけで、法学教科書という点から法学教科書I事件と比較可能なのだが、法院は法学教科書I事件と全く異なる判断をしている[489]。

　法学教科書II事件で剽窃の疑惑を受けた教授（原告）は、法学教科書I事件と同じ主張をしたが、法院は法学教科書を著述するとき、出所表示緩和の慣行はないと判示した。さらに法学教科書II事件判決は、かえって需要者層の面では、直接的な市場での代替関係にあるとすることで、司法試験などの各種試験に備えた受験関連書市場で、需要の代替が起きることを指摘している。これを通じて、教科書、特に法学教科書に対し公正な慣行または出所表示基準を、他の著述よりも緩和する理由がないという点を明らかにしたのだが、それは、上述の法学教科書I事件判決と合致しない。ただ法学教科書I事件判決の場合、被剽窃作が国内の教科書や受験関連書ではなく、外国の著書のため市場での代替関係にあると見るのは難しいので、上述の法学教科書II事件判決に反するのではないと言える。しかし、韓国で一般的に受験関連書として使われる法学教科書の場合、出所表示緩和の慣行の存在に対し、法院の間で相反する判決が宣告されていることだけは明らかである。

　上述の二つの事件よりも後に発生した他の法学教科書剽窃事件（2009年宣告）で、法院は放送通信大学の教授陣が執筆した教材内容が、独創的ではないとしても、学生らがやさしく理解できるよう内容を整理し、それなりの表現方式により著述したことに独創性を認めている。続いて韓国放送通信大学の学生らに販売する目的により、編集部の編著形式で上述の教材（法学教科書も含まれている）を要約整理して出版した被告出版社に著作権侵害を認めた[490]。

489　法学教科書II事件判決（注388）。

財務会計学分野の教科書でも、著作権として保護されるに足る部分を借用した場合、著作権侵害となり得ることを明示的に認めた判決がある[491]。機械工学分野の教科書事件でも、法院は教科書の創作性を認め、著作権侵害を認めた事例がある[492]。教科書といっても、全体的な体系を定めるものと、効果的な理解のために表と図を適切に配置することの創作性を認めたことが目につく。一方、この判決は創作性が認めれらず、著作権侵害には該当しなくとも、労働力と費用を費やし、自らの専門知識を活用、修正してつくった数式、図表などに法的価値があると見て、これを無断で使用したことに民法上、不法行為が成立するとした[493]。

議論の余地がなくはないが、剽窃にともなう倫理的な制裁や、著作権侵害にともなう法的責任とは別個に、民法上の不法行為が成立することを認めたもので、極めて独特で斬新な判決である。しかし、この部分の判示だけを見ても、著者の努力により数式、図式、図表、規格などと関連した内容を論理的に整理した部分は、素材の選択と配列に創作性がある編集著作物と見ることができるのではないかという気がする。このように編集著作物と見るのなら、そうした編集物をそのまま使用した被告に、著作権侵害の責任を問うことができたであろう。

さらに、数式、図式、図表などが著作物になり得ないとしても、著者の独創的なアイデアに当たるのなら、出所表示なしに借用する行為は、剽窃に該当しているのはもちろんである。

エ．まとめ

以上で見たように、教科書だからといって、出所表示義務が免除されるとか、剽窃禁止倫理を適用するときに、特別な基準が適用されるべきだとは言

490　ソウル中央地方法院 2009.5.14 宣告 2007 가합 14280 判決（以下「放送通信大教材事件判決」とする）。

491　ソウル西部地方法院 2009.6.18 宣告 2009 노 104 判決（以下「M＆A教材事件判決」とする）。

492　ソウル中央地方法院 2009.11.19 宣告 2008 가합 62460（本訴）、2009 가합 3567（反訴）判決（以下「機械工学教材事件判決」とする）。

493　同上判決。

218　第2部　各　論

えない。ただ教科書という特性上、一般化された概念を説明し、当該分野で一般的に認められた体系に従い、既存の確立された理論を整理し紹介する場合には、出所表示が必要でないこともある。この議論は教科書の執筆者にだけ適用されるのではなく、こうして著述された教科書を利用する人々にも適用されなければならない。もう一度言うが、一般知識の羅列に過ぎない教科書を借用するときに、出所表示をする必要はない[494]。結論としては、教科書が一般知識を扱う限り、執筆者としては出所表示の義務はなく、これを利用する人にしても、教科書は出所表示の対象ではない。

　しかし、既存のものと異なる体系により、執筆したり方法論を含め独創的な見解を提示すれば、その部分に限り、著作権保護対象となったり、剽窃の対象となり得る。また理論や体系において独創性がなくとも、確立された既存の理論を説明するとき、著述者なりの独創的な素材の選択、例証、表、図表、図式、数式などを使用したものは、著作権保護の対象となることができ、それがだめでも、少なくとも剽窃の対象にはなり得るので、出所表示なしに借用する場合、剽窃に該当することがある。

　結論から言えば、教科書執筆者の出所表示義務の存在の有無、利用対象としての教科書に対する出所表示の是非は、当該教科書が一般知識だけが一般化された体系により執筆されたか、でなければ、独創的体系によって個性ある見解がどれほど入っているかにより異なり得る。

オ．余論──教科書執筆に関する学界風土への批判

　学界の風土と文化が国ごとに異なり、韓国でも学問の種類により異なるため、一般化して述べるのは難しいが、韓国の場合、これまではおおむね人文・社会科学分野の学者が、学問的成果を論文や専門書を通して展開するよりは、教科書を出版したり教科書改訂作業を通して達成しようとする傾向が強い。

　ところで、米国、ヨーロッパなど学問の先進国では、おおむね当該学問分野において大きな業績をなした学者が、必ずしも教科書を執筆したり、教科書により力量が認められる文化ではない。論文や単行本の形で専門書を通して当該学界での評価を受けて権威が認められる。講義教材または公務員その

494　「一般知識の特定人の所有化」に関する議論は、注364、365の当該頁を参照。

他の各種資格試験のための受験関連書が、学問の先進国にもないわけではない。こうした著述は当該分野である程度評価のある学者の役割ではない。

　韓国は近代化の過程で伝統と断絶されることにより、学界は比較的最近まで外国の学問を無分別に導入、紹介することに専念していた時期がある。学問の殿堂とも言える大学も、就職を準備する過程で各種の採用試験や資格試験のための予備機関にとどまっているという批判をも受けていた。こうした理由から多くの学者が、論文よりは教科書執筆に重点をおいていたことも事実である。

　ところで、教科書は当該分野の一般知識を体系的に整理するのに主要な目的があるため、自らの独創的な見解や学説を強く要求しない。教科書執筆者の場合、自分の学術分野の履歴を提示するとき、教科書をまず一番最初に挙げておいて、教科書の剽窃事件が起きると、自分の著書をまるでハウツー物的な著作物のように、その価値を自ら貶める主張をしたりする。危機を免れるためのことと理解できるが、朝令暮改式の主張であり、良いとこ取りという批判は避けがたい。

　さらに、法院はこうした主張を受け入れ、剽窃による懲戒を量定するとき、情状酌量の事由としているが、韓国人の恥ずかしい自画像と言うしかない。過去の学界の慣行と異なり、今や韓国の学問の水準がある程度上がったのであれば、否、水準を上げるには、学問の初期段階と異なり、教科書よりは専門書と論文を主とする著述により、学界の雰囲気が一新されるのもよいと考える。

　それとともに、一般的な議論を理解しやすく整理したに過ぎない教科書に対し、学問的な業績として高く評価する学界の文化は再考されるべきである。学界の風土と雰囲気とを急に変えることはできないが、上述での剽窃論議のように、教科書という著述の性格と位相を考慮するなら、教科書の執筆またはその履歴に対する学界と教育界の認定または評価付けは、現在よりも非常に低い水準にならなければならない。これは二つの点からそうである。1、「一般知識の特定人の所有化」を防ぐためであり、2、学問の水準が高まるなら、一般知識水準の議論を越えなければならないからである。

Ⅲ． いくつかの争点

1． 剽窃が成立するには剽窃者の主観的な認識が必要か

剽窃者の認識状態はさまざまな段階に分けて考察できる。このために剽窃の一般的な定義をもう一度見てみよう。

> 当該分野の一般知識ではない他の著作物または独創的なアイデアを適切な出所表示なしに自分のものかのように不当に使用する行為を言う。

具体的に見ると、剽窃者の自らの行為への認識対象として以下の事項を想定することができる。

① 一般知識かどうか
② 他のものかどうか
③ 著作物性の有無、独創的なアイデアかどうか
④ 出所表示が必要かどうか
⑤ 自分のものであるかのようにした行為への認識の有無
⑥ 不当なものかどうか

まず、①〜④は、行為者の主観的な認識と関係なく、客観的な評価により決められる事項である。一般知識ではないため出所表示が必要なのに、剽窃者の独断的な判断により、一般知識だと考えたからといって、剽窃の責任は避けられないからである。同様に、著作物または独創的なアイデアが、自分のものでない「他のものかどうか」、借用したことが「著作物として保護されるものなのか（著作物性）または独創性があるアイデアかどうか」、出所表示が必要なのかどうかもまた、剽窃者の主観的な認識により左右される性質のものではなく、客観的な評価が必要な部分である。したがって、主観的認識が必要かは論じる対象ではなく、それぞれ該当する項目で客観的に評価すればよいものであることは、すでに上述で確認した。

結局、剽窃疑惑の当事者の主観的認識の有無が、剽窃の成立と関連して問題となり得るのは、「⑤ 自分のものであるかのようにした行為への認識の有無」と「⑥ 不当なものなのかどうか」である。ところで、この二つの性質

は異なっている。前者が「事実」に関するものであれば、後者は「規範」に関したものである。この二つを分けるものは、認識の有無によって剽窃が成立するかどうかが変わってくるからである。原則的な結論を先に述べれば、前者の場合、客観的な認識、すなわち故意がなければ、剽窃は成立しないが、後者の場合、主観的な認識、すなわち、自らの行為が不当なものだという認識の如何と関係なく、剽窃は成立し得る。

　いわゆる「知らなかった」に代表される剽窃疑惑当事者の抗弁は、それが剽窃行為（事実）に対する不知の抗弁なのか、でなければ、問題となる行為はしたが、それが剽窃規範の違反か否かについての不知の抗弁なのかを見極めなければならない。そうすることにより、それが前者であれば、剽窃が成立しないこともあるが、後者なら、剽窃が成立する可能性が高まるであろう。

ア．事実への認識

　剽窃の要件のうち、「自分のものかのような行為」に対し、剽窃者の主観的認識が必要なのかということは、「自分のものかのような行為」への認識の支配の有無を述べているもので、ここでは、二つの認識の支配を想定することができる。1、他のものを「盗む」という行為への認識の支配と、2、出所表示の義務があるのに、これをしないことにより、自分のものであるかのように「騙す」という行為への認識の支配である。前者は「窃取行為」への認識であり、後者は「欺瞞行為」への認識である。

（1）　窃取行為への認識

　剽窃が成立するには、窃取行為、すなわち、盗るという認識がなければならない。したがって、他のものは盗らないのに、偶然同じである場合は原則的に剽窃だとは言い難い。盗ることに対する主観的な認識が必要だということを、著作権侵害の法理から類推できる。著作権侵害でも盗ることに対する認識、すなわち「依拠性」が要求されるのだが、これは著作権法の立法目的とも関連がある。

　著作権法と特許法との関係から議論を始めてみよう。著作権法はすべての作品を著作権保護対象とせず、一定の要件、すなわち著作物性（copyrightability）という要件を備えた場合にだけ、著作権として保護する。

222　第2部　各　論

特許法でもすべての発明を特許権の対象とせず、一定の要件、すなわち特許性（patentability）という要件を備えた場合にだけ特許権を保護する。

　著作権法の「創作性」と特許法の「新規性」（韓国特許法第29条第1項）とは、一見すると同じようだが、重要な違いがある。著作物性の要件としての創作性は、「他のものを単純に模倣したのではなく、作者自身の独自な思想または感情の表現を含んでいること」を意味するもので（大法院1995.11.4宣告94도2238判決）、盗ったものではないのに、偶然同じなら、著作権法では創作性が認められ、著作物性を具備することになる。反面、特許法では、一応ある発明が公開されている以上、その事実を知らないまま、偶然同じ発明をしても、これに特許権は与えない[495]。

　知的創作物を保護するという点で共通点がある二つの法が、なぜ、この部分では異なるのか。それは、二つの法の立法目的にその原因を見いだすことができる。著作権法は「文化および関連産業の向上発展に資すること」を、特許法は「技術の発展を促進し、産業発展に資すること」を法の目的としている。

　ここで、盗らなかったのに偶然同じものに創作性を認める著作権法と、新規性を認めない特許法の違いは、まさに著作権法の目的で述べている「文化」と、特許法の目的で述べている「技術」または「産業」との違いに求めることができる。一般的に文化は主観的で技術や産業は客観的だと言える。文化は創作者、鑑賞者、享有者の客観的な評価により、好き嫌いが異なることがある。反面、技術は文化よりは主観的評価が容認されない。もう一度言うが、よい技術または先端技術が、人の評価によって大きく違わないということである。技術または技術的思想を扱う特許法は、もともと進歩性の判断において、発明者の主観的評価を排除するために、仮想的な主体として「その発明が属する技術分野で通常の技術をもった者」を設定しておきもする（韓国特許法第29条第2項）[496]。

495　조영선『特許法』博英社、2009年、114頁。チョ・ヨンソン教授はこれを「特許法固有の法的決断」と呼んでいる。

496　大法院2007.9.6宣告2005후3338判決によれば、「その出願に関する発明が属する技術分野において、普通程度の技術的理解力をもった者」を通常の技術者と理解している。

整理すれば、技術発展を促進し産業発展に資することを目的とする特許法で、既存の技術に比べて新しいものなのかを問うとき、発明者の主観的認識状態を考慮せず、「先行技術」と「発明技術」とを比較し、客観的に評価する。そうすることにより技術発展が促進されると見るからである。しかし、著作権法が文化の向上発展に資することを目的にするというとき、文化はその属性上、多様性を前提とするので、客観的な尺度を適用すると、画一性をもたらし得るという考慮の下に、上述のように盗みさえしなければ、既存のものと同じであっても、創作性を認めることとする大法院判決が下されたものと理解できる。

もう一度、剽窃の議論に戻ろう。著作権と特許権とを剽窃と比較するとき、その制度として追求する目的の面で、剽窃は特許（法）よりは著作権（法）に非常に近いということに異論はあり得ない。剽窃禁止の倫理を通じて追及する目的は、学問の発展と学問倫理との定立等なのだが、これは技術よりは文化に近いためである。もちろん、学術分野のなかには特許法が機能する理工系の学問もあるという点で、必ずしも剽窃が特許法より著作権法に極めて親近性があるとは言い難い。また特許対象となる発明、特に発明的なアイデアも剽窃の対象となるからである。しかし、大きく見ると、特許法より著作権法の方が剽窃に近いと言える。剽窃と著作権侵害は、相当部分同じ領域を共有し他のものを盗るという点で、「窃取」という要件を同じくするからである。

盗るということが著作権法違反となったり剽窃に該当したりするのは、主観的な悪性のためである。他人のものであることを知りながらも、許諾を得ずに、盗って使うことに両者の共通点がある。ところで、ここで「盗るという行為」、すなわち窃取行為を非難し、それに法的または倫理的制裁を加えることは、行為者が「盗るという行為」に対する認識があるからである。その認識のなかでも、盗ることの対象が、自分のものでなく、「他のもの」だという点が最も重要である。したがって、ある創作行為を行ったのだが、それが後になって、偶然他のものと同じなら、これは「盗るという行為」への認識が欠如したものである。

今や結論を出すときがきた。剽窃が設立するには著作権侵害と同じように「盗るという行為」への主観的認識が必要である。より具体的に言えば、自

224　第2部　各　論

分のもの（表現またはアイデア）ではない、他のものであることを知りなが
ら、借用する行為に対する認識が必要である。したがって、そうした主観的
認識がない「偶然な剽窃」というのは、剽窃とはなり得ない。一部では剽
窃を「意図的な剽窃（intentional plagiarism）」と「偶然な剽窃（accidental
plagiarism）」とに分けて説明するのだが[497]、剽窃は「他のものを自分のもの
かのよう」にしようとする、明らかな認識を前提とするという点で、アイデ
アや表現が偶然同じであるなら、剽窃の最も基本的な要件を欠いたものとな
ることにより、これを剽窃だと非難することはできない。

「偶然な剽窃」は常に剽窃の責任から自由なのか

　上述で見たように剽窃が成立するには「意図的な剽窃」でなければならず、
「偶然な剽窃」は剽窃となり得ない。しかし、それはあくまでも原則を述べ
たもので、例外として剽窃疑惑当事者の偶然な剽窃という抗弁が受け入れら
れない場合がある。

　説明の便宜上、剽窃と比較可能な著作権侵害論議をここに引いてこよう。
著作権侵害が成立するには、主観的な要件としての「依拠性」、客観的な要
件としての「実質的な類似性」が必要である。依拠性とは他人の著作物に依
拠して作成したものだという意味で、一般的には「盗ったこと」を言う。し
たがって、盗らなかったのに偶然表現が同じだったり似ていたのなら、著作
権侵害の主観的要件である依拠性はなく、著作権侵害は成立しない。ここま
では上記で述べたことと同じである。

　ところで、侵害者の抗弁、すなわち、盗らなかったのに偶然同じものだっ
た、という主張にも客観的に見るとき、盗らなかったら、到底そのように同
じであり得ないほどに顕著に類似している場合（顕著な類似性、strikingly
similarity）には、依拠性という要件が強く推定されると見るのが判例と学
界の一般的な態度である。一般的に顕著な類似性と認められるものとしては、
「共通の誤謬」、「エピソード（episode）の同一性」、「審美的な同一性」等が
ある[498]。これを剽窃論議に引いてくれば、剽窃疑惑の当事者が、偶然同じな

497　リプソン（립슨）、前掲書（注307）62頁の脚注1。
498　顕著な類似性に関しては、오승종、前掲書（注28）1092-1094頁を参照。

だけだと主張したとしても、被剽窃物と剽窃疑惑物の表現やアイデアが独創的で、偶然同じであり得るというものでなければ、剽窃疑惑当事者の偶然な剽窃という抗弁は力をもち得ない。分けて説明すれば、著作権侵害は表現を対象とするので、比較の対象となる二つの著作物の表現に共通な誤謬、エピソードの同一性、審美的同一性があるなら、偶然な著作権侵害または偶然な剽窃という抗弁は成立し難い。著作権侵害と異なり、剽窃は独創的アイデアも保護対象とするので、借用されたアイデアの独創性が高ければ高いほど、偶然な剽窃という抗弁は無力化されやすい。

内面化の抗弁

剽窃事件に巻き込まれると、自分がずいぶん以前に読んだため、それが他のものであることを知らず、知らぬ間に借用したため、出所表示をしなかったという抗弁を聞くときがある。いわゆる、内面化されたという主張なのだが、プリンストン大学の規定は、それは剽窃に有効な抗弁となり得ないことを明らかにしている[499]。

実際に剽窃疑惑の当事者のなかには、客観的に剽窃だと見るしかないほど、ほとんど同一なものに対し、いわゆる「内面化の抗弁」をする場合がある。2006年、ハーバード大学の構内新聞クリムソン（*The Harvard Crimson*）で報道し米国を騒然とさせたヴィスワナタン（Kaavya Viswanathan）の事例を見てみよう。ヴィスワナタンは当時、ハーバード大学2年の学生だったのだが、*How Opal Mehta Got Kissed, Got Wild, and Got a Life* という小説を発表して非常な好評を受け、若くして突然有名人となった。ところが、クリムソンが指摘したように、この本はマカファーティ（Megan McCafferty）の小説 *Sloppy Firsts* と *Second Helpings* を剽窃したと強く推定された[500]。これに対し、ヴィスワナタンは被剽窃者の作品を内面化しただけで、剽窃しなかったと強弁した。しかし、40以上の文章が被剽窃作にあることと、極め

499　同上ウェブサイト（注383）。

500　David Zhou, "Examples of Similar Passages Between Viswanathan's Book and McCafferty's Two Novels", *The Harvard Crimson*, April 23, 2006, http://www.thecrimson.com/article/2006/4/23/examples-of-similar-passages-between-viswanathans/（2014. 8. 4）.

226　第 2 部　各　論

て類似した状況で多くの本を読み内面化されたものが偶然に出てきたものだとしたヴィスワナタンの抗弁は、説得力を得るのは難しかった[501]。

手違いによる剽窃

　手違いによる剽窃は可能か。上述で見たように剽窃には剽窃者の主観的な認識として、「盗る」ということへの認識が必要である。ここでは過失によっても剽窃が可能かを論じる。刑法は窃盗罪で、過失による窃盗を認めず、ただ故意犯だけを処罰するのだが、剽窃禁止の倫理では過失による剽窃も成立可能なのかを考えてみようということだ。

　原則的に窃盗犯と同様に、剽窃にも他人が著述した表現や他の独創的なアイデアを盗り、自分のものかのようにしているというとき、盗る行為への認識は故意を語っており、過失によっても成立可能だとは言い難い。しかし、場合によっては過失によっても剽窃が成立するかが問題となり得る。

　2004 年にハーバード・ロースクールにおいて発生したオグルトゥリー（Charles J. Ogletree, Jr.）教授の剽窃の事例を見てみよう。剽窃疑惑の当事者であるオグルトゥリー教授[502]はハーバード・ロースクール教授としてイェール・ロースクール教授のジャック・バルキンの著書から 6 段落をほとんどそのまま借用したことが問題となり、懲戒処分を受けた[503]。オグルトゥリー教授は自らの責任を認めたのだが、剽窃の経緯は以下の通りである。

　まず、オグルトゥリー教授はバルキン教授の著書のなかから借用した部分を読んだことがない。彼の助教の 1 人が（以下「助教 1」とする）、オグルトゥリー教授の指示により、バルキン教授の著述部分をオグルトゥリー教授の原稿に引用しながら、もう 1 人の助教（以下「助教 2」とする）がその文章を要約することを期待したのだが、その過程で手違いにより引用符をつけ

501　ヴィスワナタンはドリーム・ワークス（Dream Works）と映画化契約をし、出版社（Little, Brown & Company）と出版契約を結んだが、この事件以降、出版社との出版契約は破棄された。Ann Graham Gaines, *Don't Steal Copyrighted Stuff!*, Enslow Publishers, 2008, pp. 4-8.

502　Stephen M. Marks, "Ogletree Faces Discipline for Copying Text", *The Harvard Crimson*, September 13, 2004 を参照。

503　被剽窃作は *What Brown v. Board of Education Should Have Said*（2001）であり、剽窃作は *All Deliberate Speed*（2004）である。同上記事。

なかった。ところで、助教２も原稿を検討しているとき、偶然バルキン教授が記入した出所表示を消去してしまった。オグルトゥリー教授はその事実を知らないまま、すなわち、バルキン教授の著述部分が自分の著述部分ではないということに気づかないまま、本を出版してしまった[504]。結局、オグルトゥリー教授は、助教らの度重なる手違いにより、引用文の引用符が消されたことに気づかず、自分名義で著書を出版したのだが、著者として剽窃の責任を受け入れた。

　オグルトゥリー教授の事例は、著述者自身が計画的に犯したのではなく、自分の監督下にいる２人の助教の度重なる手違いにより発生した。しかし、著述に関する最終責任がある教授が、このことに気づかず、他人の著述を引用符なしに借用した結果に責任を負ったもので、学問の規則に違反した害悪が小さくないと見たからである。ただ、その過程には斟酌する余地があるという点から、偶然性が制裁レベルを決めるのに考慮すべき要素となったのだろう。

　ここでの「手違いによる剽窃」、「過失による剽窃」は共同作業において、他の共著者または協業者の剽窃監督義務の怠慢または共著者としての注意義務怠慢といった過失責任を問う過程で生じたもので、剽窃者自身の行為に対する過失ではないという点で、上述で述べた剽窃の成立要件として、剽窃疑惑当事者の故意という主観的認識が必要だということと合致する。

　一部では剽窃を定義するとき「故意であれ、そうでなくとも」という表現を使うのだが[505]、これは適切ではない。剽窃はあくまでも著述者の故意という主観的認識が、原則的に必要だからである。しかし、共同作業において他の共著者の剽窃の可能性に対する注意義務怠慢や監督義務怠慢といった責任を問い、剽窃として制裁することについては他の機会に論じる。

（２）　欺瞞行為への認識
　剽窃の要件で、事実に関する二つ目の要素は「欺瞞行為」である。剽窃が

504　同上記事。

505　リプソン（립슨）、前掲書（注307）62頁の脚注1。유재원等、前論文（注377）353頁においても剽窃を定義するとき「故意であってもなくても…」とすることにより、故意を必ずしも要さないとした。

228 第2部 各 論

成立するには欺瞞行為に対する主観的な認識、すなわち故意が必要である。
他人の著述の表現や他の独創的なアイデアを盗って使用しつつ、「自分のも
のかのように」する騙す行為を故意にしなければならないということである。
一般的に言えば、出所表示を通して他のものであることを明らかにすべきな
のだが、そうしなければ、欺瞞行為という要素への主観的な認識があると言
えるだろう。

　ところで、上述で見たように場合によっては出所表示をしなくとも、欺瞞
行為ではないと見るときがある[506]。例えば、一般知識に該当するために出所
表示をする必要がなかったり、オマージュ、パロディのような芸術表現形式
によって出所表示をしない場合もある。こうした場合の欺瞞行為に故意があ
るとは言えない。したがって、この問題は本項のすべてで言及した「① 一
般知識なのかどうか」、「④ 出所表示が必要なのかどうか」の議論と密接に
関連している。すなわち一般知識であり、出所表示をする必要がないとか、
オマージュなどが成立し出所表記義務がないとかいう結論は、それが一般知
識に該当するのかまたはオマージュなどが成立するのかといった問題が、先
に決定されなければならない。このように法的評価が客観的に行われなけれ
ばならない部分として、剽窃者の主観的認識の如何によって異なるものでは
ない。

　欺瞞行為に対する故意の問題は、出所表示義務とコインの裏表の関係にあ
る。他人のものを借用しながら（窃取行為）、出所表示をしなかったなら、
二つのうちの一つである。自分のものかのように騙そうとした場合か、そう
でない場合である。後者に該当するには、出所表示義務が免除される場合ま
たは出所表示の欠落が許される場合でなければならない。結局欺瞞行為への
認識というのは、事実に対する主観的な認識の支配の問題ではなく、客観的
評価の問題ということである。

　であるのなら、「自分のものかのようにする行為」に窃取行為と欺瞞行為
とがあるとしながらも、前者に対する認識は主観的な認識支配の問題と見つ
つ、後者については客観的評価の問題として見るのはなぜか。

　窃取行為は他のもの（表現、独創的アイデア）を自分の文章に借用するも

506　注478-482の当該頁を参照。

ので、物理的または客観的な認識が可能である。ところで欺瞞という行為は、欺瞞者の意識において行われるものであり、客観的に外部から認識できない。したがって、窃取と欺瞞という行為に対する行為者の認識支配が、その行為を罰する禁止規範の適用において、要素となるかを論じるとき、前者の場合、客観的な対象に対する主観的な認識支配が可能だが、後者の場合、主観的な認識支配の対象となる客観的対象が存在しないという点から、異なって見る必要がある[507]。そこで、欺瞞行為の部分は行為者の主観的な認識の支配が剽窃成立の要素とはなり得ず、ただ客観的に評価するしかない。

この点で剽窃の成立と関連し、欺瞞行為に対する認識または故意は別途に論じることはできず、上述で見た「一般知識なのかどうか」「出所表示が必要かどうか」に対する議論で十分である。したがって、窃取行為の認識とは異なり、欺瞞行為の認識如何は剽窃成立を左右することはない。剽窃疑惑当事者の主観的な認識状態を考慮せず、客観的に評価するしかないという意味である。

イ. 規範への認識

剽窃が成立するには、他人の著述の表現や他の独創的なアイデアを盗るということへの主観的認識のほかに、規範的な判断が必要な部分への認識まで必要なのかを見てみよう。

剽窃という事実への故意または認識ではなく、そうした行為が剽窃に該当するのか、すなわち、剽窃規範に違反するかについての認識の問題として、刑法学の議論として見れば、「違法性の認識の錯誤」「禁止の錯誤」に該当する[508]。盗ったのに、それが剽窃に当たるのかを知らなかったという抗弁が論議対象である。盗るという行為に対する認識である故意性はあるが、それが公正な慣行に反しないと考えたり剽窃規範に違反しないと見ることが、これに該当する。剽窃は刑法上の問題ではないが、剽窃の成立と関連して剽窃疑

507　もちろん、書き写すことへの主観的な認識がなければ、欺瞞行為そのものを認識できないので、欺瞞行為そのものが成立しないのは当然である。

508　刑法学では「違法性の認識に対する錯誤」と「禁止に対する錯誤」を同じ概念として使うが、剽窃禁止規範は法でないので、これを違反したとしても違法だとは言わない点から、後者として使うのが妥当である。

230 第2部 各 論

惑の当事者が、提起する規範認識の問題は、刑法の「禁止の錯誤」と相当に類似しているという点で、これを類推して論じる。刑法は第16条で「法律の錯誤」という条文名において以下のように規定している。

　　自己の行為が法令により罪とならないものと誤認した行為は、その誤認に正当な理由があるときに限り、罰しない。

　剽窃疑惑の当事者が、剽窃規範の存在を知らなかったとか、自分の行為が剽窃規範に違反する行為なのか知らなかったと抗弁するとき、結局その不知に正当な理由があるかが重要である。一般的に学界、研究界、教育界で研究、教育に従事したり、一定の教育機関以上の機関で学んだり修学した経験があれば、剽窃規範の存在を知っているという、強い推定が可能である。いくつかの事例を紹介する。

　ランベリス（以下では「被審人」とする）は現職の米国の弁護士で、米国のノースウェスタン・ロースクールのLL. M. 課程に入学し、所定の課程を終え卒業論文を提出した。この論文は計93頁でできており、そのうちの13〜59面で二つの論文を出所表示をせず、文字通り、引用したことが明らかになった。これに対しロースクールは被審人の論文の本質的部分が他人のものであることを認め、学則に従い、被審人の辞退申出を拒否し退校措置をとった。ロースクールはこれにとどまらず、被審人が属するイリノイ州弁護士会にその事実を通報し、弁護士会は被審人への懲戒を決定した。これを不服とした被審人はこの事件を法院に提訴し、法院で彼は容疑をすべて認めながらも、自分の行為が学問的怠慢（academic laziness）に該当し得るが、論文審査委員らを騙す意図はなかったので、故意的な剽窃行為（knowingly plagiarized）には該当しないと主張した。これに対し、法院は大学とロースクールを卒業した人（被審人）が、剽窃を知らないということは話にならないと一蹴した後、被審人の高い教育経歴と文字通り盗用した剽窃行為とは両立不可能であり、すなわち、説明不可能なことだと判断した[509]。

　この事件のように、大学を卒業した人が剽窃禁止倫理または剽窃行為をよく知らないことはあり得ないことだとし、規範に対する認識不在の抗弁を排

509　以上、ランベリス弁護士判決（注309）を参照。

斥したものに他ならない。

「学界慣行」という抗弁

　規範に対する不知または禁止倫理の存在に対する不知という抗弁は、時に
「学界の慣行であった」という抗弁の形で現れることがある。社会の耳目を
引く剽窃事件では、ほとんど例外なく、過去には剽窃禁止規範がなかったと
か、あったとしても現在のように厳しくはなかったというふうな抗弁を繰り
広げるのが慣例となっている。これは自分の剽窃疑惑を揉み消すために「学
界の慣行」を主張するのと軌を一にしている。これと関連して韓国の法院は
極めて異例なことに、そのような誤った慣行に従うことは、決して正当化が
できないことを明らかにした判決を宣告している。

　学位課程にある学生を、論文作成に関する通常の指導範囲内で論文指導を
行った教授が、当該学生の博士論文に対する出所表示を省略したまま、自分
の創作物であるかのように学術誌に掲載した行為と、学位取得者の論文を教
授との共著論文の形で発表した行為とに対し、剽窃などの違法行為に該当す
ると見て懲戒を下した事案で、懲戒を受けた原告（教授）はその懲戒の無効
を争った。法院は学術誌の論文審査が厳格で、論文掲載率の低い学位取得者
らは、通常指導教授と共同名義で発表することが慣例化しているとか、指導
教授を礼遇する次元で学位論文を学術誌に修正して掲載する場合、指導教授
を共同著者として記載する慣行があったという趣旨の原告の主張に対し、そ
れは「学界の歪んだ現象であるだけで、そうした学界の事情から博士学位取
得のための研究が、当然指導教授である原告の研究となると見ることはでき
ない」と判断した[510]。

　法院は学界の惰性に近い慣行であったという原告側の主張に、異例なこと
だが、以下のように極めて詳細にその主張を排斥している。

　　まず、常に師表となるべく品性と資質の向上に努力し、学問の研鑽および
　　教育の原理と方法を探求・練磨し、学生の教育に全心全力する義務のある
　　原告が、上述のように、誠実の義務および品位保持の義務に違反したこと
　　は、非難されて当然であり、そのなかの一部の行為は、これまで定立され

510　博士論文指導事件判決（注353）。

た基準がない状態で、学界の惰性に近い慣行にともなうものだったとして
も、今やそうした行為も、上述のような義務違反と判断される以上、従前
の慣行に従ったという事情だけでは、その責任は免れることはできないと
言える[511]。

　学界の慣行に従ったという剽窃疑惑当事者の主張は、一種の法律の不知
またはここでいう禁止錯誤の抗弁に当たる。ところで、法院はこうした主張ま
たは抗弁を排斥した。誤った慣行の存在とそうした慣行に従ったという事実
が、禁止の錯誤が成立するための「正当な理由」に当たらないと見たのである。

　したがって剽窃禁止の教育を一度も受けたことがないとか、誤った教育を
受けたのなら、そのために自分の行為が剽窃に当たらないと固く信じていた
なら、剽窃の責任を免れ得るか。理論上は可能である。しかし、過去に剽窃
禁止の教育を体系的に受けなかった場合があったとしても、学界または教育
界に身をおいている以上、そうした規範、倫理の存在を知らないということ
が、正当性をもつのは難しい。剽窃と関連し社会的な関心を引く事件が頻発
する今日と将来、こうした抗弁は一層依拠する場がなくなるだろう。過去と
は異なり、韓国でも最近は相当数の各級教育機関で剽窃予防教育を行い、特
に学位が授与される高等教育機関では、これを教科課程に必須教科として指
定する場合も多い。こうした状況で剽窃禁止倫理の存在を知らなかったとい
う抗弁は、だんだん不可能となるだろう。逆に禁止の錯誤の抗弁を事前に防
ぐためにも、大学で剽窃禁止などの研究倫理に対する教育を実施する必要が
ある。

　　　契約法理による禁止の錯誤抗弁を事前に防ぐ方法

　上述のような「不知の抗弁」または「禁止錯誤の抗弁」から、「正当な」
理由を根源的に除去するために、契約の法理または団体法の法理によって解
決する場合もある。米国であった三つの事例を紹介する。

　米国のあるコミュニティカレッジの総長となるために提出した願書に剽窃
があったことが明らかになり、問題となった場合がある。2003 年に学長と
して在職中のギルバート（Fred Gilbert）教授は、そのキャンパスが所属し

511　同上判決。

ている大学総長になるために願書を出し、総長候補審査委員会の審査過程
で、彼が提出した願書の記述のうち、相当部分が2冊の教科書から1字の違
いもなくそのまま写していたことが発覚した。これにより総長候補から脱落
したのはもちろん、学長職からも免職され、閑職の補職命令を受けると、こ
れを不服として訴えを提起した事件で、教授は敗訴した。この事件で学校は、
剽窃は学界において深刻な問題なので、当該教授が学生らの剽窃を審査する
場にいてはならないと決定し、法院はこの決定を支持した[512]。剽窃者は願書
を作成しようとコンサルタントを雇用したが、自分が知らぬ間に剽窃行為が
あったという、一種の不知の抗弁をしたが、剽窃者は総長願書の以下の文章、
すなわち"I understand that any misrepresentation or omission may be
grounds for rejection of my application for current and future employment
or for termination if I have been employed"という文章に署名したことが
明らかになり、法院は剽窃者の抗弁を受け入れなかった[513]。

　ミネソタ州所在の高等学校の学生ゼルマン（Zellman）は、歴史科目で零
点をとったのだが、参考書から1字1句間違いなくそのまま写したことが、
剽窃と認められたためである。この高校の学則は、最初の剽窃には零点を与
えるよう規定されていた。これに対し学生の父親がこの学則が一方的な契約
（unilateral contract）なので無効だと主張し、州法院に訴訟を提起したが、
州地方法院と州控訴法院は一方的な契約ではないとし、原告の請求を棄却し
た[514]。

　2003年、ニュージャージー州ムオスタウン高校の学生ホーンスティン
（Blair Hornstine）は首席卒業とともに、ハーバード大学入学を控えていた。
ところが、この学生が在学中、この地域の新聞に掲載された五つの寄稿文
が、クリントン大統領の演説と連邦大法官らの著述から多くの文章をそのま

512　以上の事実関係の経緯はGilbert v. Des Moines Area Community College, 495 F.3d
　　906, 911-913 (2007)（以下「ギルバート総長候補判決」とする）を整理したものである。

513　同上判決p. 912。

514　Zellman v. Independent School District No. 2758, 594 N.W. 2d 216 (1999)（以下「ゼ
　　ルマン学生判決」とする）. 契約違反（breach of contract）が争点となったもう一つの
　　剽窃事件としては、Tedeschi v. Wagner College, 417 N.Y.S. 2d 521 (N.Y. App. Div.
　　1979)を参照。

234　第2部　各　論

ま借用したことが明らかになった。問題となるや、この学生は出所を明らか
にしなかったことをジャーナリストとしての経験不足のせいにし、新聞への
寄稿文はそれでもいいと思っていたと弁解した。しかし、オンラインで入学
取消し署名運動が起きると、ハーバード大学は電撃的に入学許可を取り消す
ことになる。ハーバード大学に入学許可を受けた学生は、正直さ、道徳性な
どに欠点があることが明らかになった場合、入学が取り消されることがある
という文書に署名するよう要請されたのだが、この学生も入学許可を受けた
後、この文書に署名したために、契約法理に従い入学が取り消されたわけで
ある[515]。

　上述の事例に見られるように、剽窃疑惑当事者が不知の抗弁したり禁止の
錯誤に正当な理由があるという抗弁をする場合を予想し、本人が提出する総
長願書、入学願書などに剽窃などが明らかになった場合、責任をとるという
内容の契約書面に署名するようにすることで、契約法理により上述のような
抗弁を事前に防ぐ方法は、今後剽窃判定の手続を簡明にする方策となり得る
だろう。

　米国では一方的に大学構成員（教授、学生、行政職員）間の合意により制
定された、倫理規範（名誉規約）に以下の内容が含まれている[516]。

- 同僚の不正行為を知ったとき、委員会に報告すると誓約する制度的次元
  の倫理意識
- 他の人の不正行為に対しても報告しなければならない
- 学問的な否定的な行為に対し批判すること

　上述の内容によれば、剽窃禁止倫理を適用される教授、学生、職員は、互
いに剽窃行為を知りながら、黙認すれば、それ自体が倫理違反に当たり、積
極的にその事実を学校側に届け出る義務を負うのだが、これは学界にいる
人々が守らなければならない最小限の道理または倫理と見るからである。こ
うした倫理規範も禁止の錯誤に対する正当な理由という抗弁を排斥する資料
となることがある。

515　ホーンスティン学生事例（注308）。
516　김성수「米国大学の『学問的正直さ』政策についての研究――大学の作文における『剽
　　窃』問題を中心に」『作文研究』6号、2008年、213頁。

ウ．意図が必要か

剽窃が成立するには、事実と規範に対する認識を越え剽窃という行為を積極的に受け入れる認識としての意図（intention）が必要か。

手違い（過失）の相対概念は認知（故意）であり、意図ではない。ある行為を認知しつつも、結果を意図しないこと（非意図性）と意図すること（意図性）とがあり得る。刑法で特別な場合でない限り、意図性は犯罪設立要件ではない。故意犯の処罰において量刑事由となるだけである。ところで剽窃は若干独特である。剽窃を「一般知識ではない他の著作物または独創的なアイデアを適切な出所表示なしに自分のものかのように不当に使用する行為」と定義するとき、事実と規範に対する認識を越え積極的な意図があれば成立するものと理解もされるからである。

他の著作物または独創的なアイデアから相当部分を借用しつつ、出所表示をせず、自分の著述の一部として読者をしてその部分が、まるで著者自身のものであるかのように、信じさせる行為が剽窃として成立するとするとき、著者は盗る（他人の文章からもってくる）という行為に認識があり、出所表示義務が免除される場合でなければ、事実に対する認識はもっているわけである。そして、著者が相当な水準の教育を受けた者として剽窃禁止倫理を知らないと言えない以上、そうした行為が剽窃になることを知らなかったという抗弁は受け入れ難い。上述で見たところに従えば、これにより剽窃は成立するのだが、これとは別途に剽窃という結果を意図していれば、剽窃が最終的に成立するのだろうか。そうではないと考える。万が一そう考えるのなら、剽窃疑惑当事者は事実と規範とに対する認識があるのに、最終的には意図しなかったということで、剽窃責任から免れ得るからである。百歩譲って、意図が剽窃成立の要件だとしても、意図は客観的に現れた事実を通じて判断すべきで、剽窃疑惑当事者の主観的な意思状態により判断するものではない[517]。

一方、意図性は剽窃の成立要件ではないと判決した米国の事例を紹介する。ジョージタウン大学のチャンダムリ（Chandamuri）という学生は高級生化学科目を受講したのだが、B＋の成績を受け、化学科に異議を提起したのだ

517　法学教科書Ⅰ事件控訴審判決（注276）。

236 第2部 各 論

が、成績を上げるのに失敗し、同一の教授の同じ科目を再受講することになった。ところで、この授業で提出したペーパーに剽窃があったという理由により、担当教授が倫理委員会（Honor Council）に送付した。具体的な剽窃容疑は引用符なしに、すでに刊行された論文を写したというもので、さまざまな手続を経て裁判に至った事件で、連邦地方法院は<u>意図的であっても、意図的でなくとも、</u>他の人々の著述を自分のアイデアであるかのように表示する行為は、剽窃に該当するという、学校の倫理規定が正当なものであることを認め、意図性がないことにより剽窃は成立しないという原告の主張は棄却した[518]。もう少し直接的に意図性の有無は剽窃の成立に影響を及ぼさないとした判決もある[519]。剽窃が成立するには意図性が必要ではないとした、上述の連邦法院の判決は私たちに示唆するところが多い。

2. 剽窃が成立するには出版行為がなければならないか

剽窃が成立するには出版行為がなければならないか。逆に言えば、出版が前提とされない発表行為では剽窃が成立しないのか。結論から言えば、剽窃の定義において「……出所表示なしに自分のものかのように不当に<u>使用する行為</u>」だとするのは、必ずしも出版物の形で固定（fixation）されることを要求はしていない。

判決のなかには、まるで単行本や最終本の形で出版物として使用されるとき、はじめて剽窃が成立すると理解しているものがある。2011年に宣告された国防研究院所属研究院の剽窃事件で、剽窃行為として懲戒された原告は、自分の論文が被告（国防研究院）により単行本として刊行されるとは知らなかったと主張したのだが、これに対し法院は、被告の刊行物の発刊方針と発刊内訳などに照らし、原告がこの事件の論文が単行本として刊行されることを知っていたと見えるとして、これを懲戒事由、すなわち剽窃の有無判断の根拠として提示した[520]。

万が一、この事件で原告がこの事件論文を学術会議で発表だけをして、別途に単行本として発刊しなかったのなら、さらに原告の意思を無視して被告

518　以上、Chandamuri v. Georgetown University, 274 F. Supp. 2d. 71, 78-80 (2003) を参照。

519　Newman v. Burgin, 930 F. 2d 955, 962 (1991)（以下「ニューマン教授判決」とする）。

が発刊したのなら、剽窃有無の判断が異なることがあるかという点が問題となる。結局剽窃が成立するには発刊（出版）という公表行為が要求されるのかという問題である。これを解決するために著作権法の議論を借用してみよう。

著作権は創作行為が完了したときに発生し、別途の公表行為は必要ではない（韓国著作権法第10条第2項）。著作権侵害もまた他人の著作物を許可なしに複製するなどの行為をすることにより発生し、それが著作権法上の著作財産権制限事由に該当しなければ、それ自体で著作権侵害に該当する。したがって公表行為があることを要件としていない。

一方、剽窃の成立要件である「自分のものかのようにする行為」には公表行為がともなうことはすでに説明した通りである[521]。ところで、ここで公表行為である「自分のものかのようにする行為」は必ずしも出版行為を意味するのではない。

結局、剽窃に関するその他の成立要件をすべて備えたという前提の下で、国防研究院事件の判決を見れば、原告はこの事件の論文を作成した行為に続き、学術会議で発表する行為により、著作権侵害または剽窃の要件を充足することになる。論文発表後、再びこれを単行本として発刊することにより、著作権侵害または剽窃の要件を備えることになるのではないのに、この判決は、剽窃論文を単行本として発刊することを、原告と被告がどちらもわかっているという点を剽窃を判断する要素としている。これは多少誤解を呼び起こす余地があり、不適切な判断だと考える。剽窃論文が研究会で発表された後、単行本として発刊されるだろうという事実を知っていたかどうかが、剽窃行為の設立と関連することのように見た判断は納得し難い。著作権侵害と同様に剽窃も発刊（出版）という公表行為と関係なしに成立すると見なければならない。これは次の判決を見ればより明確になる。

520　ソウル中央地方法院 2011. 2. 10 宣告 2010 가합 57966 判決（以下「国防研究院事件一審判決」とする）。この事件は被告の控訴が受け入れられ、原審判決が取り消された（ソウル高等法院 2012. 2. 10 宣告 2011 나 22377 判決、以下「国防研究院事件判決」とする）。控訴審において結論が変わったのは、懲戒量定が異なったからである。すなわち、剽窃に関する判断は同じである。

521　注 323 の当該頁を参照。

238 第2部 各 論

公式出版ではない研究会の資料集発刊でも剽窃は成立可能である

通常、学者らが学術発表大会で論文を発表するときには最終本でせずに、要約された形の論文ですることもある。学術発表後に最終的に論文を完成し論文集等に発表するのだが、このとき最終的に論文集に掲載された論文ではない、学術発表大会で発表した要約論文で剽窃が明らかになり問題となった事件がある[522]。正式の論文集としては発刊されず、研究会の資料集に要約論文の形で発表されたとしても、そのなかに剽窃内容があれば、剽窃は成立する。

研究会等における口述発表文だけでも剽窃の成立は可能である

さらに、研究会の資料集ではない、単なる口述発表だけでも、発表に剽窃内容があれば、剽窃が成立するのか。立証の問題であるだけで異なって見る理由はない。出版物、それが最終論文集であれ研究会資料集のように中間的性格のパンフレット形式であっても、印刷物の形態により発表された場合は、その内容に剽窃があれば、立証はより容易だが、そのように固定されていなければ、剽窃の立証が難しいだけである。

したがって、そのような口述発表で剽窃を避けるには、出所表示をどうするかに疑問を提起することができる。出版物に掲載し発表するものに比べ、出所表示に難しさがあるのは事実であるが、発表者がその意思さえあれば、いくらでも発表行為の途中でも、他人の著述の発表または他の独創的なアイデアであることを明らかにできる。要するに「誰それの主張によれば」とか「誰それはこのように述べている」といった方法が使用できる。

万が一、出版物の形ではない口述発表では、剽窃しても剽窃の責任を問わないとすれば、剽窃が横行するだろう。したがって剽窃物を口述発表しているのに、その事実を知ることのできない発表会場（研究会会場）にいる聴取者は、発表内容が発表者のものだと考え、自分が作成する論文などで、その発表者のものとして引用する可能性がある[523]。このとき、発生する弊害は出

522　ソウル高等法院 2001.7.21 宣告 2001 누 3800 判決（以下「ホテル観光学論文事件判決」とする）。

523　ブルーブックには出版物ではなく講演や即興の演説など（Speeches and Addresses）にも、出所表示方法をすでに定めている。*Bluebook*（注367）pp. 161-162。

版物による剽窃と異なるところはない。すなわち、出版物であれ口述発表であれ、その内容に剽窃があるのなら、剽窃が成立するということは異なって見る理由はない。ただ、立証の問題だけである。

　出版物でない、ただの口述発表だけでも剽窃が成立し得ると見ることの実益は何か。口述発表のとき、他人の著述の表現または他の独創的なアイデアを出所表示なしに自らのものかのように発表した後、被剽窃者から指摘を受けるや、最終論文集に掲載するときにはその指摘を受け入れ、剽窃疑惑部分を修正するなら、その発表者は剽窃の責任を免れ得るのか。そうではないと見るだろう。先に見たところのように、剽窃内容を口述で発表することで、すでに剽窃にともなう被害は発生しているからである。まさにその点から、口述発表だけでも剽窃が成立し得ると見ることの実益は明らかにある。

　一方、筆者は研究会などで発表されたものも、剽窃の対象となり得ることを立証したことがある[524]。本項での論議は、研究会などの発表も別途の出版行為なしに剽窃が成立し得るというもので、研究会の発表が、前者（前項の議論）では剽窃の対象となるのに反し、後者（本項の議論）では剽窃の行為そのものになるという点で、区別される。

3.　翻訳と剽窃

　翻訳は学問の過程で極めて重要な学問的行為である。韓国語を基準に見ると、翻訳には古典韓国語訳または現代語翻訳といった時間的概念が介入するものもあり、他の国の言語との間の翻訳と同様に場所的な概念が介入するものもある。学術情報の累積性[525]の側面から、古典の国語訳作業や学問の国際的疎通の側面から、異種言語間の翻訳作業は学問活動から外すことはできない。特に、哲学者のキム・ヨンオッ教授は、翻訳を土台にしていない知的活動は空中の楼閣に過ぎないと一喝することで、翻訳の重要性を力説している[526]。

　翻訳と関連して剽窃疑惑が起きることも少なくない。ところで翻訳の特性を考慮せずに、すぐに剽窃論議を適用するには難しさがある。本項では翻訳

524　注 365 の当該頁に続く頁。

525　注 339。

526　김용옥、前掲書（注 224）34 頁。

240　第2部　各　論

と関連する剽窃問題だけに限って考察する。翻訳をめぐる剽窃問題は、大き
く二つに分けることができる。原典（以下、古典を含む）に対する剽窃（原
典剽窃）と翻訳物に対する剽窃（翻訳物剽窃）とである。「原典剽窃」は原
典が被剽窃物になる場合であり、「翻訳物剽窃」は翻訳物が被剽窃物になる
場合である。さらに自身が書いた著述の翻訳も重複掲載の観点から剽窃の議
論に含めることができる。

　　ア．原典剽窃
　原典剽窃の議論は原典全体を翻訳するときと部分的に翻訳、利用するとき
とに分けることができる。

　　（1）　全体翻訳
　まず、原典が著作権保護期間内にあれば、原典の著者または彼から著作財
産権を継承した者の許諾を受けない場合、著作財産権者の二次的著作物作成
権侵害となり得る。翻訳は代表的な二次的著作物だからである。こうした著
作権侵害も広義の剽窃に属するのはもちろんである[527]。したがって、著作権
侵害による法的責任（民事と刑事）も負うことになる。ただ原典の著作財産
権が、保護期間満了などにより消滅した場合、著作権侵害問題は発生しない。
　原典著者の許諾を受け翻訳した場合、その翻訳物には原典著者と訳者を表
示するのが原則で、実際の出版慣行もそうなっている。ところで、許諾を受
けずに翻訳する場合、ときどき「訳者」の表示をしないだけでなく、さらに
訳者自身を「著者」として表示するときがある。どちらも法的または倫理的
責任を免れることができないのだが、前者が何ら自身の「役割」を示す語を
表示しないことにより、自身が著者に見えるようにしたという点から、消極
的な場合に当たるのに反し、後者は自らの役割を明示的に「著者」と明らか
にしているという点から、積極的な場合と言える。
　おおむね原典の著作財産権が消滅したとか、原典の著者に知らせず翻訳す
る場合に、こうしたことが起きる。著作財産権（二次的著作物作成権）侵害
のほかに、場合によっては、原典の著者の著作者人格権（氏名表示権）侵害

527　注268の当該頁参照。

が起きることもあり、剽窃問題も発生することがある。自らが著述したものではないのに、自らが著者であるかのように出版したことにより、剽窃、正確に言えば、不当著者表示に当たる。この部分は本章の編制上、「非典型的な剽窃」に該当するので、議論の重複を避けるために後ほど（著者性の問題、著者名の横取り、不当な役割表示）で詳細に扱う[528]。

（2）　部分翻訳

翻訳と関連し剽窃が最も問題となるのは、原典を翻訳し利用しながら、原典の出所表示を欠落させる場合である。他の著作物または独創的なアイデアを借用するとき、出所表示をしなければ、剽窃の該当するという議論は翻訳にもそのまま適用される。

著作権法的な側面から見れば、著作財産権の保護期間内にある原典の一部分を、研究、教育、批評の目的で翻訳して利用することは、著作権者の許諾を受ける必要はない。著作権法は著作財産権の制限から「公表された著作物の引用」（韓国著作権法第28条）規定に従い、著作物を利用する場合には、その著作物を翻訳し利用できる（第36条第2項）と定めているからである。ところでこの場合、出所表示の義務があると規定しているので（第37条第1項）、原典の一部を翻訳して自身の著述に借用する場合、書作権者の許諾を受ける必要はないが、原典の出所を表示しなければならない。

剽窃で、国内文献と外国文献とを異なって取り扱う理由は全くないという点から、上述のような著作権法の規定がなくとも、剽窃禁止の倫理により外国文献を翻訳利用するとき、出所表示をしなければならないのは当然である。ところで、上述の著作権法の規定により、外国文献を翻訳利用するとき、出所表示を明らかにしない行為が、剽窃（＜図1＞のA部分〔96頁〕）に該当していることが一層明らかになった。

一方、国内の文献に対する出所表示の欠落と同じく、外国文献（原典）を翻訳、引用しながら、出所表示を欠落、剽窃する場合が多い理由は何なのか。大きく二つの側面から見ることができる。

1、読者が外国文献の存在をよく知らないだろうという考えに由来する。

528　注645の当該頁参照。

研究の過程で外国文献から極めて重要なアイデアを得ることになった場合、そのアイデアについての出所を明らかにし書くのが当然なのに、国内によく知られていないため、一層その奇抜なアイデアを自分のものかのようにしたい心理が剽窃者にはある。極めて悪意的な剽窃の一つの類型として非難される可能性は十分である。

　2、剽窃されないために、原典（外国文献）の出所を欠落させる場合がある。外国の文献を翻訳して引用するとき、正直に原典の出所を明らかにしたところ、後学らが自分の翻訳をそのまま利用しながら、出所表示をつけなかったり直接原典を引用してしまう場合、簡単でない翻訳作業に相当な努力を傾けた著者としては、挫折感を感じることになる。これは以下の「翻訳物の剽窃」で論じるように、翻訳を著作権侵害または剽窃から保護しなければならないことと、コインの表裏の関係として互いに直結している。しかし、後学らが自身の翻訳を剽窃することを恐れるあまり、翻訳なのに翻訳でないように見せようと、原典の出所表示を欠落させるという論理は決して正当化できない。

　今は大分なくなったが、特定国家の文献を翻訳して利用するとき、原典の相当部分を翻訳して利用しているのに、出所表示をしない場合があった。日本がその代表的な国だと言える。近代化の過程で、日本の支配を受けた韓国の学問の暗い過去のためでもある。キム・ヨンオッ教授の表現を借りれば、韓国の 20 世紀は「学問の荒野、自生的な蓄積がほとんどない空っぽの時間の倉庫」であり[529]、これを充たすために、日本の文献に過度に依存する場合があったことを否定するのは難しい。日本語の原典をほとんどそのまま、翻訳しながらも翻訳書とせずに堂々と自分の著書として出すかと思えば、相当な部分を翻訳して前提としながらも、原典の出所を表示しなかった以前の世代の学者らの著述を探すのは、少しも難しくない[530]。もちろん、学問の種類によって他の規準が適用されることもあり、今日の剽窃禁止の倫理を、その

---

[529] 김용옥、前掲書（注224）31 頁。一方、キム・ヨンオッ教授は、西洋の学者の著述は誇らしげに出所を明らかにしながら、日本の学者のものは全体を盗用していても出所を明かさない韓国学界の風土を挙げ、学者らの二面性を批判している。同上 38 頁。

[530] 한상범「韓国法学の系譜と剽窃の病理」『季刊社会批評』27 号、2001 年春、190-195 頁において、このことを適確に指摘している。

まま適用するのに難しい点があるのは事実なのだが、こうしたことについて、「正直な著述」どころか「まともな著述」ということはできない。しかし、そうした時代的な状況とは一変した今日でも、依然と同じ方法の著述をしているのなら、これまでの基準を使ってやり過ごしてよいものではない。誤りは誤りであり、これを克服する努力が必要なのに、過去の誤った慣行に安住していてはならないからである。その点で日帝期の法学が解放後、韓国の法学界にいかなる影響を及ぼしたのか、剽窃の病理的側面を徹底して明らかにしたハン・サンボム教授の努力は、高く評価するに値する[531]。学問倫理で過去の誤った慣行に対する知識と検証が、未来の学問発展のために必要だという点から、いわゆる「過去の整理」は政治領域だけに該当するものではなく、剽窃をめぐる学問倫理にも適用されなければならない。

イ．翻訳物の剽窃 —— 再引用の問題

翻訳物が被剽窃物となる「翻訳物の剽窃」も「原典剽窃」と同様に、翻訳物全体を盗った場合と部分的に盗った場合とに分けることができる。ところで、こうした区分に先立ち、保護対象である翻訳物が、原典全体を翻訳したのか（全体翻訳物）、部分を翻訳したのか（部分翻訳物）とに、また分けてみなければならない。これを表で構成すれば以下の通りである。

<表1>　翻訳物の剽窃類型

利用形態 ＼ 保護対象	全体翻訳物	部分翻訳物
全部を盗用した場合	a	c
一部を盗用した場合	b	d

翻訳者の許諾なしに翻訳物全体を自分の名で出版するなら（<表1>のa）、翻訳物は二次的著作物なので、翻訳者に対し著作財産権侵害と氏名表示件侵害の責任を負うことになる。ところで現実には、こうした著作権侵害が、明白な事件として生じる可能性はほとんどない。問題は全体の翻訳物の一部を盗用したり（<表1>のb）、部分翻訳物の全部（<表1>のc）または一部（<表1>のd）を盗用した場合である。<表1>のb、c、dの場合は、一般

531　同上。

的な剽窃論議と異なるところはない。一つ違う点は、翻訳物のほかに原典を翻訳しながら原典の出所をはっきりと明らかにした場合、その翻訳物を接した人としては原典を引用するとき、上述で議論した「再引用問題」が発生する[532]。すなわち、再引用の議論を翻訳物引用に適用すれば、原典が原出所に、翻訳物が二次出所になる。

　翻訳物を通じて原典を知ることになった人が、自分が直接翻訳しなかったのに、翻訳物を借用しながら出所表示を行う場合もある。上述で見た再引用の議論で、二次出所を通して原出所に接した人が、原出所とともに二次出所を出所として明らかにしなければならない、三つの例外があるとした[533]。そのなかの一つ目と二つ目は、一般的な再引用の議論で十分なので、ここで論じる必要はない。ただ、翻訳という作業の大変さ[534]と創作性を勘案するのなら、翻訳は原出所とともに、二次出所を必ず明らかにしなければならない、三つ目の例外的な事由として「二次出所の著者の創作的努力が加味された場合[535]」に該当すると言うべきものなので、原典とともに翻訳物の出所を明らかにするのが妥当である。

　一般的な学問先進国として知られている、米国やヨーロッパ、日本の言語圏と言語が異なる韓国の学者が、これらの国の言語からなる原典を探し、国内の論議に引用するために翻訳するということは簡単なことではない。適切に翻訳するなら、当該言語に対する読解力だけでなく、原典が属する専攻分野への完全な理解が必要である。このように多くの時間と努力を傾け翻訳したものを、まるで自らが翻訳したものかのように、原典出所のみを表示したまま、翻訳者を出所表示から除くのなら、これは学問倫理に反するというしかない。原典を自ら直接翻訳せず、他人の翻訳物を借用したりその過程で一部の翻訳表現を変える場合、すなわち、翻訳物を間接引用しても、どの場合であれ、自らが直接原典を翻訳したのではないので、原典のほかに翻訳物の出所表示をしなければならない。

532　注 384 の当該頁。

533　注 388-400 の当該頁。

534　キム・ヨンオッ教授は『東洋学　いかにするべきか』という著書で、翻訳の高度さと難しさを力説した。김용옥、前掲書（注 224）39 頁。

535　注 400 の該当頁。

ウ．自己の著述の翻訳（自己翻訳）—— 重複掲載の問題

翻訳文学界では、著者が直接自らが書いた原作を異なる言語に翻訳することを、自己翻訳（self-translation）と呼んでいる。著者と翻訳者が同一人であるわけなのだが、原典の言語と目標とする言語とに秀でた何人かの作家が試みている。学界でも自己翻訳が広く行われているのだが、学者らは自分が書いた学術論文や著書を国際学術会議で発表したり、外国のジャーナル等に載せるために、直接翻訳する場合が多い[536]。反対に外国語で書いて発表したものを、韓国の言葉に翻訳して国内学術誌に発表する場合もある。

このように、韓国の言葉で書いた論文を直接外国語に翻訳して出版したり、最初から外国語で作成した論文を韓国の言葉に翻訳する場合、重複掲載に該当するのかという問題がある。これについては、非典型的な剽窃の一種である重複掲載にて論じる[537]。

4．共著の特殊性

上述で考察した剽窃に関するさまざまな争点は、基本的には単独の著述を前提としている。共著だからといって違って見るのではないが、共著の特殊性から生じるいくつかの争点がある。共著の形態と種類の違いとから生じるものもあるが、共著自体の固有な問題もある。例えば、共著者の一部の著者が、共著物を利用し単独の著述として出版する場合に発生する、著作権侵害または剽窃問題、共著者の一部の著者の執筆部分に著作権侵害または剽窃がある場合、他の共著者はいかなる責任を負うことになるかなどである。

ア．学界風土から見た共著の契機

大学の序列化とこれを煽る社会の世論の影響により、学者らの論文作成、正確に言えば、論文の本数を増やす競争が度を越していると言えるほど熾烈である。このような学問風土の下で、執筆に時間の長くかかる専門書を単行本にして出すよりは、短期間に特定の小テーマに関する論文を出す傾向が強まっている。論文を主とする学問風土が悪いだけではない。かえって、専門

536　김욱동『誤訳の文化』소명出版、2014年、209頁。

537　注 600-602 の当該頁。

家集団が十分に形成されていないため、専門書よりは当該専門分野の一般知識を整理した、教科書類に重きをおいた過去に比べれば、論文の著述が活性化されている最近の状況は、学問発展という側面で見るとき、一歩進んだという評価を受けることができる。

　問題は量的競争にある。長い期間、一つの主題を掘り下げ特定分野の議論の口火を切る、それこそ記念碑的な論文であるなら、いかなる単行本の著述よりも影響力を有するだけでなく、学界に寄与するところも大きい。ところで、最近の韓国の論文偏重という学問風土は、質的競争よりは量的競争に偏った側面がある。したがって、文字通り「有効期間」の長くない、軽い論文が量産されている。一方、適時性の側面から見れば、こうした論文形態の著述の有用性が少なくないときがある。社会環境の早い変化についていくには、作成に長い期間がかかる単行本形態の専門書よりは、論文形態の著述が一層適合し得るからである。

　上述のような韓国の学界の著述と執筆の風土への批判を前提として、量産される論文を集めて一つの本（単行本）として出すことを、本書の主題である剽窃の観点から考察する。もちろん、本項での議論は「共著」を前提とすることにより、ある著者が自分がすでに発表したさまざまな論文を集めて出すことは除き、さまざまな著者のさまざまな論文を単行本の形で出版することを対象とする。

　一方、上述のようにいくつかの論文を集め、単行本として出す目的は大きく二つある。1、学問レベルが高くなく、学者間の疎通が円滑でない時代または社会では、個別論文が当該専門分野の内外ではあまり読まれないのだが、その理由は論文の検索がうまくいかないからでもあり、論文審査などが徹底しないため、論文レベルへの信頼度が低いからでもある。したがって、よい論文を書いても当該分野の専門家集団を含む読者に、適切な評価を受けられずに消えていくものが多い。論文の著者としては、このように自らの論文が消えていくことを防ぐために、正確に言えば、その論文がより広く読まれるようにする目的から、単行本の形で —— それが自らの複数の論文を一つにまとめたものであれ、本項の論議でのように、さまざまの著者とともに共著形態でまとめたものであれ —— 出版しようという熱望がある。単行本が論文よりは恒常性または可読性が優れているからである

2、いくつかの論文を一つの主題（上位の主題）にまとめて単行本を出すことは、学問先進国の一般化した現象である。これは、単行本の恒常性と可読性のためだけではなく、一種の体系化された専門書として、当該専門分野の論議に大きく寄与するからである。こうした目的から出版する共著には、事前に特定の主題について、共著者と交渉して出すこともあるが、すでに出版されたさまざまな著者の論文を、特定の主題に合わせて集めて出しもする。

イ．共著の類型

学問の分科性と専門性が進むにつれ、単独著述より共同著述が増えるのは、現代学問の著述の一つの特徴と言える。1人では担い切れない主題をいく人かが共同で研究して著述したり、それぞれが細分化された主題を分担して著述したりし、実験と調査がともなう研究では、役割分担にともなう共同著述が避けられない場合もある。このように、学問的な目的で共同著述を行う場合のほかに、著述の信頼度を高めるために、または教授と教え子という特殊な関係等により共著形態の著述も出される。

上述のように、共著者らの人的関係を中心とした共著形態を見ることもできるが、個別の著述者らが著述する執筆部分同士の関係、または結び付きの度合いにより、共著形態を分けて見ることもできる。共著者間での共同研究という人的な結び付きの度合いが強く、著述者間の執筆部分同士が分離できないほど、内容や形式が有機的に結び付いている場合、すなわち、執筆前に十分な論議を経て、分けて執筆した後、共著者の間で検討と修正作業が進められる場合には、各自の寄与した部分同士が完全に合体したものとして、「各自がなした部分を分離して利用することができない場合」に該当し、共同著作物と言える[538]。その反面、各自が寄与した部分を分離して利用できる場合には、結合著作物に該当する[539]。

一般的に共同著作物と結合著作物とを区分する実益は、著作財産権の保護

---

[538]　共同著作物と結合著作物はいく人かの著作者が、外観上は一つの著作物を作成したという点では共通しているが、著作物全体の創作に関与した著作者の間に共同関係が認められず、それぞれが寄せた部分が分離されて利用されることがあるという点から、単独著作物の結合である結合著作物と共同著作物は区分される。오승종、前掲書（注28）135-136頁、311-312頁。

期間を算定するとき、それぞれ別途に定めるか、でなければ最終生存者の死亡時点を基準として定めるか、利用・許諾するときに他の共著者の同意がなければならないかにある。ところで、剽窃と関連して後ほど（ウ）項で見るように、両者を区別することのもう一つの実益がある。

　一方、共著は上述のように、最初から特定の主題を選定し、個別の著者らに交渉して執筆を依頼した後、それらの論文を集めて単行本として出す場合[540]もあるが、すでに発表した論文を特定の主題に合わせて集め、単行本として出す場合もある。特定の主題を決めた後、個別の著者に論文の作業を依頼するか、特定の主題に従い、既存の論文を集めて共著物を出すかということは、共著物の出版以前に、その共著物を構成する個別の論文が存在するかによって異なってくる。したがって、前者を事前共著物、後者を事後共著物と呼ぶことにする。

　ところで、共同著作物や結合著作物とは異なる、もう一つの共著類型の編集著作物は、事前共著物であり得ない。なぜなら、編集著作物はその定義規定に見るように「素材の選択・配列または構成に創作性」がなければならないもので、素材、すなわち個別論文の存在を前提としているからである。一方、結合著作物／共同著作物は、単行本の主題を決め、その前後に共著者となる著者を選定し、個別の著者らに執筆を依頼するという点から、事前共著物が原則と言えるが、編集著作物と同様に既存の個別論文の存在を前提として、著者らと交渉した後、すでに発表された個別論文を単行本の主題に合うよう修正するようにする場合には、事後共著物でも可能である[541]。編集著作物／結合著作物／共同著作物と関連し、事前／事後共著物をわかりやすく表で説明すれば、以下の通りである。

539　法学分野を例に挙げると、法の条文の順序に従い執筆者を定め、各自が受け持った部分を責任執筆する形になっている注釈書を挙げることができる。

540　例えば、比較法に関連した単行本を出すとき、国別に執筆者を決め、その国の法制度を紹介する、いわゆる "Book Chapter" 形式の著述がこれに該当する。

541　そうした趣旨から＜表2＞では「○×」と表記した。

<表2> 共著類型にともなう事前／事後の共著可能の可否

	事前共著の可否	事後共著の可否
編集著作物	×	○
結合著作物	○	○×
共同著作物	○	○×

ウ．共著の類型にともなう剽窃の争点

上述で見たように、共同著述は共著の動機と目的、共著執筆の形態、共著者の役割などによって、種類が多様である。共著者の剽窃責任を論ずるに先立ち、共著の種類を見ることは、共著の種類と形態によって、共著者の責任が変わってくるからである。

一方、以下での論議の対象は、共著の特殊性から起因したものであり、剽窃の一般問題は扱わない。繰り返して言うが、結合著作物や編集著作物を構成する個別論文に剽窃がある場合、その個別論文の著者が責任を負う問題、またはすでに発表された個別論文が、結合著作物や編集著作物形態の共著物に入れられる場合（事後共著物）、個別論文の著者の自己複製／重複掲載の問題は、剽窃の一般論で扱うこととし、ここでは議論しない。しかし、上述のような場合、当該個別論文の著者でない他の共著者の責任は、ここでの議論の対象とする。

（1） 事前共著物から単独著述をつくった場合の共著者の責任問題

一般的に共著として知られている著作物は、編集著作物、結合著作物、共同著作物とに分類できるのだが、共同著者の一部が単独で著述をしつつ、自分の執筆部分を利用した場合、これを著作権侵害または剽窃と見るかによって大きな違いが生じる。

まず、共著者の一部が共著から独立して単独著書を出す場合では、次のいくつかのことを想定することができる。① 共著者の一部が死亡し、改訂作業が不可能な場合。② 共著をこれ以上維持できないほど、学問的見解が変わってしまった場合。③ 印税などの配分で葛藤が生じた場合などを挙げることができる。このうち、②、③は最初の執筆時と異なり、共著者間の関係が悪化した場合が多いだろうし、それだけ単独著書を出版する過程で、著作

権侵害または剽窃疑惑が起きる可能性が高い。実際、著作権侵害または剽窃により葛藤が生じる場合が多く、共著者間で学界での関係が悪化した状態のまま過ごしたり、ひどい場合、葛藤が法廷訴訟に波及する場合もある[542]。

（ア）　著作権侵害
1）　自身の執筆部分を単独著述とする場合

編集著作物類型の共著なら、素材となる著作物を作成した人が、自らの著作物を利用し単独著述を出すのに、何らの支障はない。編集著作物の保護は、その構成部分となる素材の著作権に影響を及ぼさないからである（韓国著作権法第6条第2項）。この場合、剽窃問題も別途、発生しない。

結合著作物類型の共著は、共同著作物に関する韓国著作権法第15条（共同著作物の著作者人格権）、第48条（共同著作物の著作財産権の行使）などの特則が適用されないため、それぞれの共著者は、自らの著作部分を自由に単独著述とすることに特別な問題はあり得ない。

ところで、共同著作物類型の共著は、韓国著作権法第15条、第48条が民法の共有規定に関する特則として適用されるため、内部的に執筆部分が決まっており、主導的に執筆した部分だとしても、他の共著者の同意を得ずには、これを利用して単独著述を出すことはできない。同意なしに単独著述を出す場合、著作権侵害に該当することがある。

整理すれば、共著での自らの執筆部分を基礎として単独著述とする場合、共著形態が編集著作物または結合著作物なら、著作権侵害の責任はないが、共同著作物形態なら、著作権侵害に該当する余地がある。したがって共同著作物の個別の共著者が、自らの執筆部分を基礎として、単独著述を出そうとするときに、他の許著者の同意を得ておいた方が安全である。

2）　他の共著者の執筆部分まで利用して単独著述とする場合

さらに共著において自らの執筆部分を越えて、他の共著者の執筆部分の全部または一部を利用し、単独著述とする場合、共著の形態を問わず、著作権

542　共著から出発して単独著書を出す過程において発生する代表的な事件としては、法学教科書II事件（注388）を挙げることができる。

侵害の責任があることは一般の場合と異ならない。すなわち、他の共著者の執筆部分を引用しつつ、正当な範囲を逸脱したのなら、韓国著作権法第28条には当たらず、著作権侵害責任を免れられない。

（イ）　剽窃——共著である場合、出所明示義務は緩和されるか
1）　自身の執筆部分を単独著述とする場合
これは、後ほど別途に扱う予定の自己複製／重複掲載の問題であり、出所表示問題ではないので、これについての議論は省略する。

2）　他の共著者の執筆部分も利用して単独著述とする場合
共著での自らの執筆部分を越え、他の共著者の執筆部分の全部または一部を利用し、単独著述とする場合、共著者との間には、単独著者同士の間に適用されるものとは異なる、出所表示義務が課せられるのではないかという考えがあり得る。特に共同著作物の場合、編集著作物や結合著作物とは違い、共著者相互の執筆なので、信頼関係が一層確固としていると言える。実際、特定部分の執筆の如何を離れて、他の共著者の執筆部分にも一定部分寄与したという点から、自らの執筆部分を超える外の共著者の執筆部分を引用するとき、出所表示義務を厳格にしてはならないと見ることができるからである。
しかし、判決のなかには共著著述で単独著述をつくる過程で、自らの執筆部分を越えて他の共著者の執筆部分を引用しつつ、出所表示を不誠実にした場合、共著者間では出所表示が緩和されるべきだという原告の主張を排斥している（法学教科書Ⅱ事件判決）。一方、名誉毀損事件の判決では、自らが共著者となっている共著論文を、自分の単独著述論文に利用しながらも、出所表示を不誠実にしたことに対し、法院は剽窃ではないと見ている。しかし、名誉毀損事件の判決で問題となった著述（1990年発行、経営学分野）は、法学教科書Ⅱ事件の著述（2005年発行、法学分野）よりはるか以前に発行されたものであり、今後の類似の事件では、法学教科書Ⅱ事件の判決がより大きな影響を及ぼすであろう。
整理すれば、編集著作物や結合著作物類型の共著で、1人の共著者が独立して単独著述として出す場合、その共著者が自らの執筆部分を越えて、他の許著者の執筆部分を出所表示なしに引用するなら、それは当然剽窃の責任を

負わなければならず、共著者間の問題だということが、その責任を軽減する
事由となるには充分でない。共同著作物類型の共著は、執筆部分と寄与した
部分とが区分されていない点で、編集著作物／結合著作物類型の共著と同一
に剽窃の責任を問うのは難しいと見ることはできるが、この場合でも単独著
述として独立した共著者１人だけの著述でないことは明らかなので、単独著
述で共著部分を借用するときには、出所表示をするのは妥当である。

（2）　他の共著者の執筆部分への責任問題

　上述で言及したように、共著物の一部に著作権侵害または剽窃責任がある
場合、当該部分の執筆者が著作権侵害または剽窃責任を負うのは当然であり、
それは剽窃一般論の問題であるので、本項の議論の対象からは除外する。と
ころで、ここからさらに進んで、共著者全体に責任があるか、または執筆部
分を特定できる場合、問題となった部分の執筆者を越えて他の執筆者にも責
任があるか、という問題が提起され得る。

　極めて少ないのだが、それに関する法院の判決がある[543]。定年退任教授（A）
と教授（原告）が一緒に研究論文を書くこととし、それぞれの部分を分けて
執筆したのだが、A教授は、自分が受け持った部分を執筆しながら、近く
の大学の修士学位論文を剽窃した。原告はその話を冗談として受け止めただ
けだった。論文を発表するために、助教授が整理する過程で、原告の執筆部
分はすべて抜け落ち、A教授の執筆部分だけ残ることになり、原告はその
事実を発表直前に知ったが、そのまま発表した。そのことに対し法院は、原
告にAが作成した部分について、共同執筆者であり研究責任者としてすべ
き検討、意見交換などを全く行わない点などを考慮して、論文作成の責任書
として、共同研究者であるAの剽窃行為を適切に監督しなかった重大な過
失があると認めた[544]。この事件は共著者の一部の執筆部分に剽窃がある場合、
他の共著者に剽窃に関する一種の連帯責任を認めたという点で、意義がある。

　一方、この事件の論理は共著類で共同著作物の類型に該当する場合には、

543　ホテル観光学論文事件判決（注522）。
544　法院は、ただ原告が共謀して剽窃行為をしたとか、Aの剽窃の事実を知っていても
　　これを黙認したという点を認めることはできないとして、懲戒量定において解任処分は
　　裁量権を逸脱していると見た。

疑問の余地なく適用されると言えるが、編集著作物または結合著作物類型に
までそのまま適用できるかは未知数である。素材著作物（共著を構成する個
別の論文）の著者同士の間で、何らの共同創作のない編集著作物類型は言う
までもなく、共著者各自の寄与分が分離され、利用可能な結合著作物類型に
まで連帯責任を問うことは過酷だと見ることができるからである。

　したがって共著を出しながら、各自が執筆した部分が異なる場合、他の共
著者の執筆部分に著作権侵害または剽窃の恐れがあるが、それに対し監督
または検討する状況でないならば、自分に帰結する責任を免れるために、執筆
部分を区分し執筆者を明白に記載するのが望ましい。これを区分しなければ、
対外的に責任を免れるのは難しいこともある。

一部の共著者の重複掲載への他の共著者の責任の有無

　後ほど見るように、剽窃には出所表示の欠落の有無を中心とする典型的な
剽窃のほかにも、許されない自己複製／重複掲載のような問題を包括する、
非典型的な剽窃がある[545]。共著物（結合著作物または編集著作物）を構成す
る一部の論文が、共著物に組み入れられる過程で、一部の著者は重複掲載の
問題を免れるために、注ではすでに発表されたことのある論文であることを
明らかにしたが、一部の論文の著者がこれを明らかにしない場合、明らかに
しない著者は、重複掲載の責任を負う可能性がある。ところで、このとき、
他の共著者もこれに責任（非典型的な剽窃である重複掲載の責任）を負わな
ければならないのか。

　上述の場合と同様に、結合著作物や編集著作物形態の共著を構成している
個別論文の著者に、自らの執筆部分を越えて、責任を問うことはできない。
ただこの場合、編著者はすでに発表された論文を集め、共著物（単行本）を
出すことにより、個別論文の著者をして重複掲載事実の有無を明らかにする
よう指示する責任がある。望ましいのは、編著者が序文等で収録された個別
論文の一部または全体に、重複掲載があるという点を明らかにすることが、
編著者と重複掲載責任のない他の共著者の責任を免れさせる方法である。

545　注 548 の当該頁。

254 第2部 各　論

5.　「表」の引用

　他人の著述を引用する過程で、時には他人の著述で使用された「表（以下では図表を含む）」を借用するときがある。ところで、このとき表を作成した原著者の許諾を得なければならないとか、許諾のない利用が著作権法に違反しているとか、多様な見解がある。これらの見解の共通点は、表の引用を一般的な引用とは異なって見るということである。

表、図表（diagram）、写真は出所表示だけではだめで許諾を受けなければならないのか

　結論から言えば、引用しようとする部分が「表」だからといって、他の部分と異なって見る理由はない。繰り返して言うが、表も出所表示を明確にして引用でき、そうすることで剽窃の責任を免れることができる。ただ場合によっては、表の引用が正当な範囲（主に質的主従関係）を越えて、著作権侵害に該当する余地があるというところに、留意しなければならない。

　ある主張を説明するために、極めていい表があったと仮定しよう。ところで、韓国著作権法上「公表された著作物の引用」（第28条）により、出所表示をした後、引用するのはだめで、必ず原著者の許諾が必要だという見地に立っている場合、万が一、その表の著者が利用を許諾しなかったり、受け入れ難い条件を提示することにより、事実上、許諾による利用が不可能になるなら、著作権侵害または剽窃を冒さなくては利用できないのか。

　解釈上、学問の発展も立法目的に入っていると見ることのできる、著作権法の精神を敢えて持ち出さなくても、こうした状況は学問研究倫理に合わないだけでなく、学問発展の過程に照らして見ても、受け入れ難い。表は非常に機能的なもので、論者が自分の主張を効率的に説明するために文章形式でできている内容を、表という形式で圧縮して表したものである。すなわち、著述の形式が「文章」ではない「表」になっているだけで、本文の内容の一部である点では違いはない。

　例えば、本書でたびたび使用する剽窃と著作権侵害との関係を表す＜図1＞は（96頁）、剽窃と著作権侵害とが同一の意味として誤って使用されることを批判し、二つの関係を効果的に説明するために、筆者が考案したものである。もちろん、剽窃と著作権侵害との関係を「同じ部分があるが、著

作権侵害とならなくても剽窃となる場合、剽窃とならなくても著作権侵害となる場合がある」と文章で解いて説明することもできる。しかし、＜図1＞のように図表で表せば、視覚の助けを借り、読者に非常に簡単に理解させることができる。さらに、三つの部分を図表にA、B、Cと特定することにより、以後の議論で繰り返し説明しなくても、この記号だけで読者に簡単に理解させることができる。このように、あることを説明する過程で図表（表、絵も同様）は、極めて有用な手段である。

　ところで、文章で説明したものは、出所を表示して引用して使うことができるのに反し、図表などは著者の許可を受けてのみ使えるのであれば、それは合理的な区別とは言い難い。図表などは、ある主張を効果的に説明するための一つの「表現」として、「文章」と違って見る理由はない。すなわち、出所を表示して使えばよい。その点で、他人の表現または他の独創的なアイデアに当たる図表などを借用しながら、出所表示をしなければ、剽窃に該当するという見解[546]は極めて妥当である。

　ただ、表、特に図表や絵の表現が極めて独特であり、それ自体として著作権法的な保護を受けたり、発明的思想として特許法的な保護を受けるのなら、違って見ることもできる。まず、特許法的な保護を受けるときは、当然著者（発明者）の同意を得てのみ、その表を使用できる。しかし、表が特許法的な保護を受けるのなら、一般の本文の内容と同様に、公表された著作物の引用（韓国著作権法第28条）の要件に合わせて使用することができる。もちろん、これは著作財産権の制限に該当するので、表の著作権者の許諾を受ける必要はない。

　一方、表の引用が正当な範囲を越え、特に「質的主従関係」を逆に形成する場合には、著作権侵害となり得る。著作権侵害の比較対象となる著述の間に、量的主従関係が逆に形成されなくとも、ある特定の部分で、特定の論文を集中的に借用した場合、質的主従関係が逆に形成されたと見るのだが[547]、表を引用して使う場合、まさにこのような質的主従関係が逆に形成される恐れがある。質的主従関係を判断するとき、問題の表が原著述と引用著述とで

546　Gaines、前掲書（注501）p. 93。
547　質的主従関係については、오승종、前掲書（注28）595-596頁を参照。

占める重要性、その表を文章形式で書いて説明することが不可能なのか等が考慮すべき要素となる。

結論から言えば、表を許諾なしに借用する場合、出所表示さえ適切にするなら、極めて例外的に一部の著作権侵害が発生する余地がなくはないが、少なくとも、剽窃の責任を負う可能性はほとんどない。

第3章　非典型的な剽窃

　一般的に剽窃と言えば、当該分野の一般知識でない他人の文章や他の独創的アイデアを借用しながら、出所表示を欠落したり、不適切に行ったものを言う。これを「典型的な剽窃」と一括して上述で説明した。ところで、剽窃として論じられる、非倫理的または違法な著述のなかには、上述のような典型的な剽窃だけがあるわけではない。例えば、出所表示は適切に行ったが、その程度が正当な範囲を越えている場合（「著作権侵害型の剽窃」）、自己複製／重複複製、著者性（authorship）と関連する剽窃の問題などがさらにある。

　著作権侵害型の剽窃が広義の剽窃に該当することは、上述で見た通りである[548]。自己複製／重複複製を剽窃として論議可能なのは、新しいものがないのに新しいもののごとく欺いたという点で、新しいものに対する読者の期待を裏切ったからであり、著者性の問題もまた、著述した人の名を著者として記載しないものであり、広く見れば、後の二つ（自己複製／重複掲載、著者性の問題）は、出所表示の問題に置き換えることができる。

　しかし、非典型的な剽窃のうち、著作権侵害型の剽窃（次頁＜図2＞のCの部分）は広義の剽窃に属し、自己複製／重複複製もまた、狭義の剽窃の前提である他者性を備えていなかったので、狭義の剽窃には属さない（＜図2＞のDの部分）。著者性の問題は、出所表示の問題に置き換えることはできるが、狭義の剽窃でいう典型的な出所表示の欠落や不適切な出所表示に、該当するとは言い難い（＜図2＞のDまたはBの部分）。

　そのため、典型的な剽窃と非典型的な剽窃の関係を前出（96頁）の＜図1＞を利用し、新たに＜図2＞として表せば、次頁の通りである。

548　注268の当該頁。

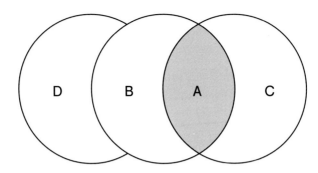

<図2> 剽窃（典型／非典型）と著作権侵害
A＋Bにより構成された円のなかが剽窃（狭義の剽窃）、A＋Cにより構成された円のなかが著作権侵害、ここまでは＜図1＞と同一。Dを「非難される可能性のある自己複製／重複掲載」と仮定するとき、A＋Bにより構成される円のなかは「典型的な剽窃」、CとDは「非典型的な剽窃」に該当する。

　ところで、上述で触れた三つの類型の非典型的な剽窃は、剽窃（狭義の剽窃）と全く関係がないだけでなく、かえって、最近では典型的な剽窃よりもしばしば論じられている。したがって、これを剽窃の議論に含めて一緒に論じる必要がある。しかし今のところ、このような類型の非倫理的著述を剽窃の一類型として取り入れ、議論することへの理論的根拠が十分に提示されていないため、非典型的な剽窃論議が合理的に進めれれていない側面がある。その代表として、自己複製／重複掲載の議論がその例に当たる。剽窃だと非難はするが、一般的な剽窃の定義の前提である、他者性を備えていないため、専門家の間でさえ、自己複製への見解は異なっている。

　以上のような理由から、上述の三つの類型の非倫理的著述を典型的な剽窃と区別して、「非典型的な剽窃」というグループに括って論じる。以下の本章では、非典型的剽窃を類型別に一つずつ検討を加え、許容できるものとそうでないもの、すなわち剽窃として非難されるものを区別することにする。

Ⅰ．著作権侵害型剽窃 —— 正当な範囲からの逸脱

1．問題提起

　剽窃に関する誤った理解の一つは、「出所表示さえ適切にすれば、剽窃を免れることができる」というものである。他人の文章を借用しておきながら、

出所表示を適切にすれば、自分のものかのようにしようとする欺瞞行為がないという点から、剽窃ではないと見ることができる。

しかし、そのように他人から借りてきたものが、自分の著述の全体に占める比重が正当な範囲を越えれば、個別的には出所表示を欠落したのではないので、剽窃（狭義の剽窃）ではないと言えるが、論文を全体として見るなら、自分の創作物とは言えないため、自分の名で公表するということは即「自分のものかのように」したものと見ることができる。

剽窃に関する今日的な観点から考察してみたところのように、「出所表示をしても剽窃になる場合（Sources Cited〔But Still Plagiarized〕）」の一つとして「引用が非常に多く、独創性のない場合（The Resourceful Citer）」がある[549]。独創性がほとんどないにもかからわず、こうした論文がかえってよくできた研究に見えることもあるという点から、剽窃の一つの類型と把握したのだが[550]、引用が正当な範囲を越えたなら、ここで述べている剽窃と同様なものと見ることができる。したがって、これも剽窃（広義の剽窃）の範疇に含めるが、出所表示の欠落にともなう典型的な剽窃と区別して「著作権侵害型の剽窃」と呼ぶことにする。

出所表示さえ適切にすれば剽窃ではないのか

出所表示を適切にしたため、典型的な剽窃には該当しないが、引用が正当な範囲を越えたため、著作権侵害に該当する場合、＜図2＞のCの部分に該当する。ところで、こうした著作権侵害型の剽窃も剽窃（狭義の剽窃）概念により説明することも不可能ではない。「木」の一つひとつに出所表示をつけ、他人への帰属を認めてはいるが、全体の「森」は自分の名で行ったという点から、大枠から見れば、他人の著作物を自分のものかのようにしたと見ることができるからである。すなわち、典型的な剽窃を避けるために、出所表示という外観を備えてはいるが、実質は剽窃と異なるところのないものなのである。この点から、出所表示の欠落にともなう典型的な剽窃を「木」に喩えるなら、非典型的な剽窃における著作権侵害型の剽窃は「森」に比喩すること

549　注333、334の当該頁。

550　www.plagiarism.org（2013.7.29）.

ができる。

　広義の剽窃から見ても狭義の剽窃から見ても、著作権侵害型の剽窃は法的・倫理的責任を避けることのできない重大な違法行為である。ここで重要なことは、正当な範囲という問題なのだが、著作権法上、著作財産権の制限事由の一つである、公表された著作物の引用（第28条）の一つの要件の正当な範囲をどう見るかを、主に判例を中心として論じる。さらに、こうした正当な範囲に関する論議を、著作権侵害ではない剽窃禁止倫理にも適用できるのか。できるのであれば、その論拠は何か。また、その限界を考察してみよう。

2.　正当な範囲

　韓国著作権法第28条（公表された著作物の引用）は以下のように規定されている。

　　公表された著作物は報道・批評・教育・研究等のためには正当な範囲内で、
　　公正な慣行に合致させてこれを引用できる。

　ここでの正当なる範囲が具体的に何を意味するかについて、包括的な公正利用条項（第35条の3）に、これを暗示する内容があるだけで、その他について著作権法は沈黙しており、ほかに別の法律や規範がこれは補完してもいない。実際、正当な範囲を別途定めるということも、またおかしな話である。質的な側面を考慮せず、量的だけでは定められないだけではなく、学問の種類や著述の特徴を勘案せずに、一律的な基準を定めることもできないからである。結局、これは学者の議論と判決の集積とによって補充されるしかない。であるなら、こうした大まかな基準が定められるまで、手をこまねいていなければならないのか。そうではない。学界の議論と判例の正しい蓄積のために合理的な議論の枠をつくることはでき、また、つくらなければならないからである。以下では、こうした議論の枠と、微弱ながら、これまで形成されてきた判例の規準とを提示することで、議論を始めたいと思う。

　一般的に学界で正当な範囲を論じるとき、主従関係の理論と量的／質的分類を活用して接近している。すなわち、侵害された著述での引用された部分が占める比重を単に量的に換算するか、でなければ、特定の部分に集中的に依存しているかを検証し、侵害疑惑の著書が主となり、被引用物が従となっ

ていれば、問題はないが（正当な範囲内）、反対に引用された部分が主となり、侵害疑惑の著述が従となる関係におかれれば、主従関係が逆に形成され、正当な範囲を越えたと理解される（正当な範囲からの逸脱）。

　一方、上述で述べた議論の枠は極めて重要である。特に著作権侵害と剽窃は主眼点が異なるために、主従関係の比率の算式が異なる。それにより具体的な争点、例えば、「パッチワーク型著述」に対する評価が異なってくることがある。

　正当な範囲は結局、公正利用と極めて密接に関連しており、コインの裏表のようであり、韓国の著作権法にも、いわゆる包括的公正利用条項（第35条の3）が新設された（2011年12月2日改正、2013年3月15日施行）。

　　第35条の3（著作物の公正な利用）
　　①　第23条から35条の2まで、第101条の3から第101条の5までの場合のほかに、著作物の通常の利用方法と衝突せず、著作者の正当な利益を不当に害しない場合には報道・批評・教育・研究等のために著作物を利用することができる。
　　②　著作物利用行為が第1項に該当するかを判断するときには、以下の各号の事項等を考慮しなければならない。
　　1.　営利性または非営利性等の利用目的および性格
　　2.　著作物の種類および用途
　　3.　利用された部分が著作物全体において占める比重とその重要性
　　4.　著作物の利用が、その著作物の現在の市場または価値や潜在的な市場または価値に及ぼす影響

　上述の条項が事実上のモデルとした米国著作権法上の公正利用（fair use）条項でも、斟酌事由として挙げている四つの事由は、韓国の著作権法第35条の3第2項と大同小異である。そのなかの正当な範囲と関連している第3号「利用された部分が著作物の全体において占める比重とその重要性」に当たるのが"he amount and substantiality of the portion used in relation to the copyrighted work as a whole"である。二つの法でいうところの比重（amount of the portion）と重要性（substantiality of the portion）とは、正当な範囲の量的主従関係と質的主従関係に当たる。

262　第 2 部　各　論

　2011 年の著作権法の改正により、包括的な公正利用条項が入る前までは、第 28 条の正当な範囲が具体的に何を指すのかについて、著作権法は提示したものがなく、単に学界の議論に任せていた。今や第 35 条の 3 を新設することにより、韓国の著作権法も量的／質的主従関係の根拠規定をもつこととなった。

　ここで重要なことは、量的／質的主従関係の比率算定に関する具体的な算式を、法が明確にした点である。韓国法であれ、米国法であれ、どちらも次のような算式を予定している。

　　　主従関係の形勢比率＝利用されれば部分／著作物[551] 全体

ア．量的主従関係

　正当な範囲の判断要素の一つである量的主従関係で、主従が比較される対象は侵害された著作物と、その著述で利用された部分である。ところで、韓国の判決のなかには、剽窃（狭義の剽窃を言う）を非違事実とする懲戒に関連した事件で、剽窃かどうかを判断するときに、著作権侵害の正当な範囲に関する、上述の算式をそのまま借用するかと思えば、著作権侵害を非違事実とする懲戒関連事件で、著作権侵害かどうかを判断するとき、著作権侵害の正当な範囲に関する、上述の算式ではない他の算式（後ほど叙述する「剽窃算式」）を使用するなど、極めて混乱している。上述での論議の枠だけでも正すなら、正当な範囲の具体的な比率を提示できないにしても、剽窃論議に大きな助けとなるものと考えたのは、まさにこの点を念頭においてのことである。

　法院の判決に現れた具体的な事例のいくつかの紹介する。

　（ 1 ）　戦争史事件[552]

剽窃疑惑により解任された教授（原告）が、大学（被告）を相手に解任処

551　ここで著作物というのは「侵害された著作物」であり、裁判では主に「原告の著作物」となる。

552　ソウル中央地方法院 2007.10.5 宣告 2007 가합 20827 判決（以下「戦争史事件判決」とする）。

分の無効確認を求めた事件で、剽窃かどうかが争点となった。原告の著述は80％ほどが日本の学者の著書の直訳で、5〜6％ほどは研究者の履歴を何字か加えるとか、日本人原著者の著述に基づき、いくらか変形を加えた翻案に過ぎないのに、引用要件を全く具備しなかったという容疑により、懲戒を請求され、被告の大学は剽窃を認めて解任決定を下した。法院は懲戒処分は過重であり、裁量権を逸脱した違法があるという理由により、原告勝訴の判決を下した。ところで、ここで重要なことは、事実上、剽窃であることを判断した根拠となる、比率80％という算式である。判決にしたがえば、この算式は

　　　利用した部分／原告（剽窃疑惑の当事者）の著述

という点から、「著作権侵害の算式」ではなく「剽窃の算式」を適用したということである。これがなぜ剽窃の算式なのかは、後ほど詳細に言及する。

（2）　法学教科書Ⅰ事件

　すでに何度も分析したこの判決は、著作権法上の正当な範囲を超過して引用した点が認めれた。ところで、懲戒非違事実である剽窃はそうでないとし、剽窃に該当するとしても、懲戒裁量権の範囲を越えたもので、違法だと判断した。ここで注目されるのは、どれほど引用したために、法院が正当な範囲を越えたと見たのか、である。そして、法院がその判断で、いかなる方法（算式）を使ったか、である。大法院判決で、正当な範囲を越えて引用したと確定した、量的比率に関する原審法院の判決内容は以下の通りである。

　　　手形・小切手法はドイツ手形・小切手法のうち、約45％相当の分量を韓国の法秩序に合わせて、そのまま韓国の言葉に移した翻訳書であり（手形・小切手法では約22％相当の分量に該当する）、会社法はドイツ会社法のうち、約48％相当の分量をほとんどそのまま韓国の言葉に移し、枝葉的な部分だけ、韓国の実情に合わせて修正したものであり（会社法では約10％相当の分量に該当する）。商法総則はドイツ商法総則のうち約10％相当の分量をそのまま翻訳し、ただ、ドイツ法の規定は、韓国の法規定に代えてある（商法総則では約6％相当の分量に該当する）[553]。

553　法学教科書Ⅰ事件控訴審判決（注276）。

264 第2部 各 論

法院は正当な範囲の重要な要素である、量的主従関係の判断で、「ドイツ学者らの著書」のなかから「どの程度引用したか」を分析対象としたことがわかる。これは筆者が上述で述べた、量的主従関係に関する「著作権侵害算式」と正確に一致するもので、上述の原審判決に出てくる比率、手形・小切手法の45％、会社法の48％、商法総則の10％はこの著作権侵害算式に該当する。一方、上述の判示のうち、各カッコ内の比率、22％、10％、6％は後ほど言及する「剽窃算式」に近い。

著作権侵害か否かの判断における量的主従関係形成の比率（著作権侵害算式）＝利用された部分／著作物全体

（3）　整理 ── *id.*型著述

特定の著述に集中的に依存しつつ、出所表示を適切に行ったなら、注はすべて*id.*または「同上」表示で覆われるだろう。このような著述は「*id.*型著述」と言えるのだが、これは著作権侵害型の剽窃になりやすい。

イ．質的主従関係

正当な範囲の判断のもう一つの要素である「質的主従関係」は、「量的主従関係」とは異なり、主従関係を内容的に見ている。すなわち、自分の著述が内容的に主となり、被引用物が従となる関係になるなら、質的な面で正当な範囲内だと言えるが、その反対である場合は、正当な範囲を越えたものと見る。自らの著述が内容的に主となるということは、著作物全体から引用部分を除外しても著作物としての独自の意義をもつ創作部分があるということを言い、非引用物が内容的に従となることは、引用部分だけでは独自の意義をもつことができず、引用著作物（自らの著述）と結び付くとき、はじめて存在理由が生じる場合を言う[554]。このことを判例は以下のように整理している。

引用の正当な範囲は、引用著作物の表現形式上、被引用著作物が補足、敷衍、例証、参考資料等に利用され、引用著作物に対し付従的な性質をもつ

554　오승종、前掲書（注28）626-627頁。

関係（すなわち、引用著作物が主で、被引用著作物が従である関係）であると認められなければならないもので（後略）[555]

この判決は内容的側面で被引用著作物が引用著作物に、補足、敷衍、例証、参加資料などとしてのみ利用されねばならず、それを越えるなら、引用著作物と被引用著作物の主従関係が逆転し、正当な範囲を越えるという趣旨と理解される。ところで、ここで反対の場合、すなわち、引用著作物が被引用著作物に対し補足、敷衍、例証、参加資料などとして利用され、被引用著作物に対し付従する関係にあるなら、上述の大法院判決への反対解釈上、質的な主従関係を越えたというのだろうか。場合によっては、補足、敷衍、例証、参加資料が独創的で、被引用著作物の主張または論拠を一層強く支持する論拠として働くことにより、その点が当該分野に新たに寄与するものとなることもある。すなわち、主要な主張は既存の被引用著作物によるが、著述者の著作物（引用著作物）で既存にはなかった新しい統計資料、例証等を提示することにより、被引用著作物の理論（主張）を一層強めることが、これに該当する。

学術情報の特徴のうち、「累積性」の側面から見れば、学問発展はこのようにレンガを一枚一枚積み上げるように、先行研究の上に積み上げれるものであり、全く新たに最初からつくられるものではないという点から、上述のような補足、敷衍、例証、参加資料が、その分野の「重要なレンガ」となり、その上にまた他のレンガが積み上げられる土台となることもある。したがって、ほとんど判例として定まった上の大法院判決の「補足、敷衍、例証、参加資料」という法理を、当該学問の特性や発展程度を考慮しないで、無批判的に適用するなら、場合によっては、極めて危険な結論がもたらされ得るという点に、留意しなければならない。

ウ．量的主従関係と質的主従関係との関係

正当な範囲内で引用すれば、著作権侵害責任を免れ得るのだが、そうするには、量的主従関係と質的主従関係という二つの点のどちらでも、逆の主従関係が形成されてはならない。繰り返していうが、二つの主従関係の要素の

555　大法院 1998. 7. 10 宣告 97 다 34839 判決。

266 第2部 各 論

うち、どちらか一つでも、逆の主従関係が形成されるなら、著作権侵害責任を避けられない。

3. 正当な範囲と剽窃 —— いわゆる「剽窃算式」に関する論議
ア. 論議に先立つ背景説明

　一般的に剽窃は、出所表示を適切にしないために問題となる。したがって、学術的著述をする研究者は、剽窃の責任を免れるために、出所表示のみを適切にすればいいのではないかと考えがちである。であるなら、果たして、出所表示のみを適切にすれば、剽窃に該当しないか。

　出所表示を適切にしたとしても、正当な範囲を越えたなら、著作権侵害に該当するということは、上述で見た通りである。このとき、正当な範囲を決定する重要な要素である「量的主従関係の比率（著作権侵害の算式）」が、「利用された部分／被害著作物（被引用著作物）」である理由も、詳細に検討してみた。ところで、ここでいわゆる「パッチワーク型著述」をどう見るかという問題が生じる。

二つの類型の「パッチワーク型著述」

　パッチワーク型著述は、一般的に自らの主張はほとんどなく、さまざまな著者の著述から、少しずつもってきて作成した論文などを言い、出所表示の有無は問わない。厳密に言えば、これは出所表示を適切にした場合（「出所表示を具備したパッチワーク型著述」）と、それすらしない場合（「出所表示のないパッチワーク型著述」）とに分けて見ることができる。後者は前者に比べ、出所表示さえまともにしなかったという点で、非難可能性は非常に大きい。前者の場合、注だけを見ても、パッチワーク型著述であることを外観上、簡単に気づくことができるが、後者の場合、綿密に検討しない限り、簡単に気づくことはできず、かえって、創意的な著述と誤認する素地があるという点から、著者が行った誤りの度合いと学界に及ぼす害悪とは、前者に比較できないほど大きい。

　したがって、「出所表示のないパッチワーク型著述」の場合、剽窃という点では、議論する余地はない。ここでは前者、すなわち「出所表示を具備したパッチワーク型著述」を中心にして論じる[556]。

出所表示のあるパッチワーク型著述 —— 正直な文章なのか、正直な文章を 仮装した剽窃物なのか

「出所表示を具備したパッチワーク型」著述の場合、単純に剽窃物として 規定するのに、多少議論の余地がある。出所表示をしたという点では、剽窃 ではないと言えるが、パッチワーク型著述の属性上、著述者自身の独創性が ほとんどないという点で、こうした著述に自分の名を著者として表示すると いうことそのものが、剽窃だと見ることができるからである。正直な文章な のか、でなければ正直な文章を仮装した剽窃物なのか、という極めて敏感な 境界確定という問題がそこにある。

イ．剽窃責任

さまざまな著述から、一部のみをもってきて出所表示を正確にするなら、 侵害された著作物別に算定される「量的主従関係比率（著作権侵害算式）」 は大きくないことがあり、「正当な範囲」内に該当する可能性が大きい。こ の場合、個別の著作権者（被害者）としては、被害は大きくないと見ること ができるからである。したがって、さまざまな著述から一部のみをもってき たパッチワーク型著述は、出所表示さえ適切にするなら、著作権侵害の責任 を免れ得る。しかし、この場合、剽窃の責任から自由となるのは難しい。

上述で、正当な範囲の判断において、著作権侵害の算式と剽窃の算式とは 異なると暗示したが、これらを対比すれば以下の通りである。

著作権侵害算式＝利用された部分／被害著作物（被引用著作物）

剽窃算式＝利用した部分（の総合）／剽窃物（引用著作物）

上述の二つの算式は二つの点で大きな違いがある。1、分母が「被害著作物」 と「剽窃物」とで異なる。2、分子も単一著述を前提とする「利用された部分」 と、さまざまな著述を前提とする「利用された部分の総合」とで異なる。正 当な範囲を論じながら、著作権侵害と剽窃をなぜ異なって見なければならな いか、この二つの点を分けて説明する。

---

556 パッチワーク型著述のなかで出所表示すらきちんとしていない場合は、先の「公正 利用と剽窃問題」での「出所表示のないパッチワーク型著述」（注471、472の当該頁） で扱った。

270 第2部 各 論

ておらず、これら五つの著述を選択して編集したものにも、また創作性がないと仮定する。もちろん、出所表示は適確にしたものと前提する。B、C、D、E、Fの著述から、A著述が利用した部分をb、c、d、e、fとするとき、利用された部分が侵害された著作物に占める比率（著作権侵害算式）を表で構成すれば、以下の通りである（以下の数値は任意に決めたものである）。

<表3> 著作権侵害算式と剽窃算式

著作権侵害算式	比率	剽窃算式	比率
b/B	40%	b/A	50%
c/C	3%	c/A	10%
d/D	2%	d/A	10%
e/E	1%	e/A	10%
f/F	0.5%	f/A	10%

同じB、C、D、E、F著述の著者から、著作権侵害を理由にして刑事告訴を受けたり、民事上の責任を追及されるとき、著作権法上の正当な範囲内の使用だと抗弁することができる。このとき、正当な範囲内なのかは、著作権法第35条の3（著作物の公正な利用）第2項第3号から導き出された著作権侵害算式による比率、すなわち、<表3>の左側の比率が、重要な考慮すべき要素となる。ところで、<表3>の例から見ると、著述Bを除いたCからFまでは、それぞれ0.5%から3%ほどで、他の特別な事情を考慮しないのであれば、正当な範囲内に入ると見ることができる。ただ、著述Bは量的主従関係の比率が40%であり、正当な範囲を越えていると見ることができる。しかし、著作権侵害にともなう民事または刑事責任は、ただBの著者の意思にかかっているので、Bの著者が問題にしなければ、甲はB、C、D、E、Fの著者を含めたその誰にも著作権侵害責任を負わない[561]。

一方、B、C、D、E、Fの著述の著者や他の第三者の情報提供により。著述Aに対する剽窃疑惑が起きることがある。このとき、著述Aが剽窃に該

---

561 甲の著作権侵害行為に営利目的や常習性があると認め難いので、現行著作権法の下でも、依然として親告罪である。したがって、上述の場合、被害者であるB著者が処罰を願わず、告訴しないのなら、甲は著作権侵害行為について刑事的制裁を受けないことになる。

当するのかは、＜表3＞で右側の比率の合計である90％を基準とするという
点が重要である。

　なぜ、こうした違いが生まれるのか。これは、著作権侵害と剽窃の本質的
な違いから生じるのだが、被害者論を適用すれば、簡単に理解できる。すな
わち、著作権侵害では、被害者は著作権者であるのに反し、剽窃では、被害
者は被剽窃者（著作権者）のほかにも読者、同僚といった学界全般である。
したがって、著作権侵害では、正当な範囲を越えているかを論じるとき、被
害者である著作権者の著作物を中心として、比率を論ずるために、分母には
被害著作物を、分子には被害著作物の利用された部分をおかなければならな
い。しかし、剽窃では特定の著作権者を中心として見るよりは、剽窃疑惑当
事者の誤りに非難が向けられるいう点から、分母には剽窃疑惑当事者の著述
を、分子にはいくつかの著述から引用された部分の総合を、入れなければな
らない。

　具体的に、このように分けてみることの実益は、いわゆるパッチワーク型
著述を扱うときに現れる。パッチワーク型著述の場合、さまざまな論文から
少しずつ引用するなら、これは公正利用（fair use）となり得る。上述での
ポズナー教授の指摘、すなわち公正利用という制度のなかに、剽窃者らが隠
れることがあるということは、すなわち、これを恐れたのである[562]。しかし、
この場合、特定人に対する著作権侵害が起きなくとも、学界の倫理領域であ
る剽窃に該当し得る。他人の著述のみでなされ、独創性などは見いだすこと
のできない著述を、自らの著作物だと公表することにより、読者らを騙す行
為は剽窃に該当するからである。

　このように、パッチワーク型著述に対する評価で、著作権侵害と剽窃とが
はっきりと違いを見せるという点でも、著作権侵害と剽窃とを区別する実益
がある。

4.　正当な範囲に関する著作権侵害と剽窃判断の再考

　これまで、非典型的な剽窃の一つ目の類型として、著作権侵害型の剽窃を
説明する過程で、正当な範囲の量的主従関係の比率を算定するとき、具体的

562　注471。

272 第2部 各 論

な算式、すなわち、分母と分子に何をおくべきかについて論じてきた。ところで、この議論の過程で思いがけず、法院の判決が、比較対象（分母と分子）がそのときどきで異なっていることが分かった。これは法院の判決でも、著作権侵害と剽窃を混同していることを反証している[563]。ところで、剽窃と最も近いだけでなく、一部重なりもする著作権侵害の判断要素である正当な範囲、量的主従関係の比率の議論を剽窃論議に借用することが、大きな誤りだったとは言えない。また剽窃の判定で、ほかに有用な方法論（算式）を見つけるのが難しいという点から、かえって大きな助けとなると言える。米国の著作権法上、著作財産権を制限する公正利用の四つの要素は、その外の異なる要素を排除していない。その他の要素として、<u>被告の著作物全体において、その利用した部分が占める量的／質的の相当性</u>も挙げられる[564]。これは著作権侵害事件の正当な範囲の判断で、剽窃算式をその他の要素として考慮し得るということと大きく異ならない。これにより、剽窃を判断するとき、著作権侵害の算式から剽窃算式の概念を導き出した筆者の論理は、根拠が確保されたことになる。

　問題は著作権侵害と剽窃の趣旨、要件が相当な部分で異なるという点から、議論の借用はその違いによる変形が伴なわなければならないということだ。その点で、著作権侵害の算式と剽窃の算式とを、それぞれそれに合う著作権侵害と剽窃事件とに適用することが、何よりも重要である。対象を誤って適用することは、実にとんでもない結論をもたらすことがあるからである[565]。

　また、もう一つ重要なものとして、正当な範囲を越えたと見る比率で、著作権侵害と剽窃とを単純に比較してはならないという点である。純然に仮想した数値を例として挙げてみよう。量的な主従関係の比率が40％である場合、それが著作権侵害でなら（＜表3＞でのb/B＝40％）、主従関係が逆に

563　法学教科書Ⅰ事件判決（注426）や法学教科書Ⅱ事件判決（注388）は、ともに剽窃にともなう懲戒処分を争う代表的な事件であるが、著作権法上の正当な範囲と主従関係理論を適用した。

564　오승종、前掲書（注28）754頁。上述の本文でいう「其の他の要素」は「利用された部分（の総合）」／剽窃物（侵害疑惑著作物）の比率と似ている。

565　大学入試本考査入試問題事件判決（注557）における被告らの主張（上告理由）が代表的な例である。

形成され、著作権侵害だと見る余地がある。ところで、この比率が剽窃でなら（＜表3＞を変形して、b＋c＋d＋e＋f/A＝40％と仮定するなら）、剽窃だと判定するのは簡単ではない。出所表示を適切にしたなら、自らの著述全体で40％ほどを他人の著述[566]から引用したことを、非倫理的だと非難できないからである。かえって、学問の種類、著述の性格、特に内容の独創性を追求した著述なのか、でなければ既存研究を集積、編集するところに主眼のある著述なのか等により、この比率（剽窃算式による比率）は極めて流動的であり得る。相対的に著作権侵害の算式にともなう比率は、それよりは非流動的で、低い比率でも著作権侵害という判断が可能となり得る。

　「出所表示を備えたパッチワーク型著述」が正直な文章なのか、でなければ正直な文章を装った剽窃物なのかについての判断は、上述のような考慮の下に慎重になされなければならない。学術情報の特性の一つである「累積性」という観点から見るとき、人文・社会科学分野の学術的著述で、学問発展がある程度なされた後では、独創性のある著述が常に新たに現れないという点、自らの独創的な見解を披歴するために、その前段階として、既存の論議を紹介する必要があるという点などを考慮すれば、パッチワーク型著述も出所表示さえ適切にすれば、大きく非難されることはないと見ることができる。しかし、度が過ぎて、著者の独創性が見つけ難く、編集者と表記せずに、著者と記載したパッチワーク型著述を、剽窃だと非難することはできる。そこには、「出所表示を備えたパッチワーク型」著述が正直な著述なのか、でなければ、正直な著述を装った剽窃物なのかの境界を、確定する難しさがある[567]。このとき、剽窃の算式の意味を正確に理解するなら、合理的な議論と説得力のある結論を下すのに、大きな助けとなるだろう。

566　複数形に注目していただきたい。

567　その判断は、後述で見るような公正な慣行を担保できる委員会、すなわち当該分野の専門家と剽窃問題専門家により構成される委員会の役割に帰着するであろう。

Ⅱ．自己複製／重複掲載

1．概　観

ア．非典型的な剽窃の一種

自分の先行著述（以下論議の便宜上「先行著述」または「先行論文」とする）をそのまま、または相当部分をほとんどそのまま使って、新しい著述（以下論文の便宜上「後行著述」または「後行論文」とする）として発表することを、自己複製／重複掲載と呼ぶ。自己複製／重複掲載が剽窃に該当するかという問題は、いちおう、先行著述に対する出所表示の問題と見ることができる。後行著述で先行著述を借用するとき、出所表示をしなかったと見ることができるからである。したがって、他人の著述を引用するときのように、先行著述をいちいち引用するなら、少なくとも、出所表示の欠落という非難は避けることができる。

しかし、だからと言って、自己複製／重複掲載の問題がすべて解決されたわけではない。ただ、出所表示を欠落したという非難をさけるためならば、後行著述の文章ごと[568]に先行著述の当該部分を出所として明らかにすればいいのだが、そうした場合、後行著述の脚注全体が自分の先行著述でもって埋められてしまうだろう。さらに、先行著述で他人の著述を引用した部分では、先行著述がすべて2次出所に変わる、再引用方式の著述となるであろう。自己複製／重複掲載の問題の本質を、出所表示の欠落にあると見るのなら、上述のような奇異な著述を容認することになるという点から、受け入れられない。

自己複製／重複掲載に関する議論の核心は、出所表示の如何でなく、「新しいものへの読者の期待」を裏切ったかにあると見るのが妥当である[569]。こうした理由から、自己複製／重複掲載を出所表示の欠落または不適切な出所表示を前提とする、「典型的な剽窃」ではない、「非典型的な剽窃」で扱うこ

568　筆者は引用の単位として「文章単位」が妥当であることは上述で明らかにした。注420-427の当該頁。

569　これについては「自己複製／重複掲載の害悪（非難可能性）」部分（注577-581の当該頁）で詳細に論じる。

とになった。

イ．理性的論議の必要性

　この何年間韓国で剽窃は学界を越え、社会的な関心事となったことが何度もあった。そのなかでも最も熱い争点となったのが、自己複製だと言える。剽窃を研究する学者の間でも議論が多いこの用語が、一般の国民の口に上るほどだったということは、剽窃に対するこの社会の高い関心を見せているのだが、その一方で、この概念を正確に理解し、使用しているかという疑問が湧いてくる。

　剽窃議論のなかでも、自己複製が最も多く論じられる理由はいろいろあるのだが、そのうち、最も大きな理由は、摘発が簡単だからではないかと思われる。特定の学者を検証することにして、著述目録を作成してみれば、専門領域のある学者または研究者の場合、似通った主題とタイトルの著述が多数見つけられる。そうなれば、敢えて他の学者の論文と比較することもなく、同じ著者の論文間での類似度を確認するのは簡単なことである。

　自己複製と関連する最近の議論を見ると、自らの先行論文および文章、いくつの単語が同じかを機械的に比較し、全体で何％が同一なので、剽窃に該当するというふうに、無分別に進められる場合が多い。そのため、著述する人は常にこの問題を意識することになるのだが、誤って理解し、正常な研究と著述の妨害となる場合もある。著述を恐れたり躊躇することは、正直な著述において、ある程度必要な姿勢であるが、敢えてそうする必要がないのに、そうした現象が起こるのなら、学問の健全な発展が阻害される。

　自らの先行著述を利用するとき、剽窃を免れるには、出所表示をすればよいとか、そもそも自己複製をしてはならないとも主張する。しかし、自己複製を剽窃の問題とするとき、出所表示の欠落だけでは説明するのは難しい。剽窃論議を通じて達成しようとする目的には、正直さだけがあるのではなく、学問の発展もある。ところで、正直さにだけにこだわり、誤解を買うようなことは最初からするまいという次元で、先行著述と重複する表現やアイデアを使ってはならないと理解するなら、剽窃禁止倫理を通じて達成しようとする最終目的である「学問の真正な発展」を度外視する結果となる。

　剽窃という非難を免れるため、常に以前の論文と重複しない、新しいもの

を書かなければならないのなら、その人は絵画、彫刻、建築、医学に造詣が深いだけではなく、さらに飛行機まで考案したレオナルド・ダ・ビンチ（1452-1519）のような天才であるか、自らの考えもなしに、あちらこちらと毎回新しいことを語り、書く、深みがほとんどなく、一貫性がない——学者とも言えない人であろう。毎回、新しいアイデアと表現だけで、論文を書かなければならないのなら、これは学問と文化の発展にも助けにもならない。自らの理論的な土台を維持しながら、個別の事案または状況に適用すること、すなわち、理論と現実の適合が、学者と学問との重要な役割だとするとき、こうした適用課程で繰り返され重複するアイデアと表現は、不可避なものとして、かえって盛んにすべき対象であり、非難の対象ではない。自己複製を一律的に剽窃だと非難し断罪するなら、学者らは蜂があの花この花と移るように、新しいものを追い求め根を張ることもできず、浅薄な学問だけを量産する恐れがある。

　おそらくよい学者は自らの専門分野で、世のなかを見る自分だけの目がなければならない。これをよくパラダイムまたは核心的な思想という。原則的に言えば、自らのパラダイム[570]を持ち、それを人文・社会・自然科学の各分野で、個別的で具体的な問題に適用することを、学者の責務だとするなら、この過程で自らの考えが重複して表現されることは、避けられないことである[571]。それでも、重複して現れる表現または考えが、当該学者のパラダイムに属するものかどうかを問わず、いくつかの文章が同じなら剽窃だと烙印を押すのは、非常に非理性的な主張である。またパラダイムとまでは言わない

570　全ての学者が自分だけのパラダイムをもっているわけではなく、パラダイムごとに水準の差があり得るのはもちろんである。

571　例を挙げてみよう。韓国出身の世界的な経済学者であるケンブリッジ大学の장하준（チャンハジュン）教授は極めて意欲的に多くの著書を出している。チャン教授は、いわゆる新自由主義の経済秩序に批判的態度を堅持しているものと知られているが、韓国でも翻訳・出版された『ハシゴを蹴っ飛ばす（*Kicking Away the Ladder*）』や『悪いソマリア人（*Bad Samaritan*）』といった著書は、彼のこうした思想が基調をなしている。このような著書は機械的に比較すれば、そのなかには互いに似た考えと似たような文章または文節をいくつか発見できる。これはチャン教授の核心的な思想またはパラダイムが個別のイシューに適用される過程において、不可避的に起きることであり、これを剽窃とは言わない。

までも、議論の展開過程で、先行論文の内容の一定部分を引用するしかない
状況もあるのに、剽窃を恐れるあまり、先行論文の引用を躊躇するなら、読
者が論理の欠如した論文と考えることがある。さらに、極めて理解し難い<u>不
親切</u>な論文により学界の発展が阻害されるだろう。

　このように著述内容に自らの先行著述が、一定部分現れさえすれば、一律
的に剽窃だと批判するのは妥当ではない。こうした誤った文化が持続すると、
剽窃を恐れるあまり、発言（発表）することを恐れたり、躊躇したりするよ
うになる。これは正当な知識の流布を妨害するもので、著作権法が目標とし
ている文化と学問の発展も阻害される。

　したがって学者が自らの思想を拡大・深化する過程で、以前の自分の核心
的な思想、パラダイムを反復して使用することは、学問の属性上避けること
ができないことである。このような自己複製を、剽窃の範疇に入れて論じる
のは正しくない。このことは、ある設問調査の結果でも裏付けられている。前・
現職の学術誌編集委員への設問調査によれば、以前の論文の研究方法論をそ
のまま維持しつつ、研究対象だけを変えて論文を作成した場合、設問に答え
た編集委員の大多数である89.6％が、自己複製ではないと回答したそうで
ある[572]。

　もちろん、だからといって、上述のような自らの核心的な思想、パラダイ
ムを借用することのほかに、前作の表現や考えを大量に借用することにより、
新しい論文に新しいものがほとんどない場合まで、剽窃の議論から除外しよ
うと主張するものではない。

ウ．著作権侵害との関係

　自己複製を自身のものへの窃盗と理解し、問題とならないと主張する場合
がある。しかし、剽窃と著作権侵害との違いを明確に理解するなら、この主
張が妥当でないことはわかる。上述で見たように剽窃は同意よりは被害に集
中している[573]。したがって、被剽窃者の同意があっても免責されない[574]。と

572　신정민、최장순「連載―誤った慣行、剽窃の生態学：どこまでが自己複製・重複投
　　稿なのか」教授新聞 2006 年 10 月 2 日付記事。ここでいう「自己複製」は、すなわち「許
　　容されていない自己複製」を意味するもので「剽窃」の一つの類型を意味するであろう。
573　注 319。

278 第2部 各 論

ころで、特定人が自らの支配下にある自分のものを使用したり、処分したり
することは、自らの同意が伴っており、「同意のない使用」を要件とする著
作権侵害では、自らの先行著述を利用し後行著述をつくる自己複製を規律対
象とはしていない。著作権侵害の前提となる著作物は、他人の著述であるだ
けで、自らの著述ではないということだ。このように明白に侵害対象物の他
者性を要件とする著作権侵害と、他者性を要件としない自己複製とははっき
りした違いを見せる。また自己複製は他者性を要件とする、狭義の剽窃や典
型的な剽窃とも区分される（258頁の＜図2＞）[575]。

　以上で見たように、自己複製を他者性と窃盗の法理から見れば、明確な理
解は難しい。繰り返して言えば、「私のものであるから」問題とならないとか、
「私のものではないから」問題になるというような論議構造では、自己複製
の非難可能性を適切に説明することはできない。自己複製は剽窃の被害者論、
すなわち、剽窃は著作権者のほかにも、同僚、学界、読者などをすべて被害
者と見なければならない。理論を通じて、はじめて明確に実態を把握できる
のもであり、自己複製に使用される先行著述が、自らのものかどうかという
議論によって説明できるものではない。

エ．自己複製と重複掲載とを一括して論ずべき理由

　自己複製と重複掲載を価値中立的な概念だという観点から見れば、先行著
述と後行著述とが同一だったり、ほとんど同一であるとき、これを重複掲載
と言い、ここまで至らないとき、自己複製というのが一般的である。例を挙
げて説明してみよう。一般的に先行著述と後行著述が同一であったり、些少
な違いしかなければ、これを重複掲載というのだが、自己複製という用語も
使う。ところで、先行著述での特定部分、例えば全部で五つの章（chapter）
からなっている先行論文のうちの一つの章が、後行論文でそのまま反復され
た場合、自己複製として論じても、重複掲載としては論じない。

　一方、後行著述が先行著述と完全に同一な重複掲載は、事実上、存在する
可能性は特にない。例えば、同じ論文を2カ所以上の学術誌に提出し、2カ

574　注311-318の当該頁を参照。

575　注548の当該頁と＜図2＞を参照。

所以上の学術誌から掲載通知を受けた場合、掲載を希望する学術誌のほかに、他の学術誌にはその事実を知らせ、掲載申請を撤回するのが学界の常例である。したがって、著者の手違いで掲載申請を撤回しない場合でなければ、同一の論文が2カ所以上に掲載される状況は、常識の目線で見るとき、起きにくい。そうした点から、一般的に重複掲載が問題となるのは、完全に同一な場合よりは、題目や内容の一部が変わったほとんど同じ場合[576]と見なければならない。

　二つの論文が完全に同一であるなら、自己複製の観点から見るとき、新たに追加された部分が<u>全くない場合（ゼロである場合）</u>だと見ることができる。ところで、重複掲載のなかには、新たに追加せずに、一部を削除した場合もあり得る。この場合は自己複製の観点から見るとき、新たに追加された部分が<u>マイナスである場合</u>だと言える。すなわち、重複掲載が問題となる後行著述が、先行著述と同一だったり、先行著述から一部を削除して作った著作物だとしても、自らの先行著述を利用して、新たにつくった著作物だという点で、重複掲載は広く見ると、自己複製に包摂されると言える。

　以上から見れば、自己複製と重複掲載は同一人の二つの著述、すなわち、先行著述と後行著述との同一性または類似性の程度の違い、すなわち「自己複製」であるだけで、「質的な違い」ではない。なので、剽窃論議では本質的な違いをもたらさなかったのに、敢えて分けて論じる過程で、複雑さと混乱をもたらすよりは、大きな枠で同じ範疇で一括して論じた方がよいと考える。ただ、自己複製と重複掲載が「程度の違い」を越えて、被害者論の観点から微妙な違いが生じる場合があるにはある。しかし、自己複製／重複掲載という大きな範疇から見るのが、両者の理解とその違いを論じるのに、かえって助けとなるので、同じ範疇で論じるが、違いがあるときだけ、別に区別して論じることにする。

576　例えば、ソウル行政法院 2005.12.28 宣告 2005 구합 5499 判決（以下「ドイツ文学事件判決」とする）において、既存論文を論文素材の時間順に羅列し、序文を追加したことのほかに新たに追加したものがない著書に対し、新しい著述とは見なかったのだが、こうしたことが重複掲載の代表的な事例だと言える。

280   第2部 各   論

2. 自己複製／重複掲載の害悪（非難可能性）

ア. 自己複製への非難可能性の核心

　自己複製の著述のうち、剽窃として非難されることのある自己複製とは、異なる題目で他の機会に発表された著述であれば、既存の研究物と異なる、新しいものが含まれているだろうと期待することになるのだが、それがない場合である。そうした点から、ただ既存の研究物への出所表示をしなかったという理由だけで、非難が集中すると見ることはできない[577]。万が一、出所表示の欠落が自己複製を非難する中心的な理由であるなら、自らの先行著述への出所表示を適切にしたが、新たに加味された内容がほとんどない後行著述は、剽窃ではないと言うべきである。しかし、果たしてそう見ることができるだろうか。

　自己複製の著述で引用が問題となるなら、自らの先行著述をいちいち出所として表示しなければならないだろう。これは自己引用（self citation）問題にも帰着する。珍しく法院の判決のなかに、自己複製と重複掲載を区別して、自己複製が再引用の問題と密接な関連があることを認めたものがあり、紹介する。

> 　原告はその部分をすでに、上述の博士論文において発表し、出所を明らかにせず、そのまま引用し、「時調と歌辞に現れた陶淵明の飲酒詩の受容様相」はすでに発表した中国語からなる論文を韓国語に翻訳して発表しつつ、作品の出所の一部を明らかにしたが、<u>再引用したという表示はないので、いわゆる、自己剽窃が剽窃なのかに関しては議論の余地があるが、既存に発表した上述の論文に対する重複論文と見なければならない</u>[578]。

　一方、自己複製の著述で、自らの先行著述を出所として表示しなければならないのなら、こうした出所表示は、著作が自己自身にその功を認めたり、代価を支給することになり、出所表示または引用の本来の目的に合わない。以下で見るように、自己複製が非難されるより根本的な理由は、他のところにあるのに、注に自分の名前だけを隈なく記載したことにより、非難を避け

577　一方、이인재、前掲報告書（注412）において提示した人文・社会科学分野の剽窃防止に関する指針（案）第3条（定義）第6号によれば、自己複製の害悪が出所不表示に当てられていることがわかる。

られるとすれば、自己複製論議の本質を見過ごしたものである。

追加された部分（＝後行著述−先行著述）の独創性と寄与度

　自己複製を剽窃の一類型と見るかの根本的な要諦は、出所表示の欠落にあるというよりは、先行著述にないもので、後行著述に追加された部分が独創性があり、それが当該分野に寄与するだけのものか、にある。したがって、自己複製には非難可能性がある場合（許容されない場合）と、非難可能性がない場合（許容される場合）とがある。学問の過程で自らの先行著述の一部分を、後行著述で引用することは不可避である。自己複製に非難が集中する理由は、利用行為にあるのではなく、先行著述と区別される後行著述の独創性がないという点と、そのことにより、結局当該学問分野に寄与できないというところにある。

　同一人の二つの論文、すなわち、先行論文Ａと後行論文Ｂとが、相当部分類似しているという前提の下、Ａ論文の剽窃か否かを論議してみる。Ａ論文からＢ論文に利用した部分をａと表示し、Ｂ論文からａ部分を除外した残りの部分をｂとしよう。すなわちｂ＝Ｂ−ａとなる。

　自己複製に非難が集中するのは、後行論文（Ｂ）が先行論文（Ａ）を利用した行為と、その程度にあるではなく、その部分を除外した残りの部分、すなわちＢ論文でＡ論文とは異なって、新しく追加した部分（ｂ）が、どれほど独創的か、さらに、当該学問分野にいかに寄与が大きいかにかかっている。これを算式で論じれば、以下の通りである。

　Ｂ論文が「非難可能性のある自己複製」、すなわち、剽窃に該当するかを判断するときに、最も重要な考慮すべき要素は「ａ/Ａの比率[579]」ではなく、

578　ソウル行政法院 2006.11.29 宣告 2006 구합 14490 判決（以下、「中国文学事件一審判決」とする）。この判決は控訴審［ソウル高等法院 2007.8.22 宣告 2007 누 391 判決（以下、「中国文学事件控訴訴審判決」とする）］において、取り消されて結論が変わった。すなわち、一審では重複論文として剽窃と見、控訴審は重複論文と見ることはできないとした。たとえ取り消されはしても、一審判決のなかで、自己剽窃と重複掲載とを分け、自己剽窃の争点から再引用の争点と結び付けるのは、極めて異例なことであり、控訴審判決と別個に重要な意味があると見て、本文に引用した。一方、この判決においては自己剽窃という用語を使用しているが、これは筆者がいう「許容されない自己複製」または「非難可能性のある自己複製」と同じ概念であり、剽窃に該当する。

b 部分の独創性と、それが当該学問分野にいかなる寄与した点があるかにか
かっている。一方「b/B」、すわなち、「(B−b)/B」の比率[580] は、この判断で
は極めて重要な要素ではない。ここでの議論は自己複製なので、b/B の比率
は低いしかないことが前提とされているからである。もちろん、b/B の比率
が高いほど、非難可能性がある自己複製に該当する確率は低くなるが、b/B
の比率が低いとしても、b 部分の独創性と寄与度によっては、剽窃だという
非難を避けることができる。したがって、自己複製論議の焦点は、a/A の
比率（「著作権侵害算式」）や b/B の比率（「剽窃算式に関連した比率」）に
当てられるよりは、b 部分の独創性と当該学問分野での寄与度に合わせられ
るのが合理的である。

　これを裏付けるに足る判決[581] がある。まず、事件を正確に理解するために、
事案を簡略に説明する。大学教員新規採用で落ちた教授志願者（原告）が、
大学総長（被告）を相手に教授公開採用審査不合格処分取消しを求め、その
一方、合格した教授が被告総長の補助参加人として訴訟に参加した事件であ
る。この大学は志願者に、学位論文と一般論文 2 編を提出させたのだが、脱
落者である原告は、自らの一般論文は博士論文の重複論文ではないのに、被
告大学（総長）が重複論文だと認め、採用から脱落させた。自分と競争して
合格した教授らの一般論文は、彼らの博士論文に重複する論文なのに、重複
論文ではないと見て、合格させたと主張した。そこで、法院は原告（脱落教
授）と被告補助参加人（最終合格した教授）、そしてもう一人の他の教授（書
類合格後、最終不合格した志願者）が提出した一般論文の博士論文との重複
性の有無をいちいち判断した。

　上述の判決によれば、自己複製が非難されなければならない重要な理由は、

579　これは上述の正当な範囲の議論において見た「著作権侵害算式」に該当する。注 551
　　の当該頁。

580　これは上述の「剽窃算式」と関連する。厳密に言えば、剽窃算式は a/B の比率であ
　　る（注 557 の当該頁参照）。ところで、a＝B−b なので、本文で挙げた b/B の比率［＝(B
　　−a)/B］は剽窃算式 a/B の比率［＝(B−b)/B］とはコインの表裏の関係にあるわけで
　　ある。したがって、筆者は上述の本文に続けて b/B の比率を「剽窃算式に関連する比率」
　　だと表現した。

581　大田地方法院 2008. 8. 13 宣告 2007 구합 4324 判決（以下「博士論文と一般論文との
　　間の重複事件判決」とする）。

後行論文（この事案の「一般論文」）が先行論文（この事案の「博士論文」）と区別される独創性や当該学問分野における寄与がないためだという、筆者の主張とほとんど一致する。

　自らの博士論文を深化・発展させ、新たな研究論文を発表する場合、自己複製または重複掲載論文として見るかどうかという、実務上しばしばぶつかる問題である。一般的に博士学位を受けた学者らが、引き続いて後続論文を出す場合、博士論文との重複性をある程度避けるのは難しいのだが、これに対し上述の「博士論文と一般論文との間の重複事件」で、法院は「学問の深化過程」として、学界では自然なことと認めた後、重複の有無の判断で、新たに書かれた一般論文に既存研究（博士論文）にない独自の存在価値を認めるに足る、新しい主題と論点とがあるかが重要と見た。

　万が一、このように選択して見ず、博士論文を発展させ、一般論文として発表することに対し、一律的に剽窃だと非難するのなら、博士学位を取得した人は、自らの学位論文のような主題では、学問研究をするなということである。剽窃を免れるためには、博士論文の主題とした専攻や主題と異なる論文を書かなければならず、博士学位のない人が、学問研究のためにはよりよい位置を占めることになる、という奇異な結果を生むことになる。剽窃論議の目的が終局的には学問発展にあり、上述のような結果は、かえって、学問の深化過程という自然な学問風土を、阻害することになるという点で不当である。結局、博士論文を一般論文へと発展させる場合、学問の深化過程という側面で、論文の重複性の有無を分けてみたこの判決は、極めて妥当である。

　結論から言えば、自己複製に対する非難可能性の焦点は、先行論文とどれほどたくさん重複しているか（a/Bの比率）にあるのではなく、先行論文にないもの（b部分）がどれほど独創的か、その分野に寄与するに足るものであるかにある。いかなる論文であれ、すでに発表されたものだという特別な注釈がなければ、読者は当然新しい論文だと認識する。その裏面に「創意性の期待」が前提となっているからである。b部分が新たに創意的なものとして、当該分野で意味があるのなら、a/Bの比率がいくら高いとしても。こうした自己複製論文を非難できない。反対にb部分が特別な意味を持ち得ないなら、後行論文（B）は読者の創意性に対する期待を放棄したものとして、非難されて当然である。

いことを挙げている[584]。ところで、米国の風土は韓国の学界、特に大学の風土と異なるため、そのまま受け入れ難い。自己複製が教授昇進といった非経済的要因と結び付いたり、研究費・研究用役受注といった経済的要因と結合した場合、その害悪が小さくないからである。特に重複掲載の場合は問題が深刻である。

重複掲載論文は事実上、一つの論文である。それなのに、二つ以上の論文として計算し、これを教授・研究員等、研究と教育を目的とする職種に就くのに、有利な資料として使ったり、就職した後には各種の職級昇進、例えば助教授から副教授、副教授から正教授の昇進検査、再任用審査、定年保障審査等で別個の論文として使用するのは問題である。これは研究員にも適用することができる。例えば、副研究委員から研究委員または専任研究委員への昇進等に、一定の数の研究論文が必要なとき、重複論文を二つ以上として数える場合である。

よく知られているように、韓国は教授採用での競争が極めて熾烈であり、客観的な審査よりは学閥、地縁、学校法人との関係等に左右される場合が少なくなく、採用結果に納得できず、訴訟に至る場合がたまにある。ところで、主観的な評価がある程度ともなうしかない教授採用審査で、裁量範囲内にある主観的評価を争うわけにはいかないため、手続違反とか任用要綱にともなう、論文などの業績要件の不備などを争うことが少なくない。採用過程[585]や昇進[586]、再任用[587]、定年保障審査などで脱落した者が、学校を相手に脱落の違法性を争う過程で、相対的にこうした審査を通過した人の業績要件を争う場合がある。例えば、脱落者の論文を重複論本と見て、論文数を削減したとか、反対に、通過者の論文が重複論文なのに、その点を指摘しなかったとかが争点となる。上述で詳細に見た、博士論文と一般論文間の重複事件が、その代表的な例である。

584　ポズナー（포스너）、前掲書（注47）137頁。

585　博士論文と一般論文との間の重複事件判決（注581）：大邱地方法院2008.10.29宣告2007가단103762判決（以下「ポスター論文重複掲載事件判決」とする）。

586　ソウル行政法院2008.3.26宣告 2007구합14176判決（以下「昇進時論文重複使用事件判決」とする）。

587　ドイツ文学事件判決（注576）。

（イ） 経済的利益

重複論文は一つの論文である。ところで、既存の発表した論文をそのまま、または若干修正し再び公表することにより、新たな経済的利益を得る場合がある。例えば、大学の教員の場合、既存の論文を利用し、新しいもののように重複掲載することにより、研究費を不当に二度受領するとか[588]、外部機関から追加の研究用役を受領する場合がこれに該当する。

いわゆる、「研究費返還事件」で、光州高等法院は、自分の既存論文をそのまま外部の学術誌に掲載した行為に対し、自己複製が剽窃に該当するかについての判断は避けながらも、この過程で研究費まで申請して受領した行為を、「まるで新しいものかのよう」に外部学術誌に掲載したことに着眼し、懲戒事由とするのは正しいとした。このように自己複製と別に、重複掲載が剽窃となることがあることを、韓国の法院が確認したというところに、意義を見いだすことができる。しかし、この事件で研究費を受けなかったとしても、同じ結論を下しただろうか、また、研究費を受けたとしても、既存の博士論文を利用し作成したことを、注で明らかにしていたら、同じ結論が出たかは簡単に断定し難い。

（3） 特殊な事例：政府出資研究機関などの場合

読者層が異なり、経済的または身分上の利益をとらず、先行論文の存在を明らかにしたなら、重複掲載を非難する理由はない。かえって、読者の便宜のために、重複掲載が必要な場合がある。特に伝達と普及が重要な分野では、新たな読者層をねらい、メディアを異にする重複掲載を許容するだけでなく、奨励さえする。代表的なところとして政府出資機関がある。

筆者が23の政府出資研究機関を総括する経済人文社会研究会に提示した「剽窃判定に関する細部規準」によれば、以下のような重複掲載規定がある。これは研究結果の伝達と普及を重視する政府出資研究機関の特性を考慮した条項だと言える。こうした規定がもたらす順機能の一つは、上述で「理性的議論の必要性」で触れたように[589]、剽窃規定（ガイドライン）がなければ、

588　光州高等法院 2004.9.3 宣告 2004 나 3924 判決（以下「研究費返還事件判決」とする）。
589　注 569-572 の当該頁を参照。

288　第2部　各　論

自らの著述が剽窃に該当するかがよく分からなくなり、著述を極度に委縮さ
せる結果をももたらすのだが、かえって、こうした規定を通じて法的な安定
性、すなわち「安定した著述」が可能となるという点である。これまで、重
複掲載への誤解と、それにともなう恐れのために、政府出資研究機関所属の
研究者が、自らの研究結果を外部のジャーナルに寄稿したり、一般マスコミ
に要約・掲載することを躊躇する現象があった。重複掲載に対し正しく理解
をし、さらに政府出資研究機関がこうした規定を完備するのなら、より安心
して研究と著述ができるものと考える。

　5.　重複掲載
　ア.　(省略)
　イ.　「重複掲載」は、自らがすでに発表した著作物と、同一または実質的
　　　に類似する著作物を、同一または類似する読者層に向けて、先行著作物
　　　の刊行事実を明らかにしないまま、再び掲載または刊行する行為を言う。
　ウ.　以下で例示する類型は重複掲載に該当しないものと見ることができる。
　　　ただし、利用された先行著述の存在と出所を明らかにしなければならな
　　　い。
　　(1)　刊行されていない学位論文を著書、論文、報告書の形で刊行する
　　　　行為
　　(2)　用役報告書、政策提案書などのように、特定機関の要請または目
　　　　的に従い作成された著述を、別途の著書または論文の形で刊行す
　　　　る行為
　　(3)　すでに、刊行された自らの報告書、論文などいくつかを編集し、
　　　　単行本その他の著述形態で刊行する行為
　　(4)　すでに刊行された自らの報告書、論文が編集者の特定の目的に従
　　　　い、他の著者の論文などと一緒に編集・刊行される場合[590]
　　(5)　ワーキング・ペーパー、およびその他これに準じる研究資料を正
　　　　式の出版物として刊行する場合
　　(6)　既存の研究機関内の自らの研究物を大衆に広く知らせるために、
　　　　教養時事雑誌、その他のマスメディアに寄稿する場合

590　前出の(3)は自分が編集者となり、自分の論文だけを集め、自分の名前で単行本が出
　　版される場合であり、(4)はさまざまな人の論文を集め、編集・刊行する場合という点
　　で違いがある。

（7）　既存の研究機関内の自らの研究物を読者層を異にする外部の学術
　　　誌に掲載する場合
　エ．すでに刊行された自らの著述を他の言語に翻訳、刊行することが、重複
　　　掲載に該当するかを判定するに当たっては、翻訳の目的と必要性、当該学
　　　問分野の性格、使用された言語などを総合的に考慮しなければならない。

　この規定は例外規定を例示的に列挙する形でつくられている。重複掲載に
該当する類型を積極的に列挙する方式よりは、一般的に重複掲載に該当する
かどうかについての疑問が多い類型のうちから、重複掲載に該当しない類型
を、消極的に排除する方式をとった方が、より明瞭だろうと考えたからであ
る。また、例示規定の形式に従うことにより、列挙された類型以外の類型を
排除しなかったし、さらに、任意規定形式にしたがったのは、判断において
より柔軟性を確保するためである。

　上述で言及したように、一定の要件を備えた重複掲載を許容する特殊事例
として、政府出資研究機関を挙げたのは、一つの例に過ぎず、必ずしもこれ
だけに限られるものではない。民間出資研究機関やその他、広くシンクタン
ク（Think Tanks）に該当する機関もここに含め、論じることができる。研
究成果物を、それが対象としている読者を越えて、新たな読者を対象として
再び刊行することが、当該機関の設立目的に符合するのなら、重複掲載を許
容するのに異なって見る理由がないからである。

ウ．学術誌投稿規定の問題

　重複掲載は論文の剽窃とともに、科学者らの間で極めて深刻に認識されて
いる研究倫理の一つである。先に寄稿したジャーナルから同意を得ていない
状態で、その論文を他のジャーナルに寄稿し、すでに発表した著述であるこ
とを明らかにしなければ、創意性の期待への違反として、剽窃に該当すると
する[591]。しかし、重複掲載の場合、先行著述が掲載された学術誌などの事前
許諾がなければならないという主張は、以下のような理由から必ずしも妥当
ではない。

　まず、学術誌等に論文を寄稿し、掲載される場合、著作権と関連し、二つ

591　유재원等、前論文（注377）348頁。

の場合が考えられる。1、学術誌等の投稿規定または契約に従い、著作財産権を学術誌等に譲渡し、著作財産権が学術誌等に帰属するようにする場合、2、そうした規定や契約がない場合である。

　2番目の場合、著作財産権が著者にあることは争う余地がないので、重複掲載のとき、先行著述が掲載された学術誌の許諾を受ける理由は全くない。問題は一の場合である。

　著作財産権（複製権、電送権など）を「学術誌A」に譲渡することとする投稿規定があり、これを受容し投稿した一の場合、同じ論文を「学術誌B」に再び掲載するなら、学術誌Aは著作権侵害被害者となることがある。投稿者と学術誌Aとの間には、投稿行為を通じて著作財産権を譲渡することとする内容の投稿規定には、投稿論文はすでに発表されたものであってはならないという規定があるために、特別な事情がない限り、この場合、学術誌Bは重複掲載、すなわち剽窃の被害者となることがある。学術誌BとBの読者がもつ、創意性の期待を放棄することになるからである。

　整理するならば、同一だったり、ほとんど同一な論文をそれぞれ二つの学術誌に投稿し掲載される場合、先行論文を掲載した学術誌Aは著作権侵害を、後行論文を掲載した学術誌Bは剽窃を問題とすることができる。このように、著作権侵害の被害者（学術誌A）と剽窃（重複掲載）の被害者（学術誌Bとその読者）とが、別々に現れるという点でも、著作権侵害と剽窃とを区別する実益がある。

　一方、著者としては、論文を学術誌等に投稿した後にも、当該論文を別途単行本として出版したり、自らの他の論文とともに、編集物形態の単行本として出版したり、さらに、同じ主題に関するさまざまな著者の論文を集め、編集物形態の単行物を出版する過程で、自らの論文をその編集物に載せるよう、許諾しなければならない必要がある。ところで、このとき、先行論文を掲載した学術誌等の投稿規定に、論文の著作財産権を譲渡することとする内容があり、その規定に別途例外条項がなければ、その学術誌等が許諾しない限り、論文の著者は上述のような行為ができなくなる、著者にとって極めて不合理な結果がもたらされる。したがって論文の著者としては、投稿規定を子細に検討し、こうした規定があるなら、自らの将来の必要を予想し投稿規定にもかかわらず、著者に限り、将来の重複掲載または重複出版などを許容

する、という内容の特約を締結する必要がある。

　しかし、通常の論文を投稿するとき、このように投稿規定を子細に検討することは少ない。さらに、投稿規定と異なる特約を締結するというのは、一層難しく、異例なことである。であるなら、この問題を解決する方法としては、投稿規定を約款と見て、不公正取引約款の問題として接近することが提案できるだろう。

　学界が自らの便宜主義により、学会または学術誌に有利な方式で、投稿規定を設けているのだが、これは所属学会員、広くは学者らに頸木をはめることであり、さらに、学問発展への助けとならない。したがって敢えて不公正取引約款として、問題を提起しなくとも、守ることのできない非現実的投稿規定をそのままにしておくよりは、これを現実に合わせて直す方が望ましいと考える。

3.　重複性判断の基準

　重複性に関する議論のある、後行著述に対する判断は非常に難しい。著述の種類や性格によって多様であり、一律的な基準を提示するというのが、おかしく感じられるほどである。以下では具体的に裁判の争点となった事例を中心にして論じる。ただ、事例を中心として体系化したため、すべての場合を網羅したものののではないことを断っておく、今後の議論の過程で追加されることもある。

ア．既存論文を集め、編集物形態の著書を出版した場合

　学者らは自らが研究した結果物を、論文または単行本など、多様な類型により出版する。論文と単行本のうち、どちらか一方だけを執筆する場合もあろうが、おおむね一定の期間をおいて、論文と単行本とを交互に発行する。例えば体系化された単行本をまず著述した後に、これを土台に個別の争点をより深層的に研究した論文を出す人がいるかと思えば、論文をまず書いた後に、体系化された単行本にまとめる人もいる。もちろん、類型の選択は全体的に著述者に任されている。

　既存の論文を集め、編集物形態の著書を刊行することは、学界ではよくあることである。学者らのなかには、特定の大きな主題の単行本の出版を念頭

におき、それよりも下位の個別主題に関する研究論文を出版した後、ある程度集まったと判断されれば、これを一つに合わせて出しもする。学界の文化や学問分野の特性上、論文よりは単行本の出版が活性化されていても、こうした現象が発生する。これは学問の自然な過程であり、これが問題となる理由は全くない。ここで、議論の主題である重複掲載または重複性の問題は、主題が同じ論文と単行本とが出版された後、著者がこれを身分上または経済的理由から別個の著述として利用するときに発生する。

　実際、自らの論文を集めて特定の主題の単行本を出版しているのだが、再任用審査で単行本が別個の著述として認められるかが、裁判の争点となった事例がある。外国文学と関連した学科の副教授である原告は、再任用で脱落したのだが、その理由が再任用審査に既存論文を重複提出したというものであった。具体的に言えば、著書を研究実績として提出したのだが、その著書が既存に発表された論文を編集した編集物である場合、それが独立した別個の研究実績となり得るかが、争点となった事案である。すなわち、この事件での争点は、重複論文の判断基準であった[592]。

　法院は新しく出た編集物が、既存の論文と別個の研究実績となるには、① 既存の論文の総合化、および体系化、② 既存論文の内容の比較・分析と体系的整理、③ 既存論文を土台として作成されたものだという、明示的な説明がなければならないと判断している。

　その反面、この事件はこの判断に至らず、重複出版と見たのだが、その根拠としては、㋐ 序文のほかに、新たに追加されたものがないという点、㋑ 既存論文を時間順に羅列しただけで、体系となっていない点と、これに加え、㋒ 全体的な単行本の主題と関係のない部分が入っており、体系を損なっているという点を提示している。さらに法院はこの事案で、単行本と同じ時期に発表された二つの論文が、単行本に載せられている点を否定的な要素として見ている。

　この判決は、個別事件に関する判断であり、一般化するのは難しいが、既存論文を集めて単行本を出すとき、それが重複出版ではない別個の研究実績として認められるには、既存の論文の単純な羅列を越え、単一の主題にとも

592　ドイツ文学事件判決（注576）。

なう体系性は備え、個別論文を体系的に整理したものでなければならない点を明らかにしている。この過程で既存論文を集めたもののほかに、追加される内容がなければならないのだが、序文だけでは足りず、それ以上の内容が必要だということである。

イ. 博士論文を研究論文として発表した場合

紙面の限界上、本書で博士学位の目的と学位論文の意義を深く論じる余裕が十分ない。ただ、韓国では博士学位が学界に進入するための一種の関門だという点だけは、相変わらず慣行化された事実だと言える[593]。剽窃または著作権侵害事件のうち、博士論文と関連する事件がときどきあるのだが、博士学位の意義をよく説明した判決がある。

> 侵害の対象となった原告の著作物は博士論文であり、これは原告が彼の経歴や研究業績などに関して、対外的な評価を受ける場合に重要な一つの判断基準となっており、通常の学術論文に比べ侵害の程度が重大である[594]。

著作物侵害の対象物が博士論文である事案で、侵害にともなう慰謝料の額を、他の著述に比べ高く認定するための根拠として、博士論文の重要性を特に説いた上述の判決は、今後類似の事例にも影響を与えるものと見られる。

一方、博士学位の取得後、博士論文を土台として、新たな論文を書いて発表することは、学界の慣行であり、これが重複掲載に当たるかに関する議論が極めて熾烈である。これに関しては「博士論文と一般論文との間の重複事件[595]」で子細に扱っているが、以下では、この問題を直接的に扱ったもう一つの判決を紹介する。

定年を保障された教授である原告は、剽窃を含めたいくつかの非違事実で、

---

593 もちろん、大学教授や専門研究員となるために博士学位が必ず必要なのではなく、学問分野によっては博士学位が必要でない場合も時折ある。しかし、おおむね大学教授や研究員採用時に博士学位所持を要件とする例が多いため、学界に入るための関門という表現を使用した。

594 ソウル中央地方法院 2008. 7. 24 宣告 2007 가합 114203 判決（以下「医学博士学位民事事件判決」とする）。http://classic.the-scientist.com/news/display/53061/#comments（2012. 5. 31）。

595 注 581 の当該頁を参照。

停職3カ月の懲戒処分を受けた。剽窃疑惑は大きく二つで、1、自らの博士論文を再び研究論文として提出したこと、2、外国語で発表した論文を、再び韓国語で発表したことであった[596]。

この判決は、重複性の規準を「拡大・重複生産」の如何においている。すなわち、二つ目の論文が自らの先行論文に対する拡大・重複生産に該当すれば、重複掲載と見て、「新しい次元で新しい方法で研究」した論文であるなら、深化された論文と見たのである。

ウ．研究論文を博士論文として出した場合

研究論文を発展させ、博士論文として提出したり、研究論文をいくつか集め、博士論文として提出する場合を見てみよう。このとき、重複掲載の議論の対象は後行著述である博士論文である。

博士学位はその課程を修了するだけでも、最小限2～3年かかる最高学位課程である。学士や修士課程とは異なり、講義式の授業よりは学生自らの研究が強調されるのだが、これは最終目標である学位論文作成に、その力量が集中されなければならないからである。博士課程の成否は博士論文により評価され、学者として活動する限り、博士論文は、生涯、学位取得者の進路と評価などに影響を与えるといっても過言ではない。

このような重要性に照らして見るとき、博士論文は短期間に完成できないものであり、学問の種類によって異なるが、博士論文の提出に先立ち、一般研究論文を一定の本数以上、作成して提出させる場合がある。博士論文提出資格審査を厳しくする場合には、そうやって研究論文数を増やし、甚だしくは、一定の水準（等級）以上の学術誌に掲載することをも求められる。このように、博士論文の作成に先立ち、一般研究論文を作成する場合、まず発表した一般研究論文（先行論文）が博士論文（後行論文）に影響を及ぼさないわけがない。同じ人の論文であるだけでなく、学位課程にある人としては、何よりも最終目標である学位論文を念頭におき、一般研究論文を作成するのが常識だからである。ある点から見れば、博士課程にある人が、博士論文の主題と懸け離れた一般研究論文を作成して発表するということは、簡単には

596　中国文学事件控訴審判決（原告控訴引用、重複を認めず、注578）。

考え難いことかもしれない。このように、博士論文作成に先立ち、発表される一般研究論文は、博士論文と密接に関連した主題を扱うために、博士課程にある学生としては、博士論文を完成していく作業の一環として、一般研究論文を作成、発表していると言える。

　一方、こうした学問方法の利点の一つは、学術誌のような外部の審査を通過することにより、博士課程にある学生の主張と研究方法論が、学位論文提出に先立ち、客観的に検証されるという点である。実際、博士論文の場合、博士論文審査委員会の審査を経るために、より厳格な手続を経ると見ることができる。しかし、場合によっては内部審査[597]という限界のため、外部の学術誌の審査より、客観性が落ちる場合もある。

　整理すれば、博士論文提出に先立ち、一般研究論文を作成・発表するのは望ましいことで、奨励するに値する。であるなら、博士課程の一部として、一般研究論文を発表するという点、学問の一貫性を維持するという点などを、総合して見るとき、一般研究論文の相当部分が、博士論文に組み込まれていくことは、学問方法論、さらには、学問倫理の次元で非難することではないと言える。したがって、一つの一般研究論文を発展させたり、いくつかの論文を集めて体系を備えた博士論文として提出することを、重複掲載だと非難することはできない。ただ、上述のドイツ文学事件の判決で見たように、「重複性判断の基準」をここにも適用するなら、①既存論文の総合化および体系化、②既存論文の内容の比較・分析と体系的整理、③博士論文の序文等で、既存論文を土台に作成したという明示的な説明がなければならない。

　一方、いくら博士論文提出に先立ち、一般研究論文をいくつも発表し、それらが相当な水準をもっているとしても、このような個別の研究論文を単純に羅列することにより、博士論文が完成するほど簡単ではない。博士論文は一般の研究論文に比べ、非常に大きい主題を扱ったり、少なくとも、学位請求者の世界観、パラダイム、独特な研究方法論が現れなければならないという点から、総合化および体系化という作業が、それほど簡単ではないため

597　もちろん、おおむね大学ごとに博士論文審査委員会には他の大学の教授が外部委員として参加するようにする規定を設けている。実際、所属大学外の教授が参加するという点から、完全な内部審査とは言えない。この点から、徹底して外部審査により進められる一般学術誌の審査とは区別される点であろう。

である。このように総合化、および体系化の過程で、既存の発表された一般研究論文は、相当修正され、博士論文に組み入れられる。このときの修正の程度が小さければ、重複掲載と関連し「事後行為にともなう非難可能性の違い[598]」で見たように、一般研究論文と博士論文を別個の著述として評価を受けようとすることは、非倫理的な行為として非難されることになる。逆に、博士論文に組み入れられる過程で、修正が多ければ[599]、一般研究論文と博士論文とを、別個の著述として評価可能である。

エ．翻訳の場合 —— 自己翻訳

　重複掲載の争点の一つが異種言語間の論文重複の有無である。もちろん自らが著述した論文を自らが他の言語に翻訳する自己翻訳[600]が、ここでの重複掲載議論の対象である。外国語で発表した論文を韓国語で再び発表したり、その反対の場合が、従来学界に多かったのだが、特に、以前、学問領域での国際交流が活発でなく、韓国の学問が先進国の学問に比べ、大きく遅れていたときには、学問の世界化のために、かえってこうした翻訳作業は奨励される慣行が学界にあった。読者層が異なるという点から見れば、既往に発表した論文を他の国の言語に翻訳し、発表することへの非難可能性は、大きくなかったと見られる。著作権法の側面から見ても、翻訳は二次的著作物の一種として、原著作物と別個の独自の著作物として保護されるという点（著作権法第5条第1項）で一層そうである。

　しかし、こうした慣行と尺度が、今日もそのまま維持されると見るのは難しい。学問のなかには、すでに世界化が相当進み、国内と海外との区分が、ほとんどない分野があるかと思えば、相変わらずハードルの高い分野もあるからである。剽窃禁止倫理に関する認識が広がるにつれ、こうした翻訳出版が重複掲載として、剽窃禁止論理または研究倫理に違反するものではないか、という議論も起き、過去と現在の尺度が互いに異なり、混乱の度を増し

598　注583、584の当該頁を参照。

599　一般研究論文の作成と博士学論文作成とは時間上でも相当な開きがあるため、学問の種類によっては単純な資料と統計などのアップデートを越えて、観点を変えてしまう場合もある。

600　自己翻訳概念については注536の当該頁を参照。

ている。

異例ではあるが、韓国の判決のうち、異なる言語で翻訳・刊行された自己翻訳が、重複掲載または重複出版に該当するかについて判断したものがある[601]。

この判決は、外国で発表した自らの論文を韓国語で再び発表する場合、重複掲載に該当するかについての規準を提示したという点で意義がある。発表した論文だという点を明らかにしたかとは別に、その結果物は国内の学術研究や教育分野では、通常の翻訳と異ならない役割をするという点を認め、重複掲載ではないとした判決は、類似の事件の参考となり得る。すなわち、自らの外国語論文を国内で韓国語に翻訳・発表したことに、別個の学問的意義があると見たものであり、この部分は今後も議論の余地があり得るが、剽窃の有無、すなわち、重複性の有無の判断で、「学問的意義」または「寄与」を考慮すべきという見解は、重複掲載／自己複製に関する筆者の観点と一致している。さらに、これは著作権法の目的にも符合するものとであり、極めて適切だと考える。

しかし、この判決を自己翻訳全般へと一般化するには注意すべき点がある。1、学問別の偏差があり得る。例えば、国文学、歴史学、哲学が中心の文科系学問のなかでも、韓国の文学、歴史、哲学を含む、よく「韓国学」と呼ばれる学問領域の場合、一般の社会科学や商経系列の学問、さらには理工系学問に比べ、国内と海外との間の交流が総体的に少ないのは、言語間のハードルから生じる側面も大きい。そうした点から、そのような学問分野の国内論文を外国向けに、翻訳・刊行することは、かえって奨励すべきことであり、重複掲載だと非難するのを、学問の疎通を阻害するものと見ることができる。学問の性格によっては、韓国語で書かれた論文を1、2編書くより、既存の論文を外国に紹介するために外国語に翻訳・出版することの方がより難しい場合もある。その反面、海外の学界と疎通し、円滑で相対的に言語間のハードルが低い理工系や商業経営系列といった学問分野では、異なる言語間の翻訳・出版に対し、学問的な寄与が高いと言い難い場合もある。こうした事情なのに、異なる言語間の翻訳・出版を一律的に重複掲載と非難したり、許容

601　中国文学事件控訴審判決（注578）。

するのは危険である。

2、異種言語間の距離も重要な変数となるだろう。例えば、「韓国語と英語」または「韓国語と日本語」との間を「韓国語とフランス語」または「韓国語とロシア語」との間のように取り扱うのは、妥当ではないだろう。これは時代により、または学問分野により変わり得る。

このように論文を異種言語に翻訳して発表したことが、重複掲載に該当するのかは、一律的には言い難い。その動機がより重要だとも言える。例えば論文数が増えることにより、有形または無形の利益を得ようという動機がより大きいか、でなければ、私的には何らのまたはこれといった利益はないが、韓国の学問を外部（外国）に紹介したり、外国の学問を韓国に紹介しようとする目的がより大きいかが重要だと言える。

異種言語で論文を発表し、論文数が増加する場合、それが昇進／再任用のような、身分上の問題や研究費受領のような、金銭的動機に当たると見るかもまた一律的に裁断することはできない。そうした私的利益と、学問発展に役立てようという動機または学問発展に寄与した程度を、総合的に考慮し判断するのが妥当である。重要なのは、同じ言語間での重複掲載に比べ、異種言語間の重複掲載（翻訳・刊行）は異なって見るべき点があるということである。そこで、翻訳は二次的著作物として、原作とは別個に著作物として認められるという点も考慮されるだろう。

一方、自己翻訳はただ翻訳にとどまらず、原テクストを修正し補完する場合も多い。これは翻訳者が著者自身なので可能なことであり、これは一般翻訳家が享受できる特権とも言われている[602]。このように原典を翻訳する過程で、修正・補完する場合は、新しい創作的要素が加味されるという点から、厳密に言えば、ここでいう重複掲載には該当しないこともある。

オ．研究用役契約から発生する特殊な問題
これまでの何年間、政府または政府機関主導の下で行われた、研究用役課題が多かった。これは時を経るとともに、複雑化する現代社会に対応するた

---

[602] 김욱동、前掲書（注536）205頁（原出所：Rainer Grutman, "Auto-translation", "Multilingualism and translation", edited by Mona Baker, *Encyclopedia of Translation Studies*, Routedge, 1998, pp. 17-20, pp. 157-160）。

めに、専門家の見解を聴かなければならない、政府政策および政府事業が増えたためでもあり、政府という経済主体の力量、すなわち、財政が以前に比べ強化されたためでもある。こうした傾向は、単に政府や政府出資研究機関だけでなく、各種民間機関と民間研究機関にも適用できることで、民間の研究用役発注も増加している。

この過程で、研究用役結果物である研究報告書の著作権の帰属問題が、しばしば発生したり水面下に潜伏している場合が多い[603]。法的紛争へと波及する蓋然性が高いのに、現実ではおおむね、著作権が発注者に帰属するという条項が含まれた、定型化された契約書が使われ、「乙」の地位にある研究者は、発注者が一方的につくった契約書に、事実上捺印を強いられる場合が多い。

研究用役が終了し、研究報告書を提出した後、研究者はその研究報告書を一部修正して、別個の論文や単行本として刊行する場合が多いのだが、このとき、著作権の帰属をめぐり、用役発注者（研究機関）と受注者（外部著者）間に微妙な法律問題が発生する。

発注者である政府や関連機関が、外部の研究者に積極的に資料を提供したり、研究指針を具体的に提案する場合、または研究者の研究が学術的な性格よりは、多分に労働集約的な世論調査や資料収集に、重点をおいている場合には、受注者である研究者が、別個の論文や単行本として刊行する場合は少なく、発注者に対し著作権を主張する可能性も相対的に低い。

しかし、研究報告書が学術的な性格が強い場合、研究執筆者の著作権意識は強まるしかない。この場合には、著作権が発注者に帰属するという、契約条項があったとしても、研究者としては、研究成果物を自らの別個の著書または論文として出版しようとする意欲が強まることがあり、その過程で、発注者との間で意見衝突が起きる可能性が高い。その反対に、発注者が研究者の意見を度外視し、研究成果物を利用する場合（もちろん、それが研究用役

603　これらの発注機関に所属している研究員が作成した研究報告書は、韓国著作権法第9条にともなう業務上著作物に該当し、特別な事情がない限り、最初から著作権がその機関にあるので、ここでの論議は外部に研究用役を発注した場合に限られる。一方、所属する研究員が自らの作成した研究報告書を基にして、再び外部に論文または単行本として出版したり、新聞、雑誌等に掲載する場合も多いのだが、これは上述で、政府出資研究機関の許容される重複掲載の類型において説明した。注589、590の当該頁を参照。

300　第2部　各　論

契約に予定されているとしても）、研究者としては、著作権問題を提起することもでき、その過程で研究用役契約の不公正取引約款の問題を提起することもある。

　このように政府、政府機関または民間機関が、発注した研究用役契約にともない、作成された研究用役の結果物の利用と関連して、著作権の帰属と重複活用（重複掲載）をめぐる法的紛争が発生する可能性が高いなか、極めて稀なことなのだが、これと関連した判決があるので紹介する[604]。

　原告の教授は、著作権侵害および剽窃など、いくつかの非違行為により懲戒処分を受け、続いて再任用審査で脱落した。そこで、原告の教授は、懲戒処分と再任用脱落処分の違法性を争い裁判に至ったのだが、著作権侵害／剽窃の非違事実は次の通りである。原告は、国から 2004 年度の専門大学特性化事業費の支援を受け、「○○○○教育教材開発」という研究開発報告書を提出した。この報告書の著作権は、原告が所属する大学の「財政支援（国家補助金）研究（教材）開発管理指針」に従い、大学に帰属するのに、原告は大学の許諾を受けずに、この報告書を別個の単行本として出版し、大学の著作権を侵害したというものだ。また、この単行本は研究報告書を引用したが、引用に対する具体的な根拠を提示しなかったので、報告書を自己複製したというのが、大学側が提示した原告の非違行為だった。

　この事件は、研究者が属する学校機関内で、研究報告書と研究論文（著書）の重複活用に関するものが、教員の身分と懲戒問題と結び付き、紛争が発生したもので、上述で言及した研究用役契約の発注機関と研究者との間の紛争ではない。しかし、学校機関の著作権に関する指針が、研究用役契約の著作権帰属条項と類似しており、実際、研究者が自らの研究報告書を基に、別個の単行本を刊行したことが、著作権侵害または重複出版になるのかという争点は、研究用役発注機関の場合と同様である。

　この判決は、財政支援を受けた所属教授が出した研究成果物の著作権が、大学に帰属するという指針はあるが、「著作権は著作物を創作したときから発生する」という韓国著作権法第 10 条第 2 項に従い、著作物の最初の帰属

604　ソウル高等法院 2009. 1. 17 宣告 2009 ヌ 15076 判決（以下、「国家プロジェクト事件判決」とする）。この判決の原審であるソウル行政法院 2009. 4. 22 宣告 2008 구합 32812 判決に事実関係がよく整理されている。

が教授にあるものと見たが、ただ、指針は以後の著作権が大学に譲渡された
ものと解釈することにより、著作権法上「創作者主義」と大学の指針との間
に調和を図ったもので、極めて妥当だと考える。同様に政府等が発注者とな
り、外部の研究者と研究用役契約を締結した場合、著作権が発注者にあると
いう契約条項があっても、この判決のように解釈することができる。すなわ
ち著作権は外部研究者に発生するが、著作財産権が政府等の発注者に譲渡さ
れると解釈するのが望ましい。

　一方、著作権帰属条項を上述のように解釈した後、この判決は研究報告書
を提出した後、これを発展させ、別途の単行本または論文として出す場合、
二次的著作物に該当するので、単行本または論文の著作権は、研究者に帰属
するものと見た。ところで、研究報告書の著作権が大学または発注者に帰属
するという規定をそのまま解釈し、大学または発注者に、最初から著作権が
発生したと見たのなら、別途の単行本は、大学または発注者がもつ二次的著
作物作成権侵害となっただろう。一方、研究用役契約書などが、二次的著作
物作成の権利まで、包括的に発注者に譲渡することを含むのなら、同様に研
究者の別個の単行本または論文は、発注者がもつ二次的著作物作成権侵害と
なっただろう。しかし、この判決は研究報告書の著作権が教授にあるという
ところから出発し、それを基に作成した別途の単行本は、二次的諸作物とい
う前提の下に、原告に責任はないと見ている。要約すれば、この判決は次の
ような論理でこの問題を解決している。

① 著作権の創作者発生主義（韓国著作権法第10条）
② 著作権帰属に関する指針条項を、著作財産権の譲渡として解釈
③ 別個の単行本を二次的著作物に当たると見て、包括譲渡に関する合意
　がないことにより、別途の単行本の作成にともなう法的責任はない[605]

ところで、ここで以下の2点を引き続き論じることができる。

1、研究用役報告書をほとんどそのまま、著書（論文）として出す場合（同
じものと認められるほど、詳細な変更があるだけで、創作的追加分が特にな

605　韓国著作権法第45条第2項の本文「著作財産権のすべてを譲渡する場合に特約がな
　いときには、第22条により二次的著作物を作成し利用できる権利は含まれないものと
　推定する」。

302　第2部　各　論

く、二次的著作物として認めるのが難しい場合)。

　2、用役契約書に「二次物活用」という語句があり (すなわち、著作権法第45条第2項で予定した特約の存在)、それに対する権利さえ発注機関が保有するものとする場合。

　一方、用役契約の結果物である研究報告書を、発注機関に提出した後、別途の論文または著書として出版することが。著作権侵害に該当するかが争点である、国家プロジェクト事件の判決論議と重複掲載論議は、必ずしも軌を一にすると見るのは難しい。研究用役契約に従い、用役契約の成果物である研究報告書が、別個の出版物として一般に公表もされ、上記で述べたように、国家情報化基本法に従い一般に公開もされる。こうした場合、研究者が研究報告書を別途の単行本として出版したり、論文として発表する場合、重複掲載論議に巻き込まれることがある。しかし、今までのところ、上述のような一般公開が制限的なものであるので、特定の読者層のための論文集に掲載され、研究用役の成果物であることを明らかにしたり、別途の単行本として出版しつつ、やはり、研究用役結果物であることを明らかにするのなら、重複掲載または重複出版という批判は避けることができる。もちろん、この場合、身分上の利益などを図らないことを前提とするのは当然である。

4.　その他
ア．重複提出の問題

　自己複製／重複掲載とは別個に、学生らが課題として一度提出したものを、再び使用することを重複提出 (double-dipping) と呼び、剽窃の一つの類型として論じることにする[606]。課題の提出が、学術誌への掲載につながるのではないという点から、出版を通じた一般公開を前提とする、重複掲載とは違いがある。しかし、一般読者という被害者群がないということを除いて、学生らが課題を重複掲載することにより、これを読む教授や教師が騙される被害が発生し、課題の評価で、競争者となる同僚学生らが、被害者となるという点では、争点が共通しているので、重複掲載／自己複製において、一緒に論議することができる。特に、課題を提出する学生らが、教育課程にあるい

606　정해룡、前論文 (注477) 174-176頁。

う点から、学則で厳しく取り扱う趨勢である。

　学生らが犯す剽窃のうちの相当数は、重複提出から生じるのだが、学生が課題として一度提出したものを、他の科目にそのまま提出したり、題目だけを若干修正して提出する悪意のある場合のほかに、相当部分をそのまま流用する場合も一緒に論じることができる。

　重複提出が、最近になって論議の対象となったのには、次の二つの理由がある。1、重複提出が過去に比べ非常に増えたためで、コンピュータで作成した課題を提出した後、貯蔵しておき、再び使うことが簡単になった。2、最近、いくつかの大学が学生らの課題の剽窃検索ソフトを開発したり、開発されたソフトを提供し、教授らが重複提出を含む剽窃の有無を簡単に見つけられるようになった。

　しかし、今なお韓国では学生らが剽窃や重複提出に対し、当該科目で低い単位を与える制裁のほかに、学生の身分に影響を与える制裁を科した例を探すのは難しい。それは、韓国の剽窃論議が、主に教授と研究者を中心とする大学と学界で行われており、相対的に学生らの剽窃が、寛大に取り扱われているためである。ところで、学問先進国のうち、米国の例をとれば、教授社会よりも学生らの剽窃問題を一層深刻に扱っている[607]。それは教授社会の場合、剽窃問題が生じる事例が少ないためであり、反対に学生らに対する制裁が極めて厳しいからでもある。実際、米国では課題の重複提出を剽窃と認め、制裁として退学させられた事例もある[608]。

相対評価等により厳しい学事管理にともない重複提出が問題となる可能性が高まる

　相対評価制度の下では課題を重複提出することにより、被害を受ける学生があり、学生らの間で、時とともに競争が熾烈になり、重複提出による被害者の不服提起が現実化する場合、韓国でも米国の例と同様なことが起こり得る。

607　ポズナー（포스너）、前掲書（注47）60頁。

608　Childress v. Clement, 5 F. Supp. 2d 384（E. D. Va. 1998）（以下「チャイルドレス学生判決」とする）。

304　第2部　各　論

イ．自己引用

　自己複製や重複掲載とは異なるが、一緒に論ずべき争点として、自己引用（selfcitation）がある。自分の先行論文を後行論文に引用するもので、引用にともなう出所表示をすることを前提とする。

自己複製と自己引用との関係

　「自己引用」は、自らの先行論文を後行論文で出所表示をせずに引用する、自己複製といかなる関係にあるか。上述で論議したように自己複製のうち、非難可能性のある自己複製は、出所表示の欠落にあるのではなく、「新しいものに対する期待を放棄した」ところにある。したがって、自らの先行論文を出所を明らかにしたからといって、剽窃だという非難を避けることはできない。このとき、先行論文を出所として明らかにすることも、自己引用の一種だと言えるのだが、自己引用は自己複製でと同じく、広範囲にわたり相当部分を、先行論文から引用したときにだけ発生するのではなく、通常かつ極めて正常な範囲で、自らの先行論文を引用するときにも発生するという点から、自己複製の相対概念でもなく、自己複製に必ずともなうとも言えない。

　繰り返して言えば、自己引用は、必ずしも自己複製と一致したり相反する概念ではない。ところで、自己複製が価値中立的な概念として「非難されるべき自己複製」と「非難できない自己複製」とに分かれるように、自己引用も正常なものと不当なものとに分けられる。筆者が、上述で自己引用を自己複製／重複掲載の項目で、一緒に論じる必要があると述べたのは、まさにそのためである[609]。

　このように、価値概念ではない事実概念（価値中立的概念）として、把握される自己複製と自己引用とは、量的な基準により区別できる。自己複製は、後行論文の著述が自らの先行著述とほとんど同一であったり、相当な水準で同一である場合を指すのなら、自己引用は、通常の引用の水準である場合を指すと言える。繰り返して言えば、自己引用は他人の著述を引用するように、自らの先行著述を引用することだと言えるが、他人の著述を引用しながら、出所表示をするのと同様に、自らの先行著述を引用しながら、自分自身の出

609　注 577-581 の当該頁を参照。

所を表示した場合を言うものと理解すればよい。

（1） 正常な自己引用

　他人の著述を引用するように、自らの先行著述も引用対象となることはいうまでもない。ただ、量的な側面で、その程度が過度で、後行論文の著述が先行著述と異なるところがなく、読者が見るとき、後行論文の著述に新しいものや、その分野に寄与するだけのものがなければ、「非難されるべき自己複製」と言える。しかし、量的な側面で過度にわたらず、一般的に他人の著述から引用する水準（量と頻度）で、自らの先行著述を引用することは、学問の過程で責められることではない。

　学問の過程の一つである著述で、著者は自らの著述に論理性を与えるために、不断の努力を傾けることになる。その過程で、先行文献を引用することは当然であり、先行文献がただ自分自身のものである場合が、まさに自己引用である。

　これは、主に著述者自身がその分野で相当な権威者である場合に起きるのだが、一方、その程度の権威者でなくとも、執筆の過程で論理の展開上、自らの先行著述を引用しなければならない必要性と合理性が認められるのなら、自己引用は何ら問題とならない。かえって、こうした自己引用は極めて正常な学問の過程であり、著述の一方式である。

（2） 不適切な、または不当な自己引用

<u>不適切な自己引用</u>

　上述とは異なり、不必要に自己引用をする場合がある。執筆の過程で論理の展開上、自らの先行著述を引用しなければならない必要がないのに引用し、自らを出所として表示するのである。ときどき、自己引用された文献（先行著述）を探せば、なぜ引用したのか理由がわからないときがあるのだが、多分、自己顕示または自己誇示の欲求から生じたものである。

　自己引用に合理性がない場合もある。自分自身よりはるかに権威のある他人の著述があるのに、自分の先行著述を引用する場合がときどきあるのだが、これもまた自己誇示の一つの例だと言える。ただ、引用するのに、より適切な他人の著述があるのに、その存在を知らずに、自らの先行著述を引用する

のは自己誇示ではないが、専門性が不足しているという低い評価を免れがたい。

上述のように「不必要な自己引用」、「不合理な自己引用」は、周辺でよく見られる「非適切な自己引用」の一つの例だと言える。しかし、これよりもはるかに深刻なもので、不適切を越えて不当だと言うべき自己引用がある。

不当な自己引用

上述での引用目的の一つに、権威の源泉の引用を挙げた[610]。その点からSCI または SSCI のような、国際的に著名な学術雑誌に論文を掲載するより、そうした権威のある学述誌に引用されることが、学者にとっては一層の名誉である。ところで、学問の場で引用が自然に行われず、人為性が介入するなら、これは学界を混乱させる不正行為となる。自らの論文への評価と権威[611]とを高める意図で不必要に自己引用するのが、まさにその例である。

不適切な自己引用は、当該著述と著述者本人に対する「低い評価」が、一種の制裁として可能であり、その他に被害が大きくないと言えるが、不当な自己引用は他人に被害を与え、学会を混濁させるという点から、軽く見ることではない。

特にこうした不当な自己引用は、個人だけでなく、学術誌の次元でなされることもあり、それにともなう弊害は一層大きい。特定の学術誌の評価を人為的に上げるために、学会員または学術誌関係者が事前に謀議し、不必要にその学術誌に掲載された論文を引用（自己引用）する場合がある。こうした不当行為により引用指数が上がれば、国際的な学術誌の評価機関からいい評価を受け、等級が高い学術誌となり得るのだが、これは学界を汚染することであり、不正行為が特定の個人を越え、組織的に行われるという点から、より深刻な問題である。

実際に、こうした褒められないことが起き、制裁が科せられたことがある。SCI 級の国際学術誌を総括する米国のトムソン社は、韓国内の三つの学術誌が引用指数を人為的に上げようとして、不必要に自己引用をしたという理由

610　注 336、337 の当該頁。

611　これは具体的には「インパクト（impact）指数」と言える。

から、SCI目録でこれらの学術誌の引用指数を表示しないと通報してきたことがあった[612]。いくつもないSCI級学術誌として選ばれた韓国内の学術誌が、誠実でない過度な自己引用により資格剥奪の危機におかれたのである。これは買い占めによりベストセラーの順位を操作することにも喩えられるのだが、ベストセラーの順位操作の被害が、読者と他の著者または出版社に及ぶように、正直に研究し、論文を書いている大多数の学者と学術誌とを被害者としてしまう[613]。

　誠実さのない過度な自己引用を通じて、人為的なインパクト（impact）指数を高め、そうすることで当該学術誌の位相をSCI、SSCIクラスの国際的に著名な学術誌へと格上げしようとする行為は、こうした有数な論文集への論文掲載回数を大学評価の主要な指標とする、大学評価機関の慣行から生まれたものである。著名な外国の学術誌への論文掲載が難しいという判断の下に、国内学術雑誌をそうしたクラスに人為的に格上げしたり、維持したりするための誤った試みの発端には、韓国での大学評価の慣行がある。

　したがって、根本的にはこうした大学評価を止揚することが望ましいのだが[614]、そうした評価が短期間になくなるものとは見えない以上、不当な自己引用を、学問秩序を乱す一種の反則行為と規定し、制裁するのが妥当である。この点から不当な自己引用を非典型的な剽窃の一つの類型である、重複掲載に含めて批判することができる。

ウ．著作財産権を譲渡した後の利用

　上述で見たように[615]、論文投稿規定や論文を投稿するときに結んだ契約に

612　박건형、박성국「学術誌『組織工学と…』論文再引用勧奨を摘発」ソウル新聞2009年11月6日付記事、http://www.seoul.co.kr/news/newsView.php?id=20091106008015（2013. 8. 6）。

613　남형두「剽窃委員会のスタートに際して」韓国日報2010年1月7日付コラム；「買い占めとベストセラー」『出版文化』571号、2013年6月、22-25頁。

614　多くの大学では総学生会を中心にマスコミによる大学順位評価を拒否する動きが広がっているが、これも同じ脈絡から見ることができる。박기용「大学街に『マスコミによる大学評価拒否』広がる」ハンギョレ2014年9月27日付記事。

615　注591の当該頁。

308 第2部 各 論

従い、学術誌に出版した論文の使用権限の帰属が異なってくることがある。医学分野では、こうした原則と場合とを問わず、無条件で、刊行された論文と論文内の症例、写真、表等の著作権は、学術誌に移譲されているため、自分が書いた論文でも学術誌の編集者の許諾なしに、いかなる内容も再使用できないという見解がある[616]。医学分野の学術誌にこうした慣行があるのか知らないが、著作権法に対する理解不足から生じたものと考える。医学分野の学術誌にこうした慣行があるのなら、それは当該学術誌の投稿規定がそのように定めており、投稿者が投稿契約を結ぶときに、これを契約の一部として受容したからである。そうした法的擬制なしに学術誌に投稿することになれば、著作権が学術誌に移転し、著者自身も学術誌編集者の許諾なしに、投稿論文の内容のなかの一部も使用できないというふうに断定するのは極めて危険である。

　ただ、上述の見解のうち、投稿規定や投稿するときに結んだ契約に従い、著作権財産権を学術誌に譲渡した場合、自らが書いた論文であってもそのなかに入っている内容を、学術誌の編集者の許諾なしに再使用できないのかにのみ限って見てみる。これが上述で見た重複掲載論議と異なるのは、学術誌に掲載した論文をそのまま、または、ほとんどそのまま、再び掲載する重複掲載ではないという点である。

　しかし、こうして狭く見ても、学術誌等の同意を得ずに利用することは、不可能なことではない。報道・批評・教育・研究といった目的のためには、正当な範囲内で公正な慣行に従い、利用することができるからである（韓国著作権法第28条（公表された著作物の利用））。したがって、投稿規定などにより著作財産権が著者から学術誌等に移ったとしても、著者は第三者と同様に、自らの先行著述から一部を引用することができる。

5. 提 言

　自己複製／重複掲載は極めて難しい問題である。それでも、最近の剽窃論議は出所表示の落ちにともなう典型的な剽窃から、自己複製／重複複製の方

616　함 창 곡「二重掲載の問題と課題」『第1回研究倫理フォーラム　正しい研究実践の方向と課題』2007年、77-78頁。

へと素早く広がっている。自己複製／重複掲載についてはこの間、非専門家らの非理性的な議論と、専門家さえその概念と論議構造との混線から生じた誤解があったが、上述での議論により比較的落ち着いて語れる基礎がある程度準備できたと考える。

　それでも、ガイドラインの制定での自己複製／重複掲載の問題については、上述で見た出所表示の争点で筆者が提示した「文章単位論」のような提案すらも、提示するのが難しい実情である。いろいろな不明確な要素にともない、法的・倫理的評価が異なることがあり、一律的に評価するのが難しいからである。例えば、後行著述で先行著述を引用する程度（量的／質的程度）、先行／後行著述の性格（先行著述が書籍で、後行著述が論文なのか、でなければ、その反対なのか。またはどちらも書籍か論文である等々）、先行／後行の著述間の時間的な格差、その他に異種言語著述である場合、異種言語間の距離といったさまざまな要素を考慮しなければならない。

　剽窃防止のガイドラインを制定するとき、上述で言及したように別添えのガイドライン（案）のように、自己複製／重複掲載の概念を明確にし、ガイドラインを制定する機関の特性（学校、研究所、学会）や、専門分野の特性（哲学、史学、政治学、経済学、心理学、法学など）を考慮し、非難されるものと許容される行為との類型を、例示的に列挙する水準の規定制定が最善ではないかと思う。こうすることにより、無差別的にほしいままになされている自己複製／重複掲載への断罪を止揚し、研究者としては予測可能性をもって著述活動を行うようになるだろう。

Ⅲ．著者性の問題

1．問題提起
ア．非典型的な剽窃に分類した理由

　剽窃のうち、出所表示をしなかったり、したとしても不適切な場合を「典型的な剽窃」とし、出所表示と直接関係がなかったり、関連性が少ないものを「非典型的な剽窃」と分類した。ところで、非典型的な剽窃もまた、出所表示と無関係ではないことを上述で指摘した。すなわち、著作権侵害型の剽窃の場合、出所表示をしたとしても、正当な範囲を越えた場合を言い、自己

複製／重複掲載もまた出所表示の問題へと還元するなら、自分の先行著述に対する出所表示欠落の問題に該当する。

一方、本章の「著者性の問題」は、一つの論文や著書などの著述全体に対し、著者表示を誤った場合を言う。個々のアイデアや文章の出所表示を越え、著述全体にわたって出所表示を欠落したため、非典型的な剽窃の他の類型と同様に、出所表示の問題へと還元することができる。かえって、個別的な出所表示の欠落よりも非常に重い出所表示の欠落だと言えるだろう。

しかし、この場合、特定のアイデアや文章表現に対する出所表示の欠落を越え、論文や著書などの著述全体を横取りしたという点で、出所表示の問題と見るよりは、「著者名の横取り」の問題として接近するのが合理的である。著者名の横取りは、著述がなされる全過程に対する理解が必要である。着想から最終の公表または出版に至るまで、1人の人間により行われた完全な意味の単独著述を除いて、全過程のうち、著述に直接参加したり間接的に影響を及ぼした人がいる場合、著者の範囲をどう定めるかは極めて難しい問題である。いわゆる著者性（authorship）の問題である。著者名の横取りは、まさにこの著者性の問題から分析するのが望ましいと見て、著者性の問題を非典型的な剽窃の一つの類型として取り扱う。

イ．類　型

特定のアイデアや文章表現に対する横取りを越え、論文や本などの著述を丸ごと横取りした、いわゆる著者名の横取りでの著者は誰か。これをもう少し類型化すれば、以下の通りとなる。共著なのに単独著者と表記したり、単独著述なのに共著と表記したりすることのどちらも、著者名の横取りに含められる。前者は分けるべきものを独り占めしたという点で、後者は独り占めするものを分けることになったという点で、著者名の横取りが生じる。

ところで、詳細に見ると、著者性という問題は、このような著者名の横取りだけに限ることはできない。まず、実質的な執筆者（A）がいるのに、執筆に関与していない人（B）が、当該著述に自らを単独著者（著者B）または共同著者（A、Bの共著）として表示する場合、実質的な執筆者（A）の立場から見れば、著者名の横取りと言える（第1グループ、〔狭い意味の著者名の横取り〕)[617]。

一方、執筆に関与しない人（B）が、望んでもいないのに、その許諾なしに実質的な執筆者（A）が、当該著述をBの単独著述のように発表したり、AとBの共著のように発表する場合である。これをされた側、すなわち執筆に関与しなかった人（B）の立場から、消極的には著者名の横取りと見ることができるが[618]、厳密に言えば、AがBを著者として組入れたものと見るのが正確である。したがって、「著者名の無断記載」がより正確な表現である（第2グループ）。逆剽窃や名誉著者などをここで論じることができる。

　第1グループと第2グループは結果だけ見れば、実質の著者（A）でない名義上の著者（B）の単独著述（B著述）または共同著述（A、Bの共著）になるという点では、同じである。ところで、そうした不当な行為をした主体が、第1グループでは名義上の著者（B）、第2グループでは実質の著者（A）という点で区別される。

　第1、2グループはどちらも、著者名の記載ではAとBの間に合意がないという点で共通点がある。ところで、AとBとの間で著者名を不正に記載することにする合意がある場合も想定できる（第3グループ）。広い意味の「ゴーストライティング」がこれで、ここでゴーストライターも論じることができる。厳密に言えば、ゴーストライターの問題は、実質の著者（A）と名義上の著者（B）との間に合意があるという点から、著者名の横取りに入れるには難点がなくはないが、著者性という範疇に入れることができるので、ここでは一緒に論じる。

　一方、ゴーストライティングには許容されるものと許容されないものとがある。第1、2グループと第3グループのゴーストライターの著述のうち、許容されないものを一括して「不当著者表示」とし[619]、残りの第3グループのゴーストライターの著述のうち、許容されるものを「社会的に容認される

617　現実的にBの単独著述として発表する場合はほとんどなく、AとBの共著として発表する場合が大部分であろう。

618　第1グループでは、Bが積極的に自らの名前を著者として上げたものであるなら、第2グループでは、Bが自らの名前が著者として書かれてしまったという点から「消極的」という表現を使った。

619　結局、ここでの不当著者表示を「広い意味の著者名の横取り」、第1グループは「狭い意味の著者名の横取り」と言える。

312　第2部　各　論

著者表示」として、類型を分類することもできる。不当著者表示や社会的に
容認される著者表示の場合、どれも実質的に執筆に関与していない著者がい
るというところに共通点があるが、法的評価または倫理的評価では、全く異
なるというところに、類型化の実益がある。すなわち、不当著者表示は著作
権法違反、特に氏名表示権侵害という法的責任と、剽窃という倫理的責任の
対象となる反面、社会的に容認される著者表示は、これらの責任からどれも
自由であるという点で違いがある。

ウ．実定法上の根拠の模索

　本節で論議している不当著者表示は剽窃の一つの類型である。したがって、
法的責任を問うことではないので、実定法上の根拠は必要でない。しかし、
上述で見たように、剽窃と著作権侵害は互いに重複する部分があり、不当著
者表示に関して実定法に根拠があれば、剽窃論議にも助けとなり得る。

　現行法上で不当著者表示を直接言及するものとしては、国家研究開発事業
の管理等に関する規定（韓国著作権法第30条第1項第1号[620]）がある。この
規定は「不当な論文著者表示をする行為」を研究否定行為の一つとして定め
ているのだが、この規定は国家研究開発作業にともなう研究開発課題に、適
用されるもので、学問全般にかけて適用されるものと見ることができないだ
けでなく、「不当な論文著者表示」がなんであるかを定義しておらず、この
規定そのものだけでは、不当論文著者表示または本項で論じる不当著者表示
の問題を解決するのに大きな助けとはならない。しかしまた、他の法規定に
不当著者表示に関する規定があるということでもない。

　一方、著作権法に氏名表示権侵害、著作者詐称を禁じ、処罰する規定がある。
まず、著作権法は著作者人格権を侵害し、著作者の名誉を毀損した者に3年
以下の懲役または3000万ウォン以下の罰金に処すか、これを併科できると
規定している（第136条第2項第1号）。ところで、この規定は氏名表示権
が含まれた著作者人格権の主体、すなわち、著作者の名誉毀損を構成要件と
しており、剽窃の類型である不当著者表示に必ずしも適用できるものではな

---

[620]　科学技術基本法による国家研究開発事業の企画・管理・評価および活用などに必要
　　な事項を規定した大統領令「国家研究開発事業の管理等に関する規定」。

い。本章で論じる剽窃として、不当著者表示は、著作者に名誉毀損という被害が発生しなくとも成立するからである。上述の被害者論で見るように、読者なども剽窃の被害者となるという点で、著作者（被剽窃者）に名誉毀損という被害が発生しなくとも、不当著者表示により読者が騙される被害が発生するのなら、剽窃が成立し得る。上述の例で、実質の著者（A）と名義上の著者（B）が組んで、A、Bの共著とする場合、氏名表示権侵害は発生せず、発生するとしても、Bが積極的に受容したものとして、Bの名誉毀損という結果が生じない。それを剽窃と非難するのは読者を騙したためで、Bに名誉毀損が発生せず、著作者人格権侵害罪（氏名表示権侵害罪）を構成しないという点から、著作権法のこの規定が剽窃の一つの類型である、不当著者表示に対する実定法上の根拠となるには充分ではない。

さらに、著作権法は著作者でない者を著作者として、実名・異名を表示し、著作物を公表したものに対し1年以下の懲役または1000万ウォン以下の罰金に処すると規定している（著作者詐称罪、第137条第1項第1号）。この条項は必ずしも著作者の許諾のないことを、前提としているものではないという点から、著作者人格権侵害罪とは異なる。したがって、著作者のほかに読者、学会を被害者群として含む剽窃と、いったん類似していると見ることができ、剽窃の一つの類型である、不当著者表示に適用することができる。ただ、刑事処罰がともなう著作者詐称罪は、厳格な要件に従って成立の可否を定めるという点と、後ほど見るように、不当著者表示または著者性の問題には社会的に容認されるものもあるという点から、剽窃の不当著者表示と必ずしも同じではない。

以上で見たように、剽窃の一つの類型である不当著者表示は、実定法上正確に合う根拠規定を見いだすことができない。

2. 著者名の横取り（第1グループ）

リプソンが述べた学問の正直さの三大原則のうち、一つ目を見てみよう。

自分の名で提出したり発表するすべての研究実績は実際、自らが研究したのものでなければならない[621]。

---

621 リプソン（립슨）、前掲書（注307）8頁。

314　第2部　各　論

　裏返して言えば、自らが研究しないものは、自らの名前で公表してはならないということである。これは極めて当然なことで、学問の正直さのなかの第一原則である。研究に全く関与しない教授が、他人（時間講師）の論文を題目だけ変え、自分の単独論文として発表したり、その他人と共同名義の論文として発表する過程で、学術誌に掲載申請をした場合、学術誌の編集・出版に関する業務妨害罪に該当し、これを昇進審査のために大学に提出した場合には、大学の昇進任用審査業務の正直さや公正さを害する危険があり、大学に対しても業務妨害罪に該当すると見た業務妨害事件の判決は、ここで述べる著者名の横取りの典型的な事例である。このような事例は極めて異例なもので[622]、それは著者名の横取りの事例では、たいてい、ある程度は論文作成に関与しているためである。

　ここで、著者性と関連して論文作成に関与したと見られる「研究」範囲をどこまでと見るかという問題は、そう簡単ではない。学問・著述の種類に従い、著者として記載できる研究者の範囲が異なり、国別、また学問の伝統によっても異なるため、一律的な基準を定めるのは極めて難しい。以下では判例を中心として著者として記載できる範囲を見ることにより、著者名の横取型の剽窃基準を論じる。

ア．単純なアイデア提供者も著者となり得るか

　論文などの著述で、アイデアを提供した者も著者として掲載できるか。万が一、アイデア提供者も著者となれるのであれば、実際の執筆に参加していないアイデア提供者が、当該著述を自らの著述だと考え、後に自らの著述に利用した場合、剽窃または著作権侵害になるのではないかという問いにつながる。

　アイデアを提供する目的と形態は多様である[623]。① 学位論文作成の過程で指導教授が学生にアイデアを提供する場合、② 大学院の授業などで学生が提示したアイデアを基に、教授が論文を作成したり、学生のアイデアを積極

622　極めて異例な事例であるため、業務妨害罪という刑事事件へと波及し、有罪判決が宣告されたと言える。注303。

623　以下の議論はアイデアが提供されたという点から、上述で見た「アイデアの盗用」（注362-371の当該頁参照）とは異なる。

的に採用する場合、③ 比較的平等な地位にある人々が、共同著述をしながらアイデア提供者と執筆者との役割を分担する場合、④ アイデアを提供し論文を執筆させる論文代行の場合に至るまで、極めて多様である。ここで、著者となることのできるアイデア提供者の範囲を定めるのは、実に難しいことである。

学問分野により異なり得るが、主題のみを創案しただけで論文の作成に関与しなかったなら、特別な事情がない限り、主題の創案者を著者とは言えない。ここでの<u>特別な事情</u>とは、例えば、主題の発想が極めて独特でその発想だけでも事実上論文の根幹をなすことにより、以後の作業が極めて機能的で些細なものとなる場合を言う。このように主題の発想に比べ、以後の著述過程が大きな価値がない特別な場合を除いては、一般的に主題の創案者やアイデア提供者が、少なくとも単独著者として掲載されることは著者名の横取りに該当する。ここで、<u>少なくとも</u>という表現を使ったのは、場合によってはアイデア提供者が、共著者または連絡著者などの形になる可能性を排除していないからである。

アイデア提供者が共同著作者となり得るかについて、比較的明確な基準を提示した判決があり、紹介する[624]。時間講師であるＡは、同じ大学の専任教授であるＢから共著執筆の提議を受けたが、拒絶し、単独著書として出版する計画があったが、ＢがまずＡの編集原稿に自分の著述部分を書き加えて共著として出版した。これに対し、Ａは著作権侵害を主張し、Ｂは共著であるので著作権侵害ではないと争った事件で法院は共著ではないと見た。法院が提示した共同著者の要件は以下の通りである。

　2人以上が著作物の作成に関与した場合、そのなかで、創作的な表現形式そのものに寄与した者だけが、その著作物の著作者になるのであり、創作的な表現形式に寄与していない者は、たとえ著作物の作成過程で、アイデアや素材または必要な資料を提供するなどの関与をしたとしても、その著作物の著作者となるのではなく、たとえ、著作者として認められる者と、共同著作者として表示することに合意したとしても、著作者となると見るものではない。

624　大法院 2009. 12. 10 宣告 2007 도 7181 判決（以下「共同著者事件判決」とする）。

318　第2部　各　　論

題は、いくら指導教授がアイデア提供者だとしても、指導学生の創作的表現が含まれている学位論文の一部をそのまま自らの論文に引用し、発表するのは許され難いということである。

　こうした点を明確に認識するなら、教授が論文指導の過程で学問的アイデアが浮かんでも、後に自らの論文に書くことを考慮するあまり、指導学生に提供することを躊躇することを免れることができる。学位論文の指導という高度の学問の過程が、順循環の構造として維持されるために互いに守るべき、一種の学問的ルールが必要な理由がここにある。

イ．機関長の名で発表する行為

　政府機関の長を担当している高位公職者や政府出資研究機関の長が、学術に関連する研究会などで発表したり、論文を公表する場合がたまにある。もちろん、これらの機関長が直接研究し、論文等を作成したという、それこそ名実とも相ともなう場合もあるだろうが、所属機関の部下職員や研究員が作成したものを自分の名前で発表する場合も相当数ある。硬直した公的な組織の特性と誤った組織文化のなかにこうした慣行があった。著述の作成段階で実質の著者の名前を省き、機関長の名前だけを入れたり、共著とすることの同意や合意があっても、これは一種の特別権力関係でなされた形式的なもので、自由な意思による同意と見るのは難しい。したがって、これもまた著者名の横取りに分類できる。

　機関の長としてアイデアを提供したり執筆方針を定めた場合なら、共著までは了解できるが、機関長の単独著述のようにする場合は、不当著者表示として著者名の横取りに該当する。これにともなう弊害は、実質の執筆者がこれを発展させ、自分の論文または著書として発表する場合、逆混同として現れることがある。実質の著者がほかにいるのに、名あり権威ある機関長が自分の名でまず発表した場合、実質の著者の後続著述が、かえって機関長の著述を剽窃したものとして誤認されることがあるからである。

　もちろん、学術的な内容ではない単純な演説文のような著述ならば、いわゆるゴーストライター問題として「許容されるゴーストライター」の領域に該当し得る。

ウ．博士論文指導学生の論文上納の慣行

　韓国の学界の一部では論文指導を受けた学生が、学位論文を一般論文の形式に修正し、学術誌に掲載するとき、指導教授を礼遇する次元で指導教授と学生自身の共著論文として発表する慣行があった。このような慣行が、最近「論文上納」という否定的な用語で再び注目を集めている。こうした慣行の是非を離れて、論文の実質の著者である学生が自分の意思により、共著として発表するという点から、上述の議論、すなわち、指導教授が論文指導の過程でアイデア提供者という理由から、指導学生の意思とは関係なく学位論文の一部を借用し、自らの名で発表することとは区別される。

　ここでの<u>自分の意思</u>とは、論文上納の慣行に抗うことができない学界の雰囲気のために、自分の意思とは表向きのことで事実上強制された場合がある。したがって、ここでいう自分の意思とは、少なくとも「形式的な意味の自分の意思」と見て問題はない。一方、広い意味の著者名の横取りとして著者性の議論をするとき、第1グループ（狭い意味の著者名の横取り）と第2グループ（著者名の無断記載）との違いは、実質の著者でない名義の著者が積極的に自分の名を著者名として入れるか（第1グループ）、でなければ、消極的にこれを許容したか（第2グループ）にあると述べた。本項で論じる「博士学位取得後の論文上納慣行」は、実質の著者が積極的に望んで、ではなく、事実上論文を上納する慣行に従い、指導教授の単独名義で発表されるという点から、第1グループに分類された。しかし、本項の後半部で見るように、論文上納の理由が指導教授の利益のためでなく、学生の必要、すなわち、学術誌への掲載の成功率を高めるために指導教授と共著論文として発表するのであるなら、第1グループでなく、第2グループに分類され得る。

　韓国の判例のなかには、指導教授を礼遇する次元で学位論文を学術誌に修正・掲載する場合、指導教授を共同著者として記載する慣行があったとしても、これは、ただ学界の歪んだ現象であるだけで、そうした学界の事情で、博士学位取得のための研究が、当然、指導教授の研究となり得ないとしたものがある[628]。学界の惰性に近い慣行という主張を排斥した、この判決によれば、韓国の学界で、論文上納がこれ以上存続するのは難しくなったことが読

628　博士論文指導事件判決（注353）。

320　第2部　各　論

み取れる。

　上述で見たように、学位論文指導という高度の学問の一過程を通して、指導教授と学生はお互いのアイデアを交換することになる。このような点から、指導学生が学位論文を発展させ、論文として出すとき、アイデアを提供した指導教授の名を共著者として入れることは、容認できる慣行だという主張があったが、法院は学問の特性上、指導教授が博士論文作成に寄与した程度は、通常の指導の範囲に含まれるものと見た。そして、その根拠として、当該教授には論文指導に関する教育業績評価項目で別途に配点を許容する大学の現実を提示したという点から、合理的だと評価すべきだろう。さらに、この事件で法院は、指導教授として指導の範囲を越える実質的な寄与をしたため、共同研究だとした教授の主張を受け入れなかった[629]。この間、学会に暗々裏にあった博士論文上納慣行を事実上一蹴したという点から、博士論文指導事件の判決が学界に投じた波紋は小さくなかった。

　もちろん、前項に続き「学位論文指導教授が安全に論文等を著述する方法」は、ここでも論じることはできる。繰り返して言えば、学位論文を指導した教授は指導学生が学位論文を別個の論文として刊行するとき、共同著者となることができないのではない。そのためには、指導教授がアイデアを提供することを越え、共著論文となる論文の執筆に実質的に関与しなければならない。かえって、指導教授がこのようにアイデアを提供しただけではなく、別個の論文の創作的表現の一部に関与するのなら、非常に優れた共著論文となり得る。こうした共著論文と上納慣行とは質的に異なる。

学生の必要から、すなわち学術誌掲載の成功率を高めようと指導教授との共著論文として発表する場合

　学位論文上納慣行の問題で博士論文指導事件の論点の一つとして、学術誌の論文審査を通過するために、学位取得者らが通常指導教授との共著論文として発表する慣行について見てみる。

　研究所員の共同論文事件の判決[630]で見たように、学術誌の出版政策によっ

629　同上判決。

630　注352、643、644、675の当該頁を参照。

では、一定の学位がない場合、投稿資格が制限されたり共同著者として記載できない場合がある。こうした論文提出または掲載の資格要件を定めておかなくても、学会の慣行上教授や名の知られた学者でなければ、事実上掲載を許容しない学術誌がある。これは韓国の学界と研究会とのよくない慣行として、論文掲載審査のずさんさを物語っている。こうした現実の下で、有力な論文集に掲載するために、博士論文の指導教授との共著論文として発表することも、本項の学位論文上の慣行の問題として扱うことができる。博士論文指導事件の判決では、論文掲載率が低く、学位取得者らが通常指導教授との共同名義での発表が慣例化していたとしても、これは学界の歪んだ現象であり、実際の執筆者でない指導教授の研究になるとは言えない、とすることにより、上述のような慣行に釘を刺した[631]。極めて妥当な判断である。

エ．資料調査者の地位 —— 学位論文の代筆問題

　学問によっては、実証的な研究が必要で資料を収集したり分析したりすることが、論文作成に必ず必要な分野があるかと思えば、そうでない分野もある。一方、資料収集そのものが、重要な編集物形態の著述もあるが、ここでいう論文等の著述は、学問で一般的に必要な「論証」という作業が要求されることを前提としている。しかし、論証という過程を核心とする学問の性格上、実証的な研究が必要でないとしても、資料収集や分析が必要でない、学問や著述の存在は難しい。このように論文作成の過程で資料調査とこれに対する分析は、常にともなうものであり、ときどき、論文執筆者と資料調査者との関係で著者名の横取りの問題が発生することがある。

　通常の研究論文のほかに学位論文の世界では、この問題は深刻な状況へと発展することがある。簡単な資料調査と分析を越え、相当部分の資料調査者への依存が学位論文では多く発生しているのだが、韓国社会で論文代筆業が、特に学位論文を中心として横行しているのは、学閥を重視する文化と常軌を逸した学位への欲望とがもたらした結果だと見ても、大きく違ってはいないだろう。

　一方、論文代筆が過去とは異なる姿を見せており、過去には医学などの一

631　博士論文指導事件判決（注353）。

322　第2部　各　論

部の特定の学問分野の現象だったとすれば、最近はすべての分野に広まっている。学閥重視社会と学位への常軌を逸した欲望は、今に始まったことではないが、大学の商業主義がこれと結託することにより、より深刻になった。よく言えば、ビジネスマインドと言えるかもしれないが、それぞれの大学が競争して財源を確保するために博士、修士学位課程を大幅に拡充したのに、それに適合した論文指導・審査が追いつかず、大学が「学位ビジネス」をしているという汚名を着せられている。まさにそこに論文代筆業または論文代行業が、カビように登場したわけである。実際ネットで検索すれば、論文を代筆または代行という言葉を探すのは難しくない。その種類も多様で論文を始めから終わりまで代書してくれる、いわゆる「フルパッケージ」からアンケート、統計分析、論文編修、プレゼンテーション PPT 制作などに至るまで、千差万別である。金さえ出せば、論文を代書してくれる業種さえあり、学生のなかには誘惑を感じた者もおり、悪循環が続いている。特に職業を就きながら、再教育の次元で学位課程を履修している学生のなかには、学問そのものに志はなく、特定の目的のために学位を利用しようとする場合もある。例えば、政治家志望者、芸能人、経営者等で、学位論文の代筆がたまに発生することは、十分予想されることである。

　ところで、論文作成の過程で資料調査・分析等、他の人の助けを受けることは、常に問題となるのではなく、許容される場合もある。その境界線について言及した判決があり、紹介する。

　　たとえ、論文作成者が指導教授の指導に従い、論文の題目、主題、目次等を直接作成したとしても、資料を分析、整理し、論文の内容を完成する作業の大部分を他人に依存したのなら、その論文は論文作成者が<u>主体的に作成した論文</u>ではなく、他人により代筆されたものと見なければならないだろう[632]。

　著者として認められるためには、論文の作成過程で外国書籍の翻訳や、資料の統計処理といった単純で技術的な部分で他人の助力を受けることはできるが、資料を収集し、分析・整理した後、これを論文として完成する作業は、自身が直接しなければならないという趣旨の判決である。今後、論文の代筆

632　大法院 1996.7.30 宣告 94 도 2780 判決（以下「修士論文代筆事件判決」とする）。

かどうかの判断で重要な基準となるものと見られる。

一方、資料調査などの論文作成の過程で一部を他人に任せたり、他人の助力を受ける場合、誰が著者となるかと関連して一つ付け加えたいことは、論文全体の統制権が誰にあるかという点である。ここでいう統制権とは、修士学位論文代筆事件の判決に出てくる「主体的に作成した論文」の主体性と一脈相通じる概念である。論文の著者になるということは、当該論文にともなう権利とともに義務も負担することを意味している。他人の助力受けた部分に不正行為があるなら、それに対する責任を本人が負うとき、はじめて著者となることができる。この点で論文作成の過程での外国文献の翻訳、資料調査、アンケート調査等の一部を他人に依頼し、その結果を自らの論文の一部として借用しようとする者が論文の著者となるには、助けてくれた他人の不正行為に対する責任を自らがそのすべてを負わなければならず、論文の作成過程で第三者に特定の作業を依頼し、その成果物に不正行為があるかを検証するとき、統制権を行使しなければならない[633]。さらに論文が完成し発表された後、他人の助力を受けた部分に不正行為があったとき、他人の責任だと回避してはならない。

教え子または研究補助者のせいにするのは典型的な良いとこ取り

上述で見たように[634]、ハーバード・ロースクールのオグルトゥリー教授の剽窃事件は、助教らの手違いが競合して発生した。ところで、オグルトゥリー教授は自分の指示に従い、研究に参加した助教らの手違いを前面に出し、自らの剽窃の責任を回避しなかったという点で、剽窃とは別に肯定的な評価を受けることができた。資料調査などを他人に任せたり、他人の助力を受けて論文を作成し、自分の名前で発表する場合、他人の助力を受けた部分に不正行為があるなら、それにともなう責任を本人が負うとき、はじめて著者となることができるという点に照らしてみれば、極めて当然だと言えるが、韓国の学界とはあまりにも異なり、かえって斬新に感じられる。

ファン・ウソク（黄禹錫）博士事件の後、ソウル大学獣医学部では、ES

633　ここでの統制権の行使は統制の義務といっても問題はない。

634　注502-504の当該頁。

324　第 2 部　各　論

細胞と関連した論文の捏造疑惑が引き続き発生した。最近ある教授は、教え子である大学院生が提供した資料を使っただけで、その資料が捏造されたものであることを知らなかったという理由で、論文操作の決定に不服の立場をとった[635]。しかし、著者の論文に対す統制権・主体性という側面から見るとき、教授が自らの名で論文を作成し、発表した以上、資料調査をした大学院生の不正行為を知らなかったということでは、責任を免れ難い。

設問調査および統計分析を第三者に依頼する場合

　設問調査と統計分析が必要な論文の場合、これを他人に作成するよう依頼することもある。設問項目をどう設定するかは極めて重要で作成者によって異なり得るし、作成者なりの独創性が発揮される余地が大きい。それだけでなく、同じ設問調査の結果から分析者によって独自の分析できるという点で、設問調査の設定と結果および統計への分析は決して簡単ではない。これらを論文の名義者が直接作成しないで、他人に依頼し、その結果を自分の論文に借用する場合、共著者として表記すべきかが問題となり得る。

　学術論文の論証過程で一つの研究方法により、設問が作成され、調査が行われ、統計の作成・分析をするなら、必ず共著者としてまで著者名を記載はしなくとも、不当な著者表示とは言えない。ただ、この場合、著者性の問題についての非難を免れようとするなら、二つの点が前提にならなければならない。1、上述で見たように、論文に対する統制権・主体性という観点から、設問・統計の作成と分析に操作や剽窃などの不正行為があるなら、著者はこれに対し責任を回避してはならず、自らの責任として引受けなければならない。2、自分が直接遂行しない部分は、論文のどこであっても、その事実を明らかにしなければならない[636]。

635　양승식「論文 17 本、操作嫌疑のソウル大学の강수경 教授の再審要求を棄却」朝鮮日報 2013 年 1 月 18 日付記事、http://news.chosun.com/site/data/html_dir/2013/01/18/2013011800173.html（2014.8.4）。

636　該当部分に脚注などにより明らかにしたり、序文に謝辞（thanks comments）を書くことなどが考えられる。

第3章　非典型的な剽窃　　325

特殊大学院の修士学位論文をめぐる論争

　主に夜間に開設され、専業大学生でなくとも入学できる、特殊大学院の学位論文で剽窃疑惑がしばしば起きると、一角では特殊大学院の場合、学位論文の水準を一般大学院とは異なって見るべきだという主張が提起されることがある。しかし、学位論文である以上、一般大学院と特殊大学院とを異なって見る理由はない。

　特殊大学院の学位論文の剽窃疑惑を根絶するには、学位課程を強化するのも一つの手だが、学位論文提出の代わりに多様な方法で学位授与要件を定めるほうが、かえって「職業人または一般成人のための教育の継続を主な教育目的とする大学院」という特殊大学院制度の趣旨に合致する（高等教育法第29条の2、第1項第3号）。特殊大学院では、学術学位ではない専門学位を授与するようになっており（高等教育法施行令第46条本文）、修士学位のうち、専門学位は学術学位とは異なり、学位論文を提出する代わりに、学則に従い他の方法で授与することができる（道施行令第44条第1項但書）。したがって、特殊大学院の場合、学位論文を提出する代わりに、一般大学院に比べ、授業年限を長くしたり、卒業に必要な単位の要件を強化することができる。その他、研究論文を提出させることにするなど、多様な方法で学位要件を規定できる。

オ．共著の著者性の問題

　著述に参加した人を共同著者として記載しなければならないとするとき、その基準はどこまでなのか。具体的に共同著者は実質的に著述に参加したものだけに限られるのか。でなければ、間接的に参加した者も含まれるのか。さらには、アイデアだけを提供した者も含まれるのか。いろいろな疑問が後に続く。このように共著者となれる資格と関連したことを一括して、「共著の著者性」という主題の下に論じようと思う。ここでこの議論をするのは、共同著述では共著者の範囲に入るのに、共著者名から除かれるなら、著者名の横取りに該当するからである。

（1）　共著者の範囲

　共同著者事件の判決でのように、アイデアを提供しても「創作的な表現形

式に寄与」しない者、するわち、執筆に参加しない者は共同著者となることはできない。ところで、ソウル大学の研究指針[637]にしたがえば、この場合も共同著者となることができるとしている。この指針は共著（共同著者）を以下のように定義している。

第3節　共同著者

1. （定義）　共同著者または共同発表者とは、研究に参加した共同研究員および研究補助員、研究遂行中、重要な研究情報を協議し、結論の到達に寄与した者を言う。

2. （範囲）　共同著者に含まれる範囲は、研究の計画、研究の計画、概念の確立、遂行、結果分析および研究結果の作成に顕著に寄与した者。

3. （役割）　共同著者または発表者として記載された場合、当該著者または発表者は当該研究成果物での役割を説明できなければならない。

4. （名誉著者）　研究の計画、遂行、概念の確立、結果分析および研究結果の作成に全く寄与していない者を、共同著者または発表者に含める行為や、他人の発表または論文に寄与なしに含められたとき、これを是正しようとする努力を傾けない行為は、研究不適切行為に該当する。

　共同著者の定義で大法院判決（共同著者事件）とソウル大学研究指針は異なる。結論から言えば、これは学問の違いから生じたものだと言える。

　著者の規準、特に共同著者の規準が、学問の種類によって異なることはないと考える人もいるが、筆者の考えはそうでない。ソウル大学研究指針の定義は、多分に執筆よりは研究や結果が中心となる理工系学問により適合していると言える。理工系の学問では表現よりはアイデアが重要な場合が多く、文科系の学問ではアイデアより表現が重要な場合が多い。このような学問の違いにともなう、共同著者の定義を異なって見ず、文科系学問にソウル大学研究指針を適用したり、理工系学問に大法院判決の基準を適用する場合、混線が生じるしかない。しかし、本書は剽窃研究であるが、主に人文・社会科学分野を中心としているため、共同著者に関する基準として、ソウル大学の研究指針よりは大法院判決に重きをおくしかない。

　人文・社会科学分野の学術的著述で共同著者として記載される資格は、単

---

[637]　ソウル大学校研究処『研究関連規定集』ソウル大学校研究処、2008年。

にアイデアを提供したり、研究を助けた程度では足りず、具体的に執筆に参加しなければならない。したがって、アイデア提供者や研究補助者として「創作的な表現形式に寄与」していない者、すなわち執筆に参加していない者は、共同著者となるのは難しい。一方、執筆に一部参加したとしても、それが字句修正のような些少なものにとどまる場合、共同著者となることはできない。

> たとえ、被告が一部関与した部分があったとしても、その部分は後ほど見るように、共著刊行の合意がなされた以後に、原告が著述作業に字句修正などの補助的な作業をしたものとか、一部の素材を提供したことに過ぎないものであり、原告と被告とが共同著作したとは言えないと言うべきである[638]。

しかし、アイデア提供者や研究補助者が、自分らが寄与したところに根拠をおき、これを発展させ、後に別途著述する場合、逆混同が発生することがある。繰り返して言えば、アイデア提供者や研究補助者が、自分らのアイデアや自分らが研究した部分なのに、剽窃者として誤認されることがあるということである。こうした状況を防ぐことのできる人は、アイデアを提供され、研究補助者の助けを受け、著述した者である。この著者は自らの著述で誰々からアイデアを提供されたとか、誰々から研究の助けを受けたという点を、著述のどこであれ[639]明らかにすることにより、助けを提供した人が、後に逆混同の被害者とならないようにしなければならない[640]。

一方、上述で人文・社会科学分野では理工系の学問分野とは異なり。具体的な執筆への参加を共同著者の要件とすると述べた。ところで、人文・社会科学分野でも、必ず共同著者の要件を大法院判決（共同著者事件）のように厳格一辺倒で見るべきなのだろうか。繰り返して言えば、理工系の学問分野でのように、もう少し緩和することができないのか、という議論をしてみる必要がある。これは過去とは異なり、人文・社会科学分野でも理工系学文分

638　釜山地方法院東部支院 2007. 8. 30 宣告 2002 가합 2699（本訴）、2003 가합 4098（反訴）判決（以下「共同著者民事事件判決」とする）。

639　例えば、序文において一般的な感謝の辞を述べたり、本文と当該部分において誰のアイデアであると明らかにできる。

640　この点を明らかにしたのが、研究所員共同論文事件判決（注 352）である。

334　第2部 各　論

組入れる場合と、実際の著者は著者から抜けて、被剽窃者（名義を盗用された者）の単独著述とする場合、②は監修者、連絡著者、名誉著者の役割を果たさないのに、そうした役割をしたかのように装われる場合とに分けることができる。

ア．逆剽窃型の著者名の無断記載

上述での、自らの考えに信頼性を与えるために、自らの考えと主張とを有名な著者のものかのようにして発表するのは、通常の剽窃と異なるもので被剽窃者の名誉または権威に深刻な毀損をもたらすという点から、逆剽窃だと説明した[646]。ところで、逆剽窃の程度が過度で著書全体を他の人の名前で公表したり（単独著書）、共同著述したものとして公表するもの（共著）が、まさにここで論じている「逆剽窃型の著者名の無断記載」である。したがって、逆剽窃と著者名の無断記載は著述の特定部分に対するものなのか、著述全体に対するものなのかに分けて説明できる。

一方、上述のような著者名の無断記載は、典型的な剽窃よりも害悪がより大きい場合の多いのだが、特に自らの意思とは関係なく、他人の著述に自分の名が著者として入ってしまった人の立場から、法的責任を問う可能性もある。

不当著書表示には基本的には著作権法上、氏名表示権の侵害問題がともなう。自らの著作物に自分の名前または異名を表示したり、表示しない権利である氏名表示権は、著作権者に与えられる著作者人格権の一つである（著作権法第12条第1項）。

著者名の横取り（第1グループ）の場合、被害者である著作権者は、自らの著述に自らの名前の代わりに他人の名前が挙がることにより氏名表示権を侵害されたことになる。これには実質の著者自身の名前が、完全に排除される場合（名義上の著者の単独著述）のほかにも、単独著述なのに共同著述と表記される場合（実質の著者と名義上の著書の共著）とがある。前者の場合、実質の著者の氏名表示権侵害が発生するのは当然であり、後者の場合にも単独著述なら、実質著者の名前だけが表示されることがあり、実質著者の意思

646　注448の当該頁を参照。

とは関係なく、他人（名義上の著者）を共著者として記載することにより、実際の著者としては、自らの著述（単独著述）に自らの氏名を実際に合わせて単独で表示する権利を侵害されたと言える点から、同じく氏名表示侵害が発生する。

　ところで、不当著者表示のもう一つの類型である著者名の無断記載（第2グループ）は、氏名表示権侵害の有無に対し、もう少し深まった議論が必要である。著者名の無断記載の被害者として名義を盗用された人は、著述者ではない。したがって、原則的に氏名表示権は侵害されることはない。ここでは、自らの著述に自らの名前（異名を含む）を表示したり表示しない権利を、著作者人格権の一つである氏名表示権として認めることのように、他人の著述に自らの名前（異名含む）が、本人の意思に反し、いかなる形態であれ（単独著者、共著者、連絡著者、名誉著者など）、入らない権利を認めるかと関連し、いわゆる「負の著作物に対する著作権」の議論をまずしなければならない。

（1）　負の著作物への著作権論議

　いわゆる「이휘소事件」で原告ら（故イ・フィソの遺族）は、自分らとイ・フィソの生涯を虚偽で綴った被告ら（評伝『核物理学者イ・ヒィソ』、『小説イ・フィソ』と小説『ムクゲの花が咲きました』の著者らと各出版社）を相手に、著作権侵害を理由に出版禁止を求めた。この訴訟ではじめて負の著作物に対する著作権という議論があった。『小説イ・フィソ』の作家は、小説でイ・フィソの1956年7月1日の日記を任意に作成し、イ・フィソが書いたように表示したのだが、原告らはこの日記がイ・フィソの著作物でないのに、イ・フィソの著作物だと表示したのは、いわゆる負の著作物に関する著作権を侵害したものだと主張した。しかし、法院は、著作権法は創作活動を勧奨するためのもので、そもそも<u>つくられた</u>著作物を対象とするので、著作者でない者を著作者として著作物を公表したとしても、これを冒用された者の人格権侵害となるかは別論として、彼の著作権を侵害したと見ることはできないとすることで、「負の著作物」概念を認めなかった[647]。

647　以上、ソウル地方法院 1995.6.23 宣告 94카합 9239 判決（以下「イ・フィソ事件判決」とする）。

336　第2部　各　論

（2）　負の著作物への人格権侵害問題

イ・フィソ事件の判決で法院は、自らの著作物でないものに自らの名前が使われた場合、人格権侵害の余地があることを暗示した。この論理を発展させれば、許諾なしに著書として名前を使用されたり、後ほど見るように、連絡著者または監修者として、それに相応する役割をしなかったのに、本人の意思に反し、そのような役割をしたことのように装い、連絡著者として名前を使われた場合にも、負の著作物による人格侵害が成立し得る。

具体的に、ここで侵害される人格権は氏名権である。韓国の場合、氏名権に関する明示的な条項はないのだが、ドイツ民法は次のように明示的な条項をおいている。

　ドイツ民法（BGB）
　第12条（氏名権）　氏名を使用できる権利が他人に侵害されたり、氏名に対する権利をもつ者の利益が、他人が同じ名を無断使用することにより侵害された場合、侵害された者はその他人に侵害の除去を要求することができる。追加侵害が懸念される場合、禁止請求をすることができる。

ドイツ民法のような明示規定はないが、韓国も判例で氏名権を保護している。犯罪事実の報道の過程で氏名が公開されたことを争う事件で大法院は、氏名に関する権利を以下のように判示した。

　個人は自分の氏名の表示の如何に関し、自ら決定する権利をもつが、氏名の表示行為が公共の利害に関する事実と密接不可分な関係にあり、その目的の達成に必要な限度において、その表現内容・方法が不当なものでない場合には、その生命の表示は違法と見ることはできない[648]。

これらの判決等の趣旨に従い、韓国でも自分が著者として直接著述したり、連絡著者、監修者等として著述に関与した場合ではないのに、自分の名前が許諾なしに著者、連絡著者、監修者等として入れられる場合、そうした行為が、特別に公共の利害と関連があると言えないので、氏名表示の如何を自ら決定する権利として氏名権侵害に該当すると言うべきである。

著作権法上、氏名表示権侵害が直接の争点ではなかったが、偽作に自分の

648　大法院 2009.9.10 宣告 2007 다 71 判決。

名前が使われたことに対し、著者者の人格権を侵害する不法行為に該当すると見た判決がある[649]。この判決を著者名の無断記載論議に適用するなら、著者名を無断記載された人は、実質の著者を相手に人格権侵害を主張できる。それだけでなく、氏名表示権を「自分の著作物の内容に対する責任の帰属を明白にすると同時に、著作物に対して与えられる社会的評価を著作者自身に帰属させようという意図により表示するもの」と理解したこの判決に従えば、論文等の著述に寄与したところがないのに、自分の著述の信頼性を高めるために著名な学者の名前を許諾なしに、著者、監修者、連絡著者、名誉著者として組み入れる場合も、人格権侵害と類推適用できる。

（3）　負の著作物への氏名表示権侵害問題
——「自分が書いてもいないものに、自分の名を記載させない権利」

　創作を奨励しようという著作権法の目的上、負の著作物を認めるのは難しいという、イ・フィス事件の判決の趣旨に従えば、著作権成立を前提とする氏名表示権の議論は不要になる。しかし、著作権の本質は、創作を奨励しようとするものだというインセンティブ理論（功利主義の伝統）のほかにも人間精神の所産または霊魂の延長線という、人格理論と労働の結果として保護すべきという労働理論（いわゆる、自然権の伝統）から接近することもある[650]。

　自らが著述しなかったのに自分の名前が記載されることにより、その著述に対する責任と社会的評価が自分に帰属するのなら、これは著作権を自然権の一つとして見る見地からは極めて不当である。自らの人格の一部ではないのに一部と見られることを拒否する権利は、自分の人格の一部を自分のものだと主張できる権利とコインの裏表の関係にある。創作物のなかでも高度の精神的努力の産物だと言える学術著作物に、自分が書いてもいないのに自分の名前が著者として入っているなら、人格権侵害となるのは当然である。負の氏名表示権侵害が成立すると見ることができる。もちろん、負の著作物を

649　大法院 2000. 4. 21 宣告 97 후 860 判決（以下「ピカソ事件判決」とする）。

650　注 91-143 の当該頁参照。自然権の伝統と功利主義の伝統からの二つの接近に対する著作権哲学理論については、以下を参照。남형두「著作権の歴史と哲学」『産業財産権』26 号、2008 年 8 月、271-297 頁。

認めないイ・フィソ判決によれば、氏名表示権侵害は成立しない。しかし、著作権の正当化理論のうち、人格理論のような自然権の伝統に立つ場合、負の著作物概念を認めることもできるので、負の氏名表示権の議論が不可能なわけではない。

　学界にいる学者なら、今現在特定の著述をしていなくとも将来その分野で何らかの著述をする可能性は常にある。ここで、未だ著述しなかったが、著述する可能性があるという点から「未来の著作者」という仮想の人物を設定できる。負の著作物に対する著作権または負の氏名表示権は、「未来の著作者」の氏名表示権として説明できる。例えば、共著者または名誉著者などとして名を組入れられた者が、万が一、問題となった著述と同じ主題で他の著述を準備したり、そうした著述に関与する可能性があったなら、問題の前作は、著者として名前を無断使用された人にとって足かせとなるだろう。特に問題の前作が、自分の学問方法論や学説と異なるなら、学者としては自分と関係がないのに自分の著書となった前作の存在が、生涯にわたり汚点となり得る。ここに、未来の著作者という仮想の概念が効用を発揮することができ、負の著作物概念を認める必要がある。

　望んでもいないのに共著者として組入れられた名義上の著者の被害は、未来を向かってのみ意味があるのではない、過去と現在においても意味がある。名義上の著者が、過去の問題の著述と関連のある著述をしたり、関与したことがある場合、問題となった著作物の内容や水準が、目に見えて低いなら、名義上の著者の名誉や評価など、人格に大きな被害を与えることがあるからである。

　ならば、ここで、負の氏名表示権論議を一般民法上の人格権（氏名権）侵害と別途に議論する実益が何か、という疑問が出てくるだろう。著作権法は、著作者人格権が著作者の一身に専属するとしているが、著作者が死亡した後でも、一定の場合は著作者人格権を保護できる条項（韓国著作権法第14条第2項）を設けている。また著作者の死亡後、人格的利益の保護に関する特別条項をおき、民法の相続人と異なる順位と範囲の請求人を定めている（第128条）。それだけでなく、著作権（著作者人格権を含む）侵害に対する、停止請求、可処分申請では民法、民事執行法と他の特則（第123条）も設けている。その反面、民法上では人が死亡すれば、人格権も消滅し、相続人や

遺族がこれを継承することはできない。

　例を挙げて説明する。Ａという人は特定分野で広く名の知られている有名な学者である。Ａは妻子と母を残して死亡した。Ｂは自分の著述に信頼性を加えるために全く関係のないＡを単独著者、共著者または名誉著者と記載したいと思っていた。Ｂの主張によれば、Ａは生前にＡとＢとにはそのような合意があったというが、ＢはＡの許諾を受けなかっただけでなく、これをうかがわせるような事情もない。Ｂの著述はＡの業績と比較するとき、その水準が極めて低く、Ａが生きていたなら、これを許諾していた可能性はない。Ａの妻はＢの行為に寛大な態度をとる反面、Ａの母はそれと反対の態度をとっている。

　この例で負の著作物に対する氏名表示権が認められるのであれば、Ａの母は氏名表示権に根拠をおき、Ａの妻の意思と関係なくＢを相手に本の出版停止を求めるか、可処分申請ができる（著作権法第128条には権限行使の順位はない）。しかし、単に民法上の人格権を権原とするなら、Ａは死亡したことにより人格権が相続されたり継承されず、Ｂの本に対する出版停止を求めることができなくなる。ただ、Ａの妻と母は、故人（Ａ）に対する敬愛追慕の情を侵害されたという点を挙げて、法的救済を受けることができるだけである。一方、Ａが生前に許諾しなくとも、Ｂ自身の著述に信頼性を加えるために全く関係ないＡを単独著者、共著者または名誉著者と記載したとして、Ａの妻と母の故人（Ａ）に対する敬愛追慕の情が侵害されたと見るのは難しい。したがって、上述の例で負の著作物の対する氏名表示権が認められない限り、民法上の人格権としてはＢの行為を阻止できない場合が発生することがある。

　ここで、著作権の本質を創作を奨励するためのものとだけ見る結果、著作物の存在を前提として負の著作物を認めないことは、著作権の本質に照らし、再考の余地がある。さらに負の著作物に対する氏名表示権もまた、著作物を創作者の人格の一部または霊魂の所産と見る見地に立つか、少なくとも、著作権にそうした要素があるという点を認めるなら、一般人格権のほかに十分に議論する価値がある。

　しかし、イ・フィソ事件の判決や他の国の例から見るように、当面、負の著作物に対する氏名表示権を認めるのは簡単でないように見える。これまで、

負の著作物に対する氏名表示権は、おおむね否定的な見解が優勢である。ドイツ連邦憲法裁判者は"Emil Nolde"の判決で、1965年、ドイツ著作権法上、著作者人格権は単に著者とその作品の関係にだけ適用されるので偽作である場合には、著作者人格権が適用されないとすることにより、負の著作物に対する氏名表示権を認めなかった[651]。

　したがって、自らが全く関与していなかっただけでなく、許諾しなかったのに、単独著者、共著者または名誉著者として名前が使用された場合を効果的に解消する方法として、負の著作物に対する氏名表示権は、事実上期待するのは難しい。民法上人格権は可能だが、これもまた死亡した後では、遺族も故人の人格権を行使できないという点から、法による解決が不可能となる。まさにこの地点で剽窃禁止の倫理が機能することになる。すなわち、遺族が民法または著作権法による権利を行使して、著者名の無断記載を防ぐことはできないが、剽窃禁止の倫理に抵触する行為とすることはできるのである。

（4）　小結論

　負の著作物に対する著作権侵害問題は、今後もう少し論議が必要である。しかし、著者名の無断記載は負の著作物や負の氏名表示権論議をもってこなくても、人格権侵害により構成できる。今後の議論によっては著作権侵害（負の著作物および負の氏名表示権に対する侵害）と競合関係におかれることもある。

　にもかかわらず、著者名を無断記載された著者が、死亡した場合には、人格権侵害でもこれを防ぐことはできないという点から、法による救済ではなく、剽窃禁止の倫理による解決法が効果的であり得る。

イ．監修者、連絡著者、名誉著者の問題

　著者名の無断記載のもう一つの例として、監修者、連絡著者、名誉著者等の形がある。本格的な議論に先立ち、「名誉著者」は用例上、名誉な著者でないことは明らかな以上、著述にいかなる形であれ、関与しなかったのに名誉著者という形で著者名に組入れられることは、代表的な不当著者表示に該

651　BGHZ 107, 384.

当するという点からこれ以上論じる必要がない。リプソンが語る学問の正直さの三大原則のうち、「自分の名前で提出したり発表するすべての研究実績は、実際自らが研究したものでなければならない」という最初の原則に照らして見るとき、名誉著者は決して許容されてはならない。同じ趣旨でソウル大学研究指針も研究に寄与しない者を名誉著者に含める行為を、研究不適切行為の一つと規定している。

　著者名の無断記載で、監修者、連絡著者を論じる理由は、本人の許諾を受けず、監修者、連絡著者として著者名に記録することは、著者名の無断記載の一つだからである。一方、これを逆剽窃型著者名の無断記載と区別して別に論じるのは、監修者、連絡著者の役割が一般著者と異なるからである。

　監修者は文字通り監修をした人を指すもので、監修は本の著述・編纂を指導・監督するという意味である。ところで、学界では辞書的な意味と少し違って使う。すなわち、辞典的な意味では著述内で指導することも含むのだが、実際、学界では監修者と言えば、著述が完了した後、著述全体を読んで、誤ったところがないか、補完する部分はないかを検討し、著者に自らの意見を述べる人を言う。もちろん、広く見れば、このような監修行為も著述の一つの過程と見ることができるので、辞典的意味と学界で通用する意味とが異ならないと言える。しかし、重要なことは、著述がある程度完了した後、監修者の役割がなされるという点から、著述の全過程に関与する研究責任者や連絡著者とは、区別されると言えるだろう。

　読者らが信頼するだけの権威のある人を監修者等の形で著者名に組入れることを批判するとき、議論の主な対象は、監修者または連絡著者の役割を行わなかったのに、本人の許諾なしに、このような著者として掲載された場合である。すなわち、二つの要件が必要なのだが、1、監修者、連絡著者の役割を行わなかったこと、2、監修者、連絡著者として掲載されることを許諾しなかったこと、という要件を備えた場合を議論の対象とする。

　したがって、監修者等の役割を行わなかったのに、監修者等として掲載されるのを許諾したなら、これは一種のゴーストライター（unacknowledged ghostwriter）に該当するもので、後ほど、著者性の議論の第3グループであるゴーストライター議論に含めて論じる。

　一方、監修者または連絡著者として掲載することを許諾したとしても、実

342　第2部　各　論

際はそうした役割を行わなかったのであれば、著者と監修者等との間には、法的・倫理的な問題は発生しないが、読者や同僚の学者に論文の水準に対する誤った情報を与えることがあるという点から、問題があるという指摘がある[652]。妥当な見解だと考える。これは主に科学論文で、いわゆる連絡著者等に当該分野の権威者を著者名に無断記載する過程で数多く発生するのだが、人文・社会科学分野にも適用することができる。

　また、監修者等の役割を果たしたが、監修者にとって著者名に監修者等と掲載することができない特別な事情があり、掲載を許諾しなかったのに、その意思に反して監修者等として掲載した場合がある。例えば、監修などをした者が、自分の著述を出版する出版社との関係上、ライバル出版社から出版される本の監修者として掲載されることを望まない場合を想定することができる。監修者は自分の名前を監修者として掲載しないこととする合意違反の責任を著者に問うことができる。しかし、実際にこうしたことが起きる可能性はほとんどなく、起きたとしても、責任を問うための立証はやさしくないだろう。

　「監修者と連絡著者としての組入れ」で、最も大事なことは、監修者などの役割を行わなかったのに、無断で監修者等として著者名に掲載した場合である。韓国の判決のうち、教育用 CD ロムの製作で許諾なしに監修者として掲載したことに、氏名権侵害と名誉毀損の責任を認めた例がある[653]。本人の許諾なしに監修者として掲載した行為は、剽窃（非典型的剽窃のうち、不当著者表示）に該当することを越え、氏名権侵害および名誉毀損にも該当することを確認したもので、妥当だと考えられる。上述のように、権威ある人を無断で監修者として掲載した場合、著者は監修者に対し法的・倫理的責任を負うことのほかに、読者らに対しても不当著者表示という剽窃責任を避けることはできない。上述で見たように、許諾受けて監修者として掲載したとしても、読者らに誤った情報を与えたことに対し責任があるということと同じ脈絡である。さらにまた、読者らがその著述を読むことを選択した理由が、

652　민병주『研究倫理を高めるための効果的な教育方法および内容研究』科学技術部 2007 年、106 頁の脚注 19。

653　ソウル地方法院 1977.7.30 宣告 99 가합 13985 判決（以下「監修委員名の無断記載事件判決」とする）。

監修者のためだということが立証されれば、これは欺瞞行為に該当し、法的責任も考慮することができる。以上、監修者等の役割を行わなかったのに、監修者として掲載した場合、法的・倫理的責任を監修者と読者との関係とに分けて理解しやすく、表に整理すれば以下の通りである

＜表4＞　監修者の役割を行わずに監修者として掲載した場合の責任[654]

		著　者		監修者		
監修者の同意がある場合	監修者に対する責任	なし		該当なし		
	読者に対する責任	倫理	○	読者に対する責任	倫理	○
		法	△		法	△
監修者の同意がない場合	監修者に対する責任	倫理	○	該当なし		
		法	○			
	読者に対する責任	倫理	○			
		法	△			

　一方、著述の過程で果たした役割が、監修または連絡著者程度に過ぎないのに、共著者または単独著者に変わる場合もある。もちろん、それが許諾なしに行われたのなら、著者名の無断記載に該当するが[655]、相互の意思が合致したなら、後ほど扱うゴーストライターの議論に含めることができる。監修者等が許諾なしに共著者などに変わる場合は特になく、あったとしても、著者名の無断記載議と同じなので省略する。相互の意思が合致して行われる場合は、大学教材の採択ではしばしば発生する。出版社が外国書籍専門の翻訳作家に翻訳させ、教授が翻訳監修を行った後、出版所と教授が事前に合意した通りに、教授を翻訳者として出版する場合がある[656]。後述のゴーストライ

654　この＜表4＞で「倫理」というのは「剽窃責任」のことであり、「法」というのは「法的責任」を言う。法的責任における△表示は、民事上の欺瞞行為の要件または刑事上の詐欺罪の構成要件を充足しているかどうかにより、法的責任の有無が異なってくるという意味で使用している。すなわち、監修者の役割を遂行しなかったのに、監修者として掲載された事実と、読者らが本を購入する行為との間に因果関係が認められれば、詐欺は成立するが、そうした因果関係が認められなければ、詐欺は成立しない。

655　正確に分類すれば、著者名の無断記載のなかでも逆剽窃型に該当する。

656　注644、645の当該頁を参照。

344　第2部　各　　論

ターの議論で見るのだが、これは実際の翻訳者の氏名表示権を侵害するもの
で、翻訳者が自らの名を訳者名から省略することに合意し、それにともなう
対価を授受したとしても結論は変わらない。

4.　ゴーストライター著述問題（第3グループ）

　剽窃と関連する著者性論議で、第3グループ「ゴーストライティング」は
「社会的に容認される場合」と「許容されない場合」、すなわち「不当著者表
示に該当する場合」とに分けることができる。二つの場合はどちらも実質的
に執筆した「ゴーストライター」と、名義だけを著者として掲載した「名義
上の作家」がいるという点と、ゴーストライティングについての合意がある
という点で共通点があるが、これに対する法的または倫理的評価は全く異な
る。すなわち、不当著者表示の場合は、著作権法違反、特に氏名表示権侵害
という法的責任と剽窃という倫理的な責任の対象となる反面、社会的に容認
される場合は、そうでないという点での違いが大きい。

　ここでは、いわゆる「ゴーストライター」のうち、許容されることと許容
されないことをいかに分けるかが問題となる。本悪的な議論に先立ち、ゴー
ストライターまたはゴーストライターの定義をどうするかから議論しなけれ
ばならない。ゴーストライターに対する観点は、学問倫理、研究方法論、著
述文化で国ごとに違いがあるので、外国の論議をそのまま借用するのは、必
ずしも望ましくないが、国内で著作権法学や剽窃を研究する学者のうち、ゴー
ストライターについて論じたものを探すのが難しいので、止むを得ず、外国
の論議を出発点とする。

　コロンビア・ロースクールのリサ・レーマン（Lisa G. Lerman）教授は、
ゴーストライターまたはゴーストライターの著述は、深刻な剽窃とは見做さ
ないとしつつ、自発的に他の人のために著述する「ゴースト」は、他の人が
その著述を利用し、その人の名前で発表されることを許諾したためだと見て
いる[657]。しかし、ゴーストライターの著述を上述のように定義したり、評価
することに同意することはできず、こうした論拠の提示は、ここでの議論の

---

[657]　ゴーストライターの定義については、Lisa G. Lerman, "Misattribution in Legal
　　Scholarship: Plagiarism, Ghostwriting,and Authorship", 42 *S. Tex. L. Rev.* 467, p. 476
　　（2001）を参照。

助けにならない。

1、議論になっている概念を定義するとき、可能なら価値判断を排除し、事実を主にした方がよい。自分の名が著者として表示されないという点、ゴーストライターと名義上の著者との間に合意があるという点は、事実に関する事項であるのでゴーストライティングに対する定義はこれで充分である。それが後に社会的に容認されるかされないかは、価値判断の問題とした方が、合理的な議論には望ましい。しかし、ゴーストライターの概念を価値中立的に把握せず、「社会的に容認されるもの」だけがあると理解する点でレーマンの定義は合理的論議に適合していない。

2、レーマンの定義の焦点は代筆者にあるが、筆者の関心は名義上の著者にある。今議論されている大枠が、著者性、不当著者表示だという点を見過ごしてはならない。すなわち、代筆者またはゴーストライターを雇用し、著述行為をさせた名義上の著者に対し法的または倫理的責任を問うことができるのか、でなければ、社会的に許容できるかについて論じようとするものである。こうした観点から見れば、レーマンと筆者の定義は互いに異なるものを対象としていると言える。

以上のように、代筆者または執筆代行を価値中立的な概念として理解すれば、執筆代行は社会的に容認されるものと、そうでないものとに分けることができる。一方、著述文化には国家や社会を超越して同じ倫理が適用されるものもあるが、国家や社会により、許容の如何が異なるゴーストライティングがあり得る。例えば、政治家の政見をまとめた著述や最高法院の判決文は、どの国家であれ、ゴーストライティングを慣行として容認しており、不当とは見ていないと言えるが、学界や研究界の学術的著述では、国別に慣行に従い、執筆代行を容認する文化と容認しない文化とが共存している。

このようにゴーストライティングの社会的容認の如何は、絶対的な基準として述べるのには難しい点がある。ただ、以下では普遍的観点から韓国で議論の対象となるゴーストライティングを事例別に分けて議論する。

ア．政治家のゴーストライター著述

どんな社会でも一般的にゴーストライターの著述に法的・倫理的責任を問わない代表的な場合として、政治家の政見をまとめた著述を挙げることがで

346　第2部　各　論

きる。政治家の著述で重要なことは、自ら直接書いたのかではなく、記述された内容の真実さなのだが、これは一般的に著者として名を出すのは、著述内容に対する約束を意味するからである。ここで、政治家が自らを著者とする行為を小切手への裏書に喩えることもある[658]。ポズナー教授はレンブラントを例に挙げて説明した。レンブラントの絵は、相当数が自ら直接描いたものではなく（もちろん、描いたものもあるが）、助手が描いた後に、レンブラントがただ署名だけをしたものであり、現代的な観点から見れば、レンブラントは明らかに騙す行為をしたが、当時の観点から見れば、これもまた小切手の裏書のようなものであり、剽窃と見るのは難しいと述べる。また、これを低級な商品に有名な商標をつけることに喩えている[659]。したがって、政治家が自らの政治的見解を表明した著述（本またはコラム等の寄稿文）は、たとえ、その政治家が直接書かなくとも、彼の考えが明らかである以上、ゴーストライターを通じて作成したからとして、不当著者表示だとはしない。万が一、低級なものに喩えられるほどよくない内容を含んでいても、自らの名で発表するなら、それにともなう低い評価は当該政治家が受けることになり、立派な内容を含んでいても、出版後に当の政治家が、それに相応する政治的行為をしないのなら、信じられない政治家という低い評価を受けることになるだろう。結局、政治家がゴーストライターに任せて著述させたとしても、その内容に対する評価と責任は、すべてそのまま本人が負うという点から、剽窃禁止倫理の側面で剽窃として非難せず、許容しても問題となることはない。

　政治家が自らの政治的見解や、特定の政策に識見をもつのは当然であり責任政治を具現するために、政治家の政見は、国民に積極的に伝達しなければならない。言葉で伝達することもあるが、もう少し体系的に伝達するメディアは著述であり、より正確には本だと言える。したがって、韓国だけではなく、世界的に数多い政治家が、政見をまとめた本を出したり、時には政治的立場を明らかにする要領で、自らの成長過程を描いた一種の自叙伝の類を出版する。そこに、韓国の後進国的な政治の現実を勘案すれば、政治家らが落

658　ポズナー（포스너）、前掲書（注47）48頁。

659　同上 49-50頁。

ち着いて著述し、本を出すことは、不可能だといっても過言ではない。した
がって、政治家らが政治的な見解をまとめた著書や、政治的立地を強化しよ
うと出す、自叙伝の類の本を執筆代行という理由から非難することはできな
い。繰り返して言えば、政治家の出した評論や寄稿したコラムなどは、彼が
直接作成したのかが重要なものではなく、後にその著述の内容通りに政治行
為をするのか、すなわち、約束を守るかを検証することがより重要だという
点で、たとえ、彼が直接著述しなかったとして、不当著者表示だとするのは
適切ではない。

　これを剽窃の本質と関連させて議論するなら、剽窃の要件である「騙す行
為」が欠如していたという点から、許容されるものと見ることができる。政
治家らが本やコラム形態で発表する政見は、当然、代筆者や秘書陣が作成す
るものと知られているため、政治家が著者性を騙そうとする意図があったと
見るのは難しく、読者らも、その政治家が直接書いたものとは考えていない。

　しかし、政治家が書いたからといって、すべて「許容されるゴーストライ
ティング」とは言えない。1、政治的見解の表明と関係のない著述を挙げる
ことができる。例えば、政治家が小説や詩のような文学作品を発表すること
もあり、特定の分野の専門書籍を出版することもある。政治家のなかには、
最初から政治を職業としてしてきた人もいるが、文学をする人や特定分野の
専門家もいる。これらの人が政治家として政見をまとめて国民に知らせるの
ではない、文学または特定の専門分野の論文を書き、発表することは、社会
が政治家にゴーストライティングを容認する範囲を越えたものだと言える。

　2、学術論文である。学術論文は政治的見解を表明した主観的な性格の著
述とは異なり、客観性と合理性が命である。著述者自身がどうしていくかと
いう考えをまとめた内容は、論文となり得ない。ただ、自らの主観的所信を
書いたとしても、客観化して、それが学界と読者らの絶え間ない論駁の過程
を経て一つの理論として定立されることを目的とする合理性を備えるなら、
学術論文となり得る。学術論文の場合、おおむね審査過程があり、その過程
で剽窃の有無は検証されることになる。ところで、代筆論文を学術誌に投稿
したのに、それが社会的に容認されるゴーストライティングだと大目に見る
のであれば、これは学術論文、学術誌の本質に反するものである。したがっ
て、審査を経る学術論文の場合、その内容に政治的見解が含まれていたとし

350 　第 2 部 各 　論

有名人が直接著述したり、相当な部分を著述し、出版社の編集の過程で校正することは、ここでの議論の対象ではない。ただ、有名人の名前だけを掲げてゴーストライターが作成した場合が議論の対象となるだけである。

　有名人を消費しようとする一般人の欲求と好奇心を利用した出版社のマーケティングとが相俟って、有名人を掲げた出版が流行している。韓国でもゴーストライターのために社会的な大きな波紋を引き起こした事件が何件かある。一方「ゴーストライター」という映画（ロマン・ポランスキー監督、2010 年）が輸入・上映されただけでなく、ゴーストライターの生を素材にした小説[663] も出版され、ゴーストライターに社会的な関心が集まりもした[664]。

　上述で見たように、マシュマロ物語事件の判決でも、ゴーストライターについて論じることができる[665]。簡単に言えば、この事件で法院は欺瞞行為もなく、また、あったとしても読者が騙されなかったと見たのだが、結局、非政治系の有名人に対するゴーストライター、すなわち、ゴーストライティングを一定程度、許容したものと理解できる[666]。

　最近、有名人のゴーストライティングは新聞のコラム等にもときどき見られる。韓国の人々のうち、世界の舞台で活躍する有名なスポーツ選手や音楽演奏者の名によるコラムがこれに該当する。もちろん、忙しい時間を割いて、本人が直接書くこともあるだろうが、そうでなく、単に本人の経験や意見を基に記者が代わりに作成することもある。スポーツ記者または文化関連の記者が、彼らの名前を使い発表するものが、読者により訴える力があると考えるために、こうしたコラムが横行しているのだが、有名人の許諾があり、その内容にあるエピソードや意見が有名人のものであるなら、直接作成しなかったとしても、その程度ならば、社会的に容認できる執筆代行と見ること

663　임영태（イムヨンテ）『9 軒目の家、2 つ目の大きな門』譽、2010 年。

664　この何年間、ゴーストライターとして社会的な波紋を起こした本が何冊かある。これらを整理したものとしては以下を参照。임종업（イムジョンオプ）「この本のゴーストライターは誰か？」ハンギョレ 2013 年 2 月 14 日付記事。

665　注 294-295 の当該頁を参照。

666　この判決をめぐるゴーストライターに関する議論については、筆者（남형두）のエッセイ「著作権ヨーロッパ紀行　その最初の話 —— ゴーストライター（Ghostwriter）」（『出版文化』559 号、2012 年 6 月）を参照。

ができる。

エ．法院の判決とゴーストライター著述

　政治家や有名人以外でも裁判官の判決についてさえ、ゴーストライティングが論じられることもある。ポズナー教授は、原著者を表記しなくとも読者が問題としない場合があり、このとき、読者が騙されることもあるが、騙されたということ自体が何ら問題とならない場合として、ゴーストライターを挙げた[667]。ポズナー教授は、ゴーストライターの著述の代表的な例として、法院の判決の場合、事実上、裁判研究員（law clerk）が書き、判事が署名だけをしても信頼の問題を呼び起こさないため、害をほとんど及ぼさないか、全く及ぼさないものと見ているとし[668]、判決が社会的に許容されたゴーストライティングの一つであることを暗示している。

　これは、判決作成の過程を適切に理解しないと、多少誤解の余地があり、注意して接近しなければならない。一般の人が見るとき、政治家と有名人はそうだとしても判事までが、判決の表現と言葉を書いていないと理解するのは、簡単でないからである。まず、ここでは、非典型的な剽窃の一つである著者性に関して論じているので、典型的な剽窃である出所表示の欠落は、議論の対象ではない。したがって、判決で他人の文章や特に同僚の法官の判決を引用しつつ、出所表示を省略することの適切さについては論じない[669]。

　利害関係が複雑で法律の適用が、厳格な大法院判決が作成される過程では、事実上、大法官らを補佐する裁判研究官らの役割が極めて大きい。裁判研究官らは定められた手続に従い、それぞれ事件を分担した後、個別の事件を深く検討し、法律上の争点を研究した結果を場合によっては、事実上の判決の草案とともに大法官に提出する。こうして作成された判決の草案に大法官はそのまま署名するか、修正した後に署名することにより、一つの大法院判決が作成される。ところで、こうして宣告される大法院判決のどこにも裁判研究官の名前は入っていない[670]。したがって、大法官らが裁判研究官らの文章

667　ポズナー（포스너）、前掲書（注47）42頁

668　同上 44-45頁。

669　これについては上述で見た「法学界と法実務界の産学連携」部分を参照。注354の
　　当該頁。

352　第2部　各　論

を剽窃したと言えるのか。また、大法院判決を裁判研究官のゴーストライティングによる不当著者表示物と批判できるのか。そうではない。判決文も一種の著作物であるが、この著作物は誰が作成したのかよりは、誰の判断なのかがより重要だという特性をもっているからである。判決の作成過程で裁判研究官の助けを得たとしても、結論（主文）と、これに至った理由を大法官が自分のものとして引受けるという意味で、署名捺印し公表したのなら（宣告の意味）、その名義による大法院判決と言える。

法官が書いた論文には一般学術著作物に適用される基準が適用される

　法官にゴーストライティングが一部許容されるのは、判決の特性から生じる。したがって、法官が学術目的で書いた著述（論文、単行本など）に執筆代行または代筆者についての議論が適用される余地はない。その一例として、米国ミシガン州法院の判事ブレナン（Thomas E. Brennan. Jr.）は、論文の剽窃により懲戒を受け、それに不服を唱えたが、最終的には彼が属する法院で懲戒が確定した[671]。法官は裁判を主宰し、判決文を書く専門家集団である。判決文の作成に関しては、一種のゴーストライティングが許される場合があることは、上述で見た通りである。しかし、判決文のほかに法官という職業にともなう高い水準の正直さ、道徳性が要求されるとした判決は、韓国にも相当部分、影響を及ぼすだろう。特に韓国の法学の発展への学問的な性格の強い判事らの著述が寄与するところは極めて大きく、判事らの論文著述が非常に活発だという点から、必ず検討しておくべき部分である。

670　大法院判決とは異なり、大法院判例解説は裁判研究官の名前で刊行される場合が多い。これは大法院において宣告された事件を研究、報告することに関与した裁判研究官が判決の宣告後、これを論文の形で出すものであり、そのなかには当該大法院判決が出ることになった背景を学問的に深く扱った場合が多い。これを見ても、大法院判決文の作成過程において、裁判研究官が事実上、ゴーストライターとして深く関与していることがわかる。

671　In the Matter of Hon. Brennan, Jr., Judge, 55th District, Mason, Michigan, 433 Mich. 1204, 447 N. W. 2d 712（1989）（以下「ブレナン判事事件判決」とする）。この判決は懲戒事件に関するもので、被審人（respondent）はミシガン州メイソン所在の第55地方司法法院の判事である。被審人は自らに対する法官定年審査委員会の譴責決定を受け入れ、ミシガン州大法院もこの決定をそのまま認めた。

オ．学界のゴーストライター著述

　ヨーロッパでは助教が書いた本と論文を教授が自分の名前で出版するのが、慣例だという見解がある[672]。教授と助教との間に一種のゴーストライティングの関係が形成されていると見るのである。教授の権威が他の国に比べ高いドイツでは、特定の教授の研究室に属する学生らが、事実上ゴーストライターとして論文を作成し、教授の名前で発表することがときどきあるという。しかし、米国では研究助教が作成した論文を教授が自分の名前で発表することを剽窃と見ている[673]。さらに、助教の手違いで出所表示が欠落したことが明らかなのに、教授が剽窃の責任を負ったオグルトゥリー教授の事例等に照らしてみれば、米国はドイツより教授の剽窃により厳格であることがわかる。もちろん、いくつかの事例のみで国別の学界の執筆代行の慣行を即断することはできないが、おおむねヨーロッパよりも米国の学界が、厳格な傾向があるのは事実である。

　最近韓国での社会的な関心を引く剽窃事件のうち、「教授の学生論文の横取り」または「論文上納」事件などが止まないのだが、法院の判決によれば、こうした慣行を剽窃と見ている[674]。一方、学術誌や論文集の出版政策によっては一定の学位がなければ、共同著者と記載できなくしたり、時によっては論文提出資格として博士学位を要求することもある。教授や博士でなければ、論文掲載率が低い場合もある。これは韓国の学界と研究界のよくない慣行であり、論文掲載審査のずさんさを物語っている。こうした韓国の学界の慣行と事情とにより、共同研究論文であるのに共同著者として記載できない事情があり得る。しかし、この場合、たとえ共著者として表記できなくとも注にその氏名を記載する方法により、その労苦を認め、一種の感謝の辞を述べることにより、剽窃の疑惑を免れ得るという趣旨で判示した、研究所員共同論文事件の判決は、いわゆる「匿名の共著著述」の剽窃の判断基準を提示したものと言えるだろう[675]。

672　ポズナー（포스너）、前掲書（注47）54頁。

673　同上73頁。

674　博士論文指導事件判決（注353）：大田地方法院 2009.7.28 宣告 2009 카합 930 決定（以下「教え子修士論文剽窃事件決定」とする）等。

675　注352の当該頁を参照。

354　第2部　各　論

　以上で見たように、韓国は教授と助教（教え子）とが共同研究した結果物
に対し助教の名前を省略したり、ゴーストライティングを許容する慣行を認
めないという点で、ゴーストライティングに対しより多く厳格な物差しを適
用する米国側の伝統に相対的に近いか、少なくとも、近づいている趨勢と言
える。さらに、博士論文の上納慣行は認められないと、ダメを押した法院の
判決（博士論文指導事件の判決）によれば、韓国の法院は学界のゴーストラ
イティングを非常に否定的に見ていることがわかる。

第4章 手　続

Ⅰ．検証時効

1.　剽窃に時効を適用し得るのか

ア．時効制度一般

時効制度は法的概念であり、一般的に刑事法の公訴時効、民事実体法の消滅時効または取得時効において論じられる[676]。本書では時効制度の本質にまで立ち入って扱うことはできないが、通常の時効制度は正義の二大価値である「具体的な妥当性」と「法的安定性」とが衝突する場合、前者を犠牲にし、後者を追求する制度と言える。時間が経つにつれ、「現在の状態」が「あるべき状態」を圧倒するだけの価値があるとき、時効制度の意義がある。当為という規範的な正義が、時間の経過という変数にともない、変わり得るかという問いに、そうであり得ると見るのが、時効制度の趣旨である。例えば、「あるべき状態」ではない「誤った状態」の上に、多くの法律関係または社会的事実が形成された場合、その基盤となる誤った状態を正す過程ですでに形成された第三者、特に善意の第三者の法的地位を含む社会的な地位が崩壊するなら、「あるべき状態」へと回復することに劣らず「現在の状態」を維持することに、より大きの価値があると見るのである。

　場合によっては他の理由が提起されたりする。長い時間が経てば、証拠がなくなりもし、時には（公訴）時効制度がなければ、捜査機関が捜査を怠けることがあり、捜査と起訴を奨励する必要があるというのがそれである。

676　だからと言って、時効制度が刑事法と民事法にのみあるというのではない。国税基本法、国税徴収法などにも時効制度があり、その外の多くの法にも時効制度がある。さらに、時効制度と類似したものとして、除斥期間も時間の経過により、失権するという点において根本の趣旨は同じだと見ることができる。このように倫理規範の世界ではない、強制力をもった法規範の世界において、時効制度は一般的な制度だと言える。

356 第2部 各 論

イ． 剽窃への適用

　政府の予算支援を手段として大学と各種研究所に強力な影響力を発揮する教育部は、訓令の形ではあったが、研究倫理確保のための指針を制定したのだが（制定 2007.2.8 科学技術部訓令第 236 号）、そのなかに検証時効規定を含めた。以後、ほとんどの大学と研究所などが、研究倫理規定をつくるとき、この訓令にならい、検証時効の規定を入れるようになった。ところで、剽窃などの研究倫理の不正行為に対し検証時効を定めることが、望ましくないという指摘がなされると、教育部は 2011 年、この指針を改正するとき、検証時効の規定を廃止するに至った。ところで、問題は、大学などが依然として検証時効規定を存続させている場合が多いことである。結局、政府が不必要な規定をつくっては廃止し、混乱の度を増すだけの結果となった。

　上述で見た時効制度の意義を念頭におきつつ、剽窃の検証時効が適用できるかを考察する。

（１） 学問の本質

　学問は真実を追求する。嘘があるなら学問ではない。したがって、学問は絶え間なく批判と検証とを通じて誤謬が是正され、確固とした理論として定立される過程を経る。批判と検証の対象は、学問そのものである。正直な学問も批判と検証を経なければならならず、ましてや、剽窃等の研究倫理違反の疑惑がある学問に対し一定の期間が過ぎれば、検証できないというのは、学問の本質上、あり得ないことである。真実を生命とする学問で時効という制度により、嘘を覆い隠したり真偽を確認しようとする努力を防ぐことはできない。

　剽窃の行為者に対する懲戒または刑事処罰の手続で、懲戒時効や公訴時効が適用できる。これは懲戒時効や公訴時効制度が、剽窃という非違行為または犯罪行為にだけ適用されない特別な理由がないからである。ところで、ここで論じようとするのは、剽窃行為をした<u>人</u>でなく、剽窃行為の<u>成果物、すなわち論文等の著述</u>である。これはいくら長い期間がたったとしても、学問の本質上剽窃等の研究倫理違反があるかは、最後まで追跡しなければならない対象である。そうしなければ、学界に持続して害悪を及ぼすからである。剽窃の検証結果にともなう懲戒の是非は、別途、議論するとしても、剽窃そ

のものに対する検証を時効制度により防ぐことはできない。

これは権威の源泉提供という引用目的を通しても説明可能である。一定の期間が過ぎたとして剽窃等の研究倫理違反の有無を検証できなくするなら、その剽窃物が持続して、後続の学者らに引用されることにより権威の源泉という地位を持続して保全することになる。このように嘘の学問が、権威ある位置にとどまることを容認するなら、学問の発展が阻害されるのは明らかである。

研究倫理の違反において事実上検証時効を認めない事例（「東大事例」）があるので紹介する。東京大学は 2012 年 1 月、世界的な分子生物学者、加藤茂明元東京大学教授の研究チームが発表した論文のうち、相当数にデータの捏造疑惑があるという情報を得て、独自の予備調査委員会をつくり、約 1 年半にわたり 1996～2011 年の間に発表した論文 165 報を調査した。その結果、一部に捏造等が確認されるや、調査委員会は論文 43 報を撤回し、そのうち 10 報については訂正を命じることを決定した。加藤元教授も問題を是認し、論文撤回を受け入れた。一方、同じ報道によれば、2012 年には東邦大学の元准教授が約 20 年間にわたり発表した論文約 170 報が捏造と判明したと言う[677]。

東大事例によれば、16 年をも過ぎた論文も検証対象にしたことがわかる。この事件で調査が始まると、加藤元教授は辞任した。万が一、研究倫理違反により当該教授を懲戒するのであれば、辞任して退職した教授は、東京大学とこれ以上雇用関係がないので手続は進められない。しかし、辞任したのに調査を継続し、不正論文を明らかにし、引き続き前職教授に論文の撤回および訂正命令を発したことは、上述で指摘したように論文等への検証を不正当事者になされる懲戒手続とは違うものと見たからである。

真実を追求する学問の本質上、真実と嘘は共存できない。嘘を明らかにする作業が、時効という制度により妨げられることは、学問そのものを放棄することと同じである。

---

677 박형준、前記事（注 7）を参照。

360 第2部 各 論

とに検証時効を異なって定めることができないのは、その多くの学問別に検証時効に関する当該学界の共感を形成するということが、不可能に近いからである。こうしたさまざまな理由からすべての学問に、一律的に5年という検証時効を適用することは無理であり、そのことが、剽窃に対し検証時効を認めることが不当だという論拠となり得る。

（3） 法学的接近

（ア） 民事法的接近

時効制度の法哲学的根拠として提示される「権利の上に眠る者を法は保護せず」という法格言は、権利を長期間行使しない者を法の保護のほかにおくということであって、これにより、積極的に義務を負担する者を保護するということではない。時効制度で利益を得る人に与えられるのは、あくまでも「反射的な利益」のみであり、「権利」ではない。法律にも「時効利益の放棄」という制度[679]があるのみで「時効の権利を放棄」するとはいっていない。このように、時効制度により得られるのは、権利ではなく反射的な利益に過ぎないという点で剽窃行為に時効制度を適用しないのは、必ずしも不当だとは言えない。

時効制度はまた、財産権の領域に適用されるだけで人格的利益や倫理の領域にまで適用されるのではない。もちろん財産権の領域でなく、例えば、親子関係などの法律関係では時効ではなく、除斥期間が適用される例はあるが[680]、これはあくまでも、家族という法律関係の不安定さを長期間放置することを防ぐために一定の期間内に訴えを提起させ、その期間が過ぎれば、訴えをもって争うことができなくするものである。したがって、人格的な利益が結び付いており、学界の高度の倫理性が介在している剽窃事件に、財産的

679　韓国民法第184条（時効の利益の放棄その他）

①　消滅時効の利益は予め放棄できない。

②　消滅時効は法律行為により、これを排除、延長または加重できないが、これを短縮または軽減することができる。

680　例えば、認知請求の訴えで、父または母が死亡したときには、その死亡を知った日から2年以内に検事を相手とし、認知についての異議または認知請求の訴えを提起できるようにしたもの（韓国民法第864条、第863条）が代表的な除斥期間の規定である。

第4章　手　続　361

法律関係や例外的に家族間の法律関係に、適用される時効や除斥期間が当然
適用されるとは言えない。

（イ）　刑事法的接近

　まず、倫理領域である剽窃論議に強制力をともなう規範である刑事法の原
理を持ち込むということは、それ自体が、根本を揺るがす論理的弱点と限界
とがある。剽窃者に刑事的制裁が科せられるとか、剽窃被害者に犯罪被害者
と同じ法益の侵害が発生するのではない。しかし、他の著作物または独創的
なアイデアを自分のものかのようにする剽窃は、窃取的要素と欺瞞的要素と
で構成されるという点から窃盗や詐欺犯罪と類似していると言える。また、
剽窃に検証時効を認めるべきか、認めるのなら、時効の起算点をどう見るべ
きかを議論するとき、刑事法上の時効制度をもってくることは、準用するた
めではなく、一種の類推または借用するためである。剽窃禁止倫理と刑事法
とが、規範体系の根本で異なるという点は認めるが、この程度の類推や借用
は、学問的議論で飛躍だという批判を免れ得ると見る。

　剽窃問題で時効が争点になるのは、剽窃の事由が発生した後、剽窃に対し
制裁を科すことのできる期間に関するもので、敢えて言えば、刑事訴訟法上
の公訴時効の領域に近い。犯罪の公訴時効は犯罪が完成した時点から始まる
のだが[681]、剽窃が刑事上の犯罪ではないので、公訴時効を適用するものでは
ないが、上述で言及したように剽窃の時効の議論に、公訴時効制度の趣旨を
借用するという前提の下で見てみよう。

　剽窃を「一般知識ではない他の著作物または独創的なアイデアを、適切な
出所表示なしに自分のものかのように不当に使用する行為」だとするとき、
剽窃行為はいつ完成するのか。論文等の著述が出版等の形で公表された以上、
その著述が絶版になっただけでなく、完全に回収され、他人が所持しておら
ず、市中に流通しないだけでなく、図書館等にもおかれていないという、極
めて特別な事情でない限り、論文等の著述は第三者がいつでも読める状態に
おかれることになる。万が一、その著述が剽窃物なら、そうした事実を知ら

681　韓国刑事訴訟法第 252 号（時効の起算点）

　①　時効は犯罪行為の終了したときから進行する。

ない第三者（読者）は、その著述を読むとき、はじめて欺瞞されることになる。これは剽窃者が自分の剽窃物を回収しないまま、流通・貸出状態に放置していたからであり、このとき、剽窃者は出所を欠落させた著述を公表することにより、剽窃行為を終わったのではなく、流通などの状態に放置することにより、相変わらず、「自分のものかのように使用する行為」を持続していると見るべきである。さらに、後学者が剽窃物を剽窃者の独創的なものと理解し、剽窃者を出所として表示して引用するなら、被剽窃者は持続して自らの著述に被害を受けることになる。したがって、剽窃行為は公表により完成し、それ以降は剽窃という状態が持続すると見るのではなく、流通・貸出状態におかれており、読者に持続して読まれ得るのであれば、剽窃行為が持続していると見るのが妥当である。

　整理すれば、剽窃行為の本質と剽窃とを禁じる倫理規範の趣旨に照らして見るとき、剽窃行為は剽窃物が完全に回収され、これ以上、剽窃物を読んだり引用することが生じなくなったとき、はじめて、その行為が終了したと見なければならない。剽窃物が読者に読まれている状況が持続する限り、剽窃行為は完了していないので、刑事訴訟法上の公訴時効に準じる時効は、起算されていないと見るのが妥当である。ところで、剽窃物が完全に回収されるということは、事実上不可能だという点から剽窃問題に関する限り、時効はないのと同様である。

　おわりに、時効制度の意義の一つは、証拠が消滅し、事実関係の確認が難しいということもあるとしている[682]。多くの時間が過ぎれば、犯罪行為を立証する証拠資料がなくなり、検証しようとしてもできないという現実的な考慮から出てきた主張である。しかし、剽窃は剽窃物と被剽窃物が極めて明白に出版物の形で残っているため、証拠が消滅する余地がほとんどない[683]。こうして明白に証拠が残っており、事実関係の確定が可能なのに、一定の期間が過ぎたからといって検証できなくすることにより、結果的に不誠実に論文を書いた人に免罪符を与えることは、いかなる理由からも正当化し難い．一方、実験がともなう自然科学（理科学）系列の学問では実験過程で作成する研究ノートのような中間成果物は、研究が終われば保存せず、後に研究捏造

682　注 676 の当該頁。

などの研究倫理違反問題が提起された場合、検証に困難をきたすことがある。しかし、だからといってこの場合にも時効制度をおこうというのは妥当でない。特に理科学の学問は人間の生命を直接扱ったり（例えば、生命科学系統の新薬研究等）、間接的に扱う場合（例えば、各種機械装置の開発研究等）が、文科系列の学問に比べ相対的に多いため、かえって期間制限をおかず、最後まで検証しなければならない必要性が一層高い。そうでないとき、もたらされる弊害があまりに大きいからである。最近、先進諸国では、数十、数百年前の仮説が検証されているという点から、この問題は、研究ノート等を効率的に管理・保存する方法を求める方向で、解決すべきであり[684]、時効制度により解法を求めようとするのは、それこそ、本末転倒という非難を受けるしかない。

（4）　現実的考慮 ── 業務過重／検証負担の問題

　剽窃に検証時効をおかなければ、ややもすると、申立てが殺到し、大学などの機関の業務に支障がでるだろうという懸念が提起されている。実際、剽窃検索ソフトの開発と普及により一般の人も手軽に類似度検査が可能となり、持続して大学等に剽窃を申立てる団体が生じもした。

　検証と申立ての目的を離れて剽窃の申立てが増え、業務が激増するとしても、剽窃行為を根絶し、正しい学問および研究倫理の風土をつくり上げるという意思がある限り、学問倫理を定立するために私たちの社会が一定期間、甘んじて耐えなければならない社会的費用と認識するなら、上述のような懸念はそれほど心配することではない。

683　剽窃を素材としたフランスの小説『剽窃』は一種の復讐推理劇で、法廷に捏造した剽窃物を証拠として提出することにより、剽窃疑惑の当事者がこれ以上剽窃ではないという抗弁をできないようにする場面がある。このとき、剽窃物（本）は存在そのものが武器となるという訳者の言葉がある。ジャン＝ジャック・フィシュテル『剽窃』최경란訳、책사랑、1994年、235頁（訳者の言葉）を参照（日本語版：『私家版』榊原晃三訳、東京創元社、2000年）。訳者の言葉は、筆者がここで述べた、剽窃物はそれ自体が証拠となるために、剽窃物が存在する限り、証拠がなくなるのではないかと心配する必要がない、ということと相通じている。

684　IT技術が発達したので、研究ノートもハードコピーではなく、マイクロフィルムなどで保存する方法を講じることができる。

ただ、合理的な根拠なしに他人を攻撃するためにいい加減な申立てをするなら、業務が急増する恐れがあるが、たとえ、他の手段で申立ての乱用を防ぐとしても検証の時効によって解決することではない。

（5） 小結論

学問の本質上剽窃に検証時効を適用しようというのは、非常な過ちである。検証時効を認めず、剽窃かどうかを論じることにより発生する法的な不安定性は、反対に、それにより成就される「正直な著述」「学者の良心」「学問の秩序」等の回復と同じ利点を考慮するとき、避けなければならないほど重要な価値と見ることはできない。また、剽窃という非違行為の本質に照らして見るとき、一定の期間が過ぎたとして根源から剽窃に対する検証をできなくする時効制度は、少なくとも剽窃問題には適合しない。

2. 時効の起算点の問題

剽窃に検証時効制度は認められない。ところで、ここで百歩譲って剽窃に時効制度が適用できるという前提の下で見てみよう。時効完成の是非を論じるとき、時効の起算日は極めて重要である。例えば、教え子の修士学位論文の剽窃事件の決定[685] に見るように、剽窃に関し、一般懲戒事由のように時効2年を適用するなら[686]、論文作成または発表後、2年が過ぎた場合、剽窃問題を提起できなくなり、不当である。剽窃そのものが著作権侵害を構成する場合でない、いわゆる狭義の剽窃であるとき、2年が過ぎれば、民刑事上、制裁を科することができないのはもちろんであり、倫理的制裁である懲戒すらできないのなら、深刻な問題と言える。これは時効制度を誤って適用した結果と考える。

685　注674。この事件において法院は教授の論文剽窃と研究費不当受領行為の部分について懲戒時効が過ぎたという理由により、懲戒処分に対する仮処分申請を引用している。
686　懲戒機関別に違いがあるが、一般的に懲戒時効は懲戒事由発生日から2年となっている。ちなみに、私立学校法は懲戒事由の時効に関し、次のように規定している。
　　第66条の3（懲戒事由の時効）
　　①　懲戒議決の要求は懲戒事由が発生した日から2年（金品および供応授受、公金横領・流用の場合には5年）を経過したときには、これを行うことはできない。

通常、論文が発表された後、学界の同僚や後学らを含めた読者に読まれ、反応（feedback）を受け、再反論する等の健全な学問的論争は、論文発表直後に始まる場合はかえってまれで 2 年以後、遅いときは、5 年以後に生じる場合も多い。剽窃の事実は、主にこうした論文が読まれる過程で明らかになるので、論文作成または発表後 2 年が過ぎて時効が完成するとすれば、実際に論文などの著述が、裁判手続で剽窃と確定されるのは、かえって、極めて例外なことだと言える。教え子の修士学位論文剽窃事件の決定でのように後になって剽窃が明らかになったとしても、時効が完成し、懲戒することができない場合が一般的なことだからである。

民事上不法行為による損害賠償請求権は、被害者がその損害および加害者を知った日から 3 年間行使しなかったり、不法行為をした日から 10 年を経過したときに消滅する（韓国民法第 766 条）。一方「不法行為をした日から」とは、加害行為があった日ではなく、現実的に損害の結果が発生した日を意味する[687]。すなわち、不法行為の原因発生日と結果発生日とが異なる場合、時効起算日はより遅い後者を基準とする。この議論を剽窃事件に適用するなら、剽窃行為の原因発生日は、論文作成の完了日または発表日に当たり、剽窃行為の結果は論文発表以降に読者がその論文を読む度に発生すると言えるだろう。すなわち、剽窃物が流通する限り、その被害（結果）が持続すると言えるであろうから、剽窃物が完全に回収され、これ以上、流通しないという特別な事情がない限り、剽窃に関しては事実上の時効が完成するのは難しいと言えるだろう。

一方、被害者論の側面で著作権侵害と剽窃との違いを論じたのは、ここでも正確に当てはまる。刑事訴訟法で時効は犯罪行為が終了したときから進行する、とされているのだが（韓国民法第 252 条第 1 項）、これを著作権侵害罪に適用すれば、公訴時効は侵害行為が発生したときから起算されるだろう。これを剽窃に類推適用するなら、剽窃の時効は剽窃物が流通したり読者に読まれる状態にある限り、被害が終了しないため、その起算日は開始し得ない。被害が持続して発生する限り、剽窃という非違行為が終了しないと見るからである。

687　大法院 2005. 5. 13 宣告 2004 다 71881 判決等。

366　第2部　各　論

　このような論理にしたがえば、事実上剽窃問題に時効制度が認められない
ような結果が導き出される。すなわち、剽窃問題に時効が認められないとい
うよりは、時効制度を認めつつも、剽窃物が流通する限り、結果発生が持続
するという論理をとることにより、時効制度が事実上無力化され得る。

　実際に最近の裁判でこのような論理により、時効の主張を排斥した事例が
ある。国防研究院のある研究員が、発表論文に剽窃が発見され、免職処分を
受けることになった。これに対し研究員は法院に懲戒の効力を争う裁判を請
求しつつ、論文を発表したときから懲戒時効期間の2年が過ぎたと主張した。
これに対し法院は次のように判断した。

> 　被告の懲戒規定第7条第4項は「懲戒審議要求は懲戒事由が発生した日か
> ら、2年（金品および供応授受、公金の横領・流用の場合には5年）が経
> 過したときには、これを行うことはできない」と規定しており、上述の規
> 定において<u>懲戒時効の起算点となる「懲戒事由が発生した日」とは、懲戒
> 事由に該当する行為が発生した時点を言う</u>とすべきである。ところで、上
> 述で見たように原告が本件論文を作成したときは、2002年1月頃で、本件
> 図書が刊行されたのは2002年3月5日頃で、本件での免職は、それから2
> 年が経過した後に行われた懲戒審議要求によるものである。しかし、上述
> の認定事実および弁論全体の趣旨を総合してわかる次のような事情、すな
> わち、<u>本件図書の刊行以降、この事件免職時分まで市中において販売ない
> し配布されてきた点、原告は本件図書の流通を中断するために、これといっ
> た処置をとったことはない点等に照らしてみれば、原告の著作権侵害行為
> は、この事件懲戒手続開始前までは、未だ終了していなかったとするべき
> であり</u>、結局、この事件免職の根拠となった懲戒審議の要求は、懲戒時効
> 2年が徒過する前にあったと見るべきであるため、本件免職が懲戒時効が
> 完成した後になされたものであることを前提とした原告の上述の主張は理
> 由がない[688]。

　一方、この判決（国防研究院事件一審判決）は、控訴審で剽窃および時効
主張に対する部分の判断をそのまま維持したが、原告の時効主張を排斥する
ために控訴審裁判部は以下を追加した。

688　国防研究院事件一審判決（注520）。

本件図書が刊行された以降、本件免職処分の時分まで市中において販売ないし配布されてきたという点、原告は本件図書の流通を中断するためにこれといった処置をとることはなかった点、本件論文の作成および本件図書の出版以降他のテロリズム研究者らが実際には原告が剽窃した本件論文のうち、テロリズムの定義および歴史の部分を原告が原著作者であるものと理解し、原著作者○○○の論文ではなく、原告の本事件図書内の本件論文を引用してきているという点などに照らしてみれば、原告の著作権侵害行為は、本件懲戒手続開始前まで未だに終了されていなかったと言うべきであり、結局2年の懲戒時効が徒過する前に、この事件免職処分が懲戒時効が完成した後になされたことであることを前提とした原告の上の主張は理由がない[689]。

　控訴審の判決は、剽窃物が相変わらず配布・流通していることにより懲戒事由が終了せず、したがって、時効期間が開始しなかったという論理で、原告の主張を排斥した一審判決の理由に追加し、この主題に関し、他の研究者らが剽窃者（被告）を著作者と理解し、誤って引用してきた点を挙げた。すなわち、侵害行為が終了しなかったと見たのである。さらに、この判決は免職処分が社会通念上、顕著に妥当性を失い、被告が懲戒裁量権を逸脱したり、乱用したと見ることはできないという事由として、いろいろ挙げたが、そのうち、次のような点を記述している。

② 　本件論文の作成およびこの事件図書の出版以降にも、他のテロリズム研究者らが持続して原著作者である○○○の本件被引用著書の代わりに、これを剽窃した原告のこの事件論文のうち、テロリズムの定義および歴史部分を引用し、関連論文を作成してきており、原告の著作権侵害行為による原著作者の被害が続いているという点[690]（後略）

　すなわち、被害が持続していると見たのである。これは一審判決になかったもので、控訴審判決が剽窃の被疑者論を適切に理解しているものと考える。ただ、このとき、原著作者に被害が生じたとしたのは、多分、著作権侵害の側面から見たもので、剽窃物を原文であると理解し、引用したことにともな

689　国防研究院事件判決（注520）。

690　同上判決。

う被害は、原著作者のほかに後に続く論文の著者（学界の同僚集団）と読者に発生し、かえって、この点が剽窃被害者論の核心だという点から原著作者の被害だけを挙げているのは、多少残念である。

国防研究院事件の判決（一審、控訴審）で剽窃に時効が適用されることはないが、適用されるとしても、剽窃という非違行為の起算日を上述のように見たのは、剽窃の本質を明確に理解したもので、極めて妥当な判決である。

私立学校法および国家公務員法上の懲戒事由の時効規定と調和する解釈

国公立大学や私立大学で剽窃を非違行為として懲戒する場合、それぞれの関連法律にある懲戒事由の時効規定を挙げ[691]、剽窃があったとしても時効により消滅したことにより、懲戒できないという主張が提起されることがある。しかし、時効は「懲戒事由が発生した日」から起算されるのだが、懲戒時効の起算点となる「懲戒事由が発生した日」とは、懲戒事由に該当する行為が終了した時点を言う[692]。一方、非違行為があり、それにともなう被害が時差をおいて発生する場合、「懲戒事由に該当する行為が終了した時点」は、「被害発生の時点」だとするべきである[693]。一方、上述で見たように、剽窃の被害は、読者が当該剽窃物を読む限り、持続して発生する。したがって、剽窃物が書店等の流通経路や図書館から完全に回収されたという証拠がない以上、読者に読まれる状況におかれているので、剽窃という非違行為は終了しなかったと言えるだろう。したがって、私立学校法または国家公務員法上の懲戒事由の時効期間は、上述のように、剽窃物が市中から回収されたという証拠がない以上、開始さえしていないと言える。

691　国公立大学の場合、教育公務員法が適用されるのだが、教育公務員法は国家公務員法に対する特例法として懲戒に関し、別途に規定を設けていないので、国家公務員法が適用される。国家公務員法は懲戒事由の時効に関して、以下のように規定している。
　　　第83条の2（懲戒および懲戒附加金の賦課事由の時効）
　　　① 懲戒議決等の要求は、懲戒等の事由が発生した日から3年（金品および供応授受、公金横領・流用の場合には5年）を過ぎれば、行うことはできない。

692　国防研究院事件一審判決（注520）。

693　これは詐欺罪において欺瞞行為と騙取の結果が時差をもって発生する場合、詐欺罪の完成（既遂の時点）は騙取の結果の発生時点であることに比喩することができる。

第4章　手続　369

Ⅱ.　準拠法 ―― いかなる規定を適用するべきか

　検証時効の議論で剽窃に検証時効制度を認めなくとも、剽窃判断の規準だけは行為時、すなわち、論文等の発表時点のものを適用することにより不合理を防げると主張した。「剽窃判断の基準」は法学用語で言えば、準拠法（governing law）、準拠規準または準拠規定ということができる[694]。ここで論じる準拠法の問題は、検証時効とは別個に特定の剽窃時事件に適用できる規定が、二つ以上ある場合、どの規定を適用するかに関するものである。

　剽窃事件に適用する規定が、二つ以上の場合をもう少し細分化すれば、①規定が改正されることで、旧規定と新規定のうちどちらを適用すべきかが不透明な場合と、② 教授または研究者が所属した機関の規定と彼らが論文を投稿した学術誌または学会の規定とが、互いに異なり、どちらの規定を適用すべきかが不透明な場合がある。①は②に比べ相対的に単純な問題である。新旧規定のうち、どちらの規定が、該当剽窃事件に適用できるかだけを検討すればいいからである。ところで、②どの機関がこれを判定すべきかの問題（「管轄」の問題）まで加わるという点から多少複雑である。

　例を挙げて説明しよう。A 大学に所属している教授が書いた 2 編の論文、b と c に剽窃の疑惑がある。論文 b は B 学会が発行している学会誌に、論文 c は C 学会で発行している学会誌に載せられた。一方、A 大学と B 学会は独自の研究倫理規定（剽窃判定規定）を定めているのだが、B 学会の規定は論文 b が発行された以後に改正された [改正前の規定を「旧規定（β）」、改正後の規定を「新規定（β'）」とする]。

　申立者が B 学会に論文 b に剽窃疑惑があり、調査してほしいと申立てたとき、B 学会（常設研究倫理委員会または臨時につくられた剽窃調査委員会など）は、論文 b が剽窃かどうかの判断で旧規定（β）を適用するか、新規定（β'）

694　剽窃の判断規定は法律ではないので、準拠法というよりは準拠基準とか準拠規定とかがより正確な用語である。しかし、準拠法という用語が広く使われているだけでなく、準拠法が必ずしも国会において制定された法律だけを意味するよりは、「準拠となる規準」または「準拠となる規定」という意味においても使われるという点から、本書では準拠法という用語を使用する。

を適用するかが①に該当する。一方、申立者が二つの論文、bとcの剽窃の疑惑についての真相調査をA大学に要請するとき、A大学は自らの研究倫理規定[剽窃判断規定（α）を適用するか、それとも、論文bについてはB学会の規定（βまたはβ'）を適用するかが②に該当する（問題㋐）。ここで、論文bに対してA大学とB学会に同時に申立てたとき、どちらの機関に判定の権限があるのか、さらにA大学とB学会のうち、どちらか一機関に申立て、剽窃判定が下されたときに不満を抱いた当事者（申立者または剽窃疑惑の当事者）は、残りの他の機関に再度、剽窃かどうかに関する判断を要求するかの問題が加わることもある（問題㋑）。

　ところで、①と②との問題㋐は、準拠法の問題として論じることができるが、②の問題㋑は、準拠法の問題でもあるが、それよりは「管轄の問題」として論じるのが妥当だろう。適用できる準拠法が複数あるのはその通りなのだが、準拠法の選定の問題というよりは、管轄の問題により近いからである。したがって、②の問題㋑は項を別にして管轄の問題として扱う。

　以上を整理すれば、管轄問題を除いた準拠法の問題は、適用可能な規定が複数存在するとき、どの規定を適用するかの問題であり、これは判定機関の規定が改正されることで、規定が複数存在する場合（①においてB学会の規定、βまたはβ'）と、複数の判定機関がそれぞれ自らの規定をもっており、規定が複数存在する場合［上述の②においてA大学の規定（α）とB学会の規定（βまたはβ'）］とに分けることができる。前者は規定改正にともなうものであり、時差のために発生し、後者は同時に複数の規定が存在して発生するもので、時差とは無関係であるという点で前者を「縦的準拠法問題」、後者を「横的準拠法問題」と命名して論じる。

1. 縦的準拠法の問題

ア．新旧規定の衝突

　剽窃判定規定が変わり、過去の規定（β）と現在の規定（β'）とにより剽窃であるかどうかの判定の結論が変わり得る場合、どちらの規定を適用するか。問題となり得るのは、論文の発表後に規定が変わった場合である。例えば、A大学の甲教授はB学会が発行している学術誌にb論文を掲載した。ところで、剽窃疑惑があるという申立てがB学会にあり、B学会は剽窃かどう

かを審査することになったのだが、甲教授の論文発表の前後に、B学会の剽窃関連規定が改正された。甲教授が論文を掲載した当時、B学会の規定（β規定）は出所表示の単位として「段落単位」の規準を提示していたのだが、論文掲載後に「文章単位」と規定（β'規定）が改正された。剽窃基準が強化されたわけだ。B学会はβ規定とβ'規定のうち、どちらの規定を適用しなければならないか。

イ．行為時法主義

原則的に言えば、論文を発表（掲載）する当時の規定であるβ規定を適用するのが正しい。これは常識にも符合するもので、敢えて論じる価値があるのか、という反問が提起され得る。しかし、上述で見たように、検証時効制度を設けていないことへの補完として、行為時法を適用すべきだという論拠となり得るし、さらに、剽窃の議論をもう少し合理的で理性的にするための論理体系の樹立に必ず必要だという点から議論の実益がある。

筆者は刑法の大原則である行為時法主義を倫理領域である剽窃の議論に引き入れようと思う。剽窃は刑事法が適用される犯罪ではないが、剽窃だと烙印が押されれば、刑罰と同様な被害を受けるという点、また、何よりも剽窃は窃取と欺瞞を要素とするという点[695]から刑法の原理と原則とを類推適用することが大きく間違っていると見ることはできない。

いわゆる、行為時法主義の根拠は憲法と刑法に見いだすことができる。

韓国憲法第13条
① すべての国民は行為時の法律により、犯罪を構成しない行為では訴追されず、同一の犯罪に対し重ねて処罰を受けることはない。

韓国刑法第1条（犯罪の成立と処罰）
① 犯罪の成立と処罰は行為時の法律による。

これを剽窃に適用すれば、剽窃という非違行為が成立するかは、剽窃行為時の規定（β規定）に従わねばならない。剽窃は定義で見たように「当該分野の一般知識ではない、他の著作物または独創的なアイデアを自分のものか

---

695 注330の当該頁。

のようにする行為」なので、論文等の著述を発表することで、剽窃行為が成立する。ところで、剽窃の検証時効の主張を排斥する論拠のうち、剽窃の被害が発生する限り、すなわち、読者に読まれ得る状況が持続する限り、検証時効の起算点が開始されないという論理を行為時法主義に適用すれば、多少疑わしい状況が生じる。剽窃行為成立時と完了時とは異なるという点で、万が一、その間に剽窃関連の規定が変わったなら、新しい規定（β' 規定）を適用した方が、かえって、行為時法主義に合うのではないかという考えがするからである。

　剽窃が成立するか否かと関連し、行為時法主義の原則を適用するとき、乖離が生じるのは、剽窃という非違行為の行為時と結果発生時とが異なるためなのだが、これを円滑に理解するためには刑法学の議論を借りてくる必要がある。

　上述で見た剽窃の被害者論によれば、剽窃は刑法学の犯罪論でいうところの「離隔犯」と似通っている。犯罪行為の後、即時に結果（被害）が発生する犯罪とは異なり、犯罪行為と結果発生との間に時間が必要な犯罪を離隔犯というのだが、その代表として詐欺罪を挙げることができる。詐欺罪は欺瞞行為と騙取とにより成立するのだが、欺瞞行為があって即時、被欺瞞者が財物や財産上の利益を欺瞞行為者または第三者に与えることにより、騙取という結果が発生することもあるが、欺瞞行為の後、相当な時間が過ぎた後に騙取という結果が発生することもある。剽窃という非違行為も論文などの作成、発表、出版といった一連の過程で他の文章や独創的なアイデアを自分のものかのようにする行為があり、読者がその剽窃物を剽窃者のものと誤認する被害が発生するという点から、剽窃行為と被害発生の間に時間が必要である[696]。

　ところで、こうした離隔犯も犯罪が成立するかどうかと関連し、行為時法主義の原則を適用するとき、「行為時」とは結果の発生時ではなく、実際の行為時と見るのが妥当である。結果の発生という偶然の要素により、犯罪成立の可否が変わってはならないからである。これを剽窃に適用すれば、剽窃行為の時点と被害発生の時点との間で、剽窃規定が改正されて変化があった

696　国防研究院事件判決（注 520）。注 689 から引用した部分を参照。

なら、行為時点の規定（β規定）が適用されるのが正しい。この点で上述で提起した疑問は解消されることになるだろう。

　ちなみに、筆者が作成し、韓国著作権委員会に提案した剽窃防止ガイドライン第8条には、次のように規定されている。

　8．遡及効、適用基準等
　ア．剽窃問題に関する限り検証時効はない。
　イ．剽窃かどうかを判定するのに適用される基準は、刊行当時のものとする。ただし、その基準が刊行時より判定時に剽窃の疑惑者に有利に変更されたなら、判定時の規準を適用する[697]。

　一方、現行研究倫理確保のための指針（教育部訓令第60号、2014年3月24日制定、同日施行）もこれを裏付ける規定を設けている。

　第14条（研究不正行為検証原則）
　④　申立てを受けた事項に対する研究不正行為かどうかの判断は当該研究が遂行されたり、結果物を提出または発表した当時の関連規定または学界・研究界の通常の判断基準に従う。

　剽窃の判定で行為時法主義の原則を類推適用すれば、非専門家の混線を合理的に解決できる。例えば、上述で若干言及したのだが[698]、英国の19世紀ロマン派の時代の文学を批判するとき、剽窃が乱舞した時期と述べたが、その代表者はコールリッジ、ワーズワース、バイロンなどが当時、剽窃論争に巻き込まれた詩人らである。

　妹のドロシー・ワーズワースの個人文集にある文章と極めて類似しているものがあり、剽窃だという批判をも受けたウィリアム・ワーズワースの場合、かえって当時は剽窃とは見なかったそうだ[699]。当時の雰囲気は、女性らの文学活動が活発でなく、女性らは自らの文集を私的に出版するだけで、大衆向けに出版することは少なかった。そうした状態で、一般には出版しない一家

697　남형두『剽窃問題解決方案に関する研究（Ⅲ）──剽窃防止ガイドラインの提案』著作権委員会、2009年、210頁。
698　注1の当該頁。
699　Mazzeo、前掲書（注1）pp. 62-63。

374　第2部 各　論

の文集から内密に借用することが盛んであった。当時は、文学出版の周辺に
位置していたこれらの文集に対しては、暗黙的に著者がいないものと見做さ
れもしたし、同時代に同じ経験をした家族間では借用と同じような行為に対
して剽窃だと言わなかったのは、当時（19世紀英国）の事情を勘案した結
果だと見るべきだろう[700]。これはまた、本項において主張するように、剽窃
判断基準は当時の観点（規範）を尊重すべきだということのよい例となり得
る。

　上述の知識保護に関する韓国の伝統思想で見たように。茶山は現代の観点
から見れば、悪意的な剽窃と言える杜甫の詩を比較的に引用方法を守った蘇
東派の詩よりも高く評価した。このことから茶山を剽窃の擁護者と理解して
はならないと述べたのも[701]、剽窃かどうかの判断に適用される基準は、行為
時のものでなければないということと同じ脈絡上にある。

　ウ．行為時法主義の例外

　上述で剽窃規定がより強化され、剽窃疑惑の当事者に不利になった場合を
見たのだが、まれなことであるが、規定が剽窃疑惑当事者に有利に緩められ
た場合もあり得る。このときは、刑法第1条第2項を類推適用し、判断時の
規定（β' 規定）を適用するのが妥当である。

　　刑法第1条（犯罪の成立と処罰）
　　②　犯罪後、法律の変更によりその行為が犯罪を構成しないか、刑が旧法
　　より軽いときは新法による。

　これは行為時法主義の原則の例外として、法律改正により犯罪とならなか
ったり、処罰が軽くなる場合にも行為時法を適用するのは、人権の側面で
は妥当ではないというものである。この場合、法律の改正が一種の反省的立
法という理解を根底に敷いている。これは剽窃にも適用できる。旧規定（β
規定）が緩和され新規定（β' 規定）に改正されたということは、旧規定が
あまりに厳格で誤っていたという反省から生じ得るからである。したがって、
たとえ論文などを発表した当時の規定（β 規定）によれば、剽窃が成立した

700　同上 pp. 84-85。
701　注 250-254 の該当頁。

第4章 手続 375

としても、剽窃判断時の規定（β' 規定）によれば、剽窃でない場合、β' 規定により判断するのが妥当だという結論を行為時法主義の原則に対する例外から導き出すことができる。

　ちなみに筆者が作成した剽窃防止ガイドラインである第8条イ項の但書にこれを反映した。

> イ．剽窃かどうかを判定するにおいて、適用される基準は出版当時のものとする。ただ、この基準が出版時よりも判定時に剽窃疑惑者に有利に変更されたなら、判定時の規準を適用する[702]。

　ところで、規定の変化が必ずしも反省的な立法に当たらない場合もある。これは剽窃論議で極めて重要な部分であるので、慎重な注意が必要である。事実、以下の議論は正確に言えば、「規定の改正や変化」でなく、「剽窃要件の変化」と言える。

　剽窃は「他の著作物や独創的アイデアを自分のものかのようにする行為」であり、これには一般知識でないことが必要である。繰り返して言えば、他の著作物や独創的なアイデアだといっても、それが一般知識に当たるなら、出所表示をせずに借用しても剽窃は成立しない。ところで、剽窃疑惑の当事者（甲）が、他人（乙）の独創的なアイデアを出所表示なしに借用した後、引き続き後続の研究者らが、持続して同じやり方で剽窃に剽窃を重ねることにより乙の独創的なアイデアが、事実上、一般知識化し得る。甲が出所表示なしに借用した乙のアイデアが、「独創性のあるアイデア」ならば剽窃であり、「一般知識」ならば、剽窃ではないことになるのだが、問題は、甲が論文を書いた当時には乙のアイデアが独創性のあるアイデアだったが、剽窃かどうかの判断の時点では、一般知識になってしまうことがあるというところにある。これを、まるで剽窃規定が改正された場合、なかでも剽窃疑惑当事者に有利に改正された場合と見て、本項の行為時法主義の原則の例外を類推適用できるかが議論され得る。

　結論から言えば、上述のような剽窃要件の変化は、行為時法主義の原則の例外規定である刑法第1条第2項を類推適用する反省的な立法に当たらない

702　남형두、前掲報告書（注697　ガイドライン）210頁。

376 第2部 各　論

ので、行為時法主義の原則が適用されなければならない。すなわち、論文発表時を基準として乙のアイデアが独創的なのか、または一般知識なのかを判断しなければならない。万が一、そうしないで、判断の時点を基準として一般知識かどうかを判断するなら、剽窃した人をかえって保護する結果となり不当である。行為時法主義の原則の例外規定（刑法第1条第2項）の趣旨は、違法を犯した者を積極的に保護しようというのではなく、立法または立法者の誤りにより、無念な思いをする人が生じることを防ぐためのものだと言える（上述で言及した反省的立法がその趣旨である）。ところで、最初に他人の独創的なアイデアを勝手に借用しつつ、出所表示をせず、乙の独創的アイデアを一般知識化する端緒を提供した人（甲）に対し、以後引き続いた剽窃により一般知識となったとしてその行為を正当化するのは、行為時法主義の原則を補完するための例外規定本来の趣旨ではない。他人の独創的なアイデアや表現を借用しながら、出所表示をせず、結果的にそれが一般知識となるためのはじめの一歩を踏み出した人は、学問倫理の次元で質の悪い規定違反者と言える[703]。一般知識かどうかを判断するとき、基準時点を行為時（論文発表時）でなく、判断時として、結果的に規定違反者を保護するなら、これは「不正直な著述」の道を開くことになり、望ましくない。

　一般知識に該当するかどうかの基準時点が、判断時ではなく、行為時であるべきだという論拠は、刑事訴訟法の再審事由の議論にも見いだすことができる。刑事訴訟法は再審事由を制限的に列挙しているのだが（第420条）、そのうちの一つにこうしたものがある。

　第6号
　著作権、特許権、実用新案権、意匠権または商標権を侵害した罪で有罪宣

703　上述で見たように1890年、ハーバード・ローレビューに載せられた30代の若い2人の弁護士ウォーレン（Warren）とブランダイス（Brandeis）が書いた短いが、極めて独創的な一つの論文（"The Right to Privacy"）が3世紀にわたり米国の法学界に大きな影響を与えたのは、こうした少壮学者の論文を剽窃せずに、出所表示を行ったために可能だったと考える。万が一、誰かがまず剽窃を行い、剽窃が持続して行われたなら、以前になかった新しい権利であるプライバシー権に関する独創的な理論は、一般知識となってしまっただろう。もちろんウォーレンとブランダイスの名も消え去ってしまっただろう。注350。

告を受けた事件に関し、その権利に対する無効の審決または無効の判決が
確定されたとき

　例えば、著作権侵害罪で有罪宣告を受け、判決が確定したのだが、その後
その著作権が無効だという判決が宣告され確定したなら、著作権侵害判決は
再審対象となり得るということである。侵害されたという特許権に対する無
効審決が確定すれば、同様に、特許侵害罪判決も再審対象となり得る。ここ
で有罪判決の前提となる著作権や特許権が無効、すなわち、著作物性や特許
性がないという判決または審決は、いかなる時点を基準として判断しなけれ
ばならないか。これは、上述で議論した独創的アイデアが剽窃され、時間が
経ち一般知識になってしまったとき、一般知識に当たるかを判断する基準の
時点を何時とするべきかと同じ問題だと言える。特許権の場合、無効事由の
存否の判断の基準時点は、無効事由のなかに新規性や進歩性がないとか、先
願があった等の事由は、出願時を基準として、その他の事由は、出願人保護
の見地から特許決定時を基準としている[704]。繰り返して言えば、再審事由と
なる特許権の無効かどうかについての基準時点は、原則的に再審提起時また
は再審判決時でなく、当該特許の出願時または特許決定時だということであ
る。これをこの議論に適用すれば、独創的なアイデアなのか、一般知識なの
かを判断する基準時点は、剽窃判断時ではなく、剽窃疑惑論文の発表時とす
るのが正しい。

エ．準拠法確定の問題

　実際、剽窃論議で検証時効がなければならないと強力に主張する論拠の一
つは、剽窃に検証時効を認めなければ、強化された現在の剽窃判定基準によ
り、過去の著述を判定することで無分別な魔女狩りが行われるだろうという
恐れのためである。しかし、これは上述で見たように、著述発表時の規準を
準拠法とするという論理で十分払拭されたと考える。

　ところで、ここで発表時の基準をいかに確定するかという問題がある。実
定法なら、行為時法を確定し、特定するのは簡単だが、剽窃判定基準は成文
規定として存在しない場合が多いため、基準または規範を確定、特定するの

---

[704] 정상조、박성수編（최정열執筆部分）『特許法注解Ⅱ』博英社、2010 年、392-393 頁。

378 　第2部　各　　論

は難しい。

　さらに、存在する基準（規定）のなかには実効性のあるのもあるが、教育
部等の監査での指摘を逃れるために急造した飾り物的なものが多く、特定の
時点に効力をもつ基準とは言い難い場合がある。剽窃に対する社会的関心が
高まるにつれ、大学、研究所、学術団体などの学問集団では、長年の苦労と
研究との産物として基準をつくるのでなく、そのような規定があることを外
部に見せる意図から、基準をつくっておくこともある。さらには、教育部の
研究倫理確保のための指針にも、剽窃を適切に理解していれば、入るはずの
ない検証時効規定が入っていたことを指摘したことがある。これをモデルに
してつくられた、ほとんどすべての大学の研究真実性委員会規定や研究倫理
規定にも同じ欠点がある。こうした指針をモデルとしてつくられた大学の規
定は、それなりに一貫性はあるのだが、大学等が自主的につくった規定は矛
盾が多かったり、あまりに理想的な内容からなっているものも多い。

　このように、大学等の学問機関ごとに雨後の筍のようにつくられた研究倫
理規定を、行為時法主義を適応するための順規法（準拠規定）とするには多
くの不安な点があることは否定し難い。そこで、規定を改正してでもこの時
期に通用し得る剽窃規定（研究倫理規定）を適切につくるべき必要がある。
これは現時点での規定としての意味もあるが、後に剽窃であるかどうかを判
断するとき、この時期の剽窃禁止倫理を確定する意味もある。実際、当面す
る問題を解決するのは難しいが、今からでも現時点に通用する剽窃判定基準
等の関連規定を着実につくっておけば、2025年または2035年に至り、2015
年に発表された論文が剽窃かどうかを審査するとき、2015年の剽窃判定基
準、すなわち当時の準拠法を探すのに大きな助けとなるであろう。

「現在の規準」を探すための努力を続けなければならない

　「現在の法（基準）」を探すための作業は、ほとんど毎年絶えず行わなけれ
ばならず、国家が公権力を動員し主導するよりは、各大学機関または関連専
門家が、慎重かつ緻密に進めなければならない。そして、さまざまな機関と
専門家の成果物が学界での議論という公論の場を経て、公信力を得ていく自
然な過程が必要である。法学分野を例に挙げれば、米国では著述の引用、出
所表示方法にハーバード・ローレビューのブルーブックが一般的に通用し

ている。1926 年、ハーバード・ローレビューの編集委員会でつくられ、こ
れまで 19 回にわたり改訂に改訂を重ねてきたブルーブックはハーバードだ
けでなく、米国のその他のロースクールでも、事実上規範として使われてい
る。政府が直接つくるとか、政府の支援によりつくられたのではないが、事
実上統一された規範として、その位置を占めたわけだ。ブルーブックがこう
した権威をもつことができたのは、無数の多くの大学またはロースクールの
似通った規範（基準）との競争に生き残り、公信力を得たからである。私た
ちが短時間のうちに統一された規範をつくろうとする早急さのために、その
役割を政府が代行する傾向があるのだが、ブルーブックのように公信力があ
り、統一された基準を成立させるには、今からでも大学や個別の専門家が努
力し奮闘しなければならない。

　上述のように着実に努力するなら、我々も 10 年、20 年後には過去の規範
を簡単に探し出し、適用できるようになるだろう。ところで、今現在、提起
された紛争を解決する上での助けとはならない。現在提起されている裁判や
大学の研究真実性委員会などの紛争手続で問題となっているのは、過去の剽
窃物、例えば、1990 年代、2000 年代に作成された著述で、現在の規定がこ
れに適用できないからである。今になって 1990 年代または 2000 年代の剽窃
判定基準を遡及してつくることも推定してつくることもできない。だからと
いって、教育部が研究倫理指針から検証時効を削除した今、現在の規準、す
なわち強化された基準を適用することは、ややもすると、検証時効を復活し
ようという主張に力を貸すことでしかない。

「過去の規準」は判例に出ている

　こうした膠着状態のなか、活路は判例から見いだすことができる。論文等
の発表時、剽窃であるかの判定の最も適確な準拠法は次のような理由から判
例だと言える。

　1、上述で見たように法院の判決は、裁判という対立する当事者という構
造の下で得られた合理的な結果という点から、公信力が保障されている。2、
剽窃かどうかの議論となり裁判にまでなった場合、法官が剽窃かどうかを判
断しつつ、基準となる時点は、上述で見たように論文等を発表したときであ
る。法官は裁判を公正に行い、論文等の発表当時の規準を探さなければなら

ず、その基準を適用し、剽窃かどうかの判断をするのである。そこから出てきた結論、すなわち、判決は当該論文が発表された時期の研究倫理、剽窃禁止倫理の規準となるのに最も適合している。こうした判例は、後に続く剽窃事件で過去のある特定の時点での剽窃判定基準を探そうとする、法官や大学の研究真実性委員会等に大きな利益を与えることができる[705]。

2．横的準拠法の問題

ア．現存規定間の衝突

剽窃事件に適用する規定が二つ以上ある場合、教授または研究者が所属する機関の規定とそれらの論文を投稿した学術誌または学会の規定とが互いに異なり、どちらの規定を適用するかが明らかでない場合を論じる。

上述で挙げた例を次のように変形して論じてみる。A大学に申立てた場合、A大学（研究真実性委員会）は所属教授の剽窃疑惑論文b、cに対する調査と判定でA大学独自の規定（α）とB学会の規定（β）のうちどちらを適用すべきか[706]。もちろんα規定とβ規定とが剽窃の要件と判定基準として違いがなければ、どちらの規定を適用しても関係がないので、本項の準拠法の問題は発生しない。ただ、規定が同じでも判定機関によって結論が異なることがあるのだが、これは後ほど見る管轄の問題へと帰結するだけである。したがって、本項の議論の実益は、α規定とβ規定とが実質的に違いがある場合に生じる。

この議論はまず、剽窃判定時の準拠法（準拠規定）を定めるのに意義があるが、準拠法（準拠規定）を誤って適用したという理由から異議が提起されたり、他の判定機関に事実上再審が提起されることにより、議論が簡単に終

705　例えば、筆者は2008年と2009年に韓国著作権委員会に提出した研究報告書において韓国の判決を数十件分析し、批判した。남형두『剽窃問題解決方案に関する研究（II）——剽窃事例研究』著作権委員会、2008年。筆者はこれからもこうした作業を持続して行う予定である。このように剽窃に関する法院判決を紹介し、また、他の研究者から批判を受ける過程を経るならば、近いうちに、こうした作業の結果物が過去の剽窃判定の基準を明らかにする上で助けにならないかと思う。

706　一方、上述の例で、論文cは、C学会で発行する学術誌に載せられ、C学会は独自の研究倫理規定を設けていないと仮定したので、論文cに対してはA大学の規定が適用されるのに何ら問題がない。したがって本項の論議は論文bに限定する。

息しないという点でも議論の実益がある。例えば、A大学がα規定を適用し剽窃と判定した場合、剽窃の判定に不満を抱いた剽窃疑惑教授は、α規定でないβ規定が適用されるべきだったと主張しつつ、A大学に異議申請をしたりB学会にβ規定を適用して判定してくれという趣旨で事実上の再審を要求することができる。

　一方、上述の例で直接的な利害当事者である剽窃疑惑教授、申立者[707]だけでなく、大学、B学会等の利害関係者らは、異議申請や再審手続のうちα規定とβ規定のほかにも一般的な規定、例えば、教育部の訓令である研究倫理確保のための指針、学術団体総連合会の関連規定、韓国研究財団の規定、その他にも著作権委員会の剽窃防止ガイドライン、経済人文社会研究会の剽窃判定規定等の適用を主張することもできる。

イ．モデル指針の重要性

　剽窃の判定で横的な準拠法が問題となる根本原因は、国家の法体系とは異なり、剽窃禁止または研究倫理規定が機関別に異なるからである。すべての規定を統一するのが最も理想的だが、これは可能でもないだけでなく、正しくもない。学問の種別、所属機関別の特性を考慮しない研究倫理規定の統一はあり得ないからである。ただ、大学、学術団体．政府出資研究機関などに事実上影響力を行使する教育部、韓国研究財団、経済人文社会研究会等が関連規定をつくるとき、今後大学等が制定する基準のモデル指針となり得るという点から十分な研究と討論を経て慎重につくる必要がある。

　特定の大学や特定の学術団体の規定と異なり、一般的な規定が明瞭につくられなければならない理由は以下の通りである。こうした規定は、それ自体が一つの尺度でもあるが、他のさまざまな尺度をつくる<u>基準尺度</u>だからである。これはオーケストラのオーボエに喩えられる。学問の分野別に、所属機関別に、剽窃禁止倫理と研究倫理規定の特殊性を認めつつ、剽窃に関する基本部分には同じ理解と基準がなければならないのだが、そうした基準尺度は、

707　おおむね、剽窃された人（被剽窃者）が申し立てるのだが、著作権侵害と異なり、剽窃は被害者（著作権者）の告訴がなければならない親告罪ではないので、被剽窃者でない人も申し立てることができ、実際、申立てのなかにはこうした場合がときどきある。

382　第2部　各　論

まさにオーボエという楽器と似ているということである[708]。

　オーケストラの演奏の場合、1曲終われば、次の曲を始める前に再びオーボエの音に全体の楽器が音合わせをする。上記で述べたいくつかの基準となるだけのモデル指針またはガイドラインにより、大学や学術団体が、剽窃禁止倫理や研究倫理規定をつくったとしても、具体的な紛争で当該規定を適用するとき、規定間に矛盾があったり解釈の難しさがあり得る。このとき、上位規定ではないが、それらの規定がモデルとしてつくったモデル指針またはガイドラインは、一種の解釈基準になることができる。その点から、ちょうどオーケストラの演奏で曲と曲の間にすべての楽器が再びオーボエに音合わせをすることに喩えることができる。

　上述のちょうどオーケストラの基準音を調えるオーボエのような、教育部の研究倫理確保のための指針、学術団体総連合会の規定などの意味は、極めて重要である。したがって、これと同じ 基準尺度となるモデル規範をつくるときは、専門家らが集まり長い期間議論をして慎重に行わなければならない。ところで、上述で見たように剽窃に対する誤った理解を基盤として、検証時効規定を入れ、後に削除した例を見れば、十分議論したとは見えず、残念である。

ウ．規定適用のいくつかの原則

　モデル指針を適確につくり、各大学や学会等がこれに従って規定をつくるなら、事実上、剽窃禁止倫理に関する規定は統一されるだろう。しかし、学問別に特殊性があり、学問研究機関ごとに特性があるので、統一化には限界があるしかない。このような事情から複数の規定が存在するとき、どの規定をまず適用するか、いくつかの原則を提示する。

708　オーケストラが演奏を始める前、すべての楽器はオーボエのA音（ラの音）に、自分の楽器のA音を合わせ、続いて自分の楽器の音律を整える。一方、オーボエはピアノの音に合わせるのだが、ピアノの調律が誤っていれば、オーボエに続きオーケストラの全ての楽器の音はとんでもない音になるだろう。ここで、オーボエが教育部の研究倫理確保のための指針等の剽窃の判定基準に関するモデル規範（ここで言うところの基準尺度）とするなら、オーボエが音を合わせるピアノの調律師は剽窃禁止倫理を研究する学者たちだと言えるだろう。

第4章 手続 383

（1） 調査機関の手続規定適用の原則

剽窃疑惑が提起され、特定の機関に申立てられれば、その機関は疑惑対象物を調査し、剽窃かどうかを判定するだろう。一方、剽窃禁止倫理規定または剽窃判定規定は、機関ごとに名称が異なるのだが、当該規定内に調査および判定手続に関する規定[709] とともに剽窃判定基準[710] を含んだ場合もあり、別個の規定を設けている場合もある[711]。便宜上、前者を手続法規定、後者を実体法規定と呼ぶこととする。複数の手続法規定と複数の実体法規定があるとき、ｂ論文に剽窃疑惑があるという申立てを受けた機関（Ａ大学）は、独自の規定（α）を適用するか、ｂ論文が発表された学会誌を発刊するＢ機関の規定（β）を適用するかを決めなければならない。

このとき、申立てにともない調査を担当する機関（Ａ大学）は、手続に関しては独自規定（α）を適用することが妥当である。調査委員会の構成、予備調査と本調査実施、意見提出方法と手続、判定手続、異議手続等に関する規定は、直接これを主管する機関の規定を適用するのが妥当だからである。しかし、実体法規定の適用は少し異なって見なければならない。これに対しては項を変えて論じる。

（2） 特別規定の優先適用の原則

適用可能な複数の規定のうち、一般的なものと特別なものがあれば、特別規定をまず適用するのが正しい。これは法学でいうところの「特別法優先の原則」によるものである。例えば、上述の例でＡ大学に所属した教授は、この大学に採用される前、Ｂという政府出資研究機関の研究員として勤務し、彼がＢ機関で刊行する学術誌にｂ論文を発表したと仮定しよう。ところで、

---

709 例えば、調査委員会の構成、調査手続（予備調査、本調査）、判定手続、異議手続等に関する規定がこれに当たる。

710 剽窃の定義、出所表示方法、自己複製・重複掲載の許容範囲等に関する規定がこれに当たる。

711 筆者は経済人文社会研究会に提出した研究報告書（남형두『国策研究の品質向上のための研究倫理制度定着方案研究』経済人文社会研究会、2011 年）において、剽窃事件の調査と判定に関する手続規定として「研究倫理指針（案）」を、剽窃判定基準に関する実質的な基準として「剽窃判定に関する細部規準（案）」を、それぞれ分けて提示した。

384　第2部　各　論

b論文に剽窃の疑惑が提起され、A大学研究真実性委員会が剽窃かどうかの判定のための調査に着手した。A大学研究真実性委員会は、A大学の規定（α）とB機関の規定（β）のうち、どちらの規定を準拠規定として適用するかをめぐって検討中である。ちなみに、政府への政策関連アイデアの研究、提供を目的とする、政府出資研究機関であるB機関は、A大学に比べ相対的に緩和された規定を設けている[712]。繰り返すが、β規定がα規定より厳格でないと仮定する。

　このとき、剽窃疑惑教授に対し所属A大学のα規定を適用するのは妥当ではない。彼がB機関に在職中、B機関で刊行する学術誌に論文を発表したなら、当時B機関のβ規定を適用するのが正しい。なぜなら、彼はβ規定を基準としてb論文を書いて発表したからである。後に所属が変更したとして、相対的に厳格なA大学のα規定を適用するのは、予見可能性、法的安定性の側面から望ましくない。これは論文等を発表する当時の所属を基準として、準拠規定を適用するものと誤解してはならない。所属により準拠規定を替えることもあるが、その場合には所属機関により準拠規定を適用したのではなく、b論文が政府出資研究機関Bという特別な剽窃禁止規定が適用される場で研究が遂行・発表されたという点が大事である。繰り返して言えば、b論文は政府の政策関係のアイデアを提供する目的で設立された政府出資研究機関Bで発表されたもので、これらの論文には一般の学界に適用される規定αよりは、当該機関の規定βの方がより特別なものであるので、この規定を適用するのが合理的である。

　これは、ただ政府出資研究機関にだけ適用されるのではなく、機関設立目的にともなう違いから生じる研究倫理があるなら、それを適用するのが正しい。しかし、これがややもすると、これらの設立目的の特別な機関には正直な著述の倫理が適用されないという論へと進むのは望ましくない。他人の文

712　政府出資研究機関の剽窃禁止倫理については、筆者の前掲報告書（注711　政府出資研究機関）を参照。筆者は研究報告書において、政府出資研究機関に適用する「剽窃の判定基準」を提示したのだが、政府出資研究機関の特性を勘案し、争点別としては学界の基準より緩められたものがある。その代表としては、自己複製／重複掲載の場合、持続して政府事業に政策的なアイデアを提供する機関の特性上、不可避な点があり、一般学界のような基準は適用できない。

章を剽窃してはならないという倫理は、いかなる機関や学術的な著述において
も異なることはない。ただ、出所表示の方法、自己複製、重複掲載等で、
これらの機関の特性を勘案する必要があるということである。もう一度言え
ば、原則は学術的な著述を行ういかなる機関でも同じだが、機関の特性を考
慮した例外を許容することである。まさに、この点で剽窃疑惑を受けた論文
が、こうした例外に属すなら、「特別規定の優先適用の原則」に従い、こう
した機関の規定を適用するのは妥当である。

（3） 学問分野別の特性の考慮

上述の例でＢ機関が学会だと仮定しよう。大多数の学会または学術誌は、
独自の研究倫理規定または剽窃禁止倫理規定を設けている。ところで、学問
分野により研究不正行為に関する定義、出所表示方法、共同著述方法と責任
の所在等に関する規定に違いがあるのが常である[713]。b論文についての剽窃
の申立てを受けたＡ大学が、この論文が剽窃かどうかを判定しつつ、大学
独自の規定（α）を適用できるが、手続ではない実体的な内容に関しては、
b論文が属する学問分野の規定（β）を適用するのが望ましい。特定な学問
分野の著述倫理は、その分野の規範が最も正確に規律するからである。

しかし、Ａ大学が独自の規定（α）を適用したからといって、間違いだと
いうことはできない。ただ、α規定とβ規定が異なる場合が問題となるのだ
が、全体的にはα規定を適用しても、違いのある部分ではβ規定を適用し
たり、少なくとも、β規定を参考にすべきである。これは、学問分野別に研
究倫理規定または剽窃禁止倫理規定に違いがあるところから生じる問題であ
り、学問の多様性と個性とを尊重し、そこから出てくる学術的著述の倫理の
特性を認めることが、正直な著述文化を定着させる上で助けとなるであろう。

一方、本項は学問の分野別に剽窃禁止倫理規定が異なる状況で、判定機関
がどの規定を適用するかを論議の対象としているので、剽窃に関する調査委
員会または判定機関の構成で、当該分野の専門家が委員として参加しなけれ
ばならないということとは異なる問題である。剽窃であるかの判定で最も重

---

713 例えば、上述で言及したようにポズナー教授は米国の法学分野に特別な慣行がある
　　ことを主張したのだが、それがここに該当し得る。注387、486の当該頁（法学の特性）、
　　注483の当該頁（教科書の特性）。

要で敏感な部分は、剽窃が疑われる著述のなかから盗用したのに、出所表示を欠いたと認められる部分が、当該分野の一般知識なのかどうかにある。一般知識に当たるなら、出所表示をしなくとも剽窃が成立しないからである。このとき、当該著述部分が、その分野での一般知識なのかどうかという高度の判断が必要な部分であり、その分野の専門家でなければ、他の学問分野の人や研究倫理、著作権法等の専門家も判断するのは難しい。したがって、調査委員会などの構成で、剽窃疑惑を受けた著述分野の専門家が、必ずその委員として参加しなければならない。しかし、この問題は本項の複数の準拠規定のうち、どれを適用するかという問題とは異なるという点を指摘しておく。

（4）　事前合意

　上述のように、適用可能な準拠法（規定）が複数存在する場合、これによる混線と事後の異議とを予防するために、特定の機関に所属した学者または研究者は、その機関に職を得るとき、採用契約書等に署名し、当該機関の剽窃禁止および研究倫理規定を順守し、問題があれば、当該機関の関連規定が適用されることに同意するという書面を作成したり、契約に署名させることも提案できる。もちろん、こうした手続は、当該機関に合理的な規定が備えられていることを前提に考慮することができる。

（5）　余　論

　上述で見たように、剽窃の規準に関する複数の規定が存在し、それらの規定間に違いがあることは自然なことである。問題は剽窃に対する理解不足により、誤ってつくられた規定が堂々と存在している場合で、これは二つの深刻な現象をもたらすことがある。1、判定の主体に専門性があるなら、複数の準拠規定のうち、誤った規定の適用を避けることはできるが、でなければ、規定を機械的に適用した結果、奇異な結論に至ることがある。それよりもっと深刻なのは、規定の乱立が、剽窃者らに自分らの行為を正当化する原因となり得るということである。例えば、互いに異なる規定が存在することと、それらの間に互いに矛盾する規定があることを挙げ、韓国社会に剽窃禁止の倫理が確立していないと主張することにより、自分の行為を正当化する詭弁を弄し、剽窃の責任を免れようとすることがあるということだ。

第4章 手 続　387

　この点で、判定機関または判定の主体の専門性が大事である。剽窃疑惑当事者の弁明と詭弁とを排斥できなければならず、互いに矛盾する規定のうち、剽窃基準を明確に選択し、事案に正確に適用する専門的な能力が求められる。

Ⅲ.　管　轄

1.　管轄の衝突

　剽窃の調査と判定をどの機関が担うべきかという問題は、非常に複雑である[714]。剽窃を調査し、判断する機関が極めて多様であるために起きる問題である。剽窃の被害者は、どの機関に申立てれば、自らの権利が救済され、剽窃による各種の誤解から自由になれるかに、剽窃疑惑者は、どの機関が判断すれば、剽窃者という汚名をそそげるかに、敏感な利害関係がある[715]。

　剽窃事件に対しどの機関の規定を適用するかと、剽窃の調査・判定をどの機関がしなければならないかとは異なる。前者は準拠法の問題であり、後者は管轄（venue）[716] の問題である。一般的に剽窃の申立てがあれば、申立てを受けた機関が自らの規定を適用し、調査・判定を遂行する。この場合に管轄と準拠法は分離していないが、上述で見たように申立てを受けた機関が自らの規定の代わりに、他の機関の規定を適用しなければならない場合もある[717]。まさに、この点から管轄問題を準拠法の問題とは別個に論議しなければならない。

---

[714]　Latourette 教授は David Glenn を引用し、これを「入り組んだ管轄の緑豊かな雑木林（dense thicket of tangled jurisdictions）」と表現している。Audrey Wolfson Latourette, "Plagiarism: Legal and Ethical Implications for the University", 37 *J. C. & U. L.* 1, pp. 50-51（2010）（原出所：David Glenn, *Judge or Judge Not?*, Chron. of Higher Educ., Dec. 17, 2004, at A 16）。

[715]　同上を参照。

[716]　以下では、どのような機関が剽窃を調査、判定すべきかという議論において、管轄という用語を使用する。だからといって裁判を前提にする jurisdiction を意味するものではなく、一般的な venue を意味するものである。これは上述の準拠法の議論においても、必ずしも裁判を前提としていないのに、準拠規定の代わりに準拠法という用語を使用したのと同じ脈絡である。

[717]　注 709-713 の当該頁を参照。

一方、剽窃の調査・判定をどの機関が遂行するかということは、申立者、剽窃疑惑当事者にとって極めて重要な問題である。規定も重要であるが、調査・判定は人がするからである。もちろん調査・判定をする委員会が外部のものだけにより構成されるのなら、判定機関がどこであっても関係はないのだが、一般的に委員会は、当該機関に所属する者らにより構成され、その一部を外部から受け入れ、委員長はおおかた当該機関で担うという点から、管轄は剽窃事件で極めて重要な要素となるしかない。特に人脈が重視される韓国の文化の下で、剽窃事件をどの機関が管轄するかは、結論に莫大な影響を及ぼすことがあるという点から、合理的な議論が必ず必要な部分である。

ところで、剽窃事件の管轄問題は、一般裁判の管轄とは根本的に異なる点がある。裁判では管轄は訴訟の要件であり、これに違反する場合、要件の欠陥となり得るが、剽窃事件の管轄はそれほど深刻なものではない。法的問題を内包しながらも、根本的には倫理的問題だという点で、剽窃事件の管轄問題を裁判の管轄問題と同一視できないからである。

しかし、上述で指摘したように剽窃事件の管轄に関する議論がなければ、無分別な管轄の選択（venue shopping）[718]が横行し得るという点から、合理的な水準の議論が必ず必要である。もちろん、以下の議論と提案とに従わなかったとして、裁判の管轄でのように剽窃判定の効力に直接影響を及ぼしはしないだろうが、一種のガイドライン（指針）を提示することにより、剽窃事件の調査と判定とが合理的に進められるし、この議論で提示された指針に違反して、意図的に特定の管轄を選択した人に事実上の不利益を与えることができれば、この議論の実益は十分あると言えるだろう。

以下では、剽窃を調査、判定できる機関として何があるかを考察する。ここでは、これらの機関がいかなる根拠により、剽窃かどうかを調査、判定できるかという合理的な根拠を探すのに力を注ぐ。続いてさまざまな機関に剽窃を調査、判定する権限があるとき、これをいかに調整するかを考察するのだが、この過程でいくつかの原理または原則を提示したいと思う。

それとは別途に、剽窃問題が訴訟にまで至った場合、すなわち、裁判所が

718　申立者や剽窃疑惑の当事者が、それぞれ自分に有利な決定をしてくれる機関を選択するのは、裁判での「法廷地の選択（forum shopping）」に喩えることができる。

判定機関となる場合も考察する。

2. 調査・判定機関

　一般的に剽窃疑惑当事者の現所属機関に剽窃に関する調査・判定の権限があると見ることができる。剽窃だと確認されれば、懲戒へと続くこともあり、最悪の場合、雇用関係解消へと進むこともあり得るという点から、懲戒権または人事権をもっている現所属機関に管轄が認められるのは当然である。ここで、所属機関というのは、① 雇用関係がある大学や研究機関のように、懲戒権を含む包括的人事権をもっている機関のほかに、学会のように学会員の地位に影響を及ぼすことのできる機関を想定することができる。② こうした所属機関のほかに、特定の著述に対して学位を授与した機関（学位授与大学）や論文掲載を許諾した機関（学術誌）も、剽窃の調査・判定を行う場合がある。

　①の機関は、所属員の身分や地位に直接影響を及ぼす処分（懲戒、解雇、除名等）ができる機関であるのに反し、②の機関は、特定の著述に対する学位取消し、論文撤回等ができる機関だという点で違いがある。①の機関は対人的であり、②の機関は対物的だと言える。

　一方、韓国の民事訴訟法は、裁判管轄を人（被告）が中心となる普通裁判籍（第2条）と、物権や行為、争訟が中心となる特別裁判籍（第7条から第24条）とに大別される。もちろん、普通裁判籍と特別裁判籍は競合する。繰り返すが、普通裁判籍や特別裁判籍のうち、どちらか一つの要件を備えれば、その裁判籍がある法院に管轄権が認められる。ところで、専属管轄が定められた訴えは、普通裁判籍や特別裁判籍が認められず、法が定めた法院だけに管轄権が認められる（第31条）。

　民事訴訟法の議論を剽窃論議に類推適用すれば、剽窃に対する一般的な調査・判定権（対人的管轄権）をもつ所属機関または所属学会が、普通裁判籍に該当すると言える。特定の著述に関し調査・判定権（対物的管轄権）をもつ学会誌が、特別裁判籍に該当すると言える。一方、学位論文に対する剽窃審査を行った後、学位取消しの是非を決定できる学位授与機関は、他の機関と代えられないという点から、専属管轄に該当すると言える。

390　第2部　各　論

ア．対人的機関 —— 一般機関

（1）　雇用関係のある所属機関：大学、研究所

　大学教授や研究員はそれぞれ大学や研究所に所属している。教授や研究員が剽窃疑惑を受けた場合、それが申立てによるものであってもなくとも[719]、所属大学や研究所は、所属員の研究不正行為があるかどうか調査でき、調査結果により懲戒手続を開始できる。通常、剽窃等の研究不正行為に対する調査委員会と懲戒委員会とは別途に進められる。例えば、大学の場合、研究真実性委員会の調査結果により、剽窃だという判定結果を下すことになれば、大学をこれを根拠に懲戒委員会を開き、懲戒手続を踏む。

　一方、教育部の研究倫理の確保のための指針によれば、次のような条項がある。

　第13条（研究不正行為の検証責任主体）
　　①　研究不正行為に対する検証責任は、当該研究が遂行される当時の研究
　　　者の所属機関にある。

　この条項を所属機関だけに調査権限があるものと解釈するのは望ましくない。次の項で見るように所属学会でも学会員の剽窃に対し調査・判定ができるからである。

　さらに、その所属機関が特定される基準時点も「当該研究が進められていた当時」とし、現在の所属機関でない可能性があることを暗示している。しかし、包括的な懲戒権と人事権とをもっている現在の所属機関は、入社または採用前の研究物に対しても剽窃かどうかを調査する権限があるし、なければならないという点から、本条項を当該研究が行われていた当時の研究者の所属機関だけに、検証権限があるものと解釈するのは妥当ではない。通常、大学等に採用される前に志願者が自らの研究物を大学等に提出するのだが、その提出物に剽窃等の研究不正行為が発見されれば、採用に影響を及ぼし得る。その点から、現在の所属機関は、所属教授が所属機関に採用される前に作成し、発表した論文等に剽窃があるかを調査できる。これは当然のことでもあるが、採用の過程で志願者が採用前に発表した研究物に不正行為がある

719　剽窃等の研究不正行為についての調査は、通常、申立てと認知から始められ、各種の規定においてもそのようになっている。

とか、採用条件として提出した研究物に不正が明らかになった場合、採用後でも採用行為が取り消され得るという趣旨の契約書に署名したり、同じ内容の誓約書を提出するため、そうした契約または単独行為（誓約書提出行為）を根拠に現所属機関が、採用前に発表された論文等に対し剽窃かどうか調査できる。

（2）　雇用関係のない所属機関：学会

　一般的に共同の学問研究と疎通とのためにつくられた学会という結社体は、学問倫理を違反した会員を懲戒することができる。学問共同体という結社体の本質上、学会が所属学会員の剽窃を調査、判定できる権限を行使するのは極めて当然である。

　特定の大学や研究所等に所属していない研究者として、学会にだけ加入している学者もいることがある。一種のフリーランスの研究者または専業研究者と言えるのだが、学位を受けて大学や研究所等に就職する前の研究者として、自らの専攻分野の学会に加入した場合がこれに該当する。この場合、学会が当該学者にとっては唯一の所属機関であったり、所属機関を代替する機関となり得る。

　学会員との間に雇用関係があるのではないが、学会も学会員の研究不正行為により学会の評価と名誉が傷つけられる場合、学会員を除名したり、一定期間その資格を停止するなどの懲戒を科すことができる。それが、所属機関の行う身分上や経済的な制裁までには至らないとしても、学会員に相当な水準の制裁となるという点で、学会会員への懲戒は軽く見ることではない。こうした権限がある学会も学会員の論文等に剽窃があるという申立てに応じ、調査、判定する権限があるのは当然である。

イ．対物的機関 —— 特別機関

　大学や研究所または学会のような所属機関のほかに学位請求論文を審査し、学位を授与した機関（学位授与大学）や論文等の掲載を許諾した機関（学術誌）も剽窃を調査・判定する場合がある。

（1） 学位論文

まず、学位論文の剽窃調査・判定は、学位授与機関が管轄するのが正しい。これは当該学位論文の提出を受け、審査した機関が、学位授与機関だという点から当然だと考える。ところで、その根拠を求めれば、いくつか挙げることができる。

まず、一般的に学位論文提出者は、学位課程に入るときと学位論文を提出するとき、剽窃などの研究不正をしておらず、万が一それを犯せば、学位を剥奪され得るという趣旨の誓約を行う。こうした誓約により学位論文の提出者は、剽窃等の不正行為疑惑が提起された場合、学位授与機関の調査手続に応じる義務を負うと見るのである。

2、学位論文の水準は、学位授与機関の評価、名誉と直結している。剽窃論文だと明らかになれば、学位授与機関の評価は低下するのは明らかである。しかし、学界の一般的な基準から見るとき、剽窃であるのに、これを隠したり、剽窃だと明らかになったのに、学位を剥奪せず、学位を維持するのであれば、より大きな非難が浴びせられることがある。ときどき、韓国では学位授与大学が博士論文に剽窃があったということを確認、発表した後も、学位を取り消さないとか、取消しをためらう場合がある。おおむね検証時効が過ぎたことを表向きな理由として挙げるが、上述で見たように剽窃に検証時効が適用されることはないので、深刻な剽窃と判定しても学位論文と学位とを取り消さないのは、かえって、学位授与大学としての評価を低下させる要因となる。

この点から、学位授与機関は自らの評価と名誉を維持するために、自らが学位授与した論文に対する審査権限をもち、剽窃であるか否かを判定することができると見なければならない。

一方、学位論文の剽窃を学位授与機関以外の機関が調査、判定できるかという問題は、後ほど「管轄衝突の解消」で見ることにする。

（2） 学術誌

学術誌を刊行する学会が、剽窃を調査・判定できることはすでに見た。ここでは、学会ではなく学術誌自体も剽窃を調査し、判定できるかを論じる。もちろん、学会誌内に編集委員会とは別途に研究倫理委員会があれば、当然

契約法理（投稿規定）により学術誌の剽窃審査が可能である。ところで、研究倫理委員会や関連投稿規定がなくとも、学術誌は投稿論文に対し剽窃審査をすることができる。掲載のために論文を投稿するというのは、審査過程で剽窃審査を受けるものと見ることができるからである。

実際に論文審査項目のなかに剽窃等に関する条項または引用法を順守しているかに関する配点項目があることもある。また、剽窃だと明らかになる場合、当該学術誌に法的・倫理的責任が生じることがあり、さらに、そのことにより、学術誌の評価低下等の問題が生じることがあるという点からも、学術誌に剽窃の審査・判定に関する権限が認められるのは当然である。

3. 管轄衝突の解消

剽窃調査は、大きく申立てによる場合と認知による場合とに分けることができる[720]。稀ではあるが、剽窃疑惑に苦しめられたり、剽窃かどうかを早急に確定すべき必要がある疑惑当事者が、剽窃でないことを確認してもらうために、調査を要求する場合もある。これは民事裁判の債務不存在確認訴訟と比較できるのだが、調査機関が認知して調査を開始することになったのではないという点から、大きく見れば、「申立てによる調査」に含めることができる。

このように、剽窃が調査される動機や原因がそれぞれ異なり、どの機関が調査するかによって、利害関係が異なってくることもあり、複数の機関が剽窃調査の権限をもつことになるという点で、「管轄の競合」または「管轄の衝突」が発生する。このような管轄の競合または衝突は、さまざまな機関に申立てが同時多発的になされたり、さまざまな機関が同時多発的に認知することにより、事後に発生することもあるが、申立者が調査可能なさまざまな機関を対象にどの機関に申立てをするかを決定するときにも生じる。

上述の例を挙げて説明すれば、申立者であるＸは、Ｙ教授が書いた二つの論文ｂとｃにそれぞれ剽窃があるという確信をもって、Ｙ教授が属するＡ大学と、ｂ論文が載せられた学会誌を発行するＢ学会と、ｃ論文が載せられた学会誌を発行するＣ学会に同時に剽窃かどうかを調査してくれるよう申

720　これを便宜上、申立てによる調査と認知による調査と呼ぶことにする。

立てた。Y教授の論文剽窃疑惑に対しA大学は所属機関として、B学会とC学会はYが学会員かどうかにより所属学会としてだけでなく、論文を発行した機関として、それぞれ剽窃を調査する権限をもつことになる。またXの申立てがなくとも、A大学は所属教授の論文が剽窃かどうかを認知し、調査することができ[721]、B学会、C学会のどちらも申立てなしに、いくらでも剽窃であるかを調査できる[722]。これにより、論文bに対してはA大学とB学会が、論文cに対してはA大学とC学会が、それぞれ剽窃調査・判定に関する管轄が、競合関係におかれることになる。このように、剽窃調査機関が競合する場合、ただ先に申立てを受けたり、先に認知して調査を始めた機関に調査、判定の権限を与えるか、でなければ、いかなる原則と原理により調査・判定の権限を配分し、順位を定めるかを論じる。

ア．専属管轄 —— 学位論文の場合

万が一、学位論文に対し学位授与機関でない、他の機関が剽窃かどうかを判定するなら、学界の混乱を招くという点から望ましくない[723]。学位授与機関なら、おおむね大学だと言えるのだが、学問の殿堂である大学間で、それぞれが厳格な基準の下に学位を授与するという信頼は、尊重されて当然だという点から、学位授与機関でない他の機関が、学位論文が剽窃かどうかを調査したり判定することは、止揚されなければならない。また、学位論文に重大な剽窃があり、学位論文を取り消す場合、学位取消しにも及ぶのかという点でも、学位授与機関が、その責任の下に剽窃の判定にともなう制裁を決めることが望ましい。

721　例えば、A大学は昇進、再任用の審査のために提出されたY教授の研究業績である論文（b、c）を申立てなしでも調査できる。

722　B学会とC学会はY教授の論文（b,c）に剽窃の疑惑があるという申立てがなくとも、論文掲載のための審査過程において剽窃かどうかを調査できる。

723　これは民事訴訟法上の専属管轄に喩えることができる。すなわち、学位論文の剽窃審査は、学位授与機関が全的に担うのが正しく、剽窃疑惑当事者の所属機関（大学）も、学位授与機関の調査・判定を尊重するのが望ましい。ちなみに、専属管轄は普通裁判籍や特別裁判籍を適用しない。それだけでなく、当事者間の合意により管轄を定めることもできず、管轄がないところに応訴するとしても管轄が生じもしない。韓国民事訴訟法第31条を参照。

一方、学位論文に対する剽窃調査と判定は、学位授与機関の専属管轄としなければならないということを、まるで、学位授与機関が、自らが輩出した学位授与者の学位論文について、適当に剽窃に目をつぶり、寛大に対応することに肩をもつ行為だと批判してはならない。学位論文に剽窃疑惑が提起され、一般に広く知られているのに、当該学位授与機関（大学）が調査を怠ったり、重大な剽窃なのに、それに相応する措置、すなわち、学位取消しなどの措置をせず、微温的に対応すれば、その機関（大学）に対する学界や社会の評価は、極めて否定的なものとして現れるしかない。これがまさに学界の決まりに背いた大学に対する制裁であり、こうした制裁にも微温的に対応するなら、学位授与機関は名誉と評価低下という危険を甘受しなければならないだろう。

こうした学界の信頼と決まりとを考慮するとき、少なくとも、学位授与機関が自らが輩出した学位授与者者の学位論文が剽窃なのかを判定することは、特別な事情がない限り尊重されて当然である。

イ．任意管轄

学位論文とは異なり以下の場合は必ず特定機関の専属とし、剽窃かどうかを調査し判定しなければならないのではないが、一種の合理性を帯びた勧告的な事項として、管轄（調査権限）を定める原則となり得る。特に申立てはどの機関にするのが最も望ましいかを定めるのに重要な参考事項となるだろう。

（1）　一個人の複数の著述の場合

一個人の複数の著述に剽窃の疑惑があり、その著述がそれぞれ異なる学会誌に発表された場合、個別に学術誌を発行する学会ごとに、それぞれ剽窃の疑惑著述（論文）を調査するよりは、統合的に剽窃疑惑を受けている同一人物が属する機関（大学）が、調査・判定するのが合理的である。これは、1、剽窃判定の結果によっては懲戒へと至ることがあるためなのだが、個別の剽窃件ごとに懲戒するよりは、複数の剽窃件を総合的に考慮し、懲戒の水位を決めるのが妥当である[724]。2、所属機関が一種のコントロールタワーとして個別の論文を発表した学術誌や学会に、剽窃なのかについて意見を照会した

396 第2部 各　論

り、聞いた後、総合的に剽窃判定を下した後に懲戒を定めるのが、学会誌ごとに均一でない規準により結論を導き出すよりは合理的である。

　上述のような理由から申立ての段階なら、所属機関に申立て、所属機関が全体を調査し判定することが可能だろうが、すでに申立てまたは認知によりいくつかの機関に散在して調査が進められる場合にはどうするのか。個別的に剽窃の調査・判定を遂行することもできるが、上述のように所属機関で総合的に判断するのが合理的だという点から、個別の学会または学術誌が、所属機関に事件を移送[725]することも望ましい。

（2）　個別論文の場合

　個別の論文に剽窃疑惑があれば、当該論文が掲載された学術誌やその学術誌を発行した学会が、調査して判定するのが正しいか、でなければ、疑惑当事者が属する所属機関（大学または学会）がするのが正しいか。

　これは学位論文とは異なり必ず特定機関が調査権限をもたなければならないわけではない。繰り返していうが、上記で述べたどの機関に申立てても問題なく、どの機関が認知して調査しても問題がない。

　だが、当該論文が属する学問を専門的に扱う学会誌や学会が、その分野の論文を作成する慣行に最も精通しているという点で一般的な所属機関よりは、これらの学術誌や学会に調査権を与えるのが望ましい。剽窃と判明すれば、学術誌または学会は当該論文を撤回することができ、そうすることで、当該分野学問の誠実性と発展とに大きく寄与することになるだろう。その反面、所属機関で調査し判定するなら、もちろん、懲戒手続に至るのに容易で助けになるが、上述のように、必ずしも論文撤回等の公示へと至るのではないという点から、それと比較されることになる。所属機関の剽窃判定基準が、即学術誌や学会基準と必ずしも同じではないため、学術誌等は論文撤回するかどうかを決定するため、再び剽窃かどうかを調査しなければならないという点で、混線がもたらされることもあり、二重の浪費が発生し得る。

724　これは刑法の罪数論（第37条ないし第40条）を類推適用することができる。

725　これは民事訴訟法の移送（第34条ないし第38条）を類推適用することができる。

学会等が剽窃判定をする場合、所属機関にその事実を申し立てることを制度化しなければならない

　一方、個別の学術誌や学会が剽窃を調査した後、剽窃判定を下したなら、必ず所属機関にその事実を通報することが望ましく、さらに、これを制度化する必要がある。これは学界構成員（構成機関）として当然な義務である。特に、学閥、地縁等の不合理さが合理主義の発現を妨げている韓国の現実では、剽窃判定の結果を所属機関に通報することを制度化しなければ、剽窃者の所属機関に通報することが事実上難しいという点から制度化する必要がある。所属機関への通報が制度化されるなら、論文を学会誌等に寄稿する学者らとしては、剽窃すれば、身分上の不利益を被ることがあることを知ることになるので、剽窃を予防する強力な効果も生じる。

　これは、政府出資研究機関などの外部研究用役で発生する問題でもある。例えば、A大学所属のY教授が、政府出資研究機関（B）が発注する研究用役に応募し、研究用役契約を締結し、研究した後に、提出する研究報告書に剽窃があったと仮定しよう。通常、研究用役契約には研究者が剽窃しないという義務を果たすという内容と、発注機関は剽窃かどうかを調査することができるという内容が入っている。これにより、B機関は所属員ではないが、契約法理に従い、Y教授の剽窃かどうかを調査し、剽窃の判定を下したなら、B機関がY教授に対し取り得る制裁は、研究用役契約の解除と支給された用役代金の回収程度が全部だろう。しかし、Y教授と彼が所属するA大学やB機関は、広く見れば、どちらも学界（academe）の構成員として、正直に学問する義務があり、義務違反者と知りながら、黙認してはならないという義務を共に負う。この点で、B機関はY教授の学問的非違事実をその所属機関（A大学）に必ず知らせなければならない。

　個別論文の場合、学術誌等が必ずしも所属機関に先立って、調査しなければならないのではないので、所属機関が調査した後でも、学術誌等が論文を撤回するかを決定するために、別個の調査手続を進めることができる。と同様に、学術誌等が調査した後でも、所属機関は懲戒手続のために、再び調査手続を進めることができる。しかし、学術誌等がまず調査して結論を下した場合、当該学問分野の専門性と判断とを尊重するという点で、所属機関は別途に調査手続を進める必要はないと見る。ただ、所属機関は学術誌等の判断

398 第2部 各 論

を土台に、懲戒手続を進めることができ、懲戒手続の先決争点である剽窃問題に関する判定手続と判断とに疑問がある場合[726]、懲戒手続の過程で学術誌等の関係者の意見を聞くことができる。

上述で、所属機関よりは学術誌、学会が、専門性をもって個別の論文の剽窃調査を行い、判定するのが望ましいというのは、あくまでも一般論である。国文学、歴史学、政治学、経済学、社会学、法学等の各分野を代表する学会や、それよりも下位にある学会で、長い歴史と伝統とがあり、当該分野の専門家らを相当数抱えている学会の場合、学術誌編集委員会が公正に構成されており、独自の研究倫理委員会が組織されているなら、こうした学会または学術誌は、個別論文に対し所属機関に先立って剽窃であるかを調査し判定することが望ましい。

現代の学問の特徴の一つであり、特に韓国の学会の現象の一つとして、学会の過度な細分化を挙げることができる。時によっては合理的な理由なしに、長い歴史と権威をもつ学会から分立し、学会が設立される場合も多い。専門性に忠実な小規模の学会が活性化することは、必ずしも悪いと見ることはできないが、このように規模が小さく、歴史の長くない学会または学術誌が、所属機関を代行して剽窃を調査・判定するには不適切な場合がある。特に小規模の学会等に相当な影響力を行使できる人が、剽窃疑惑を受けたなら、より公正な調査は期待できない。このように学会の規模が小さいとか、学術誌の歴史が短く、公正な運営と審査とが困難なほど、客観性を担保するのが難しい場合は、かえって所属機関が調査し判定する方がよいことがある。

（3） 共著の場合

何人かの人が書いた著述（共著）に剽窃疑惑があり、共著者らの所属機関が異なる場合、どの機関が剽窃を調査・判定するのが望ましいか。

もちろん、上述で見たように[727]、共著だからといってもどれも同じではなく、執筆部分が分かれており、剽窃の責任をそれぞれ別途に負担できるのが

---

726 所属機関の懲戒手続が進められるなか、被懲戒者（剽窃疑惑当事者）は剽窃判定を下した学術誌または学会の調査・判定手続に瑕疵があったことを主張でき、このとき、所属機関の懲戒委員会は学術誌等の関係者の意見を聴取することができる。

727 注 538-545 の当該頁参照。

あるかと思えば、執筆部分が分かれておらず、共同で連帯して剽窃の責任を負担しなければならない場合もある。また、共著者間では執筆部分を分けたが、ただ外部には表示しない場合もある。このように共著形態を明らかにし、責任の所在を明示することを含め、特定執筆部分に剽窃があるのかを調査し、最終的に剽窃かどうかの判定に至るまでの作業をどの機関が引き受けるかと関連し、以下のようにいくつかの原則を考慮することができる。

1、大学等、所属機関が異なる場合、ある1人の共著者の所属機関で調査し、判定するよりは、問題となった著述が出版された学術誌またはその学術誌が属する学会が、それを受け持つのが望ましい。

2、一つの機関がその任務を遂行することが適切でない場合、例えば、上述で指摘したように、学術誌や学会の規模が小さく、剽窃を調査・判定するのに公正さと客観性とを担保するのが難しい事情がある場合、共著者らが共通して属する学会[728]または規模がより大きい学術団体が、調査・判定業務を受け持つのが妥当である。

3、1と2のどちらも難しければ、共著者の一部が属する所属機関で剽窃を調査・判定するのは避けられない。最善ではないが、民事訴訟法の関連裁判籍[729]制度を類推適用し、一部の共著者に対する剽窃調査権限をもった所属機関が、共著論文が剽窃かどうかを調査できると考える。ただ、特定の所属機関に属する共著者は、調査の過程で自らの防御権を充分に行使できるが、他の共著者はそうできないという点、さらに、自らの責任をその所属機関に属さない他の共著者に押し付ける余地もあるという点から、剽窃の調査と判定が歪められることがある。このように共著論文に関する誤った判定を予防するために調査する機関は、そこに所属した共著者のほかに他の所属機関の共著者にも共著論文に対する剽窃の調査が進められていることを知らせ、意

728　ここで言う「学会」とは問題の共著論文が掲載された学会誌またはそれが属する学会を意味するのではなく、上位の学会を指す。

729　韓国民事訴訟法第25条（関連裁判籍）

　①　一つの訴えにいくつもの請求を行う場合には、第2条ないし第24条の規定により、そのいくつものなかの一つの請求に対する管轄権がある法院に訴えを提起できる。

　②　訴訟目的となる権利や義務が複数の者に共通していたり、事実上または法律上、同じ原因によりその複数の者が、共同訴訟人として当事者とある場合には、第1項の規定を準用する。

見陳述の機会を保障しなければならない。一方、公正さを最大限担保するには、共著者らが属する所属諸機関が共同で調査し、判定できる調査委員会を構成することが望ましい。

（4） 合意管轄

上述のように管轄が競合してもしなくとも、当事者間で剽窃調査機関を定め、その機関の判定に承服することで合意するなら、その合意は有効か。もう一度言えば、当事者間の合意に第三者（所属機関、学会等）は拘束されなければならないのか。

二つに分けて見てみよう。広義の剽窃に含まれる著作権侵害の場合、当事者は著作権者と著作権侵害者となるだろう。営利を目的にまたは常習的に著作権を侵害した場合には告訴なしでも処罰が可能だが、営利目的と常習性のどちらでもない場合には依然として親告罪に該当するので、被害者である著作権者が問題にしなければ、何人も著作権侵害者に民刑事上の責任を問うことができない。ところで、本書が対象とする学術著作物の剽窃（広義の剽窃）は、営利目的や常習性の認定が難しいという点で、おおむね著作権侵害の場合、親告罪の領域にある。したがって、著作権者と著作権侵害者との間で、特定の機関に著作権侵害かどうかの調査・判定を依頼し、その結果に承服することに合意をすることは有効である。被害者（著作権者）に処分権があると見るからである。

ところで、狭義の剽窃に該当する場合、被害者は著作権者または被剽窃者のほかに学界、読者も含まれるので、著作権者（被剽窃者）と剽窃者（剽窃疑惑者）とだけの合意で調査・判定機関を定め、それに承服することにするのは、再考の余地がある。通常、剽窃された人の申立てにより、剽窃の調査を行うという点から、申立者と剽窃疑惑者を当事者と見ることはできるが、剽窃された人でない第三者が申立てる場合、申立者と剽窃疑惑者とが合意して調査機関を定め、判定に承服することにするのは、ややもすると、被剽窃者の意思に反することもある。一方、被剽窃者（著作権者）だけが剽窃被害者ではないので、その人に全体的な処分権があると見ることはできず、所属機関、学会、学術誌もまた、剽窃被害者全体を代弁するとは言えない。したがって、剽窃（狭義の剽窃）の場合、被剽窃者（著作権者）と剽窃疑惑者ま

たは申立者と剽窃疑惑者との間での合意により、調査機関を定め、その判定に承服することとする合意は、必ずしも有効だと見ることはできない。

著作権侵害でない剽窃では、被剽窃者（著作権者）と剽窃疑惑者または申立者と剽窃疑惑者とが合意し、調査機関を定め、その機関で判定したとしても、所属機関や学会等の第三の機関が、別途の手続により剽窃を調査し判定することを妨げることはできない。当事者間の合意が、これら第三の機関を拘束できないからである。

実際に発生する可能性は極めて少ないが、こうした仮定も可能である。剽窃疑惑に悩まされてきたある教授が、所属大学の剽窃調査を前にして、事前に特定人と組んで自らの影響力を行使できる機関を剽窃調査機関とすることに合意した後、彼をして剽窃の申立てをさせることにより、自らに有利な判定を得ることができる。こうした不正行為に対しては、所属機関が別途に調査し、判定できなければならないので、こうした合意は、第三者である所属機関の調査・判定を妨害できないと見なければならない。

しかし、剽窃調査機関についての合意が必ずしも不当なのではない。上述で見たように、所属機関が異なる共同著者らの共著物は、それぞれ他の所属機関を含んだ利害当事者らの合意により、公信力のある第三の機関または所属機関のうち、どちらかの一機関にその調査と判定を任すことは可能だと考える。

一方、韓国民事訴訟法第31条によれば、専属管轄が定められた訴えには合意管轄は認められない。同じ趣旨から、学位論文剽窃の調査の場合、学位授与機関に専属管轄が認められるので、学位論文の剽窃については、学位授与機関以外に他の機関を調査機関として合意することは、許されないだろう。

所属機関のほかに合意調査機関としてどんなものがあるか

大学等の所属機関や学会のような対人的な機関と、問題となった論文等を発行した学会誌のような対物的な機関とを越えて、剽窃問題を調査し、判定できる第三の機関としてはどんなものがあるか。もちろん、最終的には裁判による紛争解決が考えられる。しかし、ここでは司法機関を除いて、いわゆる、裁判外の紛争解決手段（Alternative Dispute Resolution：ADR）だけを

議論の対象とする。

　必ずしも、剽窃や著作権紛争だけに限られない ADR としては、大韓商事仲裁院の仲裁、弁護士会の調停などがあるが、これらの機関は剽窃問題に特化していたり、専門化している機関でないという点から、剽窃申立者、剽窃疑惑の当事者、所属機関などがこうした機関を通じて、剽窃かどうかを調査し、判定することに合意する可能性は極めて低いと考える。

　それよりは、韓国著作権委員会（以下「著作権委員会」とする）を想定する方がよい。著作権委員会の業務には「著作権に関する紛争の斡旋・調停」（韓国著作権法第 113 条第 1 号）、「著作権の侵害等に関する鑑定」（同第 9 号）があるからである。しかし、ここにも限界がある。

　1、「著作権に関する紛争」なので、著作権侵害でない剽窃問題を扱うのに適切でなく、場合によっては適法でもない。著作権委員会の調停が成立すれば、調停調書は「裁判上の和解」のような効力はあるが、当事者が任意に処分できない事項に関するものは、そうではないと規定されている（同第 117 条第 2 項）。著作財産権のように当事者が処分できる財産権侵害紛争は、著作権者の処分可能な領域なので調停対象となり得るが、人格権と学問倫理とが関連する剽窃問題では、被剽窃者（著作権者）が任意に処分できる領域ではないと見ている部分がある。例えば、剽窃疑惑を提起した申立者と剽窃疑惑当事者とが、著作権委員会の紛争調停を通じ、剽窃であるかないかという調停の成立に至った場合、その調停の結果が判決と効力が同じだというのは、学界全体によくない影響を及ぼし得る。財産権でない倫理的要素のある紛争で、特定人（申立者）が学界を代表し、剽窃疑惑当事者と合意により調停するということは、実際にはあり得ないことだからである。

　2、著作権委員会の鑑定機能は、裁判や捜査のために法院または捜査機関等から鑑定を要請された場合を前提としている（韓国著作権法第 119 条第 1 項第 1 号）。一方、著作権委員会は公正で客観的に処理するために、専門家らにより構成された鑑定専門委員会を設けている（同施行令第 64 条第 2 項）。著作権委員会内に構成された鑑定専門委員会は、剽窃問題を調査し、判定できる客観的で公正な専門家集団として構成し得るが、問題は、裁判や捜査の過程で要請があってはじめて剽窃かどうかを鑑定できるという点である。したがって、本項で論じるように、剽窃の申立者、剽窃疑惑当事者、所属機関

などが合意して、第三の公正かつ専門的な機関として鑑定専門委員会に剽窃かどうかを調査、判定するようにと言えるとしても、厳密に言えば、この委員会は著作権法上、この業務を担当できない。現在、この委員会は、警察、検察、法院がそれぞれ捜査中や裁判中に、剽窃かどうかに関して専門的な鑑定意見を聞こうとして鑑定を要請をしてきたとき、調査・鑑定、意見を提示するだけである、したがって、捜査または裁判でない懲戒手続の過程でも剽窃かどうかを調査し、鑑定意見を提示したり、懲戒手続中でなくとも、剽窃かどうかの調査・判定要請に応え、鑑定業務を担当するには、著作権法の改正が必要である。

　その他、学術団体総連合や韓国研究財団等に設置されている研究倫理関連の委員会を挙げることができる。上述と同様に、これらの機関に剽窃の調査・判定を依頼することで合意はできるが、合意当事者らが処分できる領域ではないため、その結果の法的拘束力に疑問が生じることがある。ただ、同じ剽窃問題として司法手続にまで至った場合、参考資料として使用できる。

　上述の機関のほかに、剽窃問題専門家の調査・判定を挙げることができる。剽窃に関わる利害当事者らの間で、特定の専門家に剽窃の調査を依頼し、その結果に承服することで合意する場合があるのだが、これもまた拘束力に疑問があるので、後続する手続の参考資料としてのみ活用され得る。

第3部

ガイドライン
（指針モデル）

406 第3部　ガイドライン（指針モデル）

Ⅰ.　ガイドライン制定の必要性と重要性

1.　剽窃防止ガイドライン制定の必要性

　最近多発する剽窃事件、特に論文などの学術著作物に対する剽窃疑惑は、各種公職者の任命過程の聴聞会や大学社会の教員懲戒問題、学界内部の倫理問題等のさまざまな部門で熾烈な論争を引き起こした。こうした論争が消耗的だったのは、剽窃かどうかの判定に関する一般社会と当該分野で共感できる社会的規範、すなわち一種のガイドラインが形成されていないところにある。ガイドラインの不在は、持続する紛争へと続き、それは次の二つの現象へと悪化する傾向がある。1、問題提起があるのに、形だけの処罰または温情的な解決などにより、状況がよくなったものがない。2、剽窃と著作権侵害に関する正確な認識がなく、著述、特に学問的著述が過度に萎縮する[730]。どちらも学問の発展と文化の向上・発展という大枠から見れば、望ましくない現象である。このような息苦しい現実を打破するには、剽窃判定に関するガイドラインを用意しなければならない。

　剽窃判定のガイドラインは、剽窃疑惑に関する事後的な制裁と解決にだけ必要なのではなく、事前的にも正しい学問的な著述に大きく寄与することができる。これは、法規範の予防的な機能と類似した機能が、剽窃判定の規範にも適用できるからである。

　一方、剽窃判定に関するガイドラインの事前的な機能を越え、もう少し根源的な剽窃を遮断するには、引用に関するガイドラインが必要である。一種の引用法のモデルの制定がそれであり、こうしたモデル規範を国家が主導的に制定し、大学、学術団体等の民間機関に遵守を強制することは、事実上不可能であるだけでなく、妥当でもない。最も望ましいのは、特定の民間機関が引用に関すモデル規範を制定し、それを外の機関が受容することにより、自然と事実上規範化することである。

　その代表的な事例がハーバード大学のロースクール編集委員会がつくった

730　筆者は自己複製や自己引用に寄せられる非難のため、「学術的著述」に支障があると指摘している。남형두、前掲記事（注613のコラム）。

ブルーブックである。ところで、ブルーブックのような方式も問題がないわけではない。法学という特定分野の学問ではブルーブックが事実上規範の役割をしているが、その他の学問分野ではこれを引用法のモデルとして借用して使用していないからである。しかし、次のいくつかの理由から、この現象を望ましくないと断定ばかりしていられない。1、すべての学問分野に通じる引用法というものは存在し難い。学問の分野別に情報が収録される媒体の類型や特性がそれぞれ異なるからである。2、学問の分野別に互いに異なる引用法があり、さらにまた、同じ学問分野内でも2、3の競争力のある引用法があるのは、かえって引用法の進化と発展のためにも望ましいと見ることができる。引用法は時代と学問発展により進化する。ネット等の新しい情報収録メディアが登場し、既存の古典的なメディアも引き続き変化・発展するので、これに合わせて引用法も変化しなければならない。情報収録メディアの発展・変化のほかに、学問分野の著述に従事する人々や読者らの意識水準の変化もまた引用法の進化の必要性に一つの役割を果たすことができる。こうした点から、本研究で提示しようとする引用法モデルは、人文・社会科学分野に自ずと限られるだろう。それは筆者が属す学問分野の限界のためである。人文・社会科学分野を越えて無理に理工系、医学等の自然科学分野に関するモデル引用法を提示することは、ややもすると、意欲だけが先立つのみで現実と懸け離れた成果物を公表するのではないかという懸念をしないわけにはいかない。また、自然科学分野は、表現よりはアイデアや発想を重視し、著作権侵害や剽窃とは違う次元の研究倫理違反の問題が、より深刻だという点も考慮された。いわゆる、科学社会学の課題と言える学問の更なる専門化、細分化の克服も、実際は分野別の個別学問の過度の分化・発展から生じたと言える。こうした現代学問の分化という現実から、すべての分野に通じる「正直な著述」の基準を用意するのは、そもそも時計を反対に回すことに喩えられるほど、事実上不可能に近いことである。逆に言えば、そうした統一基準をつくったとしても、どの分野にでもその採用は期待するのは難しいと言える。

　引用法のモデルまたは引用基準の制定は、極めて望ましく時宜を得たものであるが、それ自体の限界を認めなければならない。それらは、国会がつくった法規範ではないことは明らかで、現実に学問的著述をする人々が、それら

408 第3部 ガイドライン（指針モデル）

を裁判規範として認識し、そうした著述の強要は受け入れるのは難しいことは事実だからである。したがって、これは倫理的な規範となるしかない。しかし、そうだとしても強制力のない倫理規範の世界にのみとどまっていないことも事実である。引用法のモデルまたは引用基準が適切につくられるなら、剽窃または研究倫理違反が争点となり、司法審査の対象となるとき、事実上、裁判規範の役割を果たすことができるからである。

2. 剽窃防止ガイドライン制定の重要性

遊園地に行くと、遊戯施設ごとの危険度により入場客を制限している。例えば、身長が120 cm以上であれば入場を許可する、というのがそれなのだが、入口で子供たちの身長を測っている情景はよく目にすることができる。このとき、以下の三つの議論が可能である。

1、基準が重要である。正確な基準がなければ、不利益を受ける人が生じるからである。これを剽窃の判断に適用してみることができる。剽窃の判断に関する正確な基準、すなわち、判断基準がなければ、無念な思いをする犠牲者が量産され得る。適切な研究倫理の指針がないなかで研究者らに研究倫理を守れとだけ言っても、誤った剽窃の慣行がなくならない。

2、測る人が重要である。身長が120 cm未満である場合、当該施設の利用にともなう危険発生を認識し、利用を禁止しなければならないという意思があるなら、正確に測ろうとするだろう。子供を同伴した保護者の言葉や私的な関係に振り回されてはならず、身長を騙して高く見せようとする態度を禁止しなければならない。これは剽窃判断に適用してみることができる。剽窃疑惑が提起されたとき、これを判断する審査または審判機関は、剽窃関連規定を厳正に適用しなければならない。剽窃判定に関する基準、すなわち剽窃防止ガイドラインが定立されたとしても、それを適用する過程で厳正でなければ、そうした判断結果が積み重なり、再び剽窃防止ガイドラインの改正に影響を与えるため、これは具体的な個別の事件を越えて深刻な悪影響を及ぼすことがある。剽窃の事例を分析し、剽窃防止ガイドラインを制定する研究をしていると、個別事件のなかには時折納得し難い判断に接することがある。こうした均一でない判例または判断は、それを根拠として自らの立場を擁護する先例として活用されることがあり、さらに、それがまた他の判断の

根拠となることもあるという点から、測る人、すなわち制度をいかに運用するかということが、剽窃防止ガイドラインの制定または定立に負けず劣らず重要である。

3、上の例で挙げた「120 cm」が適正なのかの問題である。ある遊戯施設の利用を許可する「120 cm 以上」という基準が適正なのかの問題で、130 cm へとその基準を高く調整するか、でなければ、110 cm へと低く調整するかが問題となり得る。身長 120 cm という基準は、遊戯器具を利用していて負傷を負ったり、人命に危険をもたらした場合、その危険を引き受けるという基準となり得る。すなわち、120 cm 以上の人がこの施設を利用したのに（もちろん、安全ベルト等の安全装備をすべて着用したと前提）安全事故が起きたなら、施設運営者がその責任は負わなければならない。しかし、利用基準を違反し、120 cm 未満の人がこの施設を利用して安全事故が起きた場合、その結果は利用者が負担することになる余地がある。設備制作者としては、安全事故を防止するために、設備設計および設置基準を 120 cm に合わすことになるだろう。

剽窃防止ガイドライン制定に懐疑的な視点とそれに対する反論

筆者が提案しようとするのは、まさに身長 120 cm という基準である。120 cm を一律的に提示できないのは、遊園地には基準を 130 cm に高めなければならない施設があるかと思えば、110 cm に下げてもいい施設があり得るからである。また、同じ 120 cm 未満でも年齢を考慮しなければならない施設があり得る。安全に利用するためには、一定程度の勇気が必要な施設があるからである。このように、あれこれといろいろな点を考慮すれば、正確に 120 cm という基準を一律に決めるのには難しい点がある。しかし、だからと言ってＡの施設は 120 cm 以上で 6 年生以上、Ｂの施設は 120 cm 以上で 6 年生以上さらに知能指数が一定程度以上である場合なら、利用可能だという具合に細分化すれば、あまりに複雑になり、こうした基準を定めるということ自体の意味がなくなることもある。

一方、利用者の基準が 120 cm 以上である施設を、100 cm 未満の子供が利用したのに何ら事故が起きないこともある。しかし、だからと言って、120 cm の基準が間違っているとか、さらにはそのような基準は必要ないと

いうのは正しくない[731]。120 cm という基準は長い間検討されてきた結果である。その基準に従い、多くの施設の製造・設置者らはそれに合う施設をつくり、設置してきたのである。個別の件で事故が発生しなかったからと、その基準の存在や価値を否認するのは、かえって多くの混乱をもたらすことがあり、長く見ると、安全不感症をもたらし、大型事故を起こすことがある。

それでも剽窃防止ガイドラインを制定・定立しなければならない必要性

であるなら、そもそも基準を定めようということに意味はないのか、という疑問が起きることがある。ここで、本研究の苦悩が始まる。基準を定めるのが難しいと、手をこまねいてばかりいられないのは、剽窃疑惑論争が絶えることはなく、またそれにともなう被害が甚大だからである。

本書で提示しようとする剽窃防止ガイドラインは、必要最小限度の規範または共通分母に当たる規範だと言える。したがって、本研究で提示する剽窃防止ガイドラインにより、これ以外のガイドライン制定の必要がなくなるということではなく、かえって、分野別に具体化する作業が必要となる。その点から本研究が提示する剽窃防止ガイドラインは、そうした具体化作業に端緒を提供する性格が強いと言える。剽窃防止ガイドラインという基準は、時代により再び改正する必要がある。学問と文化環境の変化につれ、その基準が異なるのは当然だからである。こうした未来の改正作業のためにも、剽窃防止ガイドラインは必要である。改正は制定を前提とするからである。

---

731 こうした部類の主張と、剽窃防止ガイドライン制定の必要がないという主張とは同じ脈絡にある。遊戯施設の安全基準や剽窃防止ガイドラインがないとしても、すぐに目の前で大きな事故が起きたり、学問の発展に障害があるわけではないが、長期的に見れば、大型事故が起こり得るし、学問の発展も大きく阻害され得るという点において類似している。

411

Ⅱ．ガイドライン：剽窃判定規定

第1章　総　則
第1条（目　的）
　本規定の目的は○○大学（以下「大学」とする）の剽窃判定に関する基準と手続を定めることにある。
第2条（適用対象）
　本規定は大学教員に対し適用することを原則とする。
第3条（教育等）
① 　大学は剽窃を予防するために、本規定および案内書を配布して教育する方法により、教員等の構成員にこれを周知させなければならない。
② 　教員は本規定を熟知しなければならず、学問共同体の一員として、自身および他人の剽窃等、研究不正行為に対し批判し保護する義務がある。

第2章　剽窃判定基準
第4条（剽窃の定義と類型）
　本規定でいう剽窃には典型的な剽窃と非典型的な剽窃がある。
① 　典型的な剽窃
　当該分野の一般知識でない他の著作物または独創的アイデアを、適切な出所表示なしに自分のものかのように、不当に使用する行為を言う。
② 　非典型的な剽窃
　典型的な剽窃ではない場合で、剽窃と見る行為を例示すれば、以下の通りである[732]。
1. 出所表示を適切にしたとしても、正当な範囲を越えた場合
2. 許されない自己複製
3. 許されない重複掲載
4. 不当著者表示

732　例示規定形式をとることにより、列挙された事項のほかに、非典型的な剽窃の類型を追加できる余地を残しておいた。

412 第3部 ガイドライン（指針モデル）

第5条（出所表示の方法等）

① 原則的に出所表示は文章単位とする。

② 出所表示・引用方法は学問分野別の特性により、異なって行うことができる。ただ、いかなる方法によっても一貫性を維持しなければならない。

③ 著述の種類別に出所表示の方法を異なって行うことができる。

④ 出所表示の義務は間接引用（書変え）であっても免除されない。

⑤ 本文で引用したり参考としていない文献は、参考文献として記載してはならない。

第6条（不適切な出所表示）

本規定でいう不適切な出所表示を例示すれば、以下の通りである[733]。

1. 包括的・概括的な出所表示

2. 部分的・限定的な出所表示

3. 二次出所を通して知った原出所を直接確認しないのに、原出所のみを記載したり、原出所とともに二次出所を記載しなければならない特別な事情があるにもかかわらず、二次出所を省略した行為

4. 特定の題目の下の内容すべてを引用する意図により、題目に出所表示を行う行為

5. 自らの主張を他人の主張のごとく見えるようにするために、出所表示を行う行為[734]

6. 特定人Aから引用したにもかかわらず、特定人Bを出所として表示する行為[735]

7. 出所表示用例の不正使用[736]

---

[733] 例示規定形式をとることにより、列挙された事項のほかに、不適切な出所表示の類型を追加できる余地を残しておいた。

[734] 逆剽窃に該当する。注448の当該頁を参照。

[735] 第三の剽窃に該当する。注449の当該頁を参照。

[736] 出所表示の用法によらず、誤って使用する場合、例えば、参照にする程度ではなく、そのまま借用しつつ「参照」と表示したり、その反対の場合などを言う。注446、447の当該頁参照。

第7条（正当な範囲）

出所表示を適切に行ったが、引用した量または質が正当な範囲を越え、被引用物と引用物が主従の関係にあれば、剽窃と見る[737]。

1. 量的主従関係

引用物を分母とし、利用されたものの総合を分子とする比率により算定するが、具体的に著述の種類、形態、分野により、主従関係の形成比率は異なり得る。

2. 質的主従関係

被引用物が内容的に主になり、引用物が補足、敷衍、例証、参考資料等に過ぎない場合であり、当該学問分野に新しい寄与がない場合を言う。

第8条（自己複製・重複掲載）

① 自らがすでに発表した著作物を利用し、新しい著作物を刊行するときに、新たに加えられた部分が当該分野で独創的であったり、新しいものと認められ難い自己複製は剽窃に該当する（許容されない自己複製）。しかし、研究の深化および適用の過程で、自身の既存研究物の一部をもってきて使用することはこれに該当しない。この場合、先行研究物の存在を出所表示等を通じて明示しなければならない。

② 自らがすでに発表した著作物と同一または実質的に類似した著作物を、同一または類似した読者層を相手に、先行著作物の刊行の事実を明らかにしないまま、再び掲載または刊行する重複掲載は剽窃に該当する（許容されない重複掲載）。

③ 以下に例示する類型は許容されない自己複製／重複掲載に該当しないものと見ることができる[738]。ただ、利用された先行著述の存在と出所を明らかにしなければならない。

1. 刊行されていない学位論文を著書・論文・報告書の形で刊行する行為

---

737 「量または質」と規定したので、量的主従関係と質的主従関係のうちどちらか一つが形成されるなら、正当な範囲を越えたものとなる。

738 例示規定形式によることにより、列挙された類型外の類型を排除せず、さらに、任意規定形式によるものは、判断においてより柔軟性を確保するためである。

414　第3部　ガイドライン（指針モデル）

2. 用役報告書、政策提案書等のように、特定機関の要請または目的により作成された著述を、別途の著書・論文の形で刊行する行為

3. すでに刊行された自らの報告書・論文等いく編かを編集し、単行本その他の著述形態で刊行する行為

4. すでに刊行された自らの報告書・論文が編集者の特定の目的により、他の著者の論文等とともに編集・刊行される場合[739]

5. すでに発表した自らの研究物を大衆に広く知らせるために、教養・時事雑誌その他のマスメディアに寄稿する場合

6. すでに発表された自らの研究物を読者層が異なる他の外部学術誌等に掲載する場合

④ すでに刊行された自らの著述を他の言語に翻訳して刊行することが許容されない重複掲載に該当するかを判定するときは、翻訳の目的と必要性、当該学問分野の性格、使用された言語等を総合的に考慮しなければならない。

第9条（不当著者表示）

① 本規定でいう不当著書表示を例示すれば、以下の通りである[740]。

1. 寄与のない著者を共同著者または名誉著者として表示する行為

2. 自らの著述の信頼性を高めるために自らの名を隠し、有名な他人を著者として表示したり、共同著者として表示する行為[741]。

② 掲載誌の編集方針等、特別な事情により、共同著者の氏名を記載できない場合には、序文、注等を通してその事由と実名を明らかにしなければならない。

第10条（遡及効、適用基準等）

① 剽窃問題に関する限り検証時効はない。

② 剽窃かどうかを判定するときに適用される基準は、刊行当時のものと

739　前出の第3号は、自らが編集者となり、自らの論文だけを集め、自らの名前で単行本を刊行する場合で、第4号は何人かの論文を集め、編集・刊行する場合という点において違いがある。

740　例示規定形式によることにより、列挙された事項のほかに、不当著者表示の類型を追加できる余地を残しておいた。

741　注448、646の当該頁を参照。

する。その基準が刊行時よりも判定時に剽窃疑惑者にとって有利に変更されたのなら、判定時の規準を適用する。

③　剽窃行為に対する制裁は、被調査者が著作権法、特許法等法律違反として処罰を受けたり、責任を負うこととは関係なしに科すことができる。

第3章　剽窃判定手続

第11条（調査着手）

①　調査は以下の各号により始められる

1. 申立て
2. 認知

②　申立者は口述・書面・電話・電子メール等、可能なすべての方法により申し立てることができ、実名での申立てを原則とする。

③　大学は昇進・再任用等の審査過程で、剽窃があったと疑うに足る事情が発見された場合、調査に着手しなければならない。

第12条（申立者の権利保護）

①　大学は申立者の意思に反し、身元が漏洩しないようにしなければならず、申し立てたことを理由に、懲戒等、身分上の不利益、勤務条件上の差別、不当な圧力または危害等を受けないよう保護しなければならない。

②　申立者は大学への申立以後に進められる調査手続、および日程等についての情報を要求することができ、調査業務担当者はこれに誠実に答えなければならない。ただ、悪意の申立者または申立内容が虚偽であることを知っていたり、知ることができたにもかかわらず、これを届け出た申立者は保護対象に含まれない。

第13条（被調査者の権利保護）

①　大学は剽窃かどうかについて検証が完了するときまで、被調査者の名誉と権利が侵害されないよう注意しなけらばならず、嫌疑なしと判明した場合、被調査者の名誉回復のために努めなければならない。

②　剽窃容疑は判定が下されるまで外部に公開してはならない。ただ、共同著述等の事由で外部の者が調査対象に含まれた場合、その所属機関に通報することは例外とする。

416 第3部 ガイドライン（指針モデル）

第 14 条（予備調査）

　大学は調査委員会の構成に先立ち、申立ての内容が具体性と明確性を備えており、調査を実施する必要性があるかについて、予備調査を実施することができる。

第 15 条（調査委員会の構成）

①　調査委員会は 7 人以上の委員により構成される。

②　調査委員会は、剽窃が問題となる当該分野の専門的知識および経験が豊富な者と、著作権または剽窃問題に関する専門家により構成されるが、公正性と客観性の確保のために、大学に所属しない外部委員 2 人以上を含まなければならない。

③　委員長は外部委員のなかから大学総長が指名する。研究部長は充て職の委員として、調査委員会の幹事業務を担当する。

④　調査事案と利害関係のある者を調査委員会に含めてはならない。

第 16 条（調査委員の保護）

①　大学は調査委員会委員の人的事項が外部に知られないようにしなければならない。

②　申立者が調査委員に対し危害を加えたり、その他の圧力を行使する場合、調査委員会は調査を中断することができる。

③　被調査者が調査委員に対し危害を加えたり、その他の圧力を行使する場合、調査委員会は判定に斟酌することができる。

④　大学は調査委員会の構成に先立ち、申立者と被調査者に上記の②項と③項とを知らせなければならない。

第 17 条（調査委員会の権限および責任）

①　調査委員会は必要な場合、申立者・被調査者・証人および参考人に対し、出席を要求することができ、特別な事情がない限り、申立者と被調査者はこれに応じなければならない。

②　調査委員会は申立者と被調査者に資料の提出を要求することができ、特別な事情がない限り、申立者と被調査者はこれに応じなければならない。

③　調査委員会は申立者と被調査者に意見を陳述する機会を同等に与えなければならず、これを実質的に保障するために、事前に十分な期間をお

き、意見提出の期限または出席日時を通報しなければならない。

④　調査委員会は調査および判定に必要だと認められる場合、韓国著作権委員会等の専門性のある機関または剽窃問題の専門家に、鑑定を依頼したり意見を聴取することができる。

⑤　調査委員会委員を含め、大学の関連職員は調査中に知った事実に対し秘密を順守する義務を負う。

第18条（申立者および被調査者の意見陳述の保障）

①　申立者および被調査者は、調査の過程で自身の主張を充分に疎明する機会を保障されなければならない。

②　調査委員会は第三の専門機関又は専門家に鑑定を依頼したり、意見を聴取する場合、申立者および被調査者はその過程に参加し、自身の意見を表明したり、その鑑定意見書に対し意見を提出する機会を、調査委員会に要請することができる。

③　申立者および被調査者は、弁護士または専門家を帯同し意見を陳述したり、弁護士等をして自身を代理し弁論させることを、調査委員会に要請することができる。調査委員会は。調査手続が遅延したり専門性のない場合でなければ、この要請を受け入れなければならない。

第19条（判定）

①　調査委員会は在籍委員の過半数の出席と、出席委員の3分の2以上の賛成により判定を議決する。

②　判定書には以下の各号の事項が含められなければならない。

　1. 調査の対象となった著述
　2. 申立てまたは認知内容の要旨
　3. 申立者と被調査者の主張
　4. 調査結果
　5. 嫌疑が認められる場合、制裁等の建議
　6. 調査委員名簿

③　上記の判定は大学総長の確認を経て、申立者と被調査者に通報する。

第20条（剽窃制裁の種類）

剽窃が認められる場合、その程度により、以下に例示するように等級を定め、制裁の程度を定めることができる[742]。

418　第3部　ガイドライン（指針モデル）

1. 軽微な剽窃[743]
2. 剽窃
3. 重い剽窃[744]

第21条（後続措置）

　調査委員会は剽窃が確認された著者および著作物に対する、制裁措置を建議する場合、軽重により以下の内容を含めることができる。

1. 当該出版物に対する修正または刊行禁止
2. 今後一定期間、研究参加の排除等の不利益
3. 懲戒委員会への送付

第22条（施行細則）

　この規定に対する具体的な内容は施行細則により定めることができる。

742　剽窃の等級を例示したに過ぎない。したがって、機関別に融通性をもってさまざまな段階を定めたり、名称も違うようにすることができる。

743　剽窃の要件は備えているが、その程度が軽微であり、問題とするには不適切な水準の剽窃のことを言う。

744　深刻な水準の剽窃行為として、身分に重大な変化をもたらし得る、懲戒が必ず必要な程度の剽窃のことを言う。

参考文献

※韓国語表記の文献の日本語訳は各注番号の箇所にある。

書籍（海外）

William P. Alford, *To Steal a Book Is an Elegant Offense: Intellectual Property Law in Chinese Civilization*, Stanford University Press, 1995.

Judy Anderson, Plagiarism, *Copyright Violation and Other Thefts of Intellectual Property—an Annotated Bibliography with a Lengthy Introduction*, McFarland & Company, 1998.

Huw Beverley-Smith, Ansgar Ohly, Agnès Lucas-Schloetter, *Privacy, Property and Personality: Civil Law Perspectives On Commercial Appropriation*, Cambridge University Press, 2005.

Lise Buranen and Alice M. Roy, eds., *Perspectives on Plagiarism*, State University of New York Press, 1999.

Ha-Joon Chang., *Bad Samaritans—Rich Nations, Poor Policies & the Threat to the Developing World*, Random House Business Books, 2007.

_____, *Globalisation, Economic Development and the Role of the State*, Zed Books, Ltd., 2003.

_____, *Kicking Away the Ladder Development Strategy in Historical Perspective*, Anthem Press, 2002.

Columbia Law Review, Harvard Law Review, University of Pennsylvania Law Review, and Yale Law Journal, *The Bluebook—A Uniform System of Citation*, Harvard Law Review Association, 2010.

Ronan Deazley, *On the Origin of the Right to Copy*, Hart Publishing, 2004.

Peter Drahos, *A Philosophy of Intellectual Property*, Dartmouth Publishing, 1996.

Ann Graham Gaines, *Don't Steal Copyrighted Stuff!*, Enslow Publishers, 2008.

Paul Goldstein, *Copyright's Highway: From Gutenberg to the Celestial Jukebox*, Stanford University Press, 2003.

Marcel Hénaff, *The Price of Truth*, trans. by Jean-Louis Morhange, Stanford University Press, 2002.

Matthew H. Kramer, *John Locke and the Origins of Private Property—Philosophical explorations of individualism, community, and equality*, Cambridge University Press, 1997.

Marshall A. Leaffer, Understanding Copyright Law, LexisNexis, 1989.

Tilar J. Mazzeo, *Plagiarism and Literary Property in the Romantic Period*, University of Pennsylvania Press, 2007.

J. Thomas McCarthy, *The Rights of Publicity and Privacy vol. 1*, West, 2011.

Corynne McSherry, *Who Owns Academic Work?—Battling for Control of Intellectual Property*, Harvard University Press, 2001.

Robert P. Merges, Peter S. Menell, Mark A. Lemley, *Intellectual Property in the New Technological Age*, Wolters Kluwer, 2003.

Robert K. Merton, *On the Shoulders of Giants*, Harcourt, Brace & World, 1965.

J. E. Penner, *The Idea of Property in Law*, Clarendon Press, 1997.

Richard A. Posner, *The Little Book of Plagiarism*, Pantheon Books, 2007.

_____, *Economic Analysis of Law*, Wolters Kluwer, 1986.

Mark Rose, *Authors and Owners - The Invention of Copyright*, Harvard University Press, 1993.

J. A. L. Sterling, *World Copyright Law*, London Sweet & Maxwell, 2003.

大家重夫『著作権を確立した人々』成文堂、日本、2005 年。

石井正『知的財産の歴史と現代』発明協会、日本、2005 年。

書籍・報告書（韓国）

김용옥『절차탁마대기만성』도서출판 통나무, 1987[223].

_____,『東洋學 어떻게 할 것인가』민음사, 1985[224].

김욱동『오역의 문화』소명출판, 2014[536].

나와 고타로『학술정보와 지적소유권: authorship 의 시장화와 전자화』우인하 옮김, 한국과학기술정보연구원, 2003[339].

남형두『국책연구 품질제고를 위한 연구윤리제도 정착방안 연구』경제인문사회연구회, 2011[711].

_____,『표절문제 해결방안에 관한 연구(Ⅲ)—표절방지 가이드라인 제안』저작권위원회, 2009[697].

_____,『표절문제 해결방안에 관한 연구(Ⅱ)—표절사례 연구』저작권위원회, 2008[705].

_____,『표절문제 해결방안에 관한 연구(Ⅰ)—문화산업 발전을 위한 토대로서 저작권 의식 제고를 위한 기초연구』저작권위원회, 2007[338].

찰스 립슨『정직한 글쓰기—표절을 예방하는 인용법 길잡이』(原書 : *Doing Honest Work in College*, 2004), 김형주·이정아 옮김, 멘토르, 2008[307].

존 맨『구텐베르크 혁명』남경태 옮김, 예·지, 2003[34].

민병주『연구윤리 제고를 위한 효과적인 교육방법 및 내용연구』과학기술부, 2007[652].

박석무『새벽녘 초당에서 온 편지―풀어쓰는 다산이야기 2』문학수첩, 2006[249].

_____.『풀어쓰는 다산이야기』문학수첩, 2005[246].

박성호『저작권법의 이론과 현실』현암사, 2006[207].

박지원『국역 연암집 1』신호열 · 김명호 옮김, 민족문화추진회, 2005[248].

토를라이프 보만『히브리적 사유와 그리스적 사유의 비교』허혁 옮김, 분도출판사, 1975[15].

서울대 연구처『연구 관련 규정집』서울대 연구처, 2008[637].

사사키 아타루『잘라라, 기도하는 그 손을―책과 혁명에 관한 닷새 밤의 기록』송태욱 옮김, 자음과모음, 2012[40].

움베르토 에코『논문 잘 쓰는 방법』김운찬 옮김, 열린책들, 2005[27].

오승종『저작권법』박영사, 2013[28].

유종원『유종원집 1』오수형 · 이석형 · 홍승직 옮김, 소명출판, 2009[205].

이규보『국역 동국이상국집 Ⅲ』이정섭 옮김, 고전국역총서 168, 민족문화추진회, 1978[237].

이수광『芝峰類說(上)』남만성 옮김, 을유문화사, 1994[238].

_____.『芝峰類說(下)』남만성 옮김, 을유문화사, 1994[243].

이인재『인문 · 사회과학 분야 표절 가이드라인 제정을 위한 기초 연구』한국학술진흥재단, 2007[412].

이해완『저작권법』박영사, 2012[28].

임영태『아홉 번째 집 두 번째 대문』뿔, 2010[663].

정상조 · 박성수 공편『특허법 주해 Ⅱ』박영사, 2010[704].

정약용『유배지에서 보낸 편지』박석무 편역, 창작과비평사, 1991[247].

_____.『다산시문집 제11권』임정기 옮김, 한국고전번역원, 1983[256].

_____.『다산시문집 제8권』김신호 · 김재열 옮김, 한국고전번역원, 1982[252].

조영선『특허법』박영사, 2009[495].

최경수『저작권법개론』한울아카데미, 2010[28].

리처드 포스너『표절의 문화와 글쓰기의 윤리』정해룡 옮김, 산지니, 2009[47].

장 자크 피슈테르『표절』최경란 옮김, 책세상, 1994[683].

한국법학교수회 편『논문작성 및 문헌인용에 관한 표준안』한국법학교수회, 2004[413].

論文（海外）

Zachary B. Aoki, "Will the Soviet Union and the People's Republic of China Fellow the United States' Adherence to the Berne Convention?", 13 *B. C. Int'l &*

Comp. L. Rev. 207 (1990).

Shyamkrishna Balganesh, "Copyright And Free Expression: Analyzing The Convergence of Conflicting Normative Frameworks", 4 *Chi.-Kent J. Intell. Prop.* 45 (2004).

James H. Barron, "Warren and Brandeis, the Right to Privacy, 4 Harv. L. Rev. 193 (1890): Demystifying a Landmark Citation", 13 *Suffolk U. L. Rev.* 875 (1979).

Roger Billings, "Plagiarism in Academia and Beyond: What Is the Role of the Courts?", 38 *U. S. F. L. Rev.* 391 (2003-2004).

James Boyle, "The Second Enclosure Movement and the Construction of the Public Domain", 66-SPG *Law & Contemp. Probs.* 33 (2003).

Steven N.S. Cheung, "Property Rights and Invention", edited by Richard O. Zerbe, Jr., *Research in Law and Economics vol. 8*, JAI Press, 1986.

Rosemary J. Coombe, "Objects of Property and Subjects of Politics: Intellectual Property Laws and Democratic Dialogue", 69 *Tex. L. Rev.* 1853 (1991).

Jon M. Garon, "Normative Copyright: A Conceptual Framework for Copyright Philosophy and Ethics", 99 *Cornell L. Rev.* 1278 (2003).

Mark F. Grady, "A Positive Economic Theory of the Right of Publicity", 1 *UCLA Ent. L. Rev.* 97 (1994).

Stuart P. Green, "Plagiarism, Norms, and the Limits of Theft Law: Some Observations on the Use of Criminal Sanctions in Enforcing Intellectual Property Rights", 54 *Hastings L. J.* 167 (2002).

Alice Haemmerli, "Whose Who? The Case for a Kantian Right of Publicity", 49 *Duke L. J.* 383 (1999).

Garret Hardin, "The Tragedy of Commons", 162 *Science* 1243 (1968).

Orrin G. Hatch and Thomas R. Lee, "To Promote the Progress of Science: The Copyright Clause and Congress's Power to Extend Copyrights", 16 *Harv. J. Law & Tec.* 1 (2002).

Carla Hesse, "The Rise of Intellectual Property, 700 BC to AD 2000—An Idea in the Balance", edited by David Vaver, *Intellectual Property*, Routledge, 2006.

Edwin Hettinger, "Justifying Intellectual Property", 18 *Phil. & Pub. Aff.* 31 (1989).

Justin Huges, "The Personality Interest of Artists and Inventors in Intellectual Property", 16 *Cardozo Arts & Ent. L. J.* 81 (1998).

_____, "The Philosophy of Intellectual Property", 77 *Geo. L. J.* 287 (1988).

Matt Jackson, "Harmony or Discord? The Pressure Toward Conformity in

International Copyright", 43 *IDEA* 607 (2003).

Immanuel Kant, "Von der Unrechtmässigkeit des Büchernachdrucks", Reprint in *UFITA* 106 (1987).

Roberta Rosenthal Kwall, "Fame", 73 *Ind. L. J.* 1 (1997).

William M. Landes and Richard A. Posner, "Indefinitely Renewable Copyright", 70 *U. Chi. L. Rev.* 471 (2003).

＿＿＿, "An Economic Analysis of Copyright Law", 18 *J. Legal Stud.* 325 (1989).

Gilbert Larochelle, "From Kant to Foucault: What Remains of the Author in Postmodernism", edited by Lise Buranen and Alice M. Roy, *Perspectives On Plagiarism*, State University of New York Press, 1999.

Audrey Wolfson Latourette, "Plagiarism: Legal and Ethical Implications for the University", 37 *J. C. & U. L.* 1 (2010).

Mark A. Lemley, Colloquium, "Ex Ante versus Ex Post Justification for Intellectual Property", 71 *U. Chi. Rev.* 129 (2004).

Lisa G. Lerman, "Misattribution in Legal Scholarship: Plagiarism, Ghostwriting, and Authorship", 42 *S. Tex. L. Rev.* 467 (2001).

Jessica Litman, "Copyright as Mith", 53 *U. Pitt. L. Rev.* 235 (1991).

Eric J. Lubochinski, Comment, "Hegel's Secret: Personality and the Housemark Cases", 52 *Emory L. J.* 489 (2003).

Michael Madow, "Private Ownership of Public Image: Popular Culture and Publicity Rights", 81 *Cal. L. Rev.* 125 (1993).

Hyung Doo Nam, "Ethics Rather Than Rights: Reconsidering 'Transmit Rather Than Create'—Toward a New Understanding of Korea's Intellectual Property Rights Tradition", edited by John O. Haley and Toshiko Takenaka, Legal Innovations in Asia: *Judicial Lawmaking and the Influence of Comparative Law*, Edward Elgar, 2014.

Neil Weinstock Netanel, "Copyright and a Democratic Civil Society", 106 *Yale L. J.* 283 (1996).

Warren Newberry, Note, "Copyright Reform in China: A 'TRIPS' Much Shorter and Less Strange Than Imagined?", 35 *Conn. L. Rev.* 1425 (2003).

Jonathan Ocko, "Copying, Culture, and Control: Chinese Intellectual Property Law in Historical Context", 8 *Yale J.L. & Human.* 559 (1996).

Tom G. Palmer, "Are Patents and Copyrights Morally Justified? The Philosophy of Property Rights and Ideal Objects", 13 *Harv. J. L. & Pub. Pol'y* 817 (1990).

424

Richard A. Posner, "Goodbye to the Bluebook", 53 *U. Chi. L. Rev.* 1343 (1986) .

George L. Priest, "What Economic can Tell Lawyers about Intellectual Property: Comment on Cheung", edited by Richard O. Zerbe, Jr., *Research in Law and Economics vol. 8*, JAI Press, 1986.

Natasha Roit, Comment, "Soviet and Chinese Copyright: Ideology Gives Way to Economic Necessity", 6 *Loy. Ent. L. J.* 53 (1986).

Carol M. Rose, "The Public Domain: Romans, Roads, and Romantic Creators: Traditions of Public Property in the Information Age", 66 *Law & Contemp.* 89 (2003).

Dan Rosen and Chikako Usui, "Japan: The Social Structure of Japanese Intellectual Property Law", 13 *UCLA Pac. Basin L. J.* 32 (1994).

Geoffrey R. Scott, "A Comparative View of Copyright as Cultural Property in Japan and the United States", 20 *Temp. Int'l & Comp. L. J.* 283 (2006).

Catherine Seville, "Talfourd and His Contemporaries: The Making of the 1842 Copyright Act", edited by Alison Firth, *Perspectives on Intellectual Property —The Prehistory and Development of Intellectual Property Systems*, Sweet & Maxwell, 1997.

Christian G. Stallberg, "Towards A New Paradigm In Justifying Copyright: An Universalistic Transcendental Approach", 18 *Fordham Intell. Prop. Media & Ent. L. J.* 333 (2008).

Jeremy Waldron, "From Authors to Copiers—Individual rights and social values in intellectual property", edited by David Vaver, *Intellectual Property Rights*, Routledge, 2006.

Samuel D. Warren and Louis D. Brandeis, "The Right to Privacy", 4 *Harv. L. Rev.* 193 (1890).

Leonard Weintraub, Note, "Crime of the Century: Use of the Mail Fraud Statute Against Authors", 67 *B. U. L. Rev.* 507 (1987).

Alfred C. Yen, "Restoring the Natural Law: Copyright as Labor and Possession", 51 *Ohio St. L. J.* 517 (1990).

Peter K. Yu, "The International Enclosure Movement", 82 *Ind. L. J.* 827 (2007).

_____, "From Pirates to Partners (Episode II): Protecting Intellectual Property in Post-WTO China", 55 *Am. U. L. Rev.* 901 (2006).

_____, "Piracy, Prejudice, and Perspectives: An Attempt to Use Shakespeare to Reconfigure the U.S.—China Intellectual Property Debate", 19 *B. U. Int'l L.J.*

1 (2001).

南馨斗「韓国の伝統思想に見られる著作権という観念－Alford 教授の意見に対する反論的試論」『著作権研究』36 号、著作権法学会、日本、2010 年 12 月。

吳漢東「關于中國著作權法觀念的歷史思考」『法商研究』中南政法學院學報、中国、1995 年、第 3 期（225）。

論文（韓国）

강남준 · 이종영 · 오지연「신문기사의 표절 가능성 여부 판정에 관한 연구:컴퓨터를 활용한 형태소 매칭기법을 중심으로」『한국신문학보』제52권 1호, 2008. 2[369].

김성수「미국 대학의 '학문적 정직성' 정책에 대한 연구－대학 글쓰기에서 '표절' 문제를 중심으로」『작문연구』제6호, 2008[516].

김윤명「퍼블릭 도메인의 이해를 위한 개략적 고찰」『창작과권리』제49호, 2007 겨울[228].

_____.「앤（Anne）여왕 법에 관한 저작권 법제사적 의의」『산업재산권』제20호, 2006. 8[55].

남형두「사건, 그 후－기사표절에 관대한 한국」『언론중재』제127호, 2013 여름[371].

_____.「학술저작물의 표절－판도라의 상자인가?」『민사판례연구』제33-상, 2011. 2[8].

_____.「저작권의 역사와 철학」『산업재산권』제26호, 2008. 8[650].

_____.「한미 간 자유무역협정의 저작권집행 분야에 대한 국내법이행 검토」『통상법률』제82호, 2008. 8[278].

_____.「퍼블리시티권의 철학적 기반(하)－'호사유피 인사유명'의 현대적 변용」『저스티스』제98호, 2007. 6[393].

_____.「퍼블리시티권의 철학적 기반(상)－'호사유피 인사유명'의 현대적 변용」『저스티스』제97호, 2007. 4[80].

_____.「문화의 산업화와 저작권－약장수와 차력사」『문화정책논총』제18집, 2006[262].

_____.「세계시장 관점에서 본 퍼블리시티권－한류의 재산권보장으로서의 퍼블리시티권」『저스티스』제86호, 2005. 8[80].

박성호「표절이란 무엇인가」『시민과변호사』제37호, 1997. 2[360].

배대헌「지적재산권 개념의 형성 · 발전」『지적소유권연구』제2집, 1998[65].

유재원 · 장지호 · 최창수 · 최봉석「행정학회 표절 규정 제정을 위한 기초연구」『한국행정학회 2005년도 하계공동학술대회 발표논문집(Ⅴ)』, 2005[377].

안정오「상호텍스트성의 관점에서 본 표절텍스트」『텍스트언어학』제22호, 2007[479].

이인재「연구윤리 확립을 위한 인용과 표절의 이해」『윤리연구』제66호, 2007[412].

이정민「인문사회과학 분야에서의 표절 판정 기준 모색」이인재 책임집필『인문 · 사회과학 분야 표절 가이드라인 제정을 위한 기초 연구』한국학술진흥재단, 2007[412].

이혜순「표절에 관한 전통적 논의들」이혜순·정하영 공편『표절—인문학적 성찰』집문당, 2008[234].

정상조「창작과 표절의 구별기준」『법학』제44권 제1호, 서울대학교 법학회, 2003. 3[274].

정정호「연구윤리와 연구문화의 상관성에 관한 단상(斷想)」한국학술단체총연합회 주최 연구윤리 세미나, 2011. 7. 29[231].

정진근·유충권「표절과 저작권, 무엇이 문제인가?」『경영법률』, 2007[291].

정하영「학문연구에 있어서 표절의 문제」이혜순·정하영 공편, 『표절—인문학적 성찰』집문당, 2008[240].

정해룡「윤리적 글쓰기의 가이드라인—글쓰기 윤리의 위반 사례와 모범적 글쓰기 사례」리처드 포스너『표절의 문화와 글쓰기의 윤리』2007[427].

한상범「한국 법학의 계보와 표절의 병리」계간『사회비평』제27호, 2001 봄[530].

함창곡「이중 게재의 문제와 과제」제1회 연구윤리포럼 올바른 연구 실천의 방향과 과제, 2007[616].

허희성「판례평석」계간『저작권』창간호, 1988 봄[232].

황혜선「지적재산권의 역사적 연원—저작권과 특허를 중심으로」도서관학논집 제20권, 1993[35].

新聞·雜誌 (海外)

Jill P. Capuzzo, "Moorestown Journal: Seeing Crimson", *New York Times*, July 20, 2003.

Stephen M. Marks, "Ogletree Faces Discipline for Copying Text", *The Harvard Crimson*, September 13, 2004.

Peter Shaw, "Plagiary", *The American Scholar*, 2001.

David Zhou, "Examples of Similar Passages Between Viswanathan's Book and McCafferty's Two Novels", *The Harvard Crimson*, April 23, 2006.

新聞·雜誌 (韓国)

강정희「반대신문과 표절」『대한변협신문』제401호, 2012. 6. 4. 칼럼[342].

남형두「"외 1인"-교수와 학생의 공저 논문 논의에 부쳐」『출판문화』제584호, 2014. 7[353].

_____,「사재기와 베스트셀러」『출판문화』제571호, 2013. 6[613].

_____,「표절문제를 다루는 가벼움에 대하여」『연세춘추』2013. 4. 1. 칼럼[346].

_____,「저작권 유럽기행 그 첫 번째 이야기—유령작가(Ghostwriter)」『출판문화』제559호, 2012. 6[666].

_____,「학자의 진정한 권위」『한국일보』2010. 6. 3. 칼럼[351].

_____,「표절위원회 출범에 즈음하여」『한국일보』2010. 1. 7. 칼럼[613].

_____,「성인용 영상물의 저작권 보호 문제」『저작권문화』제182호, 2009. 10[368].

_____,「각주(脚注) 없는 사회」『조선일보』2008. 3. 4. 칼럼[340].

_____,「스크린쿼터 축소 경제적 실익 있나」동아일보, 2006. 2. 28. 칼럼[259].

_____,「판결문작성과 저작권법의 존중—산학연계의 실험 2」대한변협신문. 2005. 8. 22[354].

박건형·박성국「학술지 '조직공학과 … 논문 재인용 권장 적발」『서울신문』2009. 11. 6. 기사[612].

박기용「대학가에 '언론사 대학평가 거부' 확산」『한겨레』2014. 9. 27. 기사[614].

박우진「메르켈 총리 최측근 독일 교육장관 박사 논문 표절」『한국일보』2013. 2. 7. 기사[5].

박형준「16년간 43편 논문조작 … 일본판 황우석 사태」『동아일보』2013. 7. 26. 기사[7].

신정민·최장순「연재-잘못된 관행, 표절의 생태학 : ③ 어디까지가 자기복제·중복투고인가」『교수신문』2006. 10. 2. 기사[572].

양승식「논문 17편 조작 혐의 서울대 강수경 교수 재심요청 기각」『조선일보』2013. 1. 18. 기사[635].

오혜림「오혜림과 함께 떠나는 독일 문화 기행—정치인의 스캔들에 대응하는 독일의 자세」『레이디경향』2012. 11[6].

이근영「예산절감 방법? '연구자 난장' 선 보이겠죠」『한겨레』2012. 3. 27. 기사[355].

임종업「이 책의 유령작가는 누구?」『한겨레』2013. 2. 14. 기사[664].

최장순「잘못된 관행, 표절의 생태학 : ② 인용의 원칙' 마련 시급 … 미간행 지적재산 도용도 표절」『교수신문』2006. 9. 11. 기사[390].

한창만「日 가짜 만능세포 논문 공동저자 자살」『한국일보』2014. 8. 6. 기사[7].

その他：ウェブサイト（海外）

http://www.ustr.gov/about-us/press-office/reports-and-publications/2009 (2013. 9. 23)

http://stdweb2.korean.go.kr/search/View.jsp (2013. 12. 12)

http://www.merriam-webster.com/dictionary/plagiarism?show=0&t=1386745564 (2013. 12. 12)

http://www.plagiarism.org (2012. 5. 19)

Princeton University, Academic Integrity, "When to Cite Sources", http://www.princeton.edu/pr/pub/integrity/pages/cite/ (2013. 12. 16)

Princeton University, Academic Integrity, "Not-So-Common Knowledge" http://

www.princeton.edu/pr/pub/integrity/pages/notcommon/〔2013. 12. 16〕

Princeton University, Rights, Rules, Responsibilities, 2. 4. 6. General Requirements for the Acknowledgment of Sources in Academic Work, Paraphrasing, http：//www.princeton.edu/pub/rrr/part2/index.xml#comp23〔2013. 12. 16〕

www.plagiarism.org〔2012. 10. 1〕

http：//classic.the-scientist.com/news/display/53061/#comments〔2012. 5. 31〕

その他：ウェブサイト（韓国）

http：//www.skku.edu/new_home/skku/state/state_01.jsp〔2014. 7. 19〕

http：//rule.incheon.ac.kr/sub/sub_2.jsp?idx=68&con_search=연구윤리 &con_searchstring =title〔2014. 7. 19〕

http：//www.ewha.ac.kr/upload/rulesfile/9493_rulesfile_1368515872431.pdf〔2014. 7. 19〕

参考判決

韓国（大法院／憲法裁判所）

大法院 2014.7.24 宣告 2013 다 8984 判決（ドラマ「善徳女王」事件）

大法院 2012.5.9 宣告 2010 다 12630 判決（日本はない〔悲しい日本人〕事件）

大法院 2009.12.10 宣告 2007 도 7181 判決（共同著者事件）

大法院 2009.9.10 宣告 2009 도 4772 判決（業務妨害事件）

大法院 2009.9.10 宣告 2007 다 71 判決

大法院 2007.12.14 宣告 2007 두 18383 判決（中国文学事件）

大法院 2006.12.22 宣告 2005 다 41009 判決（法学教科書Ⅰ事件）

大法院 2006.3.23 宣告 2005 도 2193 判決（法学教科書Ⅰ事件関連名誉毀損事件）

大法院 2005.5.13 宣告 2004 다 71881 判決

大法院 2000.4.21 宣告 97 후 860 判決

大法院 1998.7.10 宣告 97 다 34839 判決

大法院 1997.11.25 宣告 97 도 2227 判決（大学入試本試験入試問題事件）

大法院 1996.7.30 宣告 94 도 2708 判決（修士学位論文代筆事件）

韓国（高等法院）

ソウル高等法院 2012.2.10 宣告 2011 나 22377 判決（国防研究院事件）

ソウル高等法院 2010.10.13 宣告 2010 나 35260 判決（손담비・ミチョッソ事件）

ソウル高等法院 2009.11.17 宣告 2009 누 15076 判決（国家プロジェクト事件）

ソウル高等法院 2008.1.25 宣告 2007 누 15973 判決（研究所員共同論文事件）

ソウル高等法院 2007.8.22 宣告 2007 누 391 判決（中国文学事件控訴審）

ソウル高等法院 2005.9.13 宣告 2004 나 27480 判決（キツネと綿菓子事件）

ソウル高等法院 2005.6.30 宣告 2004 나 52967 判決（法学教科書Ⅰ事件控訴審）

大邱高等法院 2005.1.27 宣告 2004 나 1173 判決（博士論文指導事件）

光州高等法院 2004.9.3 宣告 2004 나 3924 判決（研究費返還事件）

ソウル高等法院 2001.7.12 宣告 2001 누 3800 判決（ホテル観光学論文事件）

韓国（地方法院）

ソウル北部地方法院 2014.10.16 宣告 2014 가합 20909 判決（문대성議員事件）

ソウル中央地方法院 2011.2.10 宣告 2010 가합 57966 判決（国防研究院事件一審）

ソウル中央地方法院 2009. 11. 19 宣告 2008 가합 62460（本訴）、2009 가합 3567（反訴）判決（機械工学教材事件）

大田地方法院 2009. 7. 28 宣告 2009 카합 930 判決（指導学生修士学位論文剽窃事件）

ソウル西部地方法院 2009. 6. 18 宣告 2009 노 104 判決（M&A 教材事件）

光州地方法院 2009. 5. 15 宣告 2008 노 2816 判決（業務妨害事件控訴審）

ソウル中央地方法院 2009. 5. 14 宣告 2007 가합 14280 判決（放送通信大学教材事件）

ソウル行政法院 2009. 4. 22 宣告 2008 구합 32812 判決（国家プロジェクト事件一審）

ソウル行政法院 2008. 10. 30 宣告 2008 구합 22754 判決（研究年実績物行政事件）

大邱地方法院 2008. 10. 29 宣告 2007 가단 103762 判決（ポスター論文重複掲載事件）

大田地方法院 2008. 8. 13 宣告 2007 구합 4324 判決（博士論文と一般論文間の重複事件）

ソウル中央地方法院 2008. 7. 24 宣告 2007 가합 114203 判決（医学博士学位民事事件）

大田地方法院 2008. 7. 23 宣告 2008 가합 1112 判決（研究年実績物民事事件）

ソウル行政法院 2008. 3. 26 宣告 2007 구합 14176 判決（昇進時、論文重複使用事件）

ソウル中央地方法院 2008. 1. 10 宣告 2007 노 3445 判決（医学博士学位刑事事件控訴審）

ソウル中央地方法院 2007. 10. 9 宣告 2006 고단 7358 判決（医学博士学位刑事事件一審）

ソウル中央地方法院 2007. 10. 5 宣告 2007 가합 20827 判決（戦争史事件）

釜山地方法院東部支院 2007. 8. 30 宣告 2002 가합 2699（本訴）、2003 가합 4098（反訴）判決（共同著者民事事件）

ソウル行政法院 2007. 5. 10 宣告 2006 구합 24947 判決（会計原理事件）

ソウル中央法院 2007. 8. 17 宣告 2006 가합 66789 判決（法学教科書 I 事件）

ソウル中央法院 2007. 4. 25 宣告 2006 가합 92054 判決（マシュマロ物語事件）

ソウル行政法院 2006. 11. 29 宣告 2006 구합 14490 判決（中国文学事件一審）

議政府地方法院 2006. 6. 16 宣告 2005 노 1161 判決（名誉毀損事件）

ソウル行政法院 2005. 12. 28 宣告 2005 구합 5499 判決（ドイツ文学事件）

ソウル行政法院 2004. 7. 13 宣告 2004 구합 6297 判決（芸術哲学事件）

ソウル中央地方法院 2004. 6. 10 宣告 2002 가합 7003 判決（法学教科書 I 事件一審）

ソウル南部地方法院 2004. 3. 18 宣告 2002 가합 4017 判決（狐と綿菓子事件一審）

ソウル地方法院 1999. 7. 30 宣告 99 가합 13985 判決（監修委員名の無断記載事件）

ソウル地方法院 1995. 6. 23 宣告 94 카합 9230 判決（イ・フィソ事件）

海外（米国）

Slack v. Stream, 988 So. 2 d 516（Ala. 2008）

Fred Gilbert v. Des Moines Area Community College, 495 F. 3 d 906（2007）（ギルバート総長候補判決）

Babi Chandamuri v. Georgetown University, 274 F. Supp. 2 d. 71（2003）

Matikas v. Univ. of Dayton, 788 N. E. 2 d 1108（Ohio Ct. App. 2003）

Eldred v. Ashcroft, 534 U. S. 1126（2002）

Tacka v. Georgetown Univ., 193 F. Supp . 2 d 43（D. D. C. 2001）

Peter A. Boateng v. Interamerican University, Inc., 210 F. 3 d 56（2000）

Radtke v. Board of Bar Examiners, 230 Wis. 2 d 254：601 N. W. 2 d 642（1999）

Zellman v. Independent School District No. 2758, 594 N. W. 2 d 216（1999）（ジェルマン学生判決）

Childress v. Clement, 5 F. Supp. 2 d 384（E. D. Va. 1998）（チャイルドレス学生判決）

United States v. Frost, 125 F. 3 d 346（6 th Cir. 1997）（フロスト判決）

Klinge v. Ithaca College, 244 A. D. 2 d 611, 663 N. Y. S. 2 d 735（1997）

Abdelsayed v. Narumanchi, 668 A. 2 d 378（Conn. 1995）

Matthews v. Wozencraft, 15 F3 d 432（Fed. Cir. 1994）

Dennis Allen Faulkner v. University of Tennessee, 1994 WL 642765（Tenn. Ct. App.）（1994）（フォークナー博士判決）

Yu v. Peterson（President of University of Utah）, 13 F. 3 d 1413（1993）（ユー教授判決）

Feldman v. Bahn, 12 F. 3 d 730（7 th Cir. 1993）

Anny Newman v. Diana Burgin, et al., 930 F. 2 d 955, 962（1991）（ニューマン教授判決）

Haughs v. Bullis School, 900 F. 2 d 252（1990）（ハウ高校生判決）

In the Matter of Hon. Brennan, Jr., Judge, 55 th District, Mason, Michigan, 433 Mich. 1204, 447 N.W. 2 d 712（1989）（ブレナン判事事件判決）

In re Lamberis, 93 Ill. 2 d 222, 443 N. E. 2 d 549, 66 Ill. Dec. 623（1982）（ランベリス弁護士判決）

Tedeschi v. Wagner Coll., 417 N. Y. S. 2 d 521（N. Y. App. Div. 1979）

Mazer v. Stein, 347 U. S. 201（1954）

International News Service v. Associated Press, 248 U. S. 215（1918）（INS v. AP

事件判決）

海外（その他）

Millar v. Taylor, 4 Burr. 2303, 98 Eng. Rep. 201（K. B. 1769）（ミラー判決）

Donaldson v. Becket, 2 Bro. P. C. 129, 1 Eng. Rep. 837, 1774（ドナルドソン判決）

著者紹介

南　馨斗（남형두／ナム・ヒョンドゥ）

《略歴》

1964 年生まれ。ソウル大学校法科大学卒業、米国ワシントン州立大学ロースクール（University of Washington School of Law）修士（LL. M.）／博士（Ph. D.）。司法試験第 28 回（1986 年）合格、ニューヨーク州弁護士試験合格（1999 年）。法務法人広場（Lee & Ko）弁護士（1992～2007 年）、韓国著作権委員会委員（2002～2008 年）、延世大学校法科大学／法学専門大学院教授（2005 年～現在）。

《主要業績》

単著に『剽窃論』（玄岩社、韓国、2015 年 [2017 年の第 2 回洪璀基法律研究財団の著述部門大賞受賞作）、『剽窃百問百答』（青松メディア、韓国、2017 年）、共著に『文学と法』（社会評論アカデミー、韓国、2018 年）などがある。論文としては「法律家と剽窃」（『司法』第 30 号、司法発展財団、韓国、2014 年 [2016 年の第 20 回法学論文賞（韓国法学院主管）受賞作]）、「韓国の伝統思想に見られる著作権という観念 —— Alford 教授の意見に対する反論的試論」（『著作権研究』第 36 号、著作権法学会、日本、2010 年）、"The Emergence of Hollywood Ghosts on Korean TVs: The Right of Publicity from the Global Market Perspective"（19 *Pac. Rim L. & Pol'y J.* 487 [2010]）、"The Emergence of Copyright Issues in the System Reunification of South and North Korea as an Integrated Cultural Community"（*Rechtsfragen beim Wechsel des Rechtsregimes*, Georg-August-Universität Göttingen, 2015）などがある。

訳者紹介

田島哲夫（たじま　てつお）

1949 年埼玉県生まれ。明治大学法学部卒業。東京都の小学校教諭を経て、1986 年に韓国に渡る。延世大学校外国語学堂（現在の同大学校言語研究教育院）の日本語講師をするかたわら、1994 年にソウル大学校大学院国文学修士、2009 年に延世大学校大学院国文学博士を取得。博士論文は「近代啓蒙期、文字媒体に表れた日本／日本人の表象」。現在、延世大学校国学研究院専門研究員。

翻訳業績として、韓国語訳に、永嶺重敏『＜読書国民＞の誕生』（共訳、プルンヨクサ、韓国、2010 年）、『文化をつくる映画、移動する劇場』（共訳、박이정、韓国、2017 年）、日本語訳に、南馨斗「韓国の伝統思想に見られる著作権という観念 —— Alford 教授の意見に対する反論的試論」（『著作権研究』36 号、著作権法学会、2010 年）、金哲『抵抗と絶望 —— 植民地朝鮮の記憶を問う』（大月書店、2015 年）、韓壽永「記憶と解析としての文学─戦中体験と韓国近代文学」『日本「文」学史 第三冊 「文」から「文学」へ─東アジアの文学を見直す』（勉誠出版、2019 年）などがある。

<ruby>剽<rt>ひょうせつ</rt></ruby><ruby>窃<rt></rt></ruby> <ruby>論<rt>ろん</rt></ruby>

2019 年 10 月 5 日　第 1 版第 1 刷発行

著　者	南　馨斗
訳　者	田島哲夫
発行所	株式会社日本評論社
	〒170-8474　東京都豊島区南大塚 3-12-4
	電話　03-3987-8621（販売）　　-8611（編集）
	FAX　03-3987-8590（販売）　　-8593（編集）
	振替　00100-3-16　　https://www.nippyo.co.jp/
印刷所	株式会社東国文化
製本所	株式会社東国文化
装　幀	林　健造

ISBN 978-4-535-52358-6　　Printed in Korea　　検印省略　　©2019 Nam Hyung-Doo

JCOPY 〈（社）出版者著作権管理機構委託出版物〉

本書の無断複写は著作権法上での例外を除き禁じられています。複写される場合は、そのつど事前に、
（社）出版者著作権管理機構（電話 03-5244-5088、FAX 03-5244-5089、e-mail：info@jcopy.or.jp）の
許諾を得てください。また、本書を代行業者等の第三者に依頼してスキャニング等の行為によりデジ
タル化することは、個人や家庭内の利用であっても、一切認められておりません。